普通高等教育物流类专业系列教材

# 国际物流

主　编　张如云
副主编　宋志刚　卢亚丽
参　编　孟守卫　李玉凤　吴　婷

机 械 工 业 出 版 社

本书共 13 章，主要介绍了国际物流导论、国际物流系统与网络、国际贸易实务基础知识、国际物流仓储、国际物流包装、国际海洋货物运输、国际物流其他运输方式、国际物流通关、国际工程项目物流、跨境电商物流、国际货物运输保险、国际货运事故处理，以及国际物流代理服务。

本书每章均以案例导入，正文中除常规的知识体系外，还加入了小知识、小资料、小问答、小案例等，以丰富教学资源，每章末尾均附有多种题型的复习思考题。

本书可作为高等学校物流管理、国际经济与贸易等专业的本科生教材，也可作为从事国际物流行业的人士自我提升的资料用书。


**图书在版编目（CIP）数据**

国际物流 / 张如云主编. —北京：机械工业出版社，2022. 1（2025.1重印）
普通高等教育物流类专业系列教材
ISBN 978-7-111-69718-3

Ⅰ. ①国… Ⅱ. ①张… Ⅲ. ①国际物流－高等学校－教材
Ⅳ. ①F259.1

中国版本图书馆CIP数据核字（2021）第245119号

机械工业出版社（北京市百万庄大街22号 邮政编码100037）
策划编辑：常爱艳 责任编辑：常爱艳 马新娟
责任校对：史静怡 李 婷 封面设计：鞠 杨
责任印制：郜 敏
北京富资园科技发展有限公司印刷
2025年1月第1版第4次印刷
184mm×260mm · 18.75印张 · 454千字
标准书号：ISBN 978-7-111-69718-3
定价：54.80元

电话服务 网络服务
客服电话：010-88361066 机 工 官 网：www.cmpbook.com
010-88379833 机 工 官 博：weibo.com/cmp1952
010-68326294 金 书 网：www.golden-book.com



机工教育服务网：www.cmpedu.com

# 前　言

国际物流作为现代物流体系的重要组成部分，是跨越不同国家或地区之间的物流活动。在经济全球化条件下，随着“一带一路”倡议影响力的持续提升，以及新一轮科技革命成果的应用，国际分工更加深化，国际贸易往来越加频繁，国际工程承包日益增长。国际物流迎来了前所未有的发展机遇，国际物流人才的市场需求与日俱增，跨境电商对其专业素养的要求越来越高。

为了培养优秀的国际物流复合型人才，以适应现代国际物流活动对人才的要求，本书在充分吸收和借鉴已有相关教材和资料的基础上，按照四篇共13章构建全书结构体系，分别为：第一篇国际物流基础知识，包含第一章国际物流导论、第二章国际物流系统与网络、第三章国际贸易实务基础知识，共三章；第二篇国际物流功能，包含第四章国际物流仓储、第五章国际物流包装、第六章国际海洋货物运输、第七章国际物流其他运输方式、第八章国际物流通关，共五章；第三篇国际物流新业务，包含第九章国际工程项目物流、第十章跨境电商物流，共两章；第四篇国际物流服务，包含第十一章国际货物运输保险、第十二章国际货运事故处理、第十三章国际物流代理服务，共三章。

本书是2020年首批国家级一流本科课程、首批河南省一流本科课程“国际物流学”课程建设的研究成果之一。

本书在教材结构、内容和呈现形式等方面进行改革创新，从提高教材编写质量，以优质的教材促进课程教学的改革，进而提升课程教学效果和质量的角度出发进行编写。本书的创新与特色主要体现在以下四方面：

（1）对框架结构予以创新。本书采用“篇—章—节”三级编排结构，以体现全书章节内容之间的逻辑关系，使得教材内容结构更为严谨、逻辑性强、体系完备，满足国际物流课程教学的需要。

（2）对构成内容予以创新。本书在内容的设置上，密切关注“一带一路”倡议对国际物流行业趋势和发展的影响，从物流管理新兴专业人才培养和经济发展对国际物流紧缺人才需求出发，在同类教材内容的基础上进行创新，融入相关学科领域的热点知识，增加反映学科优势和区域经济发展需要的若干章节。

（3）对呈现方式予以创新。本书融合现代信息技术手段，采用立体化呈现方式，通过二维码、网址链接实现纸质教材与丰富网络课程资源之间双向关联，通过参考资料、公告、邮件和论坛发帖等方式实现从大型开放式网络课程（MOOC）到教材的引流，满足线上线下学习者的需求。

（4）配套资源丰富。本书依托国家级一流本科课程“国际物流学”，除纸质教材之外，还有丰富的课程资源，包括PPT课件、教学大纲、课后习题答案、微课视频、试题库、案例库和资料库等。使用本书作为教材的教师，可联系出版社索取PPT课件、教学大纲、课后习题答案（www.cmpedu.com）。微课视频请读者扫描书中相应二维码观看。试题库、案例库和资料库请读者登录超星平台下载。另外，教师还可上超星平台在“国际物流学”课程系统中设立班级，开展线上线下混合式教学模式，课程链接为 https://mooc1-1.chaoxing.com/course/201242781.html。

本书由张如云、宋志刚、卢亚丽等人共同编写，由张如云负责框架安排和内容分工。具体编写分工如下：第一、二章由卢亚丽编写；第三、八章由孟守卫编写；第四、十章由宋志刚编写；第五、十三章由李玉凤编写；第六、七、九章由张如云编写；第十一、十二章由吴婷编写，全书由研究生丁文文进行文字检查。

本书吸纳和借鉴了国内外物流管理、国际贸易、国际结算等专业领域的期刊论文、经典教材及专著，十分感谢所有作者给我们的启发。

由于水平有限，书中难免有不当或错误之处，敬请同仁及读者批评指正。

张如云

2021 年 12 月

# 目　录

# 第二篇 国际物流功能

## 第三篇　国际物流新业务



## 第四篇　国际物流服务

# 第一篇
# 国际物流基础知识

❖ 第一章　国际物流导论

❖ 第二章　国际物流系统与网络

❖ 第三章　国际贸易实务基础知识

# 第一章　国际物流导论

◇学习目标

1. 了解国际物流的概念和内涵，以及国际物流与国际贸易的关系。
2. 掌握国际物流的特点。
3. 了解国际物流产生的动因和发展历程，以及国际物流在各主要国家的发展现状和趋势。
4. 了解国际物流的主要业务活动。

◆导入案例

**丝绸之路**

“丝绸之路”一词最早出现在1877年德国地理学家李希霍芬《中国》一书中。在该著作中，李希霍芬将公元前114年至公元127年近两个半世纪开拓的，经西域将中国与中亚的阿姆河—锡尔河地域以及印度连接起来的丝绸贸易通道命名为seiden strasse（德文），英文名为Silk Road，并在地图上进行了标注。此后，“丝绸之路”这一名称被广泛使用。

古丝绸之路起始于中国，是横跨了亚洲、非洲和欧洲的古代商业贸易路线，以运输方式上的不同分为海上丝绸之路和陆上丝绸之路。海上丝绸之路形成于秦汉时期，发展于三国至隋朝时期，繁荣于唐宋时期，转变于明清时期，是已知的最为古老的海上航线。陆上丝绸之路起始于汉武帝派张骞出使西域，形成其基本干道。它以西汉首都长安为起点，经河西走廊到达西域。它的最初作用是运输中国古代出产的丝绸。

（资料来源：吕捷，李红艳.李希霍芬“丝绸之路”概念路线源考［J］.丝绸之路，2021（1）：84-90.经整理加工。）

## 第一节　国际物流的含义和特点

### 一、国际物流的含义

国际物流作为现代物流体系的重要组成部分，是跨越不同国家或地区之间的物流活动。在经济全球化条件下，随着“一带一路”倡议影响力的持续提升，以及新一轮科技革命成果的应用，国际分工更加深化，国际贸易往来越加频繁，国际工程承包日益增长。国际物流迎来了前所未有的发展机遇。

**（一）国际物流的概念**

根据 GB/T 18354—2006《物流术语》，国际物流（International Logistics，IL）是指跨越不同国家或地区之间的物流活动。国际物流也被称为“国际大流通”或“国际大物流”，它是国内物流的延伸和进一步扩展，是跨越国界的、流通范围扩大了的流通。

国际物流的存在与发展促进了世界范围内物质的合理流动，使国际物质或商品实现了流动路线最优、流通成本最低、服务最优、效益最好的流通目标。同时，由于国际化信息系统的支持和世界各地物资交流的广泛进行，国际物流对促进世界经济的发展，改善国际友好往来，推进国际政治、经济格局的良性发展起到了极大的促进作用，从而推动整个人类的物质文化和精神文化朝着和平、稳定和更加文明的方向发展。

国际物流有广义与狭义之分。广义的国际物流包括国际贸易物流、非贸易国际物流、国际物流合作、国际物流投资、国际物流交流等领域。其中，国际贸易物流主要是指组织货物在国际的合理流动；非贸易国际物流包括国际展览与展品物流、国际邮政物流等；国际物流投资是指不同国别的物流企业共同投资组建国际物流企业；国际物流交流则主要是指在物流科学、技术、教育、培训和管理方面的国际交流。

狭义的国际物流主要是指国际贸易物流，即组织货物在国际的合理流动，也就是指发生在不同国家之间的物流。更具体地说，狭义的国际物流是指当生产和消费分别在两个或两个以上的国家或地区独立进行时，为了克服生产和消费之间的空间距离和时间间隔，对货物进行物理性移动的一项国际贸易或国际交流活动，从而达到国际商品交易的最终目的，即卖方交付单证和货物、收取货款，买方接收单证和货物、支付货款。本书主要针对狭义的国际物流进行阐述。

**（二）国际物流的内涵**

国际物流的内涵可以从以下几方面加以理解：

1）国际物流是国内物流的延伸，是跨国界的、范围扩大了的物流活动，包括全球范围内与物料管理和物资运送相关的所有业务环节。所以，国际物流又称“国际大流通”或“国际大物流”[⊖]。

2）国际物流是国际贸易活动的重要组成部分，是伴随着国际贸易和国际分工合作形成的。随着世界经济的发展，国际分工日益细化，任何国家都难以包揽一切领域的经济活动，国际合作与交流日益频繁，推动了国际商品流动，促成了国际物流的发展。因此，国际物流的实质是按照国际分工协作的原则，依照国际惯例，利用国际化的物流网络、物流设施和物流技术，实现货物在不同国家或地区之间的流动与交换。它促进了区域经济的发展和不同国家或地区之间的资源优化配置。

3）国际物流的总目标是为国际贸易和跨国经营服务，即选择最佳的方式和路径，以最低的费用和最小的风险，将货物从一个国家或地区的供给方运到另一个国家或地区的需求方，使国际物流系统整体效益最大。做好国际物流工作，就是适时、适地、保质保量、低成本地在全球范围内组织货物的流动，提高企业在国际市场上的竞争力。

---

⊖ 代湘荣，胡惟璇．国际物流运作实务［M］．北京：中国人民大学出版社，2020.

（三）国际物流与国际贸易的联系

**1. 国际贸易是国际物流的基础和条件**

国际物流最初是在国际贸易的发展中产生和发展起来的，只是在不断的发展过程中，逐渐形成了一个独立的行业。因此，可以说国际贸易就是国际物流产生的基础和条件。在国际贸易的不断发展中，人们对国际物流的各个方面都提出了更高的要求，对国际物流的发展也提供了更强的动力。因此，国际物流的发展和壮大也离不开国际贸易。

**2. 国际物流是国际贸易的保证**

近年来，随着国际物流技术的发展，货物运输效率不断提高，交付货物的准确性和安全性得到保证，有效提高了国际贸易的效率，满足了消费者的需要，为国际贸易的不断发展奠定了坚实基础。

**3. 国际物流和国际贸易互为促进**

国际物流存在和发展的目标是实现国际贸易，而国际贸易得以实现的基础是国际物流的发展，两者相互促进、共同发展。

**4. 国际贸易对国际物流提出新的要求**

国际贸易对国际物流提出了质量、效率、安全、经济和信息化等方面的新要求，国际物流必须向着国际化、现代化的方向发展，以适应国际贸易结构和商品流通形式的变革。

## 二、国际物流的特点

国际物流作为现代物流的重要分支，具有以下特点：

（一）物流环境存在差异

国际物流的一个非常重要的特点是各国物流环境存在差异，尤其是物流软环境的差异较大。例如：不同国家物流适用的法律不同，使国际物流的复杂性远高于一国的国内物流；不同国家的经济和科技发展水平不同，会造成国际物流处于不同科技条件的支撑下，甚至会出现有些地区根本无法应用某些技术而迫使国际物流全系统水平下降；不同国家的物流标准不同，会造成国际物流“接轨”的困难，因而使国际物流系统难以建立；不同国家的人文风俗不同，也会使国际物流受到很大局限。

（二）作业具有复杂性

国际物流跨越海洋和大陆，其业务流程涉及多个国家和地区，同时涉及运输、储存、包装、装卸搬运、流通加工、检验检疫、通关、配送等多个作业环节，是一个庞大的复杂系统。与国内物流相比，国际物流的复杂性远远超过单纯的国内物流，可用4D概括：距离（Distance）、单证（Documentation）、文化差异（Diversity in Culture）和顾客需求（Demands of Customer）。即在不同的国家和地区之间，物流活动距离更长，单证更复杂，在产品和服务上顾客的需求更加变幻莫测，并要满足各种文化差异的需要。国际物流的复杂环境形成了国际物流运作的独有特点：①需要国际贸易中间人；②国际物流业务完成周期长且作业方式复杂多样；③国际物流运作注重系统一体化，重视联盟作用。

（三）高风险性

风险产生的根本原因在于事物发展及其环境变化的不确定性，国际物流也是如此。由于国际物流较长的流程完成周期、复杂的作业和跨国界运作，国际物流过程中除了存在一般性物流风险（如意外事故、不可抗力、作业损害、理货检验疏忽、货物自然属性、合同风险），还因跨国家或地区长距离运作，面临政治、经济和自然等方面的更高风险，具体如下：

**1. 政治风险**

政治风险主要是指由于所经过的国家或地区的政局动荡，如罢工、动乱或战争以及国与国之间的政治、经济关系的变化等造成物流流程中断、运输延迟、物流流程延长及货物损坏甚至丢失等。国际物流流程及所经过的国家或地区越多，这种风险就越大。

**2. 汇率风险和利率风险**

由于国际物流过程中的资金流具有不确定性，因此，除了一般物流过程中存在的经济风险之外，国际物流还面临汇率风险和利率风险。在信用货币制度下，各国货币间的汇率和货币利率受国际金融市场交易状况的影响，其波动性很大，从而导致国际物流过程中用于结算的货币相对币值具有不确定性。例如海运班轮公司会因其运输费结算货币的贬值而减少实际的运费收入，为此，船运公司通常要加收货币贬值附加费以弥补汇率变动所引起的损失。物流流程完成周期越长，这种不确定性就越大，结算货币的汇率和利率的风险就越大。同时，处于不同国家或地区的不同物流阶段上的费用支出一般使用本地货币，这就涉及多种货币间的汇率。币种越多，汇率风险和利率风险就越大，从而增加了物流成本控制的难度。

**3. 自然风险**

自然风险是指因地震、海啸、风暴等自然灾害引起的运输事故、物流过程中断等风险。自然灾害会直接造成货品丢失和损坏，中断物流过程。国际物流由于运输距离远、货物在途时间长、运输方式以海洋运输为主等，因此存在更多自然风险发生的可能性。

**（四）以海洋运输方式为主**

由于国际物流中的运输距离远、运量大，从运输成本角度出发，运费较低的海洋运输成为最主要的方式，国际物流中超过 80% 的业务量由海洋运输完成。此外，为缩短货运时间，满足客户对时间的要求，在运输方式上还采用空运、陆运和海运相结合的方式。目前，在国际物流活动中，“门到门”的运输方式越来越受到货主的欢迎，使得能满足这种需求的国际复合运输方式得到快速发展，并逐渐成为国际物流中的主流运输组织形式。

**（五）必须有国际化信息系统的支持**

国际化信息系统是国际物流，尤其是国际联运中非常重要的支持手段。当前建立国际物流信息系统较好的办法是和各国海关的公共信息系统联机，以及时掌握系统内各个港口、机场和联运路线、站场的实际状况，为供应或销售物流决策提供支持。国际物流是最早发展电子数据交换（Electric Data Interchange，EDI）的领域，以 EDI 为基础的国际物流将会对物流的国际化产生重大影响。但是，国际信息系统建立的难度较大，主要是因为管理困难以及投资巨大。另外，由于世界上有些地区的物流信息水平较高，而有些地区的物流信息水平较低，信息技术应用水平的不一致导致信息系统的建立更为困难。

**（六）标准化要求较高**

要使国际物流畅通起来，统一标准是非常重要的。国际物流标准化是以国际物流为一个大系统，制定系统内部设施、机械设备、专用工具等各个分系统的技术标准；制定系统内各分领域如包装、装卸、运输等方面的工作标准；以系统为出发点，研究各分系统与分领域中技术标准与工作标准的配合性，按配合性要求，统一整个目标物流系统的标准；研究整个国际物流系统与其他相关系统的配合性，从而谋求国际物流大系统的标准统一，获得最佳物流秩序和经济效益。

可以说，如果没有统一的标准，国际物流水平是无法提高的。目前，美国、欧洲基本实现了物流工具、设施的统一标准，如托盘采用 1000mm × 1200mm 规格、统一集装箱的标准规格及推广条码技术、采用统一包装模式等。这样一来，极大地降低了物流费用，降低了转运的难度，加速了国际物流一体化进程。

◇**小资料**

**丝绸之路所运何物？**

丝绸之路虽以运丝和丝织品而得名，但经丝绸之路运输的货物却远远不止这些物品，还有漆器、瓷器、铁器、茶叶等；而由此路东传的物品有西方的玻璃、宝石、葡萄、石榴、胡桃、芝麻、胡瓜（黄瓜）、大蒜、胡萝卜，以及大宛马、无花果等。中国古代四大发明（火药、指南针、造纸术和活字印刷术）也经由陆上、海上丝绸之路传到了西方；而西方国家的文学、艺术和宗教等也相继传到中国。

（资料来源：https：//iask.sina.com.cn/b/7487369-a.html。经整理加工。）

## 第二节　国际物流的产生和发展

### 一、国际物流的产生

国际物流的产生源自世界经济（国民经济）的不平衡，这些不平衡大致可以分为资源分布的不平衡、生产能力的不平衡，以及消费水平的不平衡，不平衡会带来物资在世界范围内的流动，这是国际物流产生的本源，如图 1-1 所示。国际物资流动一方面促进了国际商品交换，形成国际贸易，从而产生国际物流需求；另一方面促进社会产业分工，如“商物分离”，形成物流行业，提供国际物流服务。国际物流需求和供给形成的交易关系构成广义的国际物流市场，呈现丰富的国际物流活动。

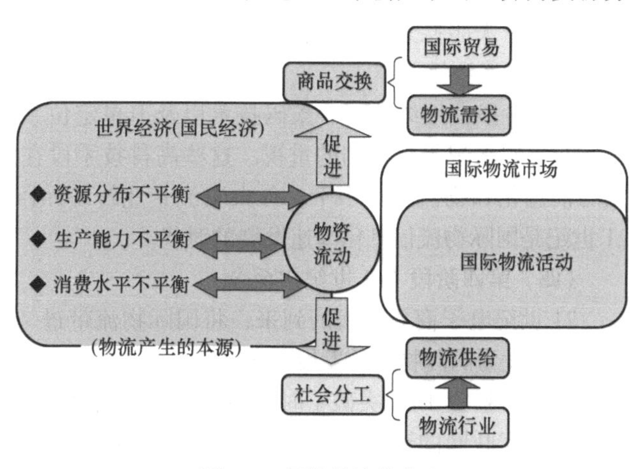


图 1-1　国际物流的产生

### 二、国际物流的发展历程

国际物流是实现全球资源配置必不可少的环节和可靠保证。第二次世界大战后，国际物流的发展大致可以分为四个阶段。

**（一）第一阶段**（20 世纪 50 年代至 80 年代初）

第二次世界大战结束后，国际经济交往越来越频繁。尤其在 20 世纪 70 年代的石油危机以后，国际贸易量非常大，交易水平和质量要求越来越高，逐步形成了国际大规模物流。系统化物流就是在这个时期进入了国际领域，其标志是国际集装箱及集装箱船的快速发展，国际各主要航线的定期班轮都投入了集装箱船，提高了散杂货的物流水平，也使物流服务水平获得了很大的提升。20 世纪 70 年代中后期，国际物流的质量要求和速度要求进一步提高。在这一时期，物流设施和物流技术得到了极大发展，船舶大型化趋势加强，国际物流领域出现了航空物流大幅增加的新形势，同时还出现了更高水平的国际联运，一些国家还建立了本国的物流标准化体系等㊀。

**（二）第二阶段**（20 世纪 80 年代初至 90 年代初）

随着科学技术的发展和国际经济往来的日益频繁，该阶段物流的国际化趋势开始成为世界性的共同问题，国际物流进入全面起步和发展阶段。尤其是正处于成熟经济发展期的日本，更是以贸易立国，实现了与对外贸易相适应的物流国际化，并采取了建立物流信息网络、加强物流全面质量管理等一系列措施，提高其物流国际化的效率。

这一阶段，在物流量基本稳定的情况下出现了“精细物流”，物流的机械化、自动化水平也显著提高。伴随新时代人们需求观念的变化，国际物流着力于应用新技术和新方法解决“小批量、高频度、多品种”的物流运作需求，极大地拓展了国际物流空间。同时伴随国际物流的快速发展，信息技术开始应用于国际物流的组织和管理，如国际物流领域出现了电子数据交换系统。信息技术的作用是使物流向更低成本、更高服务、更大量化、更精细化的方向发展，可以说，这一阶段的国际物流已进入物流信息时代。

**（三）第三阶段**（20 世纪 90 年代初至 21 世纪初）

这一阶段，国际物流的概念和重要性已被各国政府和外经贸部门普遍认识。贸易伙伴遍布全球，物流走向全面国际化，即物流设施国际化、物流技术国际化、物流服务国际化、货物运输国际化、包装国际化和流通加工国际化等。世界各国都在国际物流的理论和实践方面进行了大胆探索。人们已经形成共识：物流无国界，只有广泛开展国际物流合作，才能促进世界经济繁荣。

这一阶段，网络技术、条码技术以及卫星定位系统（GPS）在物流领域得到了普遍应用，而且越来越受到人们的重视。这些高科技手段在国际物流中的应用，极大地提高了物流的信息化和物流服务水平。各大物流企业纷纷斥巨资于物流信息系统的建设。可以说，21 世纪是国际物流信息化高速发展的时代。

**（四）第四阶段**（21 世纪初至今）

21 世纪电子商务时代的到来，将国际物流带进“互联网 +”时代，其显著特点是跨境电商的爆发为国际物流的发展注入了新的活力。

“互联网 +”时代突破了时空限制，使得信息跨境传递和资源共享真正实现。跨境电商作为基于互联网的运营模式，重塑了中小企业国际贸易链条。助力生产企业直接面对全球个体批发商、零售商，甚至是直接的消费者，有效减少了贸易中间环节和商品流转成本，为企业获利能力提升及消费者获得实惠提供了可能。我国通过推动制造型企业上线，促进外贸综合服务企业和现代物流企业转型，从生产端、销售端共同发力，成为跨境贸易电子商务发展的主要策略，必将直接促进国际物流的增长。

## 三、国际物流在世界各国的发展

### （一）美国

美国是当今世界上现代物流最发达的国家，它建立了较为完善的现代物流体系，物流

---

㊀ 代湘荣，胡惟璇．国际物流运作实务［M］．北京：中国人民大学出版社，2020.

管理水平处于世界领先地位。

巨大而成熟的美国物流市场得益于美国政府的放松管制。20 世纪 80 年代，美国的经济结构经过不断调整，高科技产业广泛兴起，美国市场的开放性使世界各地的商品相继涌入，国际物流业务异常繁忙。同时，美国政府不断完善运输网络，注重物流软环境建设，引导美国企业从全球化角度来发展物流，极大地促进了美国国际物流的发展。此外，由于美国的科学技术高度发达，物流设备机械、自动化的程度比较高，智能化的运输工具、自动化无人仓库、包装容器自动生产线的使用，以及不断升级的物流信息管理技术，都为美国国际物流的发展提供了保障。美国还拥有健全的物流研究机构，如具有国际性质的物流研究机构——美国物流管理协会，致力于美国物流理论研究和实际应用，推动了美国物流业走在世界前列。

### （二）日本

日本是处于亚太地区的发达国家。日本的物流总费用约占其国内生产总值的 10%，物流部门在日本经济中占有重要地位。日本政府重视物流基础设施的建设，制定了一系列有利的政策，为日本的国际物流发展创造了条件。2002 年，日本国会通过了《结构改革特别区域法》，实施国际物流特区是其中的重要内容，有关发展国际物流特区的构想就有 12 项，极力打造九州市环黄海全枢纽港、横滨市国际物流特区、川崎市国际航空产业等促进国际物流发展的举措。

日本将国内物流的成功经验，如构建发达、完善的配送系统，广泛应用先进的物流信息技术，积极发展第三方物流等应用于国际物流运作，涌现了一大批国际性物流企业，如日本通运株式会社、NYK 船公司等，同时，也出现了日本后勤系统协会等研究部门。

### （三）中国

在 40 年持续稳定的经济发展支持下，产业结构调整、基础设施建设力度加强、加入世界贸易组织、电子商务的广泛应用、各级政府政策支持等都为我国国际物流的发展创造了有利的宏观环境。我国已成为世界最具发展潜力的生产和贸易市场，现代物流与国际物流都得到了极大的发展。我国国际物流发展呈现如下特点：

#### 1. 国际物流需求量增大、需求层次提高

我国的国际物流量和对外贸易是同步增长的，二者均超过同期国内生产总值的增长速度。我国的对外贸易总额于 2004 年首次突破万亿美元，成为位列全球第一的贸易大国。2019 年，我国贸易进出口总额达 31.54 万亿元，全年进出口、出口、进口规模均创历史新高。

#### 2. 国际物流业发展环境大为改善

**（1）物流产业发展受到各级政府高度重视。**中央政府有关部门包括国家发改委、交通运输部、商务部等，都从不同角度关注我国物流业的发展，积极研究制定有关政策，并对其进行统筹规划。各地政府也在积极筹划本地物流的未来发展。

**（2）物流基础设施和装备初具规模。**当前，我国物流基础设施和装备方面已初具规模，为物流产业的发展奠定了基础。在交通运输方面，我国目前已经建成了由铁路运输、公路运输、水路运输、航空运输和管道运输五个部分组成的综合运输体系，运输路线和场站建设方面以及运输车辆和装备方面也有较大的发展。代表我国国际物流发展规模的海上国际集装箱运输量，在近几年平均以两位数的速度快速增长，作为迅速崛起的贸易大国，我国港口集装箱年吞吐量将达到 1.4 亿 TEU，以沿海主要港口为中心的国际集装箱多式联运网络

初步形成。经过多年的发展，我国在物流基础设施和装备方面，为国际物流的发展奠定了必要的物质基础。

**(3) 物流标准化建设有所突破。**2003年，在中国物流与采购联合会的积极运作和国家标准化管理委员会的大力支持与推动下设立的全国物流信息管理标准化技术委员会，及其设在中国物流与采购联合会与中国物品编码中心的秘书处，共同启动建立了全国统一的物流标准体系，同时在科技部的领导下，完成了物流标准化课题的重大研究，这是我国物流标准化建设的重大突破，有利于与国际先进水平接轨。

**(4) 国际物流信息技术发展迅速。**我国已经基本形成以光缆为主体，以数字微波和卫星通信为辅助手段的大容量数字干线传输网络，分组交互数据网（China PAC）、数字数据网（China DDN）、公用计算机互联网（China Net）和公用帧中继宽带业务网（China FRN）四大骨干网络的连通，使条码（Bar Code）、电子数据交换（EDI）、地理信息系统（GIS）、全球定位系统（GPS）等物流信息技术得以广泛应用，在一定程度上提高了我国的物流信息管理水平，提升了国际物流效率，奠定了我国国际物流迅速发展的技术基础。

**3. 第三方物流快速发展**

发展第三方物流市场是国际物流发展的新方向。目前，我国第三方物流市场形成了四大板块：①从传统运输与仓储企业转型的物流企业，如中远、中外运、中海、中储、中邮、中铁、招商局物流等；②中外合资与外商独资物流企业，如美国总统轮船、联邦快递、联合包裹、丹麦马士基、日本通运等都在中国迅速扩展业务；③民营物流企业，如天津大田、广州宝供、北京宅急送等；④工业与流通物流企业，如青岛海尔、上海百联、广东安得、北京物美等。这些企业都在不同货运经营程度上积极开展第三方物流服务。

**4. 外资抢滩我国国际物流领域**

随着中国加入世界贸易组织（WTO），从2002年起，争夺中国物流市场的国际大战拉开帷幕。跨国物流企业纷纷进军中国物流市场。它们选择了三种方式：①跟随客户进入中国市场，并为其提供服务的国外第三方物流公司，如为麦当劳提供物流服务的“夏晖”等；②实施本土化战略，在中国寻找合作伙伴或对中国物流企业进行改造，如宝洁、IBM等；③国外物流公司进入中国，主动为外资企业与中国企业服务。例如：日本通运株式会社已在大连、上海、深圳成立物流公司，开拓业务，加快向中国物流市场推进；APL（美国总统轮船公司）在中国已拥有30多家分支机构和联络处。国外企业雄心勃勃，决心在中国物流市场大显身手。

◇**小资料**

### 郑和七下西洋

西洋诸国对明朝出品的陶瓷、丝绸等都极喜爱。永乐年间利用郑和下西洋的官船，载运这些货品到海外。在返程中，郑和的官船也会购买或交换一些中国所缺之香料、染料、宝石、象皮、珍奇异兽等。郑和曾到达过爪哇、苏门答腊、苏禄、彭亨、真蜡、古里、暹罗、阿丹、天方、左法尔、忽鲁谟斯、木骨都束等30多个国家和地区，最远曾达非洲东海岸、红海、麦加，并有可能到过澳大利亚。这些记载都代表了中国的航海探险的高峰，比西方探险家达伽马、哥伦布等人早80多年。当时，明朝在航海技术、船队规模、航程之远、持续时间、涉及领域等均领先于同一时期的西方。

明代郑和率大型舰队（近200艘船舰，其中大型宝船就有60余艘，军队两万七八千人）七下西洋，经历“大小凡三十余国，涉沧溟十万余里”，每次往返需要两三年时间。郑和下西洋客观上刺激了官方和民间的自由贸易；开拓了海洋事业，形成了亚非之间的海上丝绸之路；发展了当时的国内造船业，维护了国家安全。

（资料来源：邹振环．郑和下西洋与明朝的“麒麟外交”［J］．华东师范大学学报（哲学社会科学版），2018，50（2）：1-11；169．以及 https：//www.sohu.com/a/65051155_391548。经整理加工。）

## 四、国际物流发展趋势

由于现代物流业对一国经济发展、国民生活水平提高和竞争实力增强有重要的影响，因此，世界各国都十分重视物流业的现代化和国际化，从而使国际物流发展呈现一系列新的趋势和特点：

### （一）系统更加集成化

传统物流一般只是货物运输从起点到终点的流动过程，如产品出厂后从包装、运输、装卸到仓储这样一个流程。而现代物流，从纵向看，它将传统物流向两头延伸并进入新的领域，即从最早的货物采购物流开始，经过生产物流进入销售领域，其间要经过包装、运输、装卸、仓储、加工配送等过程，最终送达用户手中，甚至最后还有回收物流，整个过程包括产品出“生”入“死”的全过程。从横向看，它通过利益输送、股权控制等形式，将社会物流和企业物流、国际物流和国内物流等各种物流系统，有机地组织在一起，即通过统筹协调、合理规划来掌控整个商品的流动过程，以满足各种用户的需求和不断变化的需要，争取做到效益最大化和成本最小化。国际物流的集成化，是将整个物流系统打造成一个高效、通畅、可控制的流通体系，以此来减少流通环节，节约流通费用，达到实现科学的物流管理，提高流通效率和增加效益的目的，以适应在经济全球化背景下“物流无国界”的发展趋势。可以说，从过去物流行业单个企业之间的竞争，现在已经演变成一群物流企业与另一群物流企业的竞争，一条供应链与另一条供应链的竞争，一个物流体系与另一个物流体系的竞争。物流企业所参与的国际物流系统的规模越大，物流效率就越高，物流成本就越低，物流企业的竞争力就越强，这种竞争是既有竞争又有合作的共赢关系。国际物流的这种集成化趋势，是一个国家为适应国际竞争正在形成的跨部门、跨行业、跨区域的社会系统，是一个国家流通业正在走向现代化的主要标志，也是一个国家综合国力的具体体现。

当前，国际物流的集成化发展主要表现在两个方面：①大力建设物流园区；②加快物流企业整合。物流园区建设有利于实现物流企业的专业化和规模化，发挥它们的整体优势和互补优势；物流企业整合，特别是一些大型物流企业跨越国境展开“横联纵合”式的并购，或形成物流企业之间的合作并建立战略联盟，有利于拓展国际物流市场，争取更大的市场份额，加速该国物流业向国际化方向发展。

### （二）管理更加网络化

在系统工程思想的指导下，以现代信息技术提供的条件，强化资源整合和优化物流过程是当今国际物流发展的最本质特征。信息化与标准化这两大关键技术对当前国际物流的整合与优化起到了革命性的影响。同时，标准化的推行，使信息化得到进一步发展并获得了广泛支撑，使国际物流可以实现跨国界、跨区域的信息共享，使物流信息的传递更加方便、快捷、准确，加强了整个物流系统的信息连接。现代国际物流就是这样在信息系统和标准化的共同支撑下，借助于储运和运输等系统的参与以及各种物流设施，形成了一个纵横交错、四通八达的物流网络，使国际物流覆盖面不断扩大，规模经济效益更加明显。

**（三）标准更加统一化**

随着经济全球化的不断深入，世界各国都很重视该国物流与国际物流的相互衔接问题，努力使该国物流在发展的初期，其标准就与国际物流的标准体系相一致。因为现在如果不这样做，以后不仅会加大国际交往的技术难度，更重要的是，在如今关税和运费本来就比较高的基础上，又增加了与国际标准不统一所造成的工作量，将使整个外贸物流成本增加。目前，跨国公司的全球化经营正在极大地影响物流全球性标准化的建立。一些国际物流行业和协会，在国际集装箱和EDI技术发展的基础上，开始进一步对物流的交易条件、技术装备规格，特别是单证、法律条件、管理手段等方面推行统一的国际标准，使物流的国际标准更加深入地影响国内标准，使国内物流日益与国际物流融为一体。

**（四）配送更加精细化**

随着现代经济的发展，各产业、部门、企业之间的交换关系和依赖程度越来越错综复杂，物流是联系这些复杂关系的交换纽带，它使经济社会的各部分有机地连接起来。在市场需求瞬息万变和竞争环境日益激烈的情况下，物流企业和整个物流系统必须具有更快的响应速度和协同配合的能力。更快的响应速度，要求物流企业及时了解客户的需求信息，全面跟踪和监控需求的过程，及时、准确、优质地将产品和服务递交到客户手中。协同配合的能力，要求物流企业与供应商和客户实现实时的沟通，使供应商对自己的供应能力有预见性，能够提供更好的产品、价格和服务；使客户对自己的需求有清晰的计划性，以满足自己生产和消费的需要。国际物流为了达到零阻力、无时差的协同，需要做到与合作伙伴之间业务流程的紧密集成，加强预测、规划和供应，共同分享业务数据、联合进行管理执行以及完成绩效评估等。只有这样，才能使物流作业更好地满足客户的需要。

现代经济专业化分工越来越细，一些企业除了自己生产一部分主要部件外，大部分部件都需要外购，国际加工贸易就是这样发展起来的。随着国际贸易分工布局的细化，国际物流企业应运而生。为了适应各制造厂商的生产需求，以及多样、少量的生产方式，国际物流的高频度、小批量的配送也随之产生。早在20世纪90年代，我国台湾地区计算机行业创建了一种“全球运筹式产销模式”，就是采取按客户订单、分散生产形式，将计算机的所有零部件、元器件、芯片外包给世界各地的制造商生产，然后通过国际物流网络将这些零部件、元器件、芯片集中到物流配送中心，再由该配送中心发送给计算机生产厂家。自20世纪80年代以来，美国、欧洲一些发达国家和地区进行了一场物流革命，其内容是对物流的各种功能、要素进行整合，使物流活动系统化、专业化，从而出现了专门从事物流服务活动的第三方物流企业。随后，各种专业化的物流服务企业在欧美发达国家和地区大量涌现并加速发展，使物流服务功能更强大，服务质量更精细。物流产业已经成为发达国家服务业中的一个重要组成部分。

**（五）园区更加便利化**

为了适应国际贸易的急剧扩大，许多发达国家都致力于港口、机场、铁路、高速公路、立体仓库的建设，一些国际物流园区应运而生。

这些园区一般选择靠近大型港口和机场兴建，依托重要港口和机场，形成处理国际贸易的物流中心，并根据国际贸易的发展和要求，提供更多的物流服务。例如：日本政府为了提高中心港口和机场的国际物流功能，重点在横滨港、名古屋港、大阪港、神户港进行超级中枢港口项目建设，对成田机场、关西机场、羽田机场进行扩建，并在这些国际中心港口和空港附近设立物流中心，提高国际货物的运输和处理能力。这些国际物流中心一般都具有保税区的功能。此外，港口还实现24小时作业，国际空运货物实现24小时运营。在通关和其他办证方面，也提供许多便利。国际物流和国内物流实际上是货物在两个关税区的转接和跨国界的流动，要实现国内流通体系和国际流通体系的无障碍连接，必须减轻国际物流企业的负担，简化行政手续，提高通关的便利化程度。日本在这方面实行了统一窗口办理方式，简化了进出口以及机场港口办理手续，迅速而准确地进行检疫、安全性和通关检查。因此，国际物流园区的便利化发展，不仅有赖于物流企业本身的努力，而且特别倚重政府的支持。各国政府应重视围绕机场港口建立保税区、保税仓库，提供“点到点”服务、“一站式”服务的国际物流中心规划。

**（六）运输更加现代化**

国际物流的支点离不开仓储与运输。国际物流要适应当今国际竞争快节奏的特点，就要求仓储和运输现代化，通过实现高度的机械化、自动化、标准化手段来提高物流的速度和效率。国际物流运输的最主要方式是海运，有一部分是空运，还会涉及铁路、公路等运输方式，因此，国际物流要求建立起海运、空运、铁路、公路的立体化运输体系，以实现快速、便捷的“一条龙”服务。

为了提高物流的便捷化，当前世界各国都在采用先进的物流技术，开发新的运输和装卸设备，大力改进运输方式，如应用现代化物流手段和方式，发展集装箱运输、托盘技术等。美国的物流效率之所以高，是因为美国的物流模式善于将各种新技术有机地融入具体物流运作中，因而能在世界上率先实现高度的物流集成化和便利化。这也使从事物流的企业的利润和投资收益持续增加，进而诱发新的研究开发投资，形成良性循环。总之，融合了信息技术与交通运输现代化手段的国际物流，对世界经济运行将继续产生积极的影响。

**◇小资料**

**“一带一路”倡议（国家级顶层合作倡议）**

2013年9月7日，国家主席习近平在哈萨克斯坦纳扎尔巴耶夫大学发表题为《弘扬人民友谊　共创美好未来》的重要演讲，提出共同建设“丝绸之路经济带”。

2013年10月3日，习近平主席在印度尼西亚国会发表题为《携手建设中国－东盟命运共同体》的重要演讲，提出共同建设“21世纪海上丝绸之路”。

“丝绸之路经济带”和“21世纪海上丝绸之路”简称“一带一路”倡议。

2015年3月28日，国家发改委、外交部、商务部联合发布了《推动共建丝绸之路经济带和21世纪海上丝绸之路的愿景与行动》。

（资料来源：https：//www.yidaiyilu.gov.cn/info/iList.jsp?cat_id=10032。经整理加工。）

## 第三节　国际物流主要业务活动

随着物流全球化的形成，企业物流国际化运作成为必然。其业务活动较为广泛，且远比国内物流复杂，主要业务活动有以下几方面：

## 一、进出口业务

一个典型和较完整的进出口物流流程如图 1-2 所示。在实际业务中，有可能只涉及其中的部分角色。

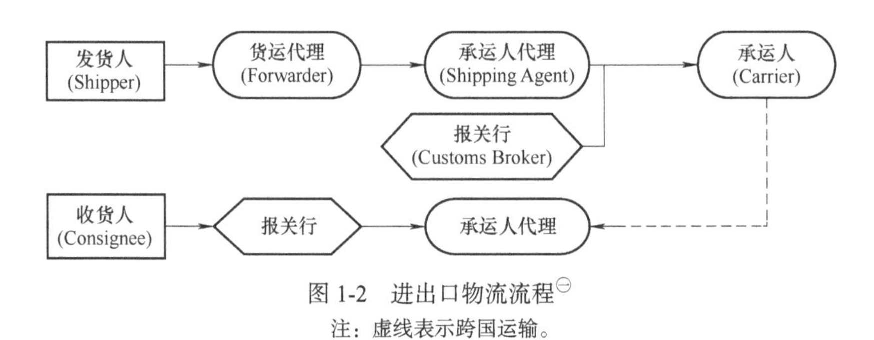


图 1-2 进出口物流流程[㊀]

注：虚线表示跨国运输。

进出口业务涉及的有关参与方有以下几方面：

**1. 发货人**

进出口业务中的发货人即供应商。它可以是生产厂家或它们的经销商，有时也可能是货运公司或货运代理。

**2. 货运代理**

货运代理是介于货主和实际承运人之间的中间商。它一方面代为货主进行租船订舱，另一方面又代为实际承运人揽货，从中收取整箱（车）货和零担货物之间的差价或收取佣金。

**3. 承运人代理**

承运人代理主要是替承运人（如船公司、航空公司）在港口安排接泊、装卸、补给等业务。有时代理承运人签发运单。承运人代理在海运中较为常见，而在空运中较为少见。有的承运人代理也从事货代业务。

**4. 承运人**

承运人是实施运输的主体，在国际贸易运输中主要是指船公司或航空公司。虽然有的承运人也直接面对货主，但多数情况下，货主已经不直接与其打交道了。

**5. 报关行**

虽然各国对进出口货物的管制政策有所不同，但基本上各国海关都要求进出口货物进行申报。有些货主有自己的报关人员，这时就不需要报关行的介入。许多货运代理有报关资格，也不需要单独的报关行介入。

**6. 收货人**

运单上的收货人，情况较为复杂。一般来说，收货人应是货物的进口人。有时，由于进口管制，最终的收货人并不体现在运单上。运单上的收货人往往是进口代理商，而在“通知人”（Notify Party）上显示的可能才是真实的收货人。另外，在复杂的货运情况下，

---

㊀ 王任祥．国际物流［M］．2 版．杭州：浙江大学出版社，2009.

主运单和分运单上所示的收货人的意义有所不同。往往分运单上的收货人才是真正的收货人，而主运单上的收货人则往往是货运代理。

## 二、国际运输

国际运输是指跨越一国边界的货物或服务的出口或进口。一般最常用的国际运输方式是海洋运输，此外还有航空运输、铁路运输、公路运输和管道运输，以及不同运输方式的联合运输。

随着现代通信手段的进步和专业物流企业服务水平的提高，现在已经有一些物流企业通过采用GPS，实现对货主货物的全程监控并可以对在途货物重新进行调度，使货主可根据市场需求情况重新进行库存定位，随时修改货物目的地，避免了地区性调货带来的额外成本，并使企业的配送活动成效得以极大提高。

## 三、库存与仓储管理

库存管理已成为最有挑战性的物流活动之一，而在跨国范围内管理存货则更加困难。由于距离远、港口工作拖延、海关拖延以及转运时间长等原因，国际物流需要保有比国内物流更多的存货，这就必然提高了存货成本。而政府对外贸的管制以及关税的征收更加剧了存货问题。公司不得不保有额外存货以应付断货情况。国际仓储与国内仓储功能相同，均包括收货、转运、配货及发送，但通常人们会更重视货物在仓库系统中的快速运转。

## 四、包装与物料搬运

保护性包装在跨国经营中所起的作用比在国内更为重要，这是由于货物在途时间长、搬运次数多，要经历更恶劣的天气变化等。通常，跨国性经营的产品包装会大幅增加物流成本，其中一部分是由于特殊的包装要求，此外还有标签和包装标志方面的原因。由于目的国不同，标签要求也不相同。

物料搬运系统在全球各地都不相同，澳大利亚、新西兰、新加坡等国家及中国香港地区的物料搬运系统属于世界上较先进的系统，均已实现了机械化或自动化。然而在许多发展中国家，大多数物料搬运系统仍然是人工的，产品在仓库和工厂中的搬运效率很低，并且对有些货物可能根本就无法进行处理。例如集装箱装卸，有些港口只能处理20ft（1ft ≈ 0.3048m）集装箱。

## 五、信息作业

国际物流中的信息作业主要涉及物流过程中各种单据传输的电子化、对在途货物的跟踪定位以及市场信息的跨国传递。国际物流的主要信息通信手段包括EDI、互联网（Internet）以及GPS。近年来，各国十分重视信息化方面的建设，在国际物流活动中信息化程度较高。

## ◇重要概念

国际物流　第三方物流　绿色物流　国际贸易

## ◇本章小结

本章首先介绍了国际物流的概念和内涵，以及国际物流与国际贸易的联系、特点；其次回顾了国际物流的各个发展阶段以及各主要国家国际物流发展现状，总结了国际物流的最新发展趋势；最后阐述了国际物流的主要业务活动。

## ◇复习思考题

### 一、单选题

1. 广义的国际物流是指（　　）。

A. 国际货物物流　　B. 贸易型国际物流

C. 非贸易型国际物流　　D. 贸易型国际物流与非贸易型国际物流

2. 以下关于国际物流的发展趋势描述正确的是（　　）。

A. 国际物流系统更加分散化　　B. 国际物流运输更加现代化

C. 国际物流园区更加分散化　　D. 国际物流服务更加专门化

3. 20 世纪 80 年代初至 90 年代初，国际物流的特点不包括（　　）。

A. 物流的机械化、自动化水平显著提高

B. 开始发展“小批量、高频度、多品种”的物流

C. 已经形成“物流无国界”的共识

D. 出现了 EDI 系统

4. 下列关于“一带一路”倡议与中国国际物流新机遇表述不正确的是（　　）。

A. 自我强化效应减弱

B. 为重要节点城市带来物流发展机遇

C. 增进我国西向国际物流规模

D. 推进我国制造业、能源和电子商务等物流发展

5. 20 世纪 90 年代开始出现在物流领域的技术不包括（　　）。

A. 网络技术　　B. 条码技术　　C. GPS 技术　　D. EDI 技术

6. 国际物流是实现货物在（　　）个及以上国家（或地区）间的物理性移动而发生的物流活动。

A. 一　　B. 二　　C. 三　　D. 四

7. 国际物流的特点不包括（　　）。

A. 环境差异性　　B. 高标准化要求

C. 系统范围狭窄　　D. 国际化信息系统支持

8. 关于国际物流与国际贸易说法错误的是（　　）。

A. 国际贸易是随着国际物流的发展而发展起来的

B. 国际贸易促进了国际物流的产生与发展

C. 国际贸易的发展不断对国际物流提出新的要求

D. 促进国际贸易发展的外力保障是经济全球化的稳定发展

### 二、多选题

1. 国际物流风险包括（　　）。

A. 政治风险　　B. 汇率风险　　C. 利率风险　　D. 自然风险

2. 下列属于国际物流特点的是（　　）。

A. 国际物流作业具有复杂性

B. 国际物流必须有国际化信息系统的支持

C. 国际物流以航空运输方式为主，多种运输方式相结合

D. 国际物流标准化要求更高

3. 国际物流系统发展对国际贸易产生的影响有（　　）。

A. 高效的国际物流系统成为国际贸易持续发展的保证

B. 国际物流是随着国际贸易的发展而产生和发展起来的

C. 国际物流的发展极大地改善了国际贸易的环境

D. 国际物流的发展为国际贸易提供了各种便利的条件

4. 21 世纪国际物流的特点是（　　）。

A. 跨境电商爆发为其注入新活力　　B. 突破时空限制

C. 信息跨境传递　　D. 资源共享

**三、简答题**

1. 国际物流相对于国内物流具有什么特点？

2. 国际贸易和国际物流的相互关系如何？

3. 简述国际物流的发展趋势。

## ◇课后延伸阅读

喜崇彬．疫情下国际物流面临的挑战与对策［J］．物流技术与应用，2020，25（5）：58-62.

# 第二章　国际物流系统与网络

## ◇学习目标

1. 了解国际物流系统的含义，以及国际物流节点类型和功能。
2. 熟悉国际物流系统的构成要素。
3. 理解国际物流网络构建对一国国际物流发展的重要意义。

## ◆导入案例

### 菜鸟网络“折返跑”背后：中国应加快国际物流体系建设

从2020年1月25日，武汉“封城”开始，菜鸟网络陆续将欧洲华人捐赠的上百万个口罩和比利时政府捐赠的呼吸机等物资从列日机场运抵中国，而后一段时间，菜鸟网络又将数百万个口罩和检测试剂运抵列日机场。

列日位于欧洲中心地带，从这里出发的包裹最快5h内便可送达法国、英国、德国、西班牙等主要市场。菜鸟网络将在列日机场建设一个22万$m^2$ eHub（数字中枢）。eHub是菜鸟网络提出的一个概念，它包括物流基础设施和基于其上的数字中枢。

某快递行业专家对经济观察网表示，通过投资国际物流基础设施，增加不同物流服务商之间的黏性，是菜鸟网络建设其国际物流体系的途径。

拥有一个高效的国际物流体系是20世纪美国、德国、日本等制造业大国曾经走过的路径，由此形成了一批具有国际服务能力或区域服务能力的物流巨头，如联邦快递、DHL和雅玛多等。

中国快递协会原副秘书长邵钟林对经济观察网表示：“拥有具备全球服务能力的物流企业是每一个真正的制造业大国应该做到的事情。”

基于种种原因，中国在制造出口的高峰期并未形成这一体系，而主要依赖于海外物流公司，但在最近的数年时间中，中国邮政、菜鸟网络、顺丰等头部企业正在沿着不同路径尝试搭建这一体系。

在邵钟林看来，此前海外快递出现的国际纠纷和此次疫情带来的特殊考验都不断提示一件事，即中国应该加快自己的国际物流体系建设。

2020年1月25日，阿里巴巴集团决定，菜鸟网络将无条件为抗击疫情服务。随后，一个“疫情物资国际运输体系”形成了，其中包含菜鸟网络在全球合作的32家物流企业，这些企业覆盖了海外提货、仓储存储、航空运输、报关清关、国内运输、末端配送等诸多物流环节，形成了一个特殊时期的国际物流网络。

通过这一体系，在国内疫情的高峰时期，菜鸟网络将来自全球38个国家和地区的5670多万件医疗物资运入疫区。在海外疫情逐渐严峻的时候，这一物流体系又开始将各地筹集到的医疗应急物资运往海外疫情严重的区域。

这一体系是阿里巴巴和菜鸟网络近年在国际物流领域持续投入的结果，从2017年起，阿里巴巴和菜鸟网络开始在全球多个城市推动数字贸易平台和相关物流基础设施的建设。

（资料来源：https：//baijiahao.baidu.com/s?id=1661474195701339997&wfr=spider&for。经整理加工。）

# 第一节 国际物流系统

## 一、国际物流系统的含义与特征

系统是由相互作用和相互依赖的若干部分结合而成的，是具有特定功能的有机整体，而这个整体又是它所从属的更大系统的组成部分。系统一般需要具备三个特征，即整体性、由多种要素组成、要素之间相互关联。作为一个系统，国际物流系统同样符合系统的上述三个特征。因此，国际物流系统也是为实现一定目标而设计的由各相互作用、相互依赖的要素（或子系统）所构成的整体。

国际物流系统具有一般物流系统共有的特征[⊖]：

**1. 具有一定的整体目的性**

物流系统要有一定的明确目的，也就是要将商品按照用户的要求，以最快的方式、最低的成本送到用户手中。

**2. 跨度比较广**

它主要涉及不同地域的、国际的企业物流。

**3. 具有较强的动态性**

它衔接多个供方和需方，系统会随着需求、供应、渠道、价格的变化而变化，并且系统内的要素也经常发生变化，稳定性差，动态性强。

**4. 是一个中间系统**

国际物流系统是由若干个子系统构成的，同时，它又属于整个大社会的流通系统，受到整个社会经济系统的制约。

**5. 具有较强的复杂性**

国际物流系统是由各个不同要素构成的，是有形因素和无形因素、可控因素和不可控因素的结合体，这导致了它的复杂性。

国际物流是一个复杂而巨大的系统工程，国际物流系统的基本要素包括一般要素、功能要素、支撑要素和物质基础要素。

---

⊖ 逯宇铎，鲁力群．国际物流管理［M］．北京：机械工业出版社，2020.

◇小资料

**系统的含义**

“系统”一词来源于英文 system 的音译，即若干部分相互联系、相互作用，形成的具有某些功能的整体。英文中系统（system）一词来源于古代希腊文（systεmα），意为部分组成的整体。系统的定义应该包含一切系统所共有的特性。一般系统论创始人贝塔朗菲对“系统”的定义为：“系统是相互联系、相互作用的诸元素的综合体。”这个定义强调元素间的相互作用以及系统对元素的整合作用。

中国著名学者钱学森认为，系统是由相互作用、相互依赖的若干组成部分结合而成的，是具有特定功能的有机整体，而且这个有机整体又是它从属的更大系统的组成部分。系统具备三个特征：整体性、由多种要素组成、要素之间相互关联。

（资料来源：https：//baike.baidu.com/item/%E7%B3%BB%E7%BB%9F/479832。经整理加工。）

## 二、国际物流系统的一般要素

国际物流系统的一般要素主要由劳动者、资金和物三个方面构成。

### （一）劳动者要素

这是现代物流系统的核心要素和第一要素。提高劳动者的素质，是建立一个合理化国际物流系统并使其有效运转的根本。

### （二）资金要素

交换是以货币为媒介的。实现交换的国际物流过程，实际也是资金的运动过程。同时，国际物流服务本身也需要以货币为媒介，国际物流系统建设是资本投入的一大领域，离开资金这一要素，国际物流就不可能实现。

### （三）物的要素

物的要素首先包括国际物流系统的劳动对象，即各种实物。若缺少此要素，国际物流系统便成了无本之木。此外，国际物流物的要素还包括劳动工具、劳动手段，如各种物流设施、工具、各种消耗材料（燃料、保护材料）等。

## 三、国际物流系统的功能要素

国际物流系统的功能要素是指国际物流系统所具有的基本能力，这些基本能力有效地组合、联结在一起，形成了国际物流系统的总功能，由此便能合理、有效地实现国际物流系统的目的，实现其自身的时间效益和空间效益，满足国际贸易活动和跨国公司经营的要求。

一般认为，国际物流系统的功能要素有商品的包装、储存、运输、检验、外贸加工和其前后的整理、再包装及国际配送、物流信息处理等。其中，储存和运输子系统是物流的两大支柱。如果从国际物流活动的实际工作环节来考察，国际物流主要由上述几项具体工作完成。这几项工作也相应地形成各自的子系统。

### （一）国际货物运输子系统

运输的作用是将商品使用价值进行空间移动，物流系统依靠运输作业克服商品供产地和需要地之间的空间距离，创造商品的时空效益。国际货物运输是国际物流系统的核心，有时就用运输代表物流全体。通过国际货物运输作业，使商品在交易前提下由卖方转移给买方。在非贸易物流过程中，通过运输作业将物品由发货人转移到收货人。这种国际货物运输具有路线长、环节多、涉及面广、手续繁杂、风险性大、时间性强、两段性和联合运输等特点。

所谓外贸运输的两段性，是指外贸运输的国内运输段（包括进口国、出口国）和国际运输段。

**1. 国内运输段**

国内运输段是指出口商品由生产基地或供货地运送到出运港（铁路站、公路站、机场港口）的国内运输，是国际物流中不可缺少的重要环节。离开国内运输，出口货源就无法从产地或供货地集运到港口、车站或机场，也就不会有国际运输段。出口货物的国内运输工作涉及面广、环节多，需要各方面协同努力，组织好运输工作。摸清货源、产品包装、加工、短途集运、国外到证、船期安排和铁路运输配车等各个环节的情况，做到心中有数，力求做好车、船、货、港的有机衔接，确保出口货物运输任务的顺利完成，减少压港、压站等物流不畅的局面。国内运输的主要工作有发运前的准备工作、清车发运、装车和装车后的善后工作。

**2. 国际运输段**

国际运输段是国内运输的延伸和扩展，同时又是衔接出口国货物运输和进口国货物运输的桥梁与纽带，是国际物流畅通的重要环节。出口货物被集运到出运港办完出口手续后直接装船发运，便开始国际段运输。有的则需要暂进港口仓库储存一段时间，等待有效泊位，或者有船后再出仓装船外运。国际段运输可以采用由出口国转运港直接到进口国目的港卸货，也可以采用中转经过国际转运点再运给用户。

国际货物运输业将伴随着科技革命的浪潮迅速发展。大宗货物散装化、杂件货物集装箱化已成为运输业技术革命的重要标志。现代物流业的迅速发展无不与运输业的技术革命相关联。现代运输中，特别是集装箱的发展与进步更是促进了国际物流业的发展，二者相辅相成。

运输设施的现代化发展对国际物流和国际贸易的发展起着重大的推进作用，是二者发展的前提。运输设施必须超前发展才能适应国际物流的发展。西方工业发达国家在国际贸易中处于有利的、领先的地位，这与其国际物流运输业的现代化条件是分不开的。

**（二）外贸商品储存子系统**

外贸商品的储存、保管使商品在其流通过程中处于一种或长或短的相对停滞状态，这种停滞是完全必要的，因为外贸商品流通是一个由分散到集中、再由集中到分散的源源不断的流通过程。外贸商品从生产商或供应部门处被集中运送到装运出运港（铁路站、公路站、机场港口），以备出口，有时需临时存放一段时间，再从装运港转运出口，是一个集和散的过程。为了保持不间断的商品往来，满足出口需要，必然有一定量的周转储存；有些出口商品需要在流通领域内进行出口商品贸易前的整理、组装、再加工、再包装或换装等，形成一定的贸易前的准备储存；有时，由于某些出口商品在产销时间上的背离，如季节性生产但常年消费的商品和常年生产但季节性消费的商品，则必须留有一定数量的季节储备。当然，有时也会出现一些临时到货，货主一时又运不走，更严重的是进口商品到了港口或边境车站，但联系不上货主或无人认领，这种特殊的临时存放保管，即所谓的压港、压站现象。这种情况给贸易双方或港方、船方等都带来损失。因此，国际货物的库存量往往高于内贸企业的货物库存量。

### （三）商品包装子系统

由于国际物流运输距离长、运量大、运输过程中货物堆积存放、多次装卸，在运输过程中货物损伤的可能性大，因此在国际物流活动中包装活动非常重要。集装箱的出现为国际物流活动提供了安全、便利的包装方式。

商标就是商品的标志。商标一般都需要经过国家有关部门登记注册，并且受法律保护。顾客购买商品往往十分看重商标，因此，商标关系着一个企业乃至一个国家的信誉。国际进出口商品商标的设计要求有识别性；要求表现一个企业（或一个国家）特色产品的优点，简洁明晰并易看、易念、易听、易写、易记；要求有持久性和不违背目标国际市场和当地的风俗习惯；出口商品商标翻译要求传神；商标不得与国旗、国徽、军旗、红十字会章相同，不得与正宗标记或政府机关、展览性质集会的标记相同或相近。

在考虑出口商品包装设计和具体作业过程时，应把包装、储存、装卸搬运和运输联系起来统筹考虑，全面规划，实现现代国际物流系统所要求的“包、储、运”一体化，即从商品一开始包装就要考虑储存的方便、运输的快速、物流费用的减少等现代物流系统设计的各种要求。

### （四）商品检验子系统

由于国际贸易具有投资大、风险高、周期长等特点，使得商品检验成为国际物流系统中重要的子系统。通过商品检验，可以确定交货品质、数量和包装条件是否符合合同规定。若发现问题，可分清责任，向有关方面索赔。在买卖合同中，一般都订有商品检验条款，其主要内容有检验时间与地点、检验机构与检验证明、检验标准与检验方法等。

### （五）国际配送子系统

配送是指在经济合理区域内，根据用户要求，对物品进行拣选、加工、包装、分割、组配等作业，并按时送达指定地点的物流活动。

#### 1. 配送在国际物流中的地位

无论多么庞大、复杂的物流过程，最终与服务对象（或者物流服务需求者）“见面”的就是最后一段的配送。服务对象满意与否，也只是对这段配送的直观感受。所以，配送功能完成的质量及其达到的服务水平，直观而具体地影响着顾客对物流服务的满意程度。整个物流系统的意义和价值的体现，最终完全依赖于其终端——配送功能的价值实现程度。

#### 2. 配送的现代化趋势

配送由一般送货形式发展而来，通过现代物流技术的应用来实现商品的集中、储存、分拣和运送，因此，配送过程集中了多种现代物流技术。建立高效的配送系统，必须以信息技术和自动化技术为手段，以良好的交通设施为基础，不断优化配送方式，而这又必然会推动物流新技术的应用和开发。配送系统可以直接利用计算机网络技术构筑，如建立 EDI 系统，以快速、准确、高效地传递、加工和处理大量的配送信息；利用计算机技术，建立计算机辅助进货系统、辅助配送系统、辅助分拣系统、辅助调度系统、辅助选址系统等。另外，在配送系统中利用自动装卸机、自动分拣机、无人取货系统和搬运系统及相应的条码技术，与信息管理系统相配合，可以使配送中心的效率发挥到最大。

### （六）国际物流信息子系统

信息子系统的主要功能是采集、处理及传递国际物流和商流的信息情报。没有功能完善的信息系统，国际贸易难以为继。国际物流信息主要包括进出口单证的作业过程、支付方式信息、客户资料信息、市场行情信息和供求信息等。

国际物流信息系统的特点是信息量大、交换频繁，传递量大、时间性强，环节多、点多、线长，所以要建立技术先进的国际物流信息系统。国际贸易中，EDI 的发展是一个重要趋势。我国应在国际物流中加强推广 EDI 的应用，建设国际贸易和跨国经营的信息高速公路。

## 四、国际物流系统的支撑要素

国际物流系统的运行需要许多支撑要素，尤其是处于复杂的社会经济系统中，要确定国际物流系统的地位，要协调国际物流系统与其他系统的关系，这些要素就更加不可缺少。它们主要包括以下四个方面：

### （一）体制、制度

物流系统的体制、制度决定了物流系统的结构、组织、领导和管理的方式。国家对体制、制度的控制、指挥和管理的方式是国际物流系统的重要保障。

### （二）法律、规章

国际物流系统的运行会不可避免地涉及企业或人的权益问题。法律、规章一方面限制和规范物流系统的活动，使之与更大的系统相协调；另一方面则是给予保障。合同的执行、权益的划分、责任的确定都要依靠法律、规章来维系。各个国家和国际组织的有关贸易、物流方面的安排、法规、公约、协定、协议等也是国际物流系统正常运行的保障。

### （三）行政、命令

国际物流系统和一般系统的不同之处在于，国际物流系统关系到国家的经济命脉，所以，行政、命令等手段也常常是国际物流系统正常运行的重要支撑要素。

### （四）标准化系统

标准化系统是保证国际物流各环节协调运行、保证国际物流系统与其他系统在技术上实现联结的重要支撑条件。

## 五、国际物流系统的物质基础要素

国际物流系统的建立和运行需要大量的技术装备手段，这些手段的有机联系对国际物流系统的运行有决定意义。具体而言，物质基础要素主要有以下四种：

### （一）物流设施

物流设施是组织国际物流系统运行的基础物质条件，包括物流站、场，物流中心、仓库，国际物流线路，建筑物，公路，铁路，口岸（如机场、港口、车站、通道）等。

### （二）物流设备

物流设备是保证国际物流系统运行的条件，包括仓库货架、进出库设备、加工设备、运输设备、装卸机械，以及包装工具、维修保养工具、办公设备等。

### （三）信息技术及网络

信息技术及网络是掌握和传递国际物流信息的手段，根据所需信息水平的不同，包括通信设备及线路、传真设备、计算机及网络设备等。

### （四）组织及管理

组织及管理是国际物流网络的“软件”，起着联结、调运、运筹、协调、指挥其他各要素的作用，以保障达到国际物流系统的目的。

# 第二节　国际物流节点

## 一、物流节点的概念与类型

### （一）物流节点的概念

物流过程是由货物反复多次的移动、停顿构成的。动态的货物移动路线和静止的节点相互连接，构成了物流网络，或者说物流网络是由物流节点和物流线路两部分构成的。一般认为，物流基本功能至少有七项：运输、仓储、装卸搬运、包装、流通加工、配送、信息反馈。其中，只有运输功能和配送的部分功能是在交通线路上进行的，其他基本功能都是在物流节点上（即线路的结合处）进行的。由此可见，物流节点十分关键，它在整个物流网络的运行中发挥着极其重要的作用，没有它，物流网络也不会存在。

在 GB/T 18354—2006《物流术语》中，“物流网络”被定义为“物流过程中相互联系的组织、设施与信息的集合”，这个定义实际上描述了一个包含运输路径和物流节点的实体物流网络，即在实体层面上，物流网络是特定的物流节点和存在于这些物流节点之间相互连接的运输路径共同组成的物流系统。由此可见，物流节点是物流线路的起点和终点，也是整个物流网络的核心和重要构件。在物流网络中，物流节点作为衔接中枢，提高了物流网络的线路连贯性与相关性，同时还可以通过一系列方法实现网络结构与系统效率的整体优化，物流节点和物流运输路线相互配合的程度反映了物流网络功能的强弱。在物流网络中，物流节点对于整个物流网络的影响，不仅取决于其所担当的一般物流职能，更着重于其参与的枢纽连接调度与中转等网络中枢功能。

物流节点是物流网络存在的基础和物流货源需求产生的源头，是物流网络中物流行为和服务的发生地，是物流活动的集结地。物流节点又称物流据点或物流结点，它存在于每一条物流线路的两端，或是两条或多条物流线路的交汇点和结合处。在一个特定的物流网络中，物流节点是衔接和协调运输线路的中间环节，起到中心枢纽作用，因此也被称为物流中心或枢纽节点[1]。

广义的物流节点是指处于物流网络中，连接各个线路并进行物资集散、中转和储运的区域，包括各类大中小港口、口岸码头、机场、车站、货运交通枢纽集散点、包装中心、加工中心等，甚至工厂、堆场、仓库、商店等都可以被称为节点。

狭义的物流节点则特指现代物流意义上的集配网点、配送中心和物流园区，从区域物流的角度来看，可以将城市或国家抽象为一个物流集散点，构成区域物流网络中的节点集合。因此，在一定的区域地理环境下，往往定义大中型城市为物流节点，利用这些区域性物流中心城市的有效辐射，以点带面，以面支撑节点，达到区域内外物流布局合理、货物高效流通的目的。

### （二）物流节点的类型

物流节点所涉及的范围广泛，内容丰富，涵盖的跨度极大，根据不同的划分标准，物流节点类型也不同。在物流业发展逐渐成熟的过程中，按照物流节点的规模、设施以及功能，已经形成的节点类型主要有存储型物流节点、转运型物流节点、流通型物流节点、配

[1] https：//www.icourse163.org/university/UIBE#/c。

送型物流节点以及综合型物流节点。

**1. 存储型物流节点**

货物流动中线路的拥挤，或者口岸报关等物流活动的干涉，导致货物不得不搁置一段时间，这就需要存储型节点在物流活动中进行仓储保管以及中转等服务，一方面减少物流网络的拥挤性，同时保证货物提前存放于节点处，满足运输工具的集货需求和及时装运。存储型物流节点以货物存放为职能，主要包括储备仓库、中转仓库、货栈、营业仓库等。

**2. 转运型物流节点**

转运功能是物流节点最重要的功能之一，转运型物流节点往往位于不同运输方式衔接中转的场所，以保证不同运输方式的快速高效衔接。比如大型港口，作为大型转运型节点，往往需要将货物再分拨到铁路集卡，以及在大型货车上进行下一步行程，并保证在货物流通过程中减少货物的搁置时间，保证货物高效快速流通。转运型物流节点以连接各种不同运输方式为主要功能，常常位于运输线路枢纽处，或要冲地带，主要包括港口、码头、空港、铁路货运站、公路货运站、中铁联运枢纽、水陆联运枢纽、综合转运枢纽等。

**3. 流通型物流节点**

在货物流动基础上衍生出来的物流节点为流通型物流节点。通常情况下，流通型物流节点不仅包含流通功能，如果物流节点处在不同运输方式的交接处，就会被认为是转移型物流节点，即以组织货物在系统中流通为主要职能的物流节点，主要包括流通仓库、配送中心、拣货中心、流通中心等。在流通型物流节点发展过程中，衍生出来了加工型物流节点，其主要功能是服务加工，衔接好原材料生产商和市场，在一定程度上满足市场对产品的个性化要求。

**4. 配送型物流节点**

配送型物流节点是以组织配送性销售或供应、执行实物配送为主要职能的流通性节点。为了能做好送货的编组准备，配送型物流节点必然要将从供应者手中接收的多种大量的货物进行倒装、分类、保管、流通加工和信息处理等作业，然后按照众多需求者的订货要求备齐货物，以令人满意的服务水平进行配送。配送型物流节点通常兼具集货中心、分拣中心、流通加工中心的功能。

**5. 综合型物流节点**

综合型物流节点集中了物流节点的多种功能，在一个物流节点中能够实现两种及以上的节点功能，并且将各职能相互配合、共同协作，构成了有效衔接与充分协调的集约型节点网络。通常情况下，这种物流节点规模较大，物流设施齐全，而且管理水平较高，并衍生出了不同特性的物流节点，比如加工中心、配送中心、流通仓库、物流园区和集货中心等，是在物流服务水平不断提升下，发展而成的大型化、复杂化程度较高的物流节点。

物流节点按照社会化程度，分为宏观物流节点和微观物流节点。其中，宏观物流节点是根据国际市场、国家经济总体状况、地理区域状况、社会化物流网络发展程度等因素所确定的宏观物流中心区。微观物流节点主要依据企业自身物流活动的需要、经营规模以及所处的国际国内区域等方面的条件，为企业自身提供相应物流服务的节点。

物流节点按照地理区域分为国际物流节点、区域物流节点、城市物流节点。国际物流节点是指涉及国际物流运作和相关活动的节点，包括中间商港口仓库、口岸仓库、跨境保税区仓库、保税物流园区、空港物流中心、跨国加工配送中心等。区域物流节点主要是针对区域经济发展的物流节点，其服务范围超越地区行政格局的划分。城市物流节点是以核心城市作为主要服务对象的物流节点，物流节点依照整个城市对物流服务的需求而建立。例如城市物流中心和物流配送中心，为该城市的生产、生活和消费提供物流服务。

## 二、国际物流节点的功能

物流节点作为物流网络系统中的重要组成元素，驱动着整个物流系统的运作，带动着周边物流产业的发展，其功能也越来越多样化。物流节点的功能通常可以归纳为三类：物流服务功能、系统支撑功能和辐射带动功能。

### （一）物流服务功能

物流服务功能是物流节点的基础物流功能，几乎涵盖了所有的物流作业和职能，包括以下几个方面：

#### 1. 储存保管功能

储存保管功能作为物流节点设施的最基本功能，主要是为客户提供仓储空间，通过与企业建立供应链联盟，或为企业提供集中存储功能和相应的调节功能，从而减少客户对仓库设施的投资和占用，平衡生产，保证供货。

#### 2. 装卸搬运、分拣配送功能

装卸搬运、分拣配送功能包括装车、卸货、堆垛、出入库、分拣、包装和配送等终端服务。随着电子商务时代的发展，商家将提高市场竞争力的注意力逐渐转移到末端配送领域，国际化物流节点设施由存储保管型向流通型转变，拓展了拼箱拆箱、联运换装、国内市内配送等业务。

#### 3. 流通加工功能

将产品加工工序从生产领域转移到物流过程，包括一些必要的包装服务、制作并粘贴条码和标签、产品定量、组装成型等，这有助于提高产品附加值和市场竞争力，降低整体物流成本，促进产品的快速流通。

#### 4. 运力调节功能

通过有效协调和衔接各种运输方式，开展集装箱运输、多式联运、综合运输、国际运输等现代运输业务，实现高效率、低成本的可持续发展。

#### 5. 信息服务功能

构建系统化的物流服务智能管理平台，发布和交换节点信息，以及通过物流作业流程信息化，控制相关的物流过程，实现集约化管理和物流系统的高效运行。

#### 6. 系统延伸服务功能

这项功能便于节点内部各功能的联动和优化调整，达到整个物流系统的平稳运行，包括以下几个方面：

1）货物调剂服务、物流技术开发与系统设计服务、物流咨询与培训服务等，实现了物流资源的有效配置。

2）公共服务，包括运输工具的辅助服务，如加油、检修、培训、配件供应等，金融和结算服务、生活服务、旅游购物等。

3）其他物流增值服务，包括通关、保税、法律、需求预测咨询等服务。

### （二）系统支撑功能

#### 1. 衔接集散功能

物流节点作为交接点，承载着货物的集疏运、转换运输方式、加工储存、集中化处理等作业活动，将不同运输方式、干线物流与配送物流、供应物流与需求物流以及整个门到门运输衔接为一体，发挥干线运输与支线终端配送之间的货物集散作用，从而有效降低物流成本，使物流线路更为通畅，提高物流效率。

**2. 信息中心功能**

整个物流活动的各个过程，夹杂着众多信息，并大量汇集在物流节点处，在现代物流中，信息流的作用日益明显，这就需要做好物流信息发送、传递及处理和收集活动，让参与者切实了解物流活动的进程，操作人员高效完成物流活动的调整和指挥等管理活动，以保证整个物流活动信息的流通。物流节点是物流信息发送传递的集合地和交互系统，支撑整个物流系统的信息网络，是物流活动顺畅进行的基础性保障，国际物流管理实质上是对信息流的管理。

**3. 控制管理功能**

有效的管理系统应该有这样一种机制，即通过对原材料零部件、合成品等复杂的实物流动进行调整，以提供成本收益比值最合理的服务。物流节点集管理、指挥、调度、信息、衔接及运营于一体，保证着物流各项功能的有效协同、有序运行，促进着物流节点与其他节点及物流网络的良性发展，并决定着整个物流系统的效率和水平。

### （三）辐射带动功能

物流节点的建设有助于优化整个物流系统，有助于区域协调发展，包括以下几个方面：

**1. 促进产业集聚**

物流节点能够实现节点范围内的资源共享，从而降低物流运营成本，吸引物流企业入驻，促进地区物流业的专业化、现代化发展，同时对相关产业具有极强的拉动效应，可提高区域产业竞争力。学者霍华德认为每一个城市节点就像是一个巨大的磁极，它通过其特有的磁场来吸引周边城市的资源，包括货源、人才、信息、资金等，这种现象称为节点聚集效应。同时，这些资源聚集并发展到一定程度后，重新向外扩散，进一步形成新的节点，就称为节点扩散效应。而不同层次的物流节点，磁场的范围和强度都有所不同。

**2. 改善区域环境**

合理布局的物流节点，可以减少运输路线、缓解交通拥挤、整合社会资源，提高土地利用效率，避免货物中转站点的重复建设，避免不必要的浪费。

**3. 经济开发拓展**

物流节点的功能还有“四功能”和“五功能”一说。例如物流节点按照五功能划分，包括物流增值服务、衔接服务、信息服务、平台集散服务、公共服务等功能。其中，物流增值服务是物流节点的基本功能，如装卸搬运、仓储配送、流通加工等；衔接服务功能将交通线路连接成一个系统，各个线路通过节点的衔接变得更为贯通；信息服务功能是指对物流信息的传递、收集、发布等作用，使参与物流活动的主体能够在节点获取与其密切相关的信息；平台集散服务功能是指节点在货物集散基础上对物流调度、管理等一系列作业进行引导，保证了整个物流网络有序化；公共服务功能是指提供物流技术咨询、人才培训、金融支持、法律支撑、住宿餐饮、加油、车辆维修等相关服务。

## 三、常见的国际物流节点

### （一）主要海运物流节点

国际物流的海运港口有很多种，主要包括商港、军港、渔港等。其中，商港主要是指供商船停靠，进行客货运输，为往来船舶提供供给、船舶维修等相应服务的港口。它是海上交通和内部交通联系的枢纽。由于海上运输方式在国际贸易及国际物流中的重要地位，现代化的港口除了具备货物集散作用之外，往往还需要具备提供货物的储存、加工、装配、制造以及再转运等条件，因此，现代化的港口不仅是海陆空综合运输体系的中心，还是生产中心。

港口规模的大小一般以港口吞吐量进行表示。商港的分类方法有以下几种：

1）按照地理位置，商港可以分为海湾港、河口港和内河港。①海湾港是指濒临海湾又据海口的港口，如大连港、秦皇岛港等。②河口港是指位于河流入海口处的港口，如上海港、伦敦港、加尔各答港等。③内河港是指位于内河沿岸的港口，它在内河水运中扮演着重要的角色，一般与海港有航道相通，如南京港和汉口港等。

2）按照港口的功能，商港可以分为存储港、转运港和经停港。①存储港一般地处水陆联络的要道，交通十分方便，同时又是工商业中心，一般情况下，其港口设施完备，便于货物的存储、转运，是内陆河港口货物集散的一个枢纽。②转运港一般位于水陆交通衔接处，它既可以将陆运货物集中转由海路运出，又可以将海运货物转由陆路转入，而港口本身对货物需要并不多，主要是用来办理转运业务。③经停港是指港口地处航道的要冲，是往来船舶的必经之地，途经船舶如果有需要，可以在这里作短暂的停泊，以便添加燃料，补充食物和淡水，再继续航行。比如太平洋中的很多岛屿成了经停港，很多轮船可以在此添加燃料，补充食物和淡水。

3）按照港口的开发工程，商港可以分为天然港和人工港。①天然港的海湾自然条件符合商港的需要，除了添置水上或陆岸各种设备，以满足船舶停泊及货物装卸搬运的需要之外，还可以利用港湾的航道水深等天然地理气候条件。②人工港的港湾停泊地区是人工从陆地上开挖而成的。

4）按照潮汐对港口的影响，商港可以分为敞开港和潮差港（也称闭合港）。①敞开港是指港口直接建在一个敞开的海湾上，或者是海岸的附近，这种港口的特点是港口内水域同海面直接相连，因而这种港口的水位变化是比较小的，船舶可以随时进出港口，不受潮汐的影响。②潮差港是指港口建在受潮汐影响比较大的一个海岸上，或者海岸附近，为了解决在退潮时影响船舶出入港口的问题，一般会在港口修建一个闸门，从而使港口内的水位保持一定的深度，以利于船舶出入港口，否则在退潮的时候，港口的吃水变浅，大船比较容易搁浅。

5）按照国家政策，商港可以分为国内港和国际港。①国内港是指为了经营国内贸易，专供本国船舶出入的港口，外国船舶除了天灾或者一些意外事故以及特许之外，是不得任意驶入国内港口的。②国际港又称开放港，是指为了方便国际贸易，依照条约或法令开放的港口。任何航行于国际航线的外籍船舶，经过办理必要的手续以后，都是准许进出港口的，但是，必须要接受当地航政机关和海关的监督。为了促进国际贸易和国际航运市场的发展，很多国家允许进出某些国际港的货物在港口内进行储存、装配、加工、整理、制造以及再转运他国等活动，而且进行再转运他国时免征关税，只有在输入内地时才课以一定的关税。中国的香港港和新加坡港，是世界上较著名的自由港。

目前，世界上主要的港口包括荷兰的鹿特丹港，法国的马赛港，英国的伦敦港，德国的汉堡港，比利时的安特卫普港，美国的纽约港、洛杉矶港、旧金山港，日本的神户港、横滨港，新加坡港，以及韩国的釜山港等。

我国拥有 18 000 多 km 的大陆海岸线，有很多优良的海港。1993 年，我国沿海港口有 190 多个，其中年吞吐量在 100 万 t 以上的港口就有 26 个。我国的外贸港口主要有大连港、宁波舟山港、秦皇岛港、天津港、青岛港、连云港港、上海港、厦门港、广州港、深圳港、香港港以及台湾的高雄港和基隆港。其中，上海港、宁波舟山港、深圳港、广州港、青岛港、香港港、天津港跻身 2020 年全球十大集装箱港口。

**◇小资料**

**2020 年全球十大集装箱港口排名出炉**

全球十大集装箱港口排名为上海港（第 1）、新加坡港（第 2）、宁波舟山港（第 3）、深圳港（第 4）、广州港（第 5）、釜山港（第 6）、青岛港（第 7）、香港港（第 8）、天津港（第 9）、鹿特丹港（第 10）。

（资料来源：https：//baijiahao.baidu.com/s？id=1675631834510062775&wfr=spider&for。经整理加工。）

**（二）主要航空物流节点**

世界各大洲主要的航空站主要有：

1）亚洲包括北京、上海、东京、香港、马尼拉、曼谷、新加坡、雅加达、仰光、加尔各答、孟买、新德里、卡拉奇、德黑兰、贝鲁特、吉达。

2）欧洲包括伦敦、巴黎、法兰克福、苏黎世、罗马、维也纳、柏林、哥本哈根、华沙、莫斯科、布加勒斯特、雅典、里斯本。

3）北美洲包括纽约、华盛顿、芝加哥、蒙特利尔、亚特兰大、洛杉矶、旧金山、西雅图、温哥华以及位于太平洋上的火奴鲁鲁（檀香山）。

4）非洲包括开罗、喀土穆、内罗毕、约翰内斯堡、布拉柴维尔、拉各斯、阿尔及尔、达喀尔。

5）拉丁美洲包括墨西哥城、加拉加斯、里约热内卢、布宜诺斯艾利斯、圣地亚哥、利马。

6）大洋洲包括悉尼、奥克兰、楠迪、帕皮提。

世界主要的航空货运机场有美国的芝加哥机场、德国的法兰克福机场、荷兰阿姆斯特丹的希普霍尔机场、英国的希思罗机场、法国的戴高乐机场、日本的成田机场等，这些机场都是现代化专业化程度较高的大型国际货运空中枢纽，有现代化的导航设备，有足够的跑道和庞大的客货运中心，尤其是货运的发展，使得每个国际机场都备有现代化的全货机码头和仓库，专门用于货物的运输，大大提高了货机的装卸效率。

# 第三节　国际物流线路

## 一、国际海洋运输线路

### （一）影响因素

世界各地水域，在港湾、潮流、风向水深以及地球球面距离等自然条件下，可以供船舶航行的一定路径叫作航路。承运人在可供通行的航路中，根据主客观条件的限制，为达到经济效益最大化而选定的营运路线叫作航线。航线的形成主要取决于以下因素：

**(1)安全因素。**安全因素是指确定航线时应考虑自然界的种种现象，比如风向、波浪、潮汐、水流、暗礁及流冰等。

**(2)货运因素。**货运因素是指航线沿途货物的主要流向及流量。它主要影响航运公司未来的经营收益。

**(3)港口因素。**港口因素是指影响船舶靠泊和装卸的各种港口设施和条件，如港口的水深、冰冻期、港口使用费等。

**(4)技术因素。**技术因素是指船舶航行时在技术上需要考虑的因素。比如，由于地球是椭圆形的，必须寻得一条航线使两地之间的距离最短，这样就可以节省时间和费用，选择这样的航线，在经营上是最为有利的。此外，国际政治形势以及沿途国家的关税法令、经济政策，会影响航运公司未来所能获得的利润水平，进而影响航运公司对航线的选择。

### (二)航线分类

#### 1. 按航程分类

按航程分类，可以把航线分为远洋航线、近洋航线和沿海航线。远洋航线是指跨大洋的运输航线。近洋航线通常是指本国各港至邻近国家港口的海上航线。沿海航线是指本国沿海各港口间的海上运输路线。

**◇小资料**

**1869年，苏伊士运河通航!**

苏伊士运河于1869年11月17日通航，这一天被定为运河的通航纪念日。

苏伊士运河处于埃及西奈半岛西侧，横跨在亚洲、非洲交界处的苏伊士地峡，头尾则在地中海侧的塞德港和红海苏伊士湾侧的苏伊士两座城市之间，全长约163km，是全球少数具备大型商船通行能力的无船闸运河。

这条运河连接了欧洲与亚洲之间的南北双向水运，船只不必绕过非洲南端的好望角，大大节省航程。以从英国伦敦港或法国马赛港到印度孟买港的航行为例，穿过苏伊士运河相比绕道好望角可缩短至少43%的航程距离(约7000km)。在苏伊士运河开通之前，有时人们采用从船上卸下货物再通过陆运的方法，在地中海和红海之间运输。

(资料来源：http://www.onbao.com/dbria/sub.html?cd_com=3138318。经整理加工。)

#### 2. 按繁忙程度分类[⊖]

**(1)远东—东南亚航线。**该航线是从东北亚去往东南亚各港，以及经马六甲海峡去印度大西洋沿岸各港的主要航线。东海、台湾海峡、巴士海峡、南海是该航线船只的必经之路，航线繁忙。

**(2)西北欧—北美东海岸航线。**该航线是西欧、北美两个世界工业最发达地区之间的原材料和产品交换的运输线，运输极为繁忙。该航区冬季风浪大，并有浓雾、冰山，对航行安全有威胁。

**(3)西北欧、北美东海岸—地中海—苏伊士航线。**该航线是世界上最繁忙的航线，它是北美、西北欧与亚太海湾地区之间贸易往来的捷径。该航线一般途经亚速尔、马德拉群岛上的航站。

**(4)波斯湾—苏伊士运河—地中海—西欧、北美运输线。**该航线可通行载重大约30万t

---

⊖ https://www.sohu.com/a/146081220_100941。

级的超级油轮。

除了以上四条航运线之外，印度洋其他航线还有：远东—东南亚—东非航线；远东—东南亚、地中海—西北欧航线；远东—东南亚—好望角—西非、南美航线；澳新—地中海—西北欧航线；印度洋北部地区—欧洲航线。

**3. 按海运货物特点分类**

国际主要的石油航运线有以下四条：

1）波斯湾—好望角—西欧、北美航线。

2）波斯湾—龙目海峡、望加锡海峡—远东航线。

3）波斯湾—苏伊士运河—地中海—西欧、北美航线。

4）墨西哥—日本北太平洋航线。

国际主要的铁矿石海运航线有以下五条：

1）澳大利亚、巴西、印度—远东。

2）南非、南美西海岸—远东。

3）委内瑞拉、巴西—美国东南岸。

4）加拿大—美国大湖区。

5）巴西、南非、西非、北欧—西欧。

国际主要的煤炭海运线有七条，涉及我国的有以下三条：

1）北美—远东。

2）澳大利亚—远东。

3）南非—远东。

国际主要的谷物海运航线有以下四条：

1）美国、加拿大—远东。

2）美国、加拿大—欧洲。

3）阿根廷—欧洲。

4）澳大利亚—远东。

全球集装箱航线分布广，三大国际集装箱运输航线分别为：

**（1）远东—北美航线。**此航线涉及的国家和地区包括亚洲的中国、韩国、日本以及北美洲的美国和加拿大西部地区。这两个区域经济总量巨大，人口较为稠密，相互贸易量很大。

近年来，随着中国经济总量的稳定增长，在这条航线上的集装箱运量越来越大。

**（2）北美—欧洲、地中海航线。**这一航线将世界上较发达与富庶的两个区域联系起来，船公司之间在集装箱水路运输方面的竞争最为激烈。

**（3）欧洲、地中海—远东航线。**这条航线将中国、日本、韩国和东南亚的许多国家与欧洲联系起来，贸易量与货运量十分庞大。与这条航线配合的，还有西伯利亚大陆桥、新欧亚大陆等欧亚之间的大陆桥集装箱多式联运。根据 2020 年全球十大集装箱港口的排名，上海港处于集装箱吞吐量的冠军宝座，香港港、深圳港、宁波舟山港、青岛港、广州港的吞吐量也已经可以与荷兰鹿特丹港、德国汉堡港、韩国釜山港一较高低。

## 二、国际航空货运线路

航空器在空中飞行必须有适合航空器航行的通路，经过批准开辟的连接两个或几个地点，进行定期和不定期飞行，经营运输业务的航空交通线就是航线。

世界上较繁忙的航线主要有：

**（1）西欧—北美的北大西洋航线。**该航线主要连接巴黎、伦敦、法兰克福、纽约、芝加哥、蒙特利尔等航空枢纽。

**（2）西欧—中东—远东航线。**该航线连接西欧各主要机场至远东的香港、北京、东京等机场，并且途经雅典、开罗、德黑兰、卡拉奇、新德里、曼谷、新加坡等重要航空站。

**（3）远东—北美的北太平洋航线。**该航线是从北京、香港、东京等机场经北太平洋上空至北美西海岸的温哥华、西雅图、旧金山、洛杉矶等机场的航空线，并且可继续延伸到北美东海岸的机场。

此外，还有北美—南美航线，西欧—南美航线，西欧—非洲航线，西欧—东南亚—澳新航线，以及远东—澳新，北美—澳新等重要的国际航线。从这些主要的国际航线以及世界重要的航空站可以看出，世界航空运输已经形成了一个全球性的运输网络和若干的运输枢纽。

我国的航空运输业是一个正在成长的年轻行业，国际贸易的航空货运工作开始于20世纪50年代中期以后，先后开辟了飞往独联体、缅甸、越南、蒙古、老挝、柬埔寨、日本、巴基斯坦、法国、伊朗、罗马尼亚、阿尔巴尼亚、埃及、埃塞俄比亚、瑞士、德国、菲律宾、阿联酋、伊拉克、泰国、美国、英国、澳大利亚等国家的航线。

目前，我国民航主要航线分布是以北京为中心的航线网和以广州为中心的航线网，以及以上海为中心的航线网。我国通往世界各地的国际航线主要有中国—美国航线、中国—加拿大航线、中国—日本航线、中国—澳大利亚航线、中国—欧洲航线、中国—非洲航线、中国—中东航线以及中国—东南亚航线等。

## 三、国际大陆桥运输线

大陆桥运输是指以横贯大陆上的铁路、公路运输系统作为中间桥梁，把大陆两端的海洋连接起来形成的海陆联运的连贯运输。它主要采用集装箱技术，实现了现代化、多式化的联合运输。

### （一）西伯利亚大陆桥

西伯利亚大陆桥（SLB）又称第一亚欧大陆桥，是指使用国际标准集装箱，将货物由远东海运到俄罗斯东部港口，再经跨越欧亚大陆的西伯利亚铁路运至波罗的海沿岸如爱沙尼亚的塔林或拉脱维亚的里加等港口，然后再采用铁路、公路或海运运到欧洲各地的国际多式联运的运输线路。

西伯利亚大陆桥是目前世界上最长的一条陆桥运输线，它大大缩短了从日本、远东、东南亚及大洋洲到欧洲的运输距离，节省了运输时间和成本。经陆桥从荷兰鹿特丹到苏联海参崴港或与其毗邻的纳霍特卡港，全长13 000km，比经苏伊士运河至鹿特丹的运程整整缩短了7300km。

### （二）北美大陆桥

北美大陆桥是指利用北美的铁路从远东到欧洲的“海—陆—海”联运。它是世界上历史最悠久、影响最大、服务范围最广的陆桥运输线。该陆桥运输包括美国大陆桥运输和加拿大大陆桥运输。

美国大陆桥有两条线路：①从美国西部太平洋的洛杉矶、西雅图、旧金山等港口上桥，通过铁路横贯至美国东部大西洋的纽约、巴尔的摩等港口转海运，铁路全长3200km；②从美国西部太平洋港口上桥，通过铁路至南部墨西哥湾的休斯敦、新奥尔良等港口转海运，铁路全长500~1000km。北美大陆桥于1971年年底由经营远东/欧洲航线的船公司和铁路承运人联合开办“海—陆—海”多式联运线，后来美国的几家班轮公司也投入运营。目前，主要有四个集团经营远东经美国大陆桥至欧洲的国际多式联运业务，这些集团均以经营人的身份签发多式联运单证，对全程运输负责。

加拿大大陆桥运输线路：从日本海运至温哥华或西雅图港口后，换装并利用加拿大铁路横跨北美大陆至蒙特利尔，再换装海运至欧洲各港。

**（三）新亚欧大陆桥**

新亚欧大陆桥（Eurasia Bridge）又称第二亚欧大陆桥，东起我国的连云港、日照港等港口，经津浦、京山、京沪、京广、广深、京九等线路进入陇海线，途经我国的阿拉山口国境站进入哈萨克斯坦，最终与中东地区的黑海、波罗的海、地中海以及大西洋沿岸的各港口相连接，实现了“海—陆—海”运输的国际大通道。

新亚欧大陆桥为亚欧开展国际多式联运提供了一条便捷的国际通道。远东至西欧，经新亚欧大陆桥比经苏伊士运河的全程海运航线缩短运距8000km，比通过巴拿马运河缩短运距11 000km。远东至中亚、中近东，经新亚欧大陆桥比经西伯利亚大陆桥缩短运距2700~3300km。该陆桥运输线的开通将有助于缓解西伯利亚大陆桥运力紧张的状况。

与西伯利亚大陆桥相比，新欧亚大陆桥的优势明显，陆上距离缩短约3345km，主要货源地扩大到东亚、东南亚和中亚、西亚各国和地区。

## ◇重要概念

国际物流系统　国际物流节点　国际物流线路　国际物流网络

## ◇本章小结

本章首先阐述了国际物流系统的含义和一般要素；其次描述了国际物流节点的功能和类型，并列举了常见的物流节点；最后介绍了国际海上、航空、大陆桥等国际物流线路类型。

## ◇复习思考题

**一、单选题**

1. 现代物流系统的核心要素和第一要素是指（　　）。

A. 劳动者要素　B. 储存要素　C. 资金要素　D. 物的要素

2. 国际物流系统的核心是（　　）。

A. 商品储存　B. 商品包装

C. 国际货物运输　D. 商品装卸搬运

3. 下列哪个要素不是保证国际物流系统运行的条件？（　　）

A. 物流设施　B. 物流设备

C. 物流工具　D. 信息技术及网络

4. “将各个物流线路联结成一个系统，使各个线路通过节点变得更为贯通而不是互不相干”体现的是国际物流节点的（　　）。

A. 衔接功能　B. 储存功能　C. 信息功能　D. 管理功能

5. 以存放货物为主要职能、国际货物停留时间最长的物流节点是（　　）。

A. 流通型物流节点　B. 转运型物流节点

C. 存储型物流节点　D. 综合型物流节点

6.（　　）是指利用北美的铁路从远东到欧洲的“海—陆—海”联运，它是世界上历史最悠久、影响最大、服务范围最广的陆桥运输线。

A. 北美大陆桥　B. 新亚欧大陆桥

C. 西伯利亚大陆桥　D. 加拿大大陆桥

7. 连接西欧、北美两大经济中心区的航线是（　　）。

A. 北大西洋航线　B. 北太平洋航线

C. 西北欧—北美东海岸航线　D. 北美—澳新航线

8. 按照所在位置，商港的分类不包括（　　）。

A. 海湾港　B. 内河港　C. 河口港　D. 避风港

**二、多选题**

1. 国际物流系统的一般要素包括（　　）。

A. 货物运输要素　B. 劳动者要素

C. 资金要素　D. 物的要素

2. 下列选项中属于国际物流系统的支撑要素的是（　　）。

A. 体制、制度　B. 法律、规章

C. 行政、命令　D. 标准化系统

3. 按航程的远近，航线可分为（　　）。

A. 定期航线　B. 近洋航线　C. 远洋航线　D. 沿海航线

**三、简答题**

1. 国际物流系统由哪些要素构成？

2. 国际物流节点有哪些类型？

3. 国际物流节点的功能有哪些？

# 第三章　国际贸易实务基础知识

## ◇学习目标

1. 了解国际贸易合同履行的要点。
2. 理解常见的国际贸易术语的概念和适用范围。
3. 掌握国际贸易货款结算的主要方式。

## ◆导入案例

### 代理商切莫随意变更交易条款

某年10月，甲公司与乙进出口公司（以下简称乙公司）签订代理出口协议一份。协议约定甲公司委托乙公司代理出口花生果1000t，协议总金额约为720万元人民币。甲公司的主要义务是组织货源，并负责装船前的一切工作。乙公司的主要任务是：对外签订出口合同；办理有关的出口手续；货物装船后，及时向银行提交有关单据，办理结汇手续，并根据当日银行汇率折算人民币划拨甲公司账户。在代理出口过程中，双方实际出口花生果554.485t，乙公司先后共付给甲公司货款12.5万美元和18万元人民币，余款一直未付，甲公司将乙公司诉诸法庭。

在审理过程中，甲公司向法庭提交了乙公司报检时先后向商检提交的出口合同［合同现实的交货方式均为成本、保险费加运费（CIF），付款方式分别有信用证（L/C）、付款交单（D/P）和货到付款（CAD）］，证明其已全部履行了义务。乙公司则辩称，此笔代理出口业务的销售方式为寄售，并向法庭提交了一份其与荷兰某进出口公司签订的寄售协议。但是乙公司无法证实曾将该协议送达甲公司并经甲公司确认该协议内容，也无法证实在代理出口协议履行过程中甲公司曾委托乙公司以寄售方式销售其货物。乙公司所述为甲公司代理的该批货物系寄售的主张，依据不足，不予支持，乙公司应按照代理出口协议和外销合同原定的货款支付方式和价款，在扣除代理费和有关的费用后，还应给付甲公司货款170多万元人民币，并承担逾期付款违约金及案件诉讼费等，共计200余万元人民币。

［案例说明］本案中，乙公司败诉的主要原因是：乙公司主张此笔代理业务为寄售业务，但是，无论双方所签订的是“代理出口协议”还是“外销合同”，均与寄售无关。此外，乙公司也无法证明在代理出口协议的履行过程中甲公司曾授权其将交货方式更改为寄售。因此，法庭均无法支持其“寄售”的主张。

（资料来源：https：//wenku.baidu.com/view/3cd9d96a4b7302768e9951e79b89680203d86bc4.html？fr=search-4-income1。经整理加工。）

# 第一节 国际贸易合同的履行

## 一、国际贸易出口合同的履行

在我国出口贸易中，多数按CIF条件成交，并按信用证支付方式收款，履行这种出口合同，涉及面广，工作环节多，手续繁杂，且影响履行的因素很多，为了提高履约率，各外贸公司必须加强同有关部门的协作与配合，力求把各项工作做到精确细致，尽量避免出现脱节情况，做到环环紧扣，井然有序。

国际贸易出口合同的履行程序一般包括备货、催证、审证、改证、报验、报关、保险、装船、制单、结汇等工作环节（见图3-1）。

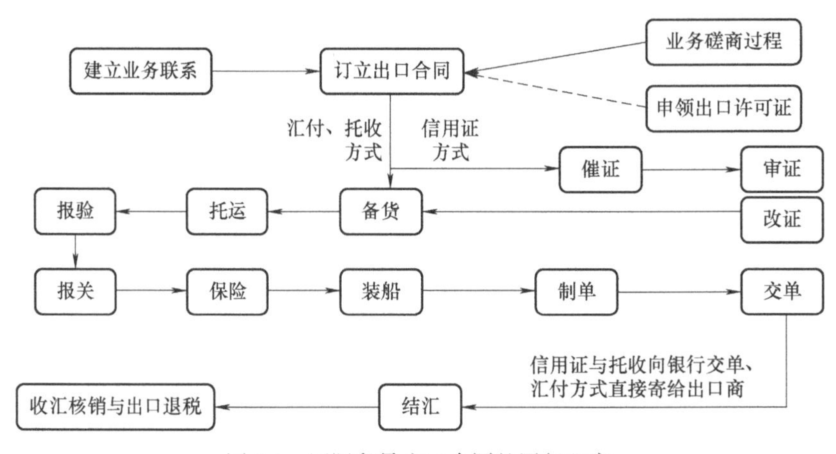


图3-1 国际贸易出口合同的履行程序

在这些工作环节中，以货（备货）、证（催证、审证和改证）、船（租船、订舱）、款（制单结汇）四个环节的工作最为重要。只有做好这些环节的工作，才能防止出现“有货无证”“有证无货”“有货无船”“有船无货”“单证不符”或违反装运期等情况。我国对外贸易长期实践的经验表明，在履行出口合同时，应做好以下各环节的工作：

**1. 货**（备货）

备货工作主要包括出口部门及时与生产部门或供货部门安排货物的生产、加工、收购和催交，核实应交货物的品质、规格、数量和交运时间，并进行必要的包装、刷唛等工作。

**2. 证**（催证、审证和改证）

**（1）催证。**催证是指当进口方未按合同规定的时间开立信用证，或出口方根据货源和运输情况可能提前装运时，通过信函、电报、电传或其他方式催促进口方迅速开出信用证。另外，对于签约时间过早的合同，或对于资信欠佳的客户，在开证时间到来之前，也须向其催开信用证。

**（2）审证。**审证是指对国外进口方通过银行开来的信用证内容进行全面的审核，以确定是接受还是修改。审核的依据是货物买卖合同和《跟单信用证统一惯例》。

**（3）改证。**对于审证中凡发现有不符合我国对外贸易方针政策以及影响合同履行和安全收汇情况者，必须要求开证申请人通过开证行进行修改，并坚持在收到银行修改信用证通知书后发货，以免货物装出后而修改通知书未到的情况发生。

出口贸易中流行三句话：信用证不来不备货，修改书不来不装船，单据不合格不交单。

**3. 船**（租船、订舱）

按 CIF 或成本加运费（CFR）条件成交时，卖方应及时办理租船、订舱工作，如是大宗货物，则需要办理租船手续；如是一般杂货，则需洽订舱位，各外贸公司洽订舱位需要填写托运单，托运单是托运人根据合同和信用证条款内容填写的向船公司或其代理人办理货物托运的单证，船方根据托运单内容、并结合航线、船期和舱位情况，如认为可以承运，即在托运单上签章，留存一份，退回托运人一份，至此，订舱手续即告完成，运输合同即告成立。

**4. 款**（制单、结汇）

外贸企业在货物装船后，应立即缮制符合信用证要求的所有单据，前往相关银行办理结汇。出口单据一般主要有汇票、发票、海关发票、海运提单或其他运输单据、保险单、原产地证书、商检证书等。

## 二、国际贸易进口合同的履行

国际贸易进口合同的履行程序主要包括开证、设立运输合同、办理保险、审单付款、报关、接货、拨交、检验和索赔等（见图 3-2）。

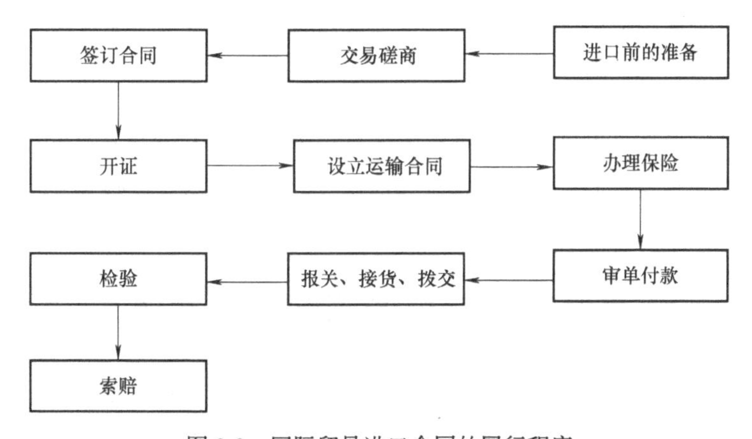


图 3-2　国际贸易进口合同的履行程序

开证内容必须与合同内容一致，做到完备、明确、具体。做好催交、租船订舱、派船工作。进口商可采用预约保险或逐笔保险方式办理保险。进口商应在规定时间内对银行转来的单据认真审核。进口商或其代理人在货到目的港后须按海关的规定报关纳税，并由进口商向中国商检局申请商品检验。一旦发现商品存在质量、重量和包装等方面的问题，进口商应在分清责任的基础上，及时向有关方提出索赔。在履行进口合同时，应做好以下各环节的工作：

**1. 开立信用证**

**（1）申请开证。**进口商向其所在地银行提出开证申请，填具开证申请书，并交纳一定的开证押金或提供其他保证，请开证行向出口商开出信用证。

**（2）信用证的传递和修改。**开证行根据申请书内容，向受益人开出信用证并寄交出口商所在地通知行，通知行核对印鉴无误后，将信用证交受益人，受益人审核信用证内容与合同规定相符后，按信用证规定装运货物、备妥单据并开出汇票，在信用证有效期内，送议付行议付。

**2. 安排运输和保险**

**（1）安排运输。**按船上交货（FOB）贸易术语成交的进口合同，货物采用海洋运输，应由进口方负责租船或订舱工作。在办妥租船、订舱手续后，应按规定的期限将船名、船期及时通知对方，以便对方备货装船。

**（2）保险。**按FOB贸易术语签订的进口合同，货物运输保险由进口方办理。从事进口业务的企业，通过与中国人民保险公司签订“海运进口货物运输预约保险合同”的方式，办理“预约保险”的手续。

**3. 审单和付汇**

在进口业务中，如采用托收或汇付方式，由进口公司负责对货物单据进行全面审核；如采用信用证的支付方式，则由开证行和进口公司共同对货物单据进行审核。在单据符合信用证及合同规定的条件下，开证行履行付款责任。

**4. 报关、报验和拨交**

**（1）报关。**进口报关是指进口人向进口国海关申请办理进口货物海关手续的过程。

**（2）报验。**报验的时间一般在海关放行提货前后，进口报验地点一般应为检验地点。

**（3）拨交。**在代理进口业务中，如订货或用货单位在卸货港所在地，进口企业则就地拨交货物，如订货或用货单位不在卸货区，则委托运输机构将货物运转内地交付给订货或用货单位。

**5. 索赔**

索赔一般是指货物自出口方交到进口方的过程中，由于人为、天灾或其他原因，使进口方收到的货物不符合合同规定或货物有其他损害，进口方依责任归属，向有关方面提出赔偿要求，以弥补其所受的损失。

## 第二节　常见的国际贸易术语

贸易术语（Trade Terms）又称价格术语（Price Terms），是在长期的国际贸易实践中产生的，用来表示成交价格的构成和交货条件，确定买卖双方风险、责任、费用划分等问题的专门用语。

2019年9月，国际商会（ICC）发布《2020年国际贸易术语解释通则》（以下简称《2020通则》）。《2020通则》于2020年1月1日起在全球范围内正式实施，共11种术语，按照运输方式可以分为两大类，第一类适用于任何运输方式，第二类适用于水上运输（即海运、内河运输）。

### 一、适用于任何单一运输方式或多种运输方式的术语

#### （一）工厂交货

工厂交货（EX Works，EXW）是指当卖方在其所在地或其他指定地点（如工厂、车间或仓库等）将货物交由买方处置时，即完成交货。卖方不需要将货物装到任何前来接收货物

的运输工具上，需要清关时，卖方也无须办理出口清关手续（见表 3-1）。

**表 3-1　责任与费用的划分**（工厂交货）

| 出口清关 | 运输费用 | 保险费用 | 进口清关 |
|---|---|---|---|
| 买方 | 买方 | 买方 | 买方 |

按 EXW 术语成交时，卖方承担的风险、责任以及费用都是最小的。出口清关由买方负责，因此，没有实际出口权的厂家比较常用 EXW。

**◇小案例**

买方在 EXW（Seller's Warehouse）条款下，向工厂 A 订购了一批货物，货物完成后，买方将货物运至另一供应商工厂 B 暂时存放准备装柜，但由不可抗力因素（例如台风暴雨）导致货物损坏，请问：此批货物的损失由谁承担？假如买方在 EXW（Seller's Warehouse）条款下，向工厂 A 订购了一批货物，货物完成后，但天气预报将有台风暴雨，由于工厂 A 容易渗水，于是工厂 A 将货物运至朋友的工厂 B 暂时存放，没想到暴雨导致工厂 B 也积水，货物损坏，请问：此批货物的损失由谁承担？

（资料来源：https://wenku.baidu.com/view/7564a3fb332b3169a45177232f60ddccdb38e606.html。经整理加工。）

### （二）货交承运人

货交承运人（Free Carrier，FCA）是指卖方在指定地点将已经出口清关的货物交付给买方指定的承运人，完成交货。根据商业惯例，当卖方被要求与承运人通过签订合同进行协作时，在买方承担风险和费用的情况下，卖方可以照此办理（见表 3-2）。

**表 3-2　责任与费用的划分**（货交承运人）

| 出口清关 | 运输费用 | 保险费用 | 进口清关 |
|---|---|---|---|
| 卖方 | 买方 | 买方 | 买方 |

按 FCA 术语成交时，交易双方可以同意，买方将指示其承运人在将货物装上船前，向卖方签发并交付提单（Bill of Lading）。船公司和卖方有义务通过银行渠道将提单转交给买方。

**◇小案例**

某印度客户在 FCA（Guangzhou Airport）术语下，向某手表商订购了一批电子手表，卖方如期将货物交至广州白云机场，由航空公司收货并出具航空运单，卖方通知买方付款，但此时手表市场价格下跌，买方说自己还没有正式收货，叫卖方将货拿回，拒绝付款，双方僵持不下。买方的说法是否合理？

（资料来源：https://wenku.baidu.com/view/7564a3fb332b3169a45177232f60ddccdb38e606.html。经整理加工。）

### （三）运费付至

运费付至（Carriage Paid to，CPT）是指成本加运费付至（指定目的地），卖方将货物交给其指定的承运人，并且须支付将货物运至指定目的地的运费，买方则承担交货后的一切风险和其他费用（见表 3-3）。该术语适用于各种运输方式，包括多式联运。

表 3-3 责任与费用的划分（运费付至）

| 出口清关 | 运输费用 | 保险费用 | 进口清关 |
| --- | --- | --- | --- |
| 卖方 | 卖方 | 买方 | 买方 |

（四）运费和保险费付至

运费和保险费付至（Carriage and Insurance Paid to，CIP）是指卖方将货物交给其指定的承运人，支付将货物运至指定目的地的运费，为买方办理货物在运输途中的货运保险，买方则承担交货后的一切风险和其他费用（见表 3-4）。书写形式是“CIP 指定目的地”。CIP 术语适用于各种运输方式，包括多式联运。

表 3-4 责任与费用的划分（运费和保险费付至）

| 出口清关 | 运输费用 | 保险费用 | 进口清关 |
| --- | --- | --- | --- |
| 卖方 | 卖方 | 卖方 | 买方 |

（五）目的地交货

目的地交货（Delivered at Place，DAP）是指卖方要负责将合同规定的货物按照通常航线和惯常方式，在规定期限内将装载于运输工具上准备卸载的货物交由买方处置，即完成交货，卖方负担将货物运至指定地为止的一切风险（见表 3-5）。

表 3-5 责任与费用的划分（目的地交货）

| 出口清关 | 运输费用 | 保险费用 | 进口清关 |
| --- | --- | --- | --- |
| 卖方 | 卖方 | 卖方 | 买方 |

DAP 术语适用于任何运输方式或联运，例如海运 + 铁路运输 / 内陆货运，通常铁路运输中货物到达目的地，或者将运输工具如货车交由买方后（卖方不用负责卸货），即完成交货并发生风险转移。

（六）运输终端交货

运输终端交货（Delivered at Place Unloaded，DPU）是指卖方在指定目的地或目的港集散站卸货后将货物交给买方处置即完成交货，除去进口费用，卖方承担将货物运至卖方指定目的地或目的港集散站的一切风险和费用（见表 3-6）。

表 3-6 责任与费用的划分（运输终端交货）

| 出口清关 | 运输费用 | 保险费用 | 进口清关 |
| --- | --- | --- | --- |
| 卖方 | 卖方 | 卖方 | 买方 |

DPU 术语适用于任何运输方式或联运，例如海运 + 铁路运输 / 内陆货运，通常铁路或货运将货物到达目的地且卖方完成卸货后，即完成交货并发生风险转移。“运输终端”意味着任何地点，而无论该地点是否有遮盖，例如码头、仓库、集装箱堆积场或公路、铁路、空运货站。

（七）完税后交货

完税后交货（Delivered Duty Paid，DDP）是指卖方在指定的目的地办完清关手续将在交货的运输工具上尚未卸下的货物交给买方处置，即完成交货。卖方承担将货物运至目的地的一切风险和费用，包括在需要办理海关手续时在目的地应缴纳的任何进口税费（见表 3-7）。

**表 3-7　责任与费用的划分**（完税后交货）

| 出口清关 | 运输费用 | 保险费用 | 进口清关 |
|---|---|---|---|
| 卖方 | 卖方 | 卖方 | 卖方 |

DDP 术语适用于任何运输方式或联运，与 DAP 一样，货物运输到指定目的地后（卖方不用卸货），即完成交货并发生风险转移，但卖方需要负责进口清关，DDP 是国际贸易中卖方责任和风险最高的条款。

## 二、适用于海运和内河运输的术语

### （一）船边交货

船边交货（Free Alongside Ship，FAS）是指当卖方在指定的装运港将货物交到买方指定的船边（例如置于码头或驳船上）时，即为交货。货物灭失或损坏的风险在货物交到船边时发生转移，同时买方承担自那时起的一切费用，即由买方承担货物交付后起至买方工厂所在地期间的所有费用和风险（见表 3-8）。

**表 3-8　责任与费用的划分**（船边交货）

| 出口清关 | 运输费用 | 保险费用 | 进口清关 |
|---|---|---|---|
| 卖方 | 买方 | 买方 | 买方 |

**◇小案例**

某木材商向国外客户出口一批木材，贸易条款为 FAS（Jiangmen port），请问：从江门码头到大船的驳船费用由谁负责支付？若驳船在途中沉没，木材的损失由谁承担？

（资料来源：https：//wenku.baidu.com/view/7564a3fb332b3169a45177232f60ddccdb38e606.html。经整理加工。）

### （二）船上交货

船上交货（Free on Board，FOB）是指卖方以在指定装运港将货物装上买方指定的船舶或通过取得已交付至船上货物的方式交货。货物灭失或损坏的风险在货物交到船上时转移，同时买方承担自那时起的一切费用，即由买方承担货物交付后起至买方工厂所在地期间的所有费用和风险（见表 3-9）。

**表 3-9　责任与费用的划分**（船上交货）

| 出口清关 | 运输费用 | 保险费用 | 进口清关 |
|---|---|---|---|
| 卖方 | 买方 | 买方 | 买方 |

**◇小案例**

2020 年 1 月初，中远海运公司一艘集装箱大船“COSCO PACIFIC”从马来西亚驶往印度，发生集装箱起火事件，起火的原因是瞒报的锂电池引发自燃。请问：在 FOB

术语下，集装箱在船上起火而导致的货物损失属于买方的损失还是卖方的损失？

（资料来源：https：//wenku.baidu.com/view/7564a3fb332b3169a45177232f60ddccdb38e606.html。经整理加工。）

**（三）成本加运费**

成本加运费（Cost and Freight，CFR）是指卖方在船上交货或已取得以这样交付货物的方式交货。货物灭失或损坏的风险在货物交到船上时转移。卖方必须签订合同，并支付必要的成本和运费，将货物运至指定的目的港，即由卖方将货物交付至买方所在的目的港，并支付工厂仓库至买方所在的目的地的运输费用，买方承担货物交付后起至买方工厂所在地期间的费用和风险（见表3-10）。

**表3-10 责任与费用的划分**（成本加运费）

| 出口清关 | 运输费用 | 保险费用 | 进口清关 |
| --- | --- | --- | --- |
| 卖方 | 卖方 | 买方 | 买方 |

**◇小案例**

某市一家进出口公司按CFR贸易术语与法国马赛一家进口商签订了一批抽纱台布出口合同，价值8万美元。货物于1月8日上午装“昌盛轮”完毕，当天因经办该项业务的外销员工作繁忙，待到9日上班时才想起给买方发装船通知。法方进口商收到装船通知向当地保险公司申请投保时，该保险公司获悉“昌盛轮”已于9日凌晨在海上遇难而拒绝承保。于是法商立即来电表示该批货物损失应由该进出口公司承担并同时索赔8000美元，且拒不赎单。由于该法方进口商是该进出口公司的老客户，经该进出口公司向其申述困难并表示歉意后也就不再坚持索赔，但该进出口公司钱货两空的教训值得吸取。

（资料来源：https：//wenku.baidu.com/view/8714507cb2717fd5360cba1aa8114431b80d8e99.html。经整理加工。）

**（四）成本、保险费加运费**

成本、保险费加运费（Cost Insurance and Freight，CIF）是指卖方在船上交货或已取得以这样交付货物的方式交货。货物灭失或损坏的风险在货物交到船上时转移。卖方必须签订合同，并交付必要的成本和运费，以将货物运至指定的目的港，卖方还要为买方在运输途中货物的灭失或损坏风险办理保险，即由销售方将货物交付至采购方所在的目的港，并支付工厂仓库至采购方所在的目的地的保险费和运输费用，采购方承担货物交付后起至采购方工厂所在地期间的费用和风险。

**◇小案例**

A公司向B公司出口一批货物，按CIF条件成交，B公司通过C银行开给A公司一张不可撤销的即期信用证。当A公司于货物装船后持全套货运单据向银行办理议付时，B公司倒闭。同时传来消息，称这批货在离港24h后触礁沉没。请问：C银行能否以B公司倒闭及货物灭失为由拒付货款？

（资料来源：https：//wenku.baidu.com/view/7aeae89986254b35eefdc8d376eeaeaad0f3167d.html。经整理加工。）

# 第三节 国际贸易货款结算方式

国际贸易货款的结算主要有三种方式：汇付、托收和信用证付款。其中，汇付和托收属于商业信用，银行不承担第一付款责任；而信用证付款属于银行信用，银行承担第一付款责任。因此，在国际贸易的支付中，信用证是经常被用到的一个支付方式，但信用证支付的成本相对较高、周期也较长。

## 一、汇付

### （一）汇付的含义

汇付（Remittance）又称汇款，是由付款人主动通过银行将款项支付给收款人。由于汇付是付款人主动将资金通过银行支付给境外的收款人，因此款项和结算工具的流动方向是一致的，它是典型的顺汇方式，通常用于预付货款、定金、佣金、货款尾款、分期付款等。

### （二）汇付的种类

按采用通知方式的差异，汇付可以分为信汇、电汇和票汇三种。

**1. 信汇**

信汇（Mail Transfer，M/T）是指买方（进口方）将货款交给进口地银行，由银行开具付款委托书，邮寄至出口地银行，委托其向卖方（出口方）付款。

**2. 电汇**

电汇（Telegraphic Transfer，T/T）是指进口地银行应买方申请，直接用电报发出付款委托书，委托出口地银行向卖方付款。其特点是速度快，但费用较高。

信汇、电汇流程如图 3-3 所示。

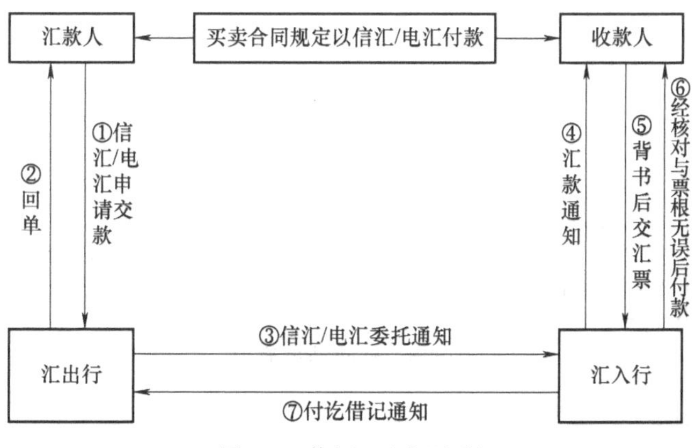


图 3-3 信汇、电汇流程

**3. 票汇**

票汇（Remittance by Banker’s Demand Draft，D/D），即商业汇票，是指买方向进口地银行购买银行汇票直接寄给卖方，由卖方或其指定的持票人向出口地银行取款。票汇流程如图 3-4 所示。

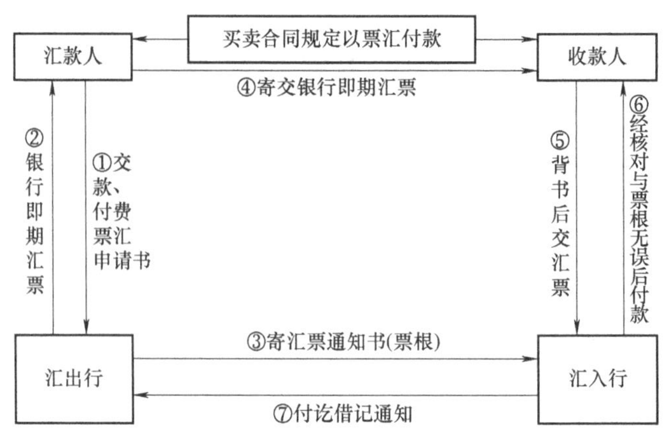


图 3-4　票汇流程

注：汇票（Bill of Exchange，Bill，Draft）是指由出票人签发，委托付款人在见票时或者在指定日期无条件支付确定的金额给收款人或者持票人的票据。

## 二、托收

### （一）托收的含义

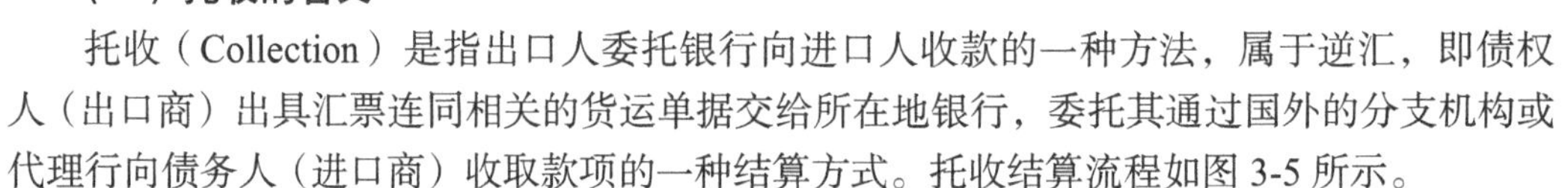
托收（Collection）是指出口人委托银行向进口人收款的一种方法，属于逆汇，即债权人（出口商）出具汇票连同相关的货运单据交给所在地银行，委托其通过国外的分支机构或代理行向债务人（进口商）收取款项的一种结算方式。托收结算流程如图 3-5 所示。

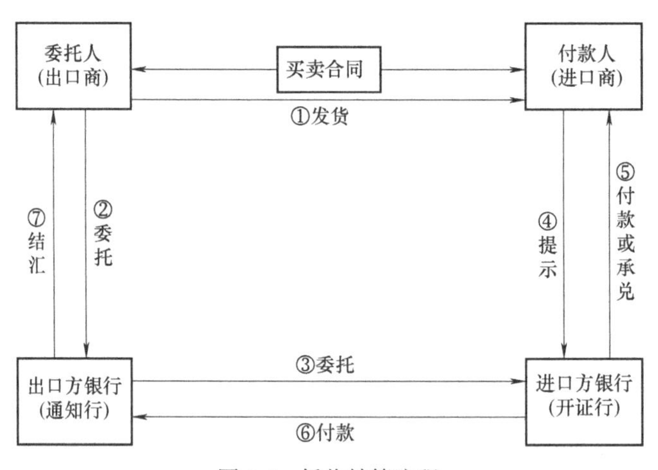


图 3-5　托收结算流程

### （二）托收的种类

根据托收时是否向银行提交货运单据，托收可分为光票托收（Collection on Clean Bill）和跟单托收（Collection on Documents）两种。

**1. 光票托收**

光票托收是指金融单据不附有商业单据的托收。

**2. 跟单托收**

跟单托收是指出口人将汇票连同货运单据一起交银行委托代收货款。根据交单条件的不同，跟单托收可分为付款交单（Documents Against Payment，D/P）和承兑交单（Documents Against Acceptance，D/A）。

**（1）付款交单。**付款交单是指银行在进口人付清全部货款后才能交出货运单据，也就是出口人的交单是以进口人的付款为条件。根据支付时间的不同，付款交单可分为即期付款交单和远期付款交单。

1）即期付款交单（D/P Sight）是指进口商或其他债务人见票后立即付款，付清货款后向银行领单。

2）远期付款交单（D/P after Sight）是指由出口人开制远期汇票，通过银行先向进口人提示，于汇票到期时付款赎单。

**（2）承兑交单。**承兑交单是指买方承兑汇票后即向银行取得货运单据，待汇票到期后才付款。因为只有远期汇票才需要办理承兑手续，所以承兑交单只适合远期汇票的托收。

## 三、信用证

### （一）信用证的含义

银行（开证行）依照客户（申请人）的要求和指示或自己主动在符合信用证条款的条件下，凭规定单据向第三者（受益人）或其指定的人进行付款，或承兑或支付受益人开立的汇票；或者授权另一银行进行该项付款，或承兑和支付汇票；或者授权另一银行议付。

简单来说，信用证（Letter of Credit，L/C）是一种银行开立的有条件的付款承诺的书面文件。

### （二）信用证的结算流程

信用证的结算流程（见图 3-6）是：①进口商与出口商签订买卖合同，约定以信用证方式结算；②进口商向进口方银行提交《开证申请书》；③进口方银行向出口方银行开出信用证；④出口方银行向出口商交付《信用证通知书》、进口商向进口方银行提交《进口信用证修改申请书》（如有，在出口商交单之前即可）、进口方银行向出口方银行发送信用证修改通知（如有，在出口商交单之前即可）、出口方银行向出口商交付《信用证修改通知书》（如有，在出口商交单之前即可）；⑤出口商向进口商发货，货物装船后船公司签发装船提单；⑥出口商将单据和信用证在信用证有效期内交予议付行；⑦议

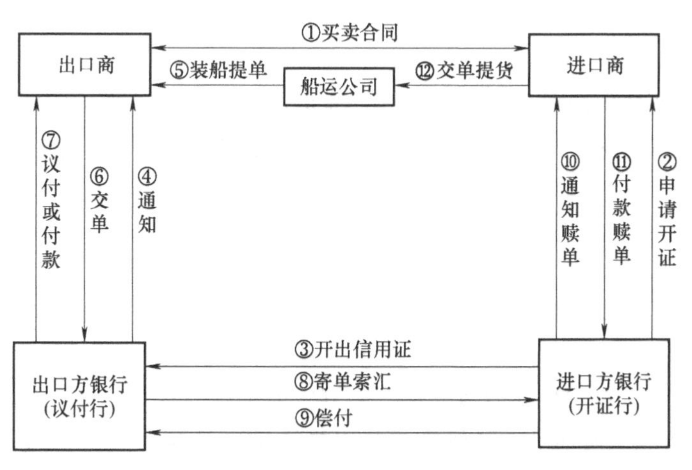


图 3-6　信用证结算流程

付行审查单据符合信用证条款后接受单据并付款，若单证不符合，则可以拒付；⑧议付行将单据寄送开证行或指定的付款行，向其索偿；⑨开证行收到单据后，应核对单据是否符合信用证，如正确无误，即应偿付议付行代垫款项，同时通知开证申请人备款赎单；⑩进口商付款赎单，如发现不符，则可拒付款项并退单；⑪开证行将单据交予进口商；⑫进口商凭单据提货。

**（三）信用证的特点**

**1. 信用证是一种银行信用**

开证行处于第一付款人的地位，即使进口人失去偿付能力或者拒绝付款，只要出口人提交的单据符合信用证条款，开证行也有义务付款。

**2. 信用证是一种自足文件**

信用证一经开出，就成为独立于买卖合同之外的开证行与受益人之间的契约，开证行不受合同的约束。

**3. 信用证是一种纯单据业务**

银行处理信用证时，只凭单据，不管货物。只要受益人提交符合信用证条款的单据，开证行就应承担付款责任，进口人也应接受单据并向开证行付款赎单。

**◇小资料**

**国际贸易单一窗口**

国际贸易单一窗口（International Trade Single Window）（以下简称单一窗口）已经成为许多国家政府促进贸易便利化、简化手续和实施电子商务的重要工具。截至 2020 年，全球已经有超过 70 个国家实施了复杂程度各异的单一窗口系统。单一窗口自动交换和共享有关货物跨境流动监管的信息。

（资料来源：http://www.cssinglewindow.com/news/uploads/1/file/public/202005/20200510064307_akyn4ul5da.pdf。经整理加工。）

## ◇重要概念

国际贸易方式　贸易术语　贸易单证　国际贸易结算

## ◇本章小结

本章首先介绍了国际贸易合同的履行，其次说明了出口合同的履行程序、进口合同的履行程序，最后详述了国际贸易术语和国际贸易货款结算方式等方面的内容。

## ◇复习思考题

**一、单选题**

1. 按 FOB 贸易术语成交的进口合同，货物采用海洋运输，应由（　　）负责租船或订舱工作。

A. 进口方　　B. 出口方　　C. 开证行　　D. 议付行

2. 进口货物的报关期限，自运输工具申报进境之日起（　　）内，超过这个期限申报的，由海关征收滞报金。

A. 10天　　B. 14天　　C. 15天　　D. 30天

3. 下列术语中，不需要卖方将货物装上任何前来接收货物的运输工具，且不负责办理出口手续的是（　　）。

A. DPU　　B. FAS　　C. FOB　　D. EXW

4. 在贸易术语中，卖方承担责任最小、负担费用最少的是（　　）。

A. DIP　　B. EXW　　C. CPT　　D. FCA

5. 在以CPT和CIP术语成交的条件下，货物运输保险（　　）。

A. 前者由卖方承担，后者由买方承担

B. 均由买方承担

C. 均由卖方承担

D. 前者由买方承担，后者由卖方承担

6. 出口公司收到银行转来的信用证后，侧重审核（　　）。

A. 信用证的真实性

B. 信用证内容与合同内容是否一致

C. 开证行的资信

D. 开证行的政治背景

7. 在出口结汇时，由出口商签发的，作为结算贷款和报关纳税依据的核心单据是（　　）。

A. 海运提单　　B. 商业汇票　　C. 商业发票　　D. 海关发票

8. 下列对支票的表述正确的是（　　）。

A. 是一种无条件的书面支付承诺　　B. 付款人可以是银行、工商企业或个人

C. 可以是即期付款或远期付款　　D. 是以银行为付款人的即期汇票

9. 银行承兑汇票的出票人应是（　　）。

A. 承兑银行

B. 付款人的开户银行

C. 收款人的开户银行

D. 在承兑银行开立存款账户的法人以及其他组织

10. 由出口商签发的、要求银行在一定时间内付款并经受票人承兑的汇票（　　）。

A. 既是银行汇票，又是商业汇票

B. 是银行远期汇票

C. 既是商业汇票，又是银行承兑汇票

D. 是商业即期汇票

**二、判断题**

1. 在履行FOB或FCA术语成交的进口合同中，进口企业负责洽租运输工具或指定承运人。（　　）

2. 商业信用就是卖方给予买方以延期支付货款的形式所提供的信用。（　　）

3. 汇付是对双方都有一定风险的结算方式。（　　）

4. 在电汇业务中，银行在审查了汇款人提交的汇款申请书并收妥汇费及所汇款项后以向汇款人交付回执的方式，表示接受汇款人委托办理该笔汇款手续。（　　）

5. 在信汇业务中，银行在审查了汇款人提交的汇款申请书，并收妥汇费及所汇款项后，以向汇款人交付回执的方式，表示接受汇款人的委托，办理该笔汇款手续。（ ）

## 三、案例分析题

1. 我国A公司向日本B公司推销某产品，支付方式为D/P即期付款。日本B公司答复：若支付方式改为D/P见票后90天，并通过B公司指定的日本J银行为代收行，则可接受我方要求，签订合同。请分析日本B公司提出要求的出发点何在。

2. 某代收行收到托收委托书，指示按装运后30天付款交单。照此委托书，代收行向进口商提示付款，进口商称交易合同条款是30天承兑交单，并要求代收行按承兑交单办理。请问：代收行应怎么办？这样处理的依据是什么？

# 第二篇

# 国际物流功能

# 第四章 国际物流仓储

## ◇学习目标

1. 了解国际物流仓库的分类。
2. 了解保税货物的形态与特征。
3. 熟悉保税仓库的基本业务。
4. 理解仓储在国际物流中的作用。
5. 理解国际物流中心的功能。

## ◆导入案例

### 中外运保税物流服务创新案例

某CW半导体技术（中国）有限公司（以下简称CW半导体）是专业测试尖端微处理器CPU产品的高科技企业，坐落于飞速发展的高科技工业园区——苏州工业园区，于2004年3月正式注册成立。CW半导体是全球领先的处理器提供商，为计算机、图形处理和消费电子行业提供创新的处理器产品。

CW半导体的主要产品是CPU，属于高附加值产品，需要做保税物流园的“一日游”业务，每次需要从苏州工厂空运到境外，再空运进口至境内各城市。首先，企业需要面对的是若干家空运代理、境外代理、进出口报关行等，除了联系人员多且杂，物流费用也很高昂。其次，CW半导体还需要从其众多境外供应商进口产品，每次进口只能存放在自己的仓库，占用仓库资源较多，企业维护成本相应较高，投入的人力、物力都是一笔很大的开销，不利于企业的成本控制。

针对企业原来面对的若干家空运代理、境外代理、进出口报关行等情况，苏州中外运根据其需求整合了CW半导体的空运路线及各地保税物流业务的供应商资源，为客户提供了改善方案：“香港一日游”业务模式，即境内货物以一般贸易方式报关出口到香港，再以加工贸易方式免税进口到境内。先出后进，最后将产品运送到CW半导体在境内各城市的客户手中。整个业务过程中，苏州中外运作为专门的沟通窗口，为客户直接与其境外发货人联系，专门为客户提供门到门的“一条龙”服务。

“香港一日游”模式能够带给企业的好处有：

1）缩短企业之间的交货周期，提高企业的资金周转率。

2）为中小型企业提供了一个公平竞争的市场，只要产品质量和服务质量等条件可以与大型的外资企业合作，转厂无疑是一种相对优越的交货方式。

3）为企业之间实现交货提供了一种备选方案。

针对企业对仓储方面的需求，苏州中外运为其提供了供应商管理库存（VMI）的运作模式，即让其境外客户发货到CW半导体当地保税物流园仓库中，再根据订单指令，分批分次报关进口。VMI方案可以使CW半导体的境外产品进入苏州保税物流园而不做进境报关，为企业节省了大量的预付税金，又可以随时根据客户的指令分批次报关进口。除了帮助客户节省了大量物流费用之外，还为客户减轻了预付大量税金的资金压力，同时也为其降低了仓储压力和库存压力。

对苏州中外运来说，一方面，通过空运平台和各地外运公司保税物流平台的整合，与外运兄弟公司加深了业务联系；另一方面，苏州中外运充分利用了保税仓储资源，与境外代理建立了紧密联系，为其他业务的发展打开了渠道。

（资料来源：https://www.docin.com/p-1690588294.html。经整理加工。）

## 第一节　国际物流仓储概述

### 一、仓储在国际物流中的作用

#### （一）调节产销时空矛盾

由于许多商品在生产和消费之间存在时间间隔与地域差异，为了更好地促进国际商品的流通，必须设置仓库将这些商品储存于其中，使其发挥时间效应的作用。

#### （二）调节国际供求矛盾

国际商品的仓储业务可以调节国与国之间巨大的供求矛盾，并利用储存调节供求关系，调整由供求矛盾造成的价格差异，所以，仓储具有调节国际供求矛盾的作用。

#### （三）调节运载能力差别

由于各种运输工具的运载能力差别较大，极易出现不平衡的情况，国际仓储可以减少国际物流节点压船、压港，弥补内陆运输工具运载量的不足，在船舶运输与内陆运输之间起到缓冲调节作用，保证国际货物运输顺利畅通。

#### （四）提供物流增值服务

随着仓储业的发展，仓储本身已经不仅具有储存货物的功能，而且越来越多地承担着流通加工及其他增值服务业务，如分拣、挑选、整理、加工、简单装配、包装、贴标签、备货等活动，使仓储过程与生产过程更有机地结合在一起，从而增加了商品的价值以及供应链金融业务。随着物流业的发展，仓储业在货物储存过程中，为物流活动提供更多的服务项目，为商品进入市场缩短后续环节的作业过程和时间，加快商品的销售，将发挥更多的功能和作用。

#### （五）保证进入国际市场的商品质量

商品从生产领域进入流通领域的过程中，通过仓储环节，对即将进入市场的商品在仓库进行检验，可以防止质量不合格的伪劣商品进入市场。通过仓储来保证商品的质量主要有两个关键环节：①商品入库保管期间的质量检查；②商品出库前的检验。对于前者，待入库商品应满足仓储要求，在仓库保管期间，商品处于相对静止状态，使其不发生物理、化学变化，保证储存商品的质量。对于后者，保证出口商品符合国家出口标准和国际贸易合同对出口商品质量的约定，维护外贸企业的国际商业信誉。

## 二、国际物流仓库的分类

由于多数国际物流仓储活动依赖于仓库等基础设施，仓库的定位和功能决定了可以开展的仓储活动。因此本部分按仓库类型的不同来讨论其相对应的仓储活动。

### （一）按用途分类

按仓库在国际物流中的用途分类，国际物流仓库可分为口岸仓库、中转仓库、加工仓库和储存仓库。

#### 1. 口岸仓库

口岸仓库又称周转仓库，是主要储存待运出口和进口待分拨商品的仓库。口岸仓库的特点是商品储存期短、周转快。仓库大多设立在商品集中发运出口的沿海港口城市，仓库规模很大，主要储存口岸和内地对外贸易业务部门收购的出口待运商品和进口待分拨的商品。

#### 2. 中转仓库

中转仓库又称转运仓库，是在中转地储存待运物资的仓库。中转仓库的特点是大多设在商品生产集中的地区或出运港口之间，如铁路、公路车站，江河水运港口码头附近，以及商品生产集中的大中城市和商品集中分运的交通枢纽地带。其主要职能是按照商品的合理流向，收储、转运经过口岸出口的商品。大型中转仓库一般都设有铁路专用线，将商品的储存、转运业务紧密结合起来。

#### 3. 加工仓库

加工仓库是承担储存与加工双重职能的仓库。加工仓库的特点是将出口商品的储存和加工结合在一起。除商品储存外，还兼营对某些商品的挑选、整理、分级、包装、改装等简单的加工业务，以适应国际市场的需要。

#### 4. 储存仓库

储存仓库是主要提供储存服务的仓库。储存仓库的特点是商品储存期较长，主要用于储存待销的出口商品、援外的储备物资、进口待分拨商品、出口业务需要的储备商品等。这类仓库所储存的商品需要定期检查，加强商品养护。

### （二）按管理体制分类

按仓库管理体制分类，国际物流仓库可分为公共仓库、自有仓库和合同仓库。

#### 1. 公共仓库

公共仓库是一家独立经营的企业，通常会向客户提供较为一致的服务。利用公共仓库进行仓储活动时，企业不需要资本投入，只需要支付相对较少的租金即可得到仓储服务，而且可以避免管理上的困难。特别是在库存高峰时，公共仓库可以满足大量额外的库存需求。

#### 2. 自有仓库

自有仓库是企业自己经营的仓库。相对于公共仓库来说，企业利用自有仓库进行仓储活动时，不仅管理更具灵活性，而且可以更大程度地控制仓库，为外贸企业树立良好形象。当需要长期仓储时，自有仓储的成本低于公共仓储。但由于自建仓库的初期投资及平时维护成本高，因此企业做出投资建造自有仓库的决策要非常慎重。

**3. 合同仓库**

合同仓库是指企业将物流活动转包给外部公司，由外部公司为企业提供综合物流服务。在物流发达的国家，越来越多的企业转向利用合同仓库（第三方仓储）。合同仓库不同于一般公共仓库，它能够提供专业化的高效、经济和准确的分销服务。

**（三）按适用性分类**

按储存商品的性能及技术设备分类，国际物流仓库可分为通用仓库、专用仓库和特种仓库。

**1. 通用仓库**

通用仓库是用于储存一般的、没有特殊要求的工业品或农用品的仓库，对储存、装卸搬运、堆码设备的要求较低。这类仓库在外贸仓库中所占比重最大。

**2. 专用仓库**

专用仓库是专门用于储存某一类商品的仓库。这类商品较易受外界环境影响发生变质，或者由于商品本身的特殊性，不适合与其他商品共同存放。这类仓库在保养技术设备方面相应地增加了密封、防虫、防霉、防火以及监测等设施，以确保特殊商品的质量安全。

**3. 特种仓库**

特种仓库是用于储存具有特殊性质、要求使用特别保管技术和设施设备的商品，比如化学危险品、易腐蚀品、石油及部分医药商品等。这类仓库配备有专门的设备，如冷藏库、保温库、危险品仓库等。

## 第二节　国际物流保税仓储

### 一、保税制度

随着国际贸易的不断发展，贸易的方式日渐多样化。在“两头在外”模式[㊀]或者转口贸易方式下，如果进口时征收关税，复出口时再申请退税，手续过于烦琐，必然会加大交易的成本，延长合同履行时间，不利于发展对外贸易。开展保税业务，可以大大降低进口货物成本，并且也有利于鼓励外资企业在中国投资，是创造良好投资环境的重要举措。

保税制度是一种国际通行的海关制度，是指经海关批准的境内企业所进口的货物，在海关监管下在境内指定的场所储存（加工/装配），并暂缓缴纳各种进口税费的一种海关监管业务制度。保税制度所管理的对象被称为保税货物，主要是指那些为再出口而进口的外国货物，如果这些货物处于海关监管的特定场所，如保税仓库、保税工厂或出口加工区、保税区内，在进行储存、加工或装配的过程中，可以暂缓缴纳进口关税。

按照保税的基本形态分类，保税制度可以分为保税加工监管制度和保税物流监管制度。

㊀ “两头在外”模式是指采购国外原材料，进口到国内进行生产，再将产成品出口到国外，即生产经营过程的两头都在国际市场进行。

**1. 保税加工监管制度**

保税加工监管制度包括对来料加工、进料加工、外商投资企业加工贸易进出口货物监管的制度，对加工贸易保税工厂、保税集团进出口货物监管的制度，加工贸易进口料件银行保证金台账制度等。

**2. 保税物流监管制度**

保税物流监管制度可以分为保税场所监管制度和特殊区域保税监管制度。保税场所监管制度是对保税仓库保税货物的监管制度。保税仓库是由海关批准设立的供进口货物储存而不受关税法和进口管制条例管理的仓库，包括公用型保税仓库、自用型保税仓库、专用型保税仓库。特殊区域保税监管制度包括对保税区进出境和进出区的保税货物监管制度、对出口加工区进出境和进出区的保税货物监管制度、对上海钻石交易所进出境和进出所的保税监管货物的监管制度、对综合保税区（保税港区）进出境和进出区的保税货物监管制度。

## 二、保税货物

### （一）保税货物的形态与特征

**1. 保税货物的形态**

根据《中华人民共和国海关法》，保税货物是指经海关批准未办理纳税手续进境，在境内储存、加工、装配后复运出境的货物。

保税货物主要包括保税加工货物和保税物流货物，如图 4-1 所示。

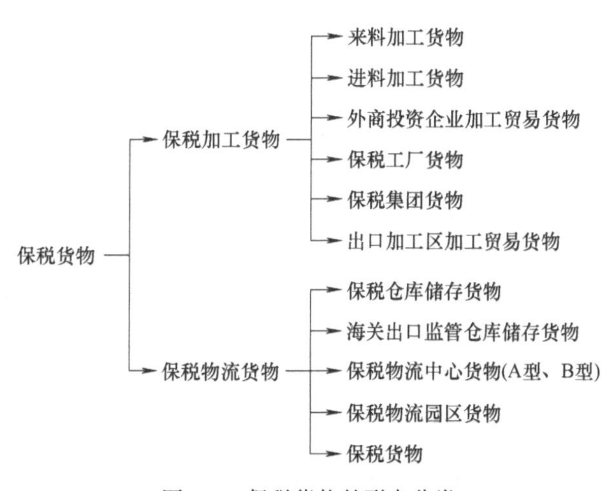


图 4-1　保税货物的形态分类

**2. 保税货物的特征**

从《中华人民共和国海关法》对保税货物的定义可知，保税货物具有以下三个特征[㊀]：

**（1）保税货物必须经海关批准。**任何货物不经过海关批准，都不能成为保税货物。无论批准设立保税仓库、保税工厂和保税集团，还是加工贸易合同备案，以及保税区和出口加工区某些进口货物的保税，都是海关在行使批准保税的权力和职责。对符合保税货物条件的，经海关批准保税，货物在进境时才可以暂时不办理纳税手续。待货物去向明确，如复运出口，则免予纳税，如果留在境内使用或销售则照章纳税。

**（2）保税货物是海关监管货物。**由于保税货物是“未办理纳税手续进境”的货物，自进境之日起就必须置于海关的监管之下，它在境内的储存、加工、装配等活动都必须接受海关监管，直到复运出境或改变性质办理正式进口手续为止。当保税货物失去保税条件时，海关则有权依法对该保税货物进行处理。

---

㊀　龚英，杨佳骏 . 保税物流实务［M］. 北京：科学出版社，2017.

在保税货物中，有一部分货物的所有权并没有转移，如加工装配业务（来料加工）进口料件及其制成品等，进境后仍属于境外客商。但是该进口料件和加工制成品仍是海关监管货物，不经海关批准不得擅自处置。

**（3）保税货物应复运出境。**由于保税货物未按一般货物办理进口纳税手续，因此，它在境内经过储存、加工、装配后应当复运出境。相反，如果海关批准保税进境的货物经过储存、加工、装配后最终不复运出境，转为在境内销售使用，那么就改变了保税货物的特性，不再符合保税条件，应当按照留在境内的实际性质办理相应的进口通关手续。

**◇小资料**

**保税仓库的作用**

深圳市福汉兴国际运输有限公司（以下简称福汉兴）是一家专业保税仓储物流服务提供商，在福田保税区拥有10 000m$^2$的自营式仓库。香港A公司在宝安、东莞均设有工厂，国外的原材料到香港码头后，由福汉兴安排香港车提柜并经福田保税区一号通道拖运至福汉兴仓库存放。待境内工厂需要用料时，派境内厂家的理货员到福汉兴仓库指定需要的货品，填报好准确的报关文件，由境内的车辆经福田保税区二号通道直接报关进口或转关至东莞海关拆关。这样做不仅节省了可观的仓租和拖车费用，而且报关员无须出境即可确保报关数据准确无误。

中山的W工厂将福汉兴仓库作为一个成品集货基地，生产的电器产品由中山出口转关至福田保税区进福汉兴仓库存放。待世界各地有需求时，由码头提取空柜至福汉兴仓库装货，不仅可以用香港车经一号通道交柜至香港码头，也可用境内车经福田保税区海关转关至盐田港、蛇口港出境，非常灵活方便。

（资料来源：http：//bbs.tianya.cn/post-54-530214-1.shtml。经整理加工。）

**（二）保税物流货物**

保税物流货物又称保税仓储货物，是指经海关批准未办理纳税手续进境，在境内储存后复运出境的货物。已办结海关出口手续尚未离境，经海关批准存放在海关专用监管场所或特殊监管区域的货物，也带有保税物流货物的性质。海关对保税物流货物的监管形式包括保税仓库、出口监管仓库、保税物流中心（A型、B型）、保税物流园区、保税区、综合保税区等。

保税仓库存放保税物流货物的时间为1年，确有正当理由需要延长储存期限的，货主应向海关提出延期申请，经海关同意可予以延期，除特殊情况外，延期不得超过1年。

出口监管仓库，存放保税物流货物的时间是6个月，申请延长时间最长6个月。

保税物流中心（A型）存放保税物流货物的时间是1年，可以申请延长，延长时间最长为1年；保税物流中心（B型）存放保税物流货物的时间是2年，可以申请延长，延长时间最长为1年。

**◇小资料**

**保税物流中心**

保税物流中心是指封闭的海关监管区域并且具备口岸功能，分为A型和B型两种。保税物流中心（A 型）是指经海关批准，由中国境内企业法人经营、专门从事保税仓储物流业务的海关监管场所；保税物流中心（B 型）是指经海关批准，由中国境内一家企业法人经营，多家企业进入并从事保税仓储物流业务的海关集中监管场所。

（资料来源：海关总署令第 129 号、130 号。经整理加工。）

保税物流园区、保税区、综合保税区、保税港区存放保税物流货物的时间没有限制。

保税货物属于海关监管货物，保税货物的转让、转移及进出保税场所，应当向海关办理有关手续，接受海关监管和查验。保税仓储货物在保税状态下储存期满，未及时向海关申请延期或延长期限届满后既不复运出境，也不转为进口的，海关将按照有关规定进行处理。

**（三）保税加工货物**

当保税货物用于加工贸易时，其在海关监管场所的储存即为保税加工储存。保税加工货物是经海关批准未办理纳税手续进境，在境内加工、装配后复运出口的货物。保税加工货物包括专为加工、装配出口产品而从国外进口且海关准予保税的原材料、零部件、元器件、包装物料、辅助物料（以上内容统称料件）及用上述料件生产的成品、半成品。保税加工通常有来料加工和进料加工两种形式。海关对保税加工货物的监管形式还包括保税工厂和出口加工区等。

保税加工货物的保税期限，原则上不超过 1 年，经批准可延长，延长的最长期限原则上也是 1 年，但具体执行要根据不同的合同、不同的进口料件做具体的规定。

需要说明的是，保税货物的分类不是绝对的，在一定条件下，保税加工货物和保税物流货物可以互相转换。例如保税物流类的部分货物可以转化为保税加工类货物，被送往保税工厂、保税集团或出口加工区的加工厂用于加工生产成品出口。这是因为这部分保税货物在入境时（可能已经入仓或入区）尚未明确最终用途，只有当买家确定后，才可能确定最终用途。如果投入境内市场，则按一般贸易办理进口手续；如果用于加工贸易生产出口成品，就转化为保税加工货物；如果继续以保税仓储的名义存在，就继续保持保税物流货物的身份。同时，由于外商取消订单或国际行情不佳，保税加工货物也有可能转化为保税物流货物进行仓储。保税加工货物和保税物流货物的流向也不是绝对的，经过批准和办理进口纳税手续，保税加工货物和保税物流货物可以转为一般贸易货物进行内销，也可以以结转的方式继续保税，还可以出于各种原因复运出境。

## 第三节 保税仓储业务

保税仓储是使用海关核准的保税仓库存放保税货物的仓储行为。因此，保税仓储业务与保税设施密切相关。本节首先介绍保税仓库的基本业务，然后分别介绍保税物流中心和综合保税区的主要业务。

### 一、保税仓库的基本业务

一般的仓库业务主要涉及入库管理、在库管理和出库管理。由于保税仓库中存放货物有时间期限要求，因而保税仓库还需要考虑存放期满的管理问题。

因此，保税仓库的基本业务包括入库管理、在库管理、出库管理和期满管理四项。

### （一）入库管理

普通仓库的入库通常包括六个主要流程，分别为入库预报、物品到库、车辆检查、卸货验收、存入货位和信息处理。

仓管员接到物品入库预报后予以确认，并根据预报的内容，做好储存货位、装卸机具、人力的准备工作，保证物品到达后及时进行入库作业。当物品到达仓库时，仓管员应检查送货车辆（箱）状况并做好记录，如出现异常时要及时与客户联系。卸货时，仓管员应根据送货单据按照相关要求对物品进行验收，并且在送货单据或入库单上详细记录。若发现问题，则在请承运人签字确认的同时，应与客户取得联系。在卸货、搬运、堆码过程中，仓管员负责指导装卸工按事先约定的规范和物品包装上的指示标志进行操作。仓管员办理入库手续，应在送货单据上按实际入库情况进行填写，并请承运人签字确认。物品入库完毕，仓管员应立即填写货垛卡、仓库保管账，或将相关信息输入仓库管理系统，并妥善保管相应单据。

保税仓储货物入库时，收发货人或其代理人持有关单证向海关办理货物报关入库手续，海关根据核定的保税仓库存放货物范围和商品种类对报关入库货物的品种、数量、金额进行审核，并对入库货物进行核注登记。

保税货物在保税仓库所在地海关入境时，货主或其代理人填写进口货物报关单，加盖“保税仓库货物”印章，并注明此货物系存入保税仓库，向海关申报，海关根据核定的保税仓库存放货物范围和商品种类对报关入库货物的品种、数量、金额进行审核，并对入库货物进行核注登记。经海关查验放行后，报关单除了海关留存外，其余随货交付保税仓库。保税仓库经理人应于货物入库后在报关单上签收，一份留存保税仓库，作为入库的主要凭证，一份交回海关存查。

货主在保税仓库所在地以外的其他口岸进口货物，应按海关对转关运输货物的规定办理转关手续。货物运抵后再按上述规定办理入库手续。

### （二）在库管理

普通仓库的在库管理通常包括盘点、移库、包装加工、残次品处理等活动。

仓管员需要按照仓库的储存任务、具体情况及物品的性能和要求，按照物品的品类、出入库频率等确定物品储存位置，按照仓库防火安全管理规则对库内进行分类分区、合理布局。库存物品应当分类、分垛储存，注意垛与垛、垛与墙、垛与梁（柱）之间的合理间距。仓管员要根据物品特性和事先约定确定对物品检查的重点与频次，采取相应的保管方式与养护措施，发现问题时要做好记录并进行处理，及时通知客户。对有保质期要求的物品，应按事先约定的期限及时向客户发出通报。同时，仓管员要按期组织在库物品盘点，盘点内容包括实际储存物品的品种、规格、货位、批号、数量、保质期等，并核对与货垛卡、仓库保管账或仓库管理系统（WMS）记载内容是否一致，写出书面盘点报告并附盘点表。发现问题时，应查明原因，并与有关方面进行沟通。

保税仓储货物可以进行包装、分级分类、加刷唛码、分拆、拼装等简单加工，不得进行实质性加工。保税仓储货物，未经海关批准，不得擅自出售、转让、抵押、质押、留置、移作他用或者进行其他处置。

保税仓储货物在存储期间发生损毁或者灭失的，除不可抗力外，保税仓库应当依法向海关缴纳损毁、灭失货物的税款，并承担相应的法律责任。

### （三）出库管理

普通仓库的出库通常包括六个主要流程，分别为出库计划、单证核对、拣货、出库复核、交接装车、信息处理。

接到出库计划后，仓管员应按照出库计划做好出库准备，视情况需要可以提前备货。在接到出库单据后，仓管员按业务流程的规定对出库单据进行核对。在出库装车前，仓管员应记录承运车辆的车号与承运人的有效证件；如发现不符合事先约定要求的，立即告知客户处理。发货时，未使用仓库管理系统的实行以单对卡、以卡对货对所发物品进行逐项核对，发货后在货垛卡或仓库管理系统中记载付货日期、付货数量、结存数量，并签名，然后对库存物品进行复核；使用仓库管理系统的可直接以系统账簿中记载的存货量与实际库存物品量进行核对。在办理物品出库交接手续时，实行复核制，并与承运人逐笔进行交接。物品出库装车时，仓管员应指导装卸工按约定规范进行装卸作业。装载后，如需施封车辆（箱），应检查并记录施封状况。全部出库、交接手续办理完毕后，仓管员开具出门单证。仓管员应及时对有关出库信息进行处理，并对单据进行有效保管。

相比普通仓库，保税仓储货物的管理更加严格。保税仓储货物，未经海关批准，不得擅自出售、转让、抵押、质押、留置、移作他用或者进行其他处置。

保税仓储货物出库时，符合下列情形的保税仓储货物，经海关批准可以办理出库手续，海关按照相应的规定进行管理和验放：

1）运往境外的。

2）运往境内保税区、出口加工区或者调拨到其他保税仓库继续实施保税监管的。

3）转为加工贸易进口的。

4）转入国内市场销售的。

5）海关规定的其他情形。

保税仓储货物出库运往境内其他地方的，收发货人或其代理人应当填写进口报关单，并随附出库单据等相关单证向海关申报，保税仓库向海关办理出库手续并凭海关签印放行的报关单发运货物。从异地提取保税仓储货物出库的，可以在保税仓库主管海关报关，也可以按照海关规定办理转关手续。出库保税仓储货物批量少、批次频繁的，经海关批准可以办理集中报关手续。

保税仓储货物出库复运往境外的，发货人或其代理人应当填写出口报关单，并随附出库单据等相关单证向海关申报，保税仓库向海关办理出库手续并凭海关签印放行的报关单发运货物。出境货物出境口岸不在保税仓库主管海关的，经海关批准，可以在口岸海关办理相关手续，也可以按照海关规定办理转关手续。

### （四）期满管理

普通仓库对货物的储存期限没有要求，但是保税仓库对于储存其中的货物却有时限要求，达到时限要求的，就要及时向海关申请延期。如果不及时申请延期或者延长期限届满后，既不复运出境也不转为进口的，由海关按照《中华人民共和国海关征收进口货物滞报金办法》的规定，征收滞报金；超过三个月未向海关申报的，其进口货物由海关提取依法变卖处理。

## 二、保税物流中心的业务

根据进出保税物流中心货物来源地和目的地的不同，可以对保税物流中心的物流活动加以区分。

保税物流中心的进库货物通常包括：①一般贸易进口货物；②加工贸易进口货物；③从出口加工区、保税区和保税仓库、出口监管仓库转入的货物；④国内采购货物；⑤其他经海关批准转入的货物。

保税物流中心的出库货物通常包括：①出口至境外的货物；②深加工结转至加工贸易登记手册（含电子账册）的货物；③转入出口加工区、保税区和保税仓库、出口监管仓库的货物；④转入享受减免税政策企业的货物；⑤转为内销的货物；⑥作放弃处理的货物；⑦其他经海关批准转出的货物。

由于物流与商流、资金流密不可分，保税物流中心的运作不仅涉及物流，还常常涉及商流和资金流。不同的货物流向伴随着不同类型的商流、资金流，形成了多样化的保税物流业务[㊀]。

### （一）模式一

保税物流中心（A 型）经营企业或保税物流中心（B 型）内企业从境外公司保税进口商品进入保税物流中心，进口商支付外汇。如果进口商将保税物品销售给其他境外客户，保税物品出口的同时获得外汇收入；如果进口商将加工贸易货物销售给境内开展加工贸易的加工厂，保税物品在不同海关保税场所及保税区域之间转移的同时通过外汇进行结算，如图 4-2 所示。

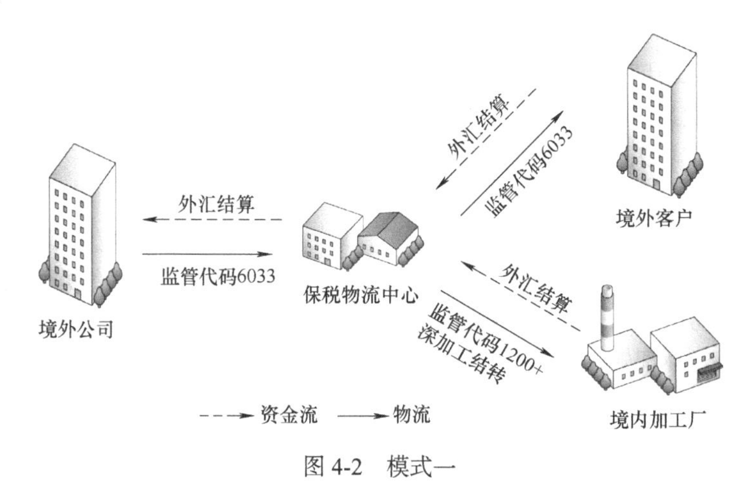


图 4-2　模式一

### （二）模式二

模式二有两种情形。

情形一是境内加工厂出口加工贸易货物到保税物流中心，保税物流中心（A 型）经营企业或保税物流中心（B 型）内企业以外币结算后再出口到境外客户，与境外客户通过外汇结算，如图 4-3 所示。

情形二是存储于其他保税区的货物出口到保税物流中心，保税物流中心（A 型）经营企业或保税物流中心（B 型）内企业，以外币结算后再从保税物流中心出口境外，如图 4-4 所示。

---

㊀ 王海鹰 . 保税物流中心（A 型）海关管理模式优化研究［D］. 上海：上海交通大学，2009.

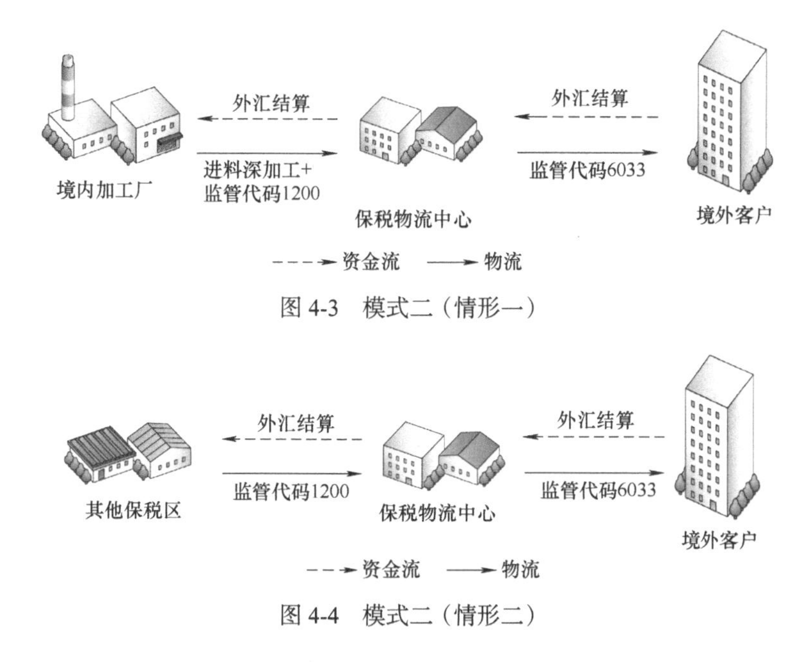


图 4-3　模式二（情形一）



图 4-4　模式二（情形二）

**（三）模式三**

模式三也有两种情形。

情形一是保税物流中心（A 型）经营企业或保税物流中心（B 型）内企业从境外公司进口物品进入保税物流中心，以外汇结算；进口商完税内销给境内客户，以人民币结算，如图 4-5 所示。

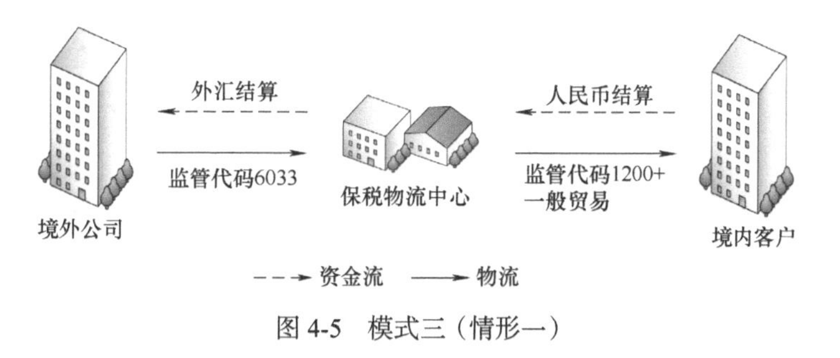


图 4-5　模式三（情形一）

情形二是境内加工厂出口加工贸易货物到保税物流中心，以外汇结算，保税物流中心（A 型）经营企业或保税物流中心（B 型）内企业完税内销给境内客户，以人民币结算，如图 4-6 所示。

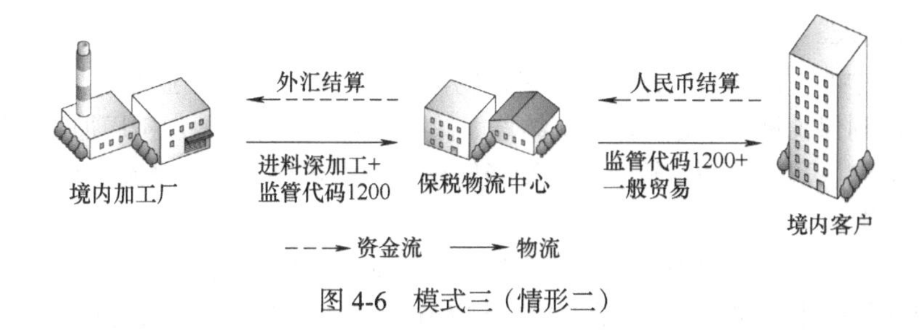


图 4-6　模式三（情形二）

### （四）模式四

保税物流中心（A 型）经营企业或保税物流中心（B 型）内企业从境内公司采购物品进入保税物流中心，以人民币结算，保税物流中心（A 型）经营企业或保税物流中心（B 型）内企业采购的非保税物品以一般贸易方式出口至境外客户，以外币结算，如图 4-7 所示。

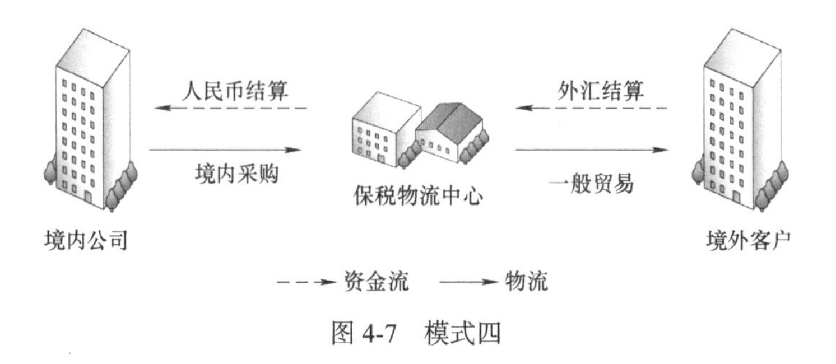


图 4-7 模式四

### （五）模式五

保税物流中心（A 型）经营企业或保税物流中心（B 型）内企业通过保税方式从境外公司进口物品到保税物流中心，以外汇结算。保税物品根据境内客户或境内加工厂要求以保税间货物转仓至指定的保税仓库，随后再以进料加工方式转入境外客户在境内的加工厂，加工厂付汇给保税物流中心（A 型）经营企业或保税物流中心（B 型）内企业；或者内销给境内客户，直接以人民币与保税物流中心（A 型）经营企业或保税物流中心（B 型）内企业结算。该模式对应政策还需要完善，因此，保税物流中心开展此类型业务仍存在政策障碍，如图 4-8 所示。

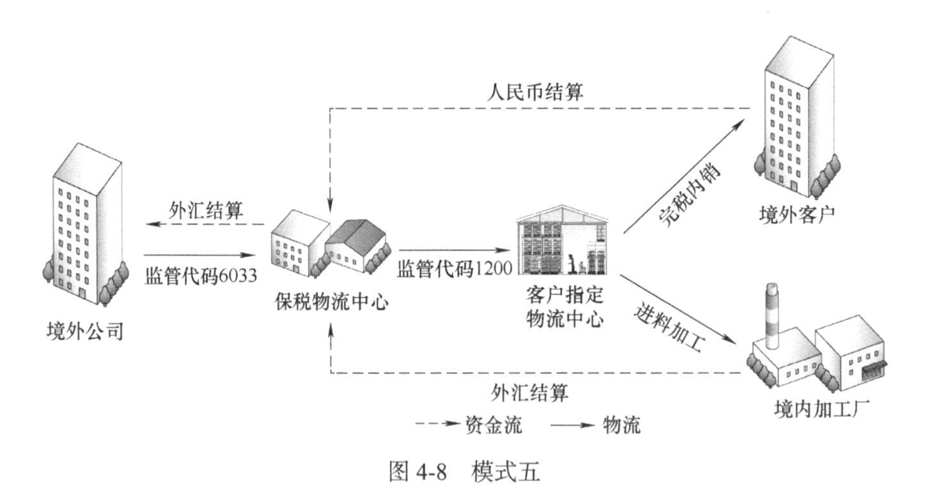


图 4-8 模式五

### （六）模式六

保税物流中心（A 型）经营企业或保税物流中心（B 型）内企业通过保税方式从境外公司进口物品到保税物流中心，以外汇结算。保税物品再委托境内加工厂加工成制成品后，内销给境内客户，以人民币结算。物流则经转仓到境内客户附近的物流中心子仓，再转交境内客户，如图 4-9 所示。

在模式六中，如果境内加工厂与客户指定的物流中心距离较近，也可由保税物流中心指示境内加工厂按来料加工转仓到客户指定物流中心，从而进一步优化流程。

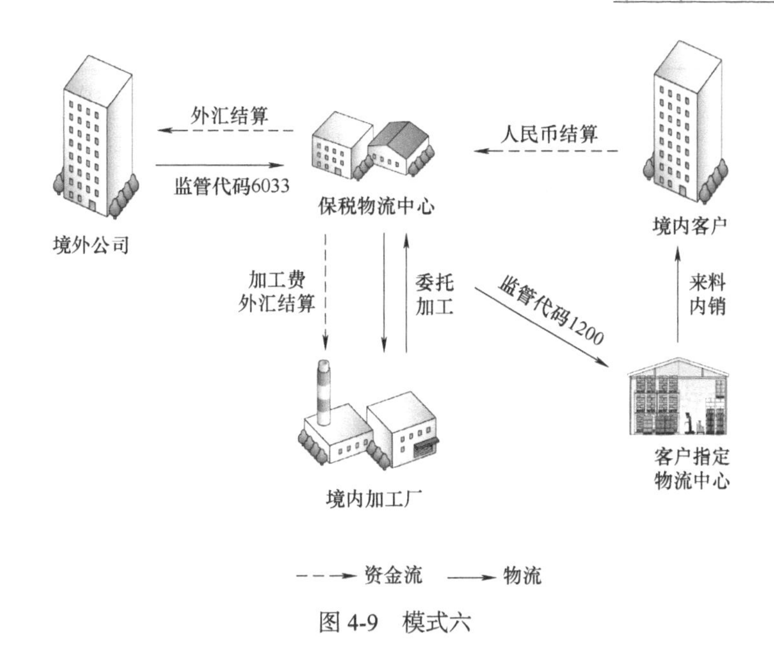


图 4-9　模式六

◇小资料

## 海关监管方式代码

进出口货物海关监管方式是以国际贸易中进出口货物的交易方式为基础，结合海关对进出口货物的征税、统计及监管条件综合设定的海关对进出口货物的管理方式。由于海关对不同监管方式下进出口货物的监管、征税、统计作业的要求不尽相同，因此为满足海关管理的要求，H2000 通关管理系统的监管方式代码采用四位数字结构。其中前两位是按海关监管要求和计算机管理需要划分的分类代码，后两位为海关统计代码。国际物流中部分常见的海关监管代码见表 4-1。

**表 4-1　常见的海关监管代码**

| 监管方式代码 | 监管方式简称 | 监管方式全称 |
| --- | --- | --- |
| 0110 | 一般贸易 | 一般贸易 |
| 0130 | 易货贸易 | 易货贸易 |
| 1200 | 保税间货物 | 海关保税场所及保税区域之间往来的货物 |
| 1039 | 市场采购 | 市场采购 |
| 1210 | 保税电商 | 保税跨境贸易电子商务 |
| 1233 | 保税仓库货物 | 保税仓库进出境货物 |
| 1234 | 保税区仓储转口 | 保税区进出境仓储转口货物 |
| 1239 | 保税电商 A | 保税跨境贸易电子商务 A |
| 5033 | 区内仓储货物 | 加工区内仓储企业从境外进口的货物 |
| 5034 | 区内物流货物 | 海关特殊监管区域与境外之间进出的物流货物 |

（续）

| 监管方式代码 | 监管方式简称 | 监管方式全称 |
|---|---|---|
| 6033 | 物流中心进出境货物 | 保税物流中心与境外之间进出仓储货物 |
| 9600 | 内贸货物跨境运输 | 内贸货物跨境运输 |
| 9610 | 电子商务 | 跨境贸易电子商务 |

（资料来源：http：//www.customs.gov.cn/customs/302427/302442/tgcs/gjrhbftgcscxjxz/1934641/index.html。经整理加工。）

## 三、综合保税区的业务

综合保税区内企业可以开展以下九大类业务[㊀]：

### （一）储存进出口货物和其他未办结海关手续的货物

除国家另有规定外，综合保税区储存的保税货物不设储存期限，故可以在区内长期存放保税货物。例如，企业从境外进口的货物，可以在综合保税区内长期进行保税储存，以利用时间差在境内外市场洽谈销售，赚取更大的利润。从物品的流动来看，综合保税区的一般业务模式是物品从境外供应商处进入综合保税区（流程 D），当需要在境内销售时，从综合保税区出区，交付境内客户（流程 E）。同时，境内供应商生产的产品也可以先出口到综合保税区（流程 A）进行储存，如果在境内找到客户，再复进口返回境内市场，交付境内客户（流程 C），如图 4-10 所示。

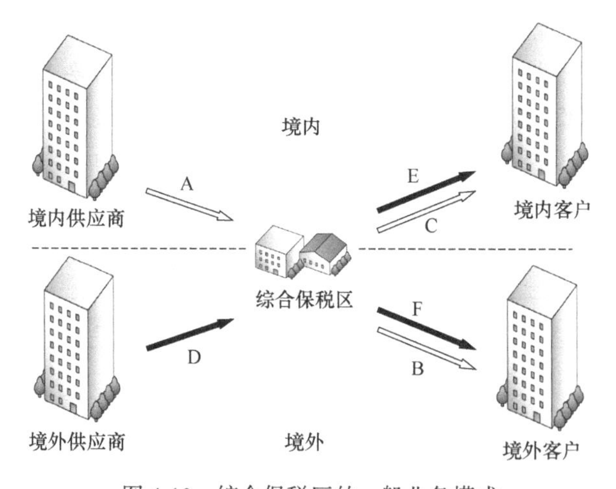


图 4-10　综合保税区的一般业务模式

### （二）国际转口贸易

商务部定义的转口贸易是生产国与消费国之间通过第三国进行的贸易，即交易的货物可以由出口国运往第三国，在第三国不经过加工（改换包装、分类、挑选、整理等不作为加工）再销往消费国。从物品的流动来看，如图 4-10 所示，物品从境外供应商处集中进入综合保税区（流程 D），再分销到其他境外市场（流程 F）。

㊀ https：//www.sohu.com/a/401103162_100159367。

转口贸易的发生，主要基于历史、政治、经济或者区位因素，该地实施优惠政策，降低中转费用，逐渐发展为货物集散中心，形成以新加坡、香港、伦敦等为中转地的国际著名转口贸易港。但近年来，一些国家或地区的海关特殊监管区域（如加工区）、保税仓库等也成为转口贸易的主要中转地。例如，我国境内企业将货物出口至综合保税区内，卖给 X 国贸易商，X 国贸易商又将货物卖给 Y 国贸易商，而此时货物未发生物理位移，仅是产权发生转移，这也是转口贸易。

转口贸易也可以不通过第三国直接由生产国运往消费国，但生产国与消费国之间并不发生交易关系，而是由第三国分别同生产国和消费国发生的交易。

**（三）国际采购、分销和配送**

综合保税区内企业可以从境内外采购货物，在综合保税区内进行流通性简单加工和增值服务（如分级分类、分拆分拣、分装、组合包装、加刷唛码等）后，向境内外分销配送。从物品的流动来看，涉及两种流程（见图 4-10）：一种是物品从境内供应商处集中进入综合保税区（流程 A），经分、拼处理后再分销到其他境外市场（流程 B）；另一种是物品从境外供应商处集中进入综合保税区（流程 D），经分、拼处理后再分销到其他境外市场（流程 F）。

例如，某公司在综合保税区内设立亚太地区配送中心，根据国内及国际分销商订单，把来自境外和境内的产品、部件在区内进行统一的组装或拼装、重新打包后，将货物通过国内及国际航线发往境内或境外用户。

该模式的优势是：

1）兼顾中国既是制造大国也是消费大国的全球贸易格局，通过综合保税区统筹将境内和境外两个市场的购买、销售行为及复杂的境内外货物流向集成，实现对境内外资源的有效调配。

2）境外产品进区后享受保税待遇，暂缓缴纳进口关税及增值税、消费税，减少了企业的资金占用。

3）境内通过一般贸易出口至区内的商品，进区即可获得退税，使区外企业尽早拿到退税。

4）集中仓储及配送的管理模式，大大提高了集拼及配送效率，降低了企业的运营成本。

国际分销适用于某一企业出口产品分销多个境外客户或一个境外客户采购多种境内产品，或多个客户跨境采购多种产品。综合保税区内的物流企业相当于产品的集结和处理枢纽，物流企业利用综合保税区“分批出区 / 进区、集中报关”政策，可以减少通关时间，节约人力成本。

**（四）国际中转**

国际中转货物是指由境外启运，经中转港换装国际航线运输工具后，继续运往第三国或者地区指运口岸的货物。从物品的流动来看，如图 4-10 所示，物品从境外供应商处集中进入综合保税区（流程 D），经换装后再分销到其他境外市场（流程 F）。

国际中转是国际知名港口的基础性业态，不仅可以开拓间接货源腹地，促进转口和加工贸易发展，还能促进港航要素集聚，提升港口服务功能，是衡量现代国际航运枢纽辐射范围和聚集能力的重要标志，也是体现港口综合服务能力和国际竞争力的重要指标。

此处需注意的是，国际中转同转口贸易容易发生混淆，这两者既有交叉又有差异。

它们之间的主要区别是：国际中转是从物流角度出发，即国际货物在某地换装运输工具后继续运往目的国或地区；转口贸易是从货物产权角度出发，即货物产权发生转移。而如果货物从物流及产权转移方面分别符合两者定义，那么它既是中转货物又是转口货物。

**（五）检测和售后服务维修**

综合保税区内的保税维修是以保税方式将存在部件损坏、功能失效、质量缺陷等问题的货物或运输工具从境外运入综合保税区内进行检测、维修后复运出境（外籍船舶、航空器除外），或者将上述货物从境内区外运入综合保税区内进行检测、维修后复运出区进入境内。开展保税维修，可以使企业完善产品售后服务体系，由加工制造延伸至后期检测维修服务，从后端提升“微笑曲线”位置，提高市场竞争力和品牌影响力。

例如，某企业出口的精密仪器，在完成技术突破、设备升级、实现大规模量产后，境外客户的维修需求量也随之急速增长。此时，若按照传统的修理物品模式进行作业，不但通关时间长、查验率高，且每次须缴纳保证金，给企业带来很大的不便。而其搬迁至综合保税区内开展保税维修业务后，无须缴纳保证金，查验率降低了 95%，通关时间压缩了 2/3 以上，且从境外采购的用于维修的检修设备还享受设备免税政策。

又如，某综合保税区内企业，开展本集团其他工厂生产的笔记本、手机等在境内销售产品的售后维修工作，充分利用了闲置产能，提升了经济效益和品牌知名度。

根据商务部、生态环境部、海关总署共同发布的 2020 年第 16 号公告，支持综合保税区内企业开展维修业务，综合保税区内企业可开展航空航天、船舶、轨道交通、工程机械、数控机床、通信设备、精密电子等 55 类产品的维修业务。

**（六）商品展示**

保税展示交易是指综合保税区内企业无须缴纳进口环节税费，通过提供担保的形式，将进口商品运至综合保税区规划面积以内、围网以外综合办公区专用的展示场所，或者综合保税区以外的其他固定场所，进行展示和销售的经营活动。保税展示交易的商品如果进行了交易才正式缴税，没有交易就暂时不用纳税，可以重新返回区内。这与传统的进口商品先缴纳税费再销售模式相比，有利于减轻企业资金占用、降低经营成本。

**（七）港口作业**

港口作业主要是指在有港口的综合保税区的口岸作业区内，进行集港调度、货物装卸等口岸作业。

综合保税区在功能概念上可以划分为口岸作业区和保税作业区，区内可以不实施严格的“区中区”式的物理隔离和卡口管理，即两区之间可以是虚拟的边界，货物主要通过电子信息化系统分别进行管理。以直接进出口货物（如一般贸易货物）为例，货物申报一般贸易进口或者出口，不实行保税备案管理，在综合保税区内的监管作业场所履行申报、查验等通关手续后，再出境或者进口至境内，综合保税区此时仅体现口岸功能。若一般贸易货物出口至综合保税区内的保税作业区取得出口退税，实行保税备案管理，再通过加工贸易方式进口至境内加工贸易企业，继续进行深加工，解决了进入加工贸易生产链的境内料件无法退税的难题，极大地增强了综合保税区的吸引力。

除上述七项业务外，综合保税区内生产企业可以开展研发、加工、制造业务，以及其他经海关批准的业务。这些业务与物流活动的关联度不大，故不再赘述。

# 第四节　国际物流中心

## 一、物流中心的概念

GB/T 18354—2006《物流术语》对“物流中心”的定义是：“从事物流活动且具有完善信息网络的场所或组织。应基本符合下列要求：

1）主要面向社会提供公共物流服务；

2）物流功能健全；

3）集聚辐射范围大；

4）存储、吞吐能力强；

5）对下游配送中心客户提供物流服务。”

在 GB/T 18354—2020《物流术语》（征求意见稿）中，对“物流中心”有了新的定义：“具有完善的物流基础设施及信息网络，可便捷地连接外部交通运输网络，物流功能健全，集聚辐射范围大，存储、吞吐能力强，为下游客户提供专业化公共物流服务的场所或组织。”从前后两次“物流中心”的定义变化看，新的概念突出了物流中心对外连接交通运输网络的要求，即物流中心在选址时应当注意与交通枢纽节点相结合。

物流中心是一种大型的、综合性的物流节点。物流节点对优化整个物流网络起着重要作用，它不仅执行一般的物流职能，而且越来越多地执行指挥调度、信息管理等神经中枢的职能，是整个物流网络的灵魂所在。根据作用不同，物流节点可分成以下几类，见表 4-2。

**表 4-2　物流节点分类**

| 分类 | 定义 | 特点 | 备注 |
|---|---|---|---|
| 转运型节点 | 以接连不同运输方式为主要职能的物流节点 | 连接多种运输方式，功能较为单一，货物在这种节点上停滞的时间较短 | 铁道货站、编组站、车站、港口码头、空港等属于此类节点 |
| 储存型节点 | 以存放货物为主要职能的节点 | 以存储、配送和运输功能为主，货物在这种节点上停滞时间较长 | 储备仓库、营业仓库、货栈等属于此类节点 |
| 流通型节点 | 以组织物资在系统中运动为主要职能的节点 | 功能较全，信息处理能力强，辐射范围有限 | 流通仓库、配送中心属于此类节点 |
| 综合型节点 | 集中实现两种以上主要功能，并且将若干功能有机地融为一体，有完善设施、有效衔接和协调工艺的集约型节点 | 功能齐备，物流处理量大、复杂，辐射范围广，能适应对货物准确控制和物流系统简化、高效的要求，是现代物流的发展方向之一 | 物流园区、集散园区物流中心属于此类节点 |

需要指出的是，本书所指的“物流中心”，一般情况下不是为单一企业服务的，而是服务于众多物流企业或从事物流的相关企业和多种类型物流活动的集合，是属于表 4-2 中综合型节点[㊀]。

㊀ 冯云，徐力.港口物流中心的功能特点与基本要素［C］// 学术年会论文，北京：中国物流学会，2006.

## 二、国际物流中心的概念及特点

国际物流中心是为客户提供进出口商品物流服务，由多种物流设施和不同类型物流企业在空间上集中布局的场所。国际物流中心的物流组织和服务具有以下五个典型特征[㊀]：

**1. 多模式运输手段的集合**

国际物流中心通常是具备国际多式联运功能的物流枢纽，以海运—铁路、公路—铁路、海运—公路、航空—公路等多种方式联合运输为基本手段发展国际国内的中转物流。

**2. 多状态作业方式的集约**

国际物流中心的物流组织和服务功能不同于单一任务的配送中心或具有一定专业性的物流中心，其功能特性体现在多种作业方式的综合、集约等特点，包括仓储、配送、货物集散、集拼箱、包装、加工以及商品的交易和展示等诸多方面，同时也体现在技术、设备、规模管理等方面的集约。

**3. 多方面运行系统的协调**

国际物流中心对进出货物的量进行统筹协调，对运输路线进行调度优化。国际物流中心不仅表现为大量的物流设施的空间集聚，也通过对信息的传递、集中和调配，使多种运行系统协调共同为物流中心服务。因此，国际物流中心既是物流组织中心，也是信息管控中心。

**4. 多角度城市需求的选择**

国际物流中心与其所在城市及区域经济发展呈现互动关系，国际物流中心的选址建设应着眼于其服务区域的辐射方向、中心城市的发展速度，从而保证国际物流中心的生命周期和城市的国际化进程协调统一。

**5. 多体系服务手段的配套**

国际物流中心应具备综合的服务性功能，如国际结算、国际贸易、国际市场营销、国际物流系统设计咨询、国际物流专业教育与培训等，多种服务手段的配套是物流组织和物流服务的重要功能特征。

## 三、国际物流中心的功能

### （一）国际物流中心的基本功能

一般来讲，港口物流中心应具备的主要功能如下：

**1. 综合服务**

根据其发展定位，国际物流中心要为各种类型的国际物流企业和各具特色的国际物流需求提供服务。因此，国际物流中心要能够提供转运、储存、装卸、包装、流通加工、配送和信息处理等多种物流服务功能。

**2. 信息处理**

信息处理技术和管理手段是现代物流活动的基础。因此，国际物流中心应建立技术先进、功能完备、快速高效的信息服务系统，这不仅有利于提高国际物流中心内物流活动的整体服务水平和效率，而且还有利于改善依托国际物流中心开展业务的国际物流企业的运作水平，提高其运作效率。

---

㊀ https://www.sohu.com/a/419836182_350221。

**3. 多式联运**

国际物流中心一般拥有便利的外部交通条件，除主要运输方式如海运、空运外，通常靠近干线公路、铁路等可通达内陆腹地，因此，国际物流中心会利用海运、陆运、空运等不同的形式来衔接国际、国内段运输。多式联运作为现代综合运输体系中最重要的运输形式，可以发挥不同运输方式的特点，依托国际物流中心实现货物在不同运输方式之间的有效衔接。多式联动是提高运输效率、降低运输成本的有效手段。国际物流中心是货物在不同运输方式之间换装的重要枢纽，因此必须具备方式齐全、功能完善、手段先进的转换设备和多式联运功能。

**4. 商贸服务和保税**

由于物流和商流一体化的发展趋势，国际物流中心势必也会成为商业服务中心，成为产品或商品推广、分销、采购、交易的重要场所，商业服务水平的高低将直接影响国际物流中心的发展。因此，国际物流中心需要具备较为完善的商品展示、会议举办、促成交易及一定的金融等商业辅助功能。

**（二）国际物流中心的特色功能**

虽然具备多种功能，但是国际物流中心的核心还是国际物流，在国际物流中心内部，集拼（Consolidation）、分解（Break Bulk）和两者兼具的混合功能（Mixing）是最具特色的国际物流服务。

**1. 集拼功能**

境外货物通过近洋、远洋航线或者航空运输等运至国际物流中心，来自境内、境外不同供应商的拼箱货物可以在交付承运人之前，通过物流中心作业将小批量运输的货物集中成大批量运出国境，从而降低运输成本。

**2. 分解功能**

分解作业是和集拼作业方向相反的操作。首先，由供应商以大批量方式完成长距离的国际干线运输服务以降低成本；其次，通过国际物流中心的运作将大批量运输货物分解为小批量，并按客户要求提供拆包、更换包装等个性化服务；最后，以零担运输的方式将货物送至境内本地客户所在地。

**3. 混合功能**

该功能兼具集拼和分解功能。首先，以大批量、整车运输方式将单一品种的货物由供应商处运送到国际物流中心，进行分解作业后以较小的存储单元进行存放；其次，来自客户的订单传送到国际物流中心，国际物流中心根据订单（包含多种货物）对所储存的货物进行加工、整理，并混装在开往客户所在地的运输工具上，再以大批量 / 整车运输的方式送达客户。

如果没有国际物流中心，客户下订单时，就不得不向每个厂家分别订货，对多个供应商提出配送要求。同时，客户支付从各厂家到客户所在地的小批量 / 零担运输的费用。通过国际物流中心，客户就可以直接向国际物流中心下订单，由国际物流中心负责将货物直接运到客户手中。在这种模式下，运进、运出国际物流中心的货物都以批量方式进行，有效降低了运输成本。同时，原来供应商多次送货、客户多次接货的情况有所缓解，简化了运输管理环节，提高了管理效率。

在完善的物流管理制度下，企业可以通过信息系统协调入库货物与出库货物的种类及送货地点、送货时间，理想状态下货物在配送中转中心几乎不必停留，国际物流中心成为工厂传送带的延伸。

◇小案例

## 长沙金霞国际物流园区案例㊀

金霞国际物流园区是经湖南省人民政府批准成立的省级重点开发区，同时也是湖南省外贸物流产业核心园区。金霞国际物流园区国际物流业务主要包括以下三种类型：

**1. 货物通关**

金霞国际物流园区主要采取“一站式”通关 +“区港联动”通关模式。“一站式”通关的报关模式是这样的：通过设立金霞口岸联检大厅，聚集海关、检验检疫、外汇、国税等相关机构，强化联检功能，将长沙新港、长沙货运中心霞凝货场、长沙金霞保税物流中心的海关、国检的职能整合，增加外汇、国税、工商、保险等机构进驻，集中推行“一站式”办公、“一条龙”服务，打造金霞“大通关”模式，进出口货物实现一次报关、一次查验、一次放行。“一站式”通关绿色通道，简化了通关流程，提高了通关效率，降低了国际物流成本。同时，金霞国际物流园区对特殊区域采取独特的“区港联动”通关模式。货物凭“区港联动作业联系单”，可以直接进出海关监管场所。

**2. 国际联运**

金霞国际物流园区的运输业务主要包括三部分：①湘欧班列。湘欧班列是金霞国际物流园区发展国际物流的专线，打开了湖南省直达欧洲的陆上货运大通道。②“五定班列”+“五定班轮”。长沙货运中心霞凝货场开通了至深圳的“五定班列”，即定点、定线、定车次、定时、定价，推行了优先配车、优先装车、优先挂运、优先放行等优先制度，严格按列车运行图行车。同时，长沙开通了至上海港的“五定班轮”，即定装卸港口、定运输线路、定班轮船期、定运输时间、定全程运价。采取优先靠泊、优先装卸、优先离港的“三优先”制度，“五定班列 + 五定班轮”航线的开通，降低了装卸时间和运输时间，从而降低了外贸企业的物流成本，成为金霞国际物流园区独有的国际物流模式。③多式联运。金霞国际物流园区形成了连南接北、承东启西、通江达海的多元化多式联运交通体系，集公路、铁路、水路、航空、管道运输于一体，公路港、水运港、铁路港“三港”互动的国家一级物流节点和重要的国际物流转换基地。

**3. 保税仓储**

长沙金霞保税物流中心是中部首批、湖南唯一的 B 型保税物流中心。其保税仓储的主要优势体现在以下几个方面：①进口货物入金霞保税物流中心保税储存，缓交关税；②出口货物入金霞保税物流中心视同离境，提前退税；③加工贸易深加工货物可通过保税中心“一日游”完成结转和退税；④货物在金霞保税物流中心内简单加工或与其他海关监管区之间流转，免征流通环节增值税和消费税。

## ◇重要概念

国际物流仓储　国际仓储业务流程　保税仓库

---

㊀ 刘汝丽 . 湖南省国际物流发展模式研究：以金霞国际物流园区为例 [ J ] . 现代经济信息，2017（10）：490.

## ◇本章小结

本章阐述了国际物流仓储的作用和分类；在介绍我国保税制度的基础上，对保税货物进行了重点说明；总结了保税仓储的入库管理、在库管理、出库管理和期满管理四项基本业务；讨论了保税物流中心和综合保税区常见的业务模式；分析了国际物流中心的概念、特点以及国际物流中心的功能。

## ◇复习思考题

### 一、单选题

1.（　　）是同时具有仓储、发货、运输、流通加工和保税功能的仓库，是现代国际物流中仓库的最高级形式。

A. 流通中心型仓库　　B. 国际物流中心型仓库

C. 加工型仓库　　D. 保税仓库

2. 口岸仓库的特点是（　　）。

A. 商品储存期短、商品周转快　　B. 商品储存期长、商品周转快

C. 商品储存期短、商品周转慢　　D. 商品储存期长、商品周转慢

3.（　　）在各类外贸仓库中所占比例最大。

A. 通用仓库　　B. 专用仓库　　C. 冷藏库　　D. 危险品仓库

4. 保税仓库所存货物的储存期限为（　　），特殊情况下经批准延长期限最长不超过（　　）。

A. 1 年；1 年　　B. 6 个月；6 个月

C. 6 个月；1 年　　D. 1 年；6 个月

5. 不可以存入保税仓库的货物是（　　）。

A. 加工贸易进口货物

B. 未办结海关手续的一般贸易货物

C. 供应国际航行的船舶航空器的油料、物料和维修用零部件

D. 禁止进境货物

6. 以下不属于保税仓库作用的是（　　）。

A. 可缩短进口原料的采购时间，有利于出口合同的履行

B. 降低企业开展加工贸易的风险

C. 可减少企业缴纳保证金的数量，有效提高企业资金的利用率

D. 生产周期变大，有利于企业扩大生产

7. 关于保税仓库的储存对象说法不正确的是（　　）。

A. 外商进境暂存货物　　B. 未办理通关手续的货物

C. 未办结海关手续的一般进口货物　　D. 只能是短时间周转的货物

8.（　　）是经海关批准设立，已办结海关出口手续的货物进行储存、保税物流配送、提供流通性增值服务的海关专用监管仓库。

A. 海关监管仓库　　B. 出口保税仓库

C. 出口监管仓库　　D. 出口配送型仓库

9. 特殊区域保税监管制度包括对保税区、出口加工区、(　　) 等区域的保税货物监管制度。

A. 出口配送型仓库　　B. 特种仓库
C. 保税仓库　　D. 综合保税区

10. 保税仓储货物不得进行 (　　)。

A. 包装　　B. 实质性加工
C. 分拆拼装　　D. 分级分类

## 二、多选题

1. 按仓库管理体制分类，国际物流仓库可以分为 (　　)。

A. 自有仓库　　B. 公共仓库　　C. 通用仓库
D. 合同仓库　　E. 专用仓库

2. 保税仓库的类型有 (　　)。

A. 专业性保税仓库　　B. 非专业性保税仓库
C. 公共保税仓库　　D. 保税工厂
E. 海关监管仓库

3. 保税仓库允许存放的货物范围是 (　　)。

A. 需做进口技术处置的货物　　B. 缓办纳税手续的进口货物
C. 不内销而过境转口的货物　　D. 国家免税的进口货物
E. 来料加工后复出的货物

4. 企业利用自有仓库进行仓储活动具有哪些优势? (　　)

A. 可以更大程度地控制仓储　　B. 管理更具灵活性
C. 可为外贸企业树立良好形象　　D. 投资少
E. 长期仓储时，自有仓储的成本低于公共仓储

5. 保税区是划在 (　　) 的。

A. 关境之内　　B. 关境之外　　C. 国境之外
D. 国境之内　　E. 边境之外

## 三、简答题

1. 仓储在国际物流中的作用有哪些?
2. 保税物流中心的货物主要包括哪些类型?
3. 综合保税区内企业可以开展的与物流密切相关的业务有哪些?
4. 简述保税仓库的概念及分类。

## ◇课后延伸阅读

文物海外回流难题：17% 的税收门槛拦住了谁? [EB/OL]. (2017-07-18) [2021-05-21]. https://www.sohu.com/a/158007355_476428?_f=index_culnews_5.

# 第五章　国际物流包装

### ◇学习目标

1. 了解多种包装形式。
2. 理解国际物流包装合理化的要点。
3. 熟悉国际合同包装条款约定的注意事项。

### ◆导入案例

**宝洁的绿色包装打开了国际市场**

早期宝洁经常收到消费者对公司产品产生的固体垃圾问题的抱怨和指责。宝洁设在德国、瑞士和法国等地的分公司研发出一种“直立型”包装袋，作为瓶装“棠妮”纤维柔软剂的复装产品包装袋。“棠妮”牌系列产品新型包装袋或环保包装袋投入使用后，大大减少了固体废弃物的数量。新型包装袋与容积为3L的产品塑料瓶相比，塑料含量仅为原来的25%。这种新型纸包装产品上市以来，“棠妮”牌系列产品的市场份额从原来的20%上升到25%。

“棠妮”牌环保包装袋会给消费者和经销商都带来好处。有两个因素会使消费者喜欢这种包装：①使用这种环保包装袋能够减少家庭生活中固体废弃物的数量；②以这种包装物包装的柔软剂产品比原常规瓶装产品的价格更为低廉。经销商也会从两方面获益：①那些具有环保意识的商人会乐意使用这种包装的产品在他们的商店里出售，这样可以避免与那些并不出售这种产品的竞争者们发生直接冲突。同时，这种环保型包装袋独特的造型设计可以比销售瓶装“棠妮”牌纤维柔软剂产品更有效地利用商店有限的售货空间。②这可以降低零售商库存管理的成本费用。

（资料来源：http：//www.ahsrst.cn/a/201612/214489.html。经整理加工。）

## 第一节　国际物流包装的含义及作用

### 一、国际物流包装的含义

包装是物流过程中为保护物品、方便储运、促进销售，按一定技术方法而采用的容器、材料及辅助物的总体名称。简而言之，包装就是包装物及包装操作活动的总称。

国际物流包装是保护商品在流通过程中品质完好和数量完整的重要举措。在国际贸易中，经过适当包装的商品，有利于储存、保管、运输、装卸、计数、销售和防止盗窃等，有利于消费者的挑选和携带。同时，包装好的商品还有利于吸引顾客，扩大销路，增加销售，多创外汇。此外，包装在一定程度上反映了一个国家或地区的生产水平、科学技术水平和文化艺术水平。

国际物流系统其他功能要素大都受包装的制约，如运输、搬运、仓储等。在进出口商品包装设计和具体作业过程中，应该把包装、储存、运输和搬运有机联系起来，统筹考虑，全面规划，实现国际物流要求的“包、储、运”一体化，也就是从开始包装就要考虑物流后续环节中的储存，以及快速安全的运输，从而可以降低物流成本，符合现代物流的系统化要求。

## 二、国际物流对商品包装的要求

### 1. 科学、牢固、安全

考虑国际物流运作的时间和环境，根据产品的特性和保护要求而选择合理的包装材料、包装技术、缓冲设计、包装结构、尺寸、规格等要素，稳步提高产品包装质量水平，从而可以保护商品的品质安全和数量完整，将产品完好无损地实现物理转移。

◇小案例

**案例 1　桂格麦片的真空密封锡罐包装**

桂格（Quaker）燕麦片除了销往美国各州市，还远销海外百余个国家和地区。为了将商品远销海外，桂格专门使用一种特制的真空密封锡罐来包装其向气候炎热和潮湿的国家或地区销售的产品，以保证消费者购买到的燕麦片品质不会受到外界环境影响而发生改变。

**案例 2　干草中破碎玻璃杯**

中国台湾一家公司往中东运输玻璃杯，他们用木箱作为外包装箱，将干草填充进去进行缓冲。货物运到目的地时，大部分玻璃杯都碎了。因为中东地区的气候比较干燥，当木箱运抵中东地区时，当作填充物的干草里的潮气全散发掉后，体积变小了，结果在箱子里就有了多余的空隙，船的来回颠簸使得玻璃杯互相碰撞而破碎。

（资料来源：http://news.pack.cn/show-138526.html。经整理加工。）

### 2. 符合国外市场的规定和销售需要

在国际货物买卖中，包装是说明货物的重要组成部分，包装条件是买卖合同中的一项主要条款。按照某些国家的法律规定，如果卖方交付的货物未按约定的条件包装，或者货物的包装与行业习惯不符，买方有权拒收货物。如果货物虽按约定的方式包装，但与其他货物混杂在一起，买方可以拒收违反规定包装的那部分货物，甚至可以拒收整批货物。由此可见，做好包装工作和按约定的条件包装具有重要意义。

包装会带给消费者一些信息指示，以图案、文字显示包装物内所装商品的种类、规模、型号、式样以及商品的性能、特点、使用方法等内容。消费者在接触商品的包装物时，可以通过它获得其中商品的特定信息，对所需商品各方面的情况有所了解，从而在脑海中形成对商品的认识，促使自己做出抉择，这种指示功能还可以起到广告宣传的作用。

**◇小资料**

**包装不当引起的损失**

成都某贸易有限公司于2017年年底出口一批洗漱包到美国一家大型零售商，客户要求的是围卡包装（Sleeve Card，又称彩套包装），正常应该是把洗漱包的提手留在外面，以方便挂在货架上销售。但是工厂实际包装时把提手也围进去了，导致洗漱包无法直接挂在货架上销售。发货前没有注意到此问题，客户收到货物后以包装错误为由，要求该贸易公司赔偿他们零售价的一半或者直接退货（实际上，客户零售价的一半相当于此批货物货值的2倍，退货的全部费用也与此批货物货值相当）。经过长达5个月的多次协商，最终以该贸易公司派人到客户仓库返工并给予成交金额的25%作为产品上架延误损失的赔偿。后经统计，因为包装错误给该贸易公司带来的全部损失（返工加赔偿）达到了成交金额的35%（近10 000美元），可谓损失惨重。

（资料来源：赵曾．从几则案例谈外贸企业做好出口产品包装需要重视的问题［J］．对外经贸实务，2018（8）：61-63．经整理加工。）

**3. 满足国际物流作业的要求**

国际物流中对外包装的要求除了要保证货物本身的质量和数量，还要便于装卸、搬运、堆放、运输和理货；危险品货物的包装还要有防止其危险性发生的作用。在国际物流中，物流作业环节较多，有效的包装可以保证物流作业的顺利进行，减少意外的发生，给予商品有力的保护。

**4. 省工、省料、省运费**

对外贸易的竞争日趋严峻，产品竞争已经转化为成本的竞争。国际贸易中，物流成本是所有跨国企业不可忽视的重要环节。运输成本的高低往往与运输包装的重量、体积有着直接的关系，包装费用直接影响企业的经济效益。为在保证包装牢固的前提下节省包装费用，企业要从节约物料、降低成本及节省运费的角度考虑，选用的包装材料要轻便、结实、适度。

## 三、包装在国际物流中的作用

包装是生产的终点，同时也是物流的起点。它在很大程度上制约着物流系统的运行状况，不仅制约装卸搬运、堆码存放、计量清点的方便高效，而且关系运输工具和仓库的利用效率。物流包装最根本的目的就是给产品以保护和防护，同时方便物流过程中的操作，它在国际物流系统中具有十分重要的作用。

### （一）包装在国际运输中的作用

在国际物流活动中，长距离、多形式的运输环节对运输包装的要求相对较多。运输包装不仅与运输设备有关，还与运输时间有关。在这些关系中，合理的运输包装有提高容积利用率、提供保护和缩短运输时间三个方面的效用。

**1. 提高各种运输设备的容积利用率**

在运输活动中，与运输设备容积利用率有关的运输包装因素有两个：①尺寸；②结构和材料。商品运输包装的尺寸主要是指底面尺寸，如果它能与运输设备之间有模数配合，就能大大提高运输设备的容积利用率。

以车厢为例：假设它的长、宽、高三个方向上的装载率都只有90%，那么车厢的容积利用率仅为90% × 90% × 90% = 72.9%。这说明有27.1%的装载空间未被利用。采用标准模数的集合包装，可以较好地解决运输设备容积利用率低的问题。

运输包装的结构和材料也能提高运输设备的容积利用率。例如，有内部支撑构造的运输包装就可以堆码得更高一些，从而提高运输设备的容积利用率，当然这要增加包装费用，需要在提高容积利用率和增加包装费用两方面进行权衡，统筹决策。

**2. 对内装货物提供有效保护**

运输包装件在空间转移中往往受到冲击力和振动力而受到损伤。一般来说，铁路运输和海运中冲撞振动的机会较多，运输时间也长，损坏的可能性最大，汽车运输次之，航空运输中的损坏率最小。在运输活动中，运输包装的保护效用还体现在满足运输途中和运输目的地气候自然环境所提出的要求方面。例如在北方要注意防寒，在南方要注意防热、防潮、防雨等。

现代国际物流运输中多数采用集装箱作为载体，途中转运时箱内货物不必换装，可进行快速搬运和装卸。由于减少了运输途中直接接触货物的机会，因此大大减少了货损货差，提高了运输的安全性和质量。据统计，用火车装运玻璃器皿一般破损率在30%左右，而改用集装箱运输后，破损率下降到5%以下。

**3. 缩短运输时间**

合理的商品运输包装将会从国际物流的整体高度来进行规划，可以支持国际物流做出的运输决策。除满足在各条运输线路上能够发挥各种交通工具对包装的要求以外，它还能够将各种载运工具最大运行速度带来的冲击降到最低，以保证商品以最快的速度送达，避免商品在运输过程中的二次包装，减少货物中途停留时间。

**（二）包装在装卸搬运中的作用**

国际物流运输活动由于运输距离长、环节多，常常涉及不同运输方式和运输工具的转换，因此国际运输中必要的装卸、搬运活动频繁发生。实践证明，机械装卸作业无论效率、单位作业成本还是安全性等方面都优于人工作业。而集合化的物流包装，如集装箱、集装袋、集装笼等，更适合国际运输过程中的机械化作业。

以集装箱为例，它可以扩大成组单元，提高装卸效率。在装卸作业中，装卸成组单元越大，装卸效率越高，托盘成组化比单件装卸单元提高了20~40倍。与托盘成组化相比，集装箱化装卸单元又扩大了15~30倍。集装箱化给进出口岸和站场的货物装卸、堆码的全机械化和自动化创造了条件，标准化的货物单元提高了装卸效率，缩短了车船在港口和场站停留的时间。据航运部门统计，一般普通货船在港停留时间约占整个营运时间的56%，而采用集装箱运输可缩短到22%[㊀]。港口装卸时间的缩短对货主而言意味着资金占用大幅下降，可以在很大程度上降低物流成本。又如，中欧班列中转站操作龙门起重机的装卸工人一天可以装卸800t集装箱货物，含进出关境的约60个集装箱货物。如果没有集装箱这种包

㊀ 张如云，胡红春．物流包装与实务［M］．北京：清华大学出版社，2018.

装媒介物，这样的工作效率是不可能实现的。

**（三）包装在储存保管活动中的作用**

在保管活动中，商品的包装不仅与保管设备的构造材料和技术、仓储管理作业有关，而且与商品储存时间长短而产生的外力压迫有关。商品保管中，仓库的高堆垛和高密度储存可节省建筑费用和占地面积，但高堆垛超过一定限度就会因包装压坏而造成无法挽回的损失。

例如一件毛重 20kg 的纸箱包装物，它的耐压能力为毛重 160kg。这意味着最高堆码层数为 8 层，即使距仓库顶部还有多余的空间，也不能再堆放第 9 层。因此，仓库的空间无法得到有效利用。如果外包装以其尺寸标准化来适应保管设备的空间条件，以其足够的抗压强度来适应保管中所受到的静态压力，就可以既能有效利用仓库的容积，又能减少因包装压坏而造成的损失。

**（四）有利于打破外贸壁垒和限制**

绿色壁垒是 20 世纪环保浪潮的产物，初衷在于保护环境和人类安全。但伴随着全球一体化的进程，国际贸易迅速发展，国家之间的贸易竞争也更加激烈，关税壁垒受到了严格限制。在这种情况下，既可以保护环境，又可以使得国内产品和市场的绿色技术壁垒被越来越多的国家采用，成为一种新型的非税壁垒形式。应对绿色技术性贸易壁垒，需要从自身发展出发，大力倡导循环经济，发展绿色包装产业，提高包装产品品质。进一步完善包装立法，增强全民环境意识、自我保护意识，生产、使用无公害的绿色包装将会被越来越多的人接受。而发展绿色包装是实现可持续发展、主动适应国际竞争、顺利通过绿色包装壁垒的有效措施[㊀]。

# 第二节　国际物流包装的分类

按照不同的分类标准，国际物流包装可分为不同的种类。

## 一、按包装形态分类

按包装形态分类，包装可以分为个装、内装和外装（见图 5-1）。

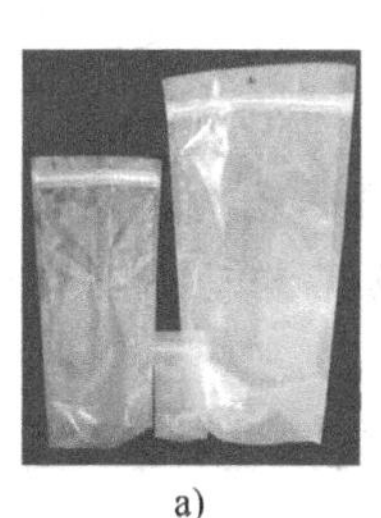

a）

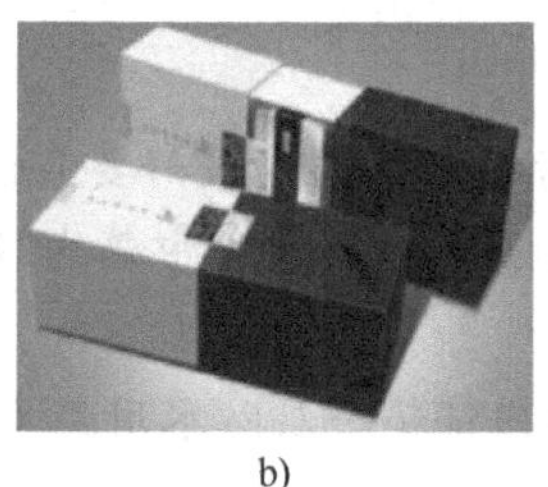

b）

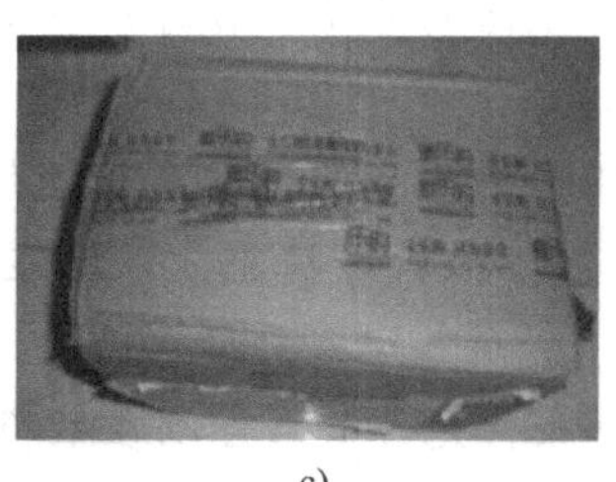

c）

图 5-1　商品的个装、内装、外装

a）商品个装　b）商品内装　c）商品外装

个装是指到达消费者手中的最小单位包装，是对产品的直接保护状态。

㊀ 曹芳. 攻克包装技术标准与贸易壁垒［J］. 进出口经理人,2011（11）：52-53.

内装是把一个或数个个装集中于一个中间容器的保护状态。例如易碎商品的内包装，主要功能就是提供内装物的固定和缓冲，合格的内包装可以保护易碎品在运输期间免受冲撞及振动，并能恢复原来的形状，以提供进一步的缓冲作用。

外装是为了方便储运，采取必要的缓冲、固定、防潮、防水等措施，对产品的保护状态。国际物流中，需要长途运输的产品包装物必须能够承受长途旅行中的颠簸。

## 二、按包装功能分类

按包装功能分类，包装可以分为运输包装和销售包装。

### （一）运输包装

运输包装（Transport Packing）又称工业包装，是物资运输、保管等物流环节所要求的必要包装。国际物流往往会出现长距离运输和多个中转环节，为了避免商品在过程中受到损伤，需要给商品进行合理的运输包装。运输包装应该满足方便运输、保护商品和便于储运的基本要求。运输包装还可以分成单件运输包装和集合运输包装。

单件运输包装是指在运输过程中作为一个计件单位的包装。例如箱、桶、袋、瓶、包、篓、罐、坛等。

集合运输包装又称组合运输包装，是指将一定数量的单件运输包装的商品组合成一件大包装或装入一个大的包装容器。例如集装箱、集装包 / 袋和托盘等。

**◇小资料**

**国际运输包装的注意事项**

1）钢琴、陶瓷、工艺品等偏重或贵重的物品宜用木箱包装。

2）美国、加拿大、澳大利亚、新西兰等国对未经过加工的原木或原木包装有严格的规定，必须在原出口国进行熏蒸，并出示被承认的熏蒸证，进口国方可接受货物进口。否则，将被罚款或将货物退回原出口国。

3）欧洲对松树类的木制包装规定，货物进口时必须有原出口国检疫局出示的、没有虫害的证明。

4）加工后的木制家具不宜用作熏蒸。

5）日常生活物品（如书籍）以及各种用具等可用结实的纸箱包装，并最好做防潮处理。

6）易碎类的物品最好用东西进行填充，箱内最好要塞满填充物，要充实，可用卫生纸、纸巾、小衣物等填充，以防在搬运挪动过程中箱内物品翻动、互相碰撞而受到损坏。

7）如果条件允许，则可以在纸箱内铺垫一层防水用品（例如塑料袋等）。

8）在同一个包装箱内，轻重物品要合理搭配放置，以便搬运。

（资料来源：https://www.maigoo.com/goomai/175774.html。经整理加工。）

### （二）销售包装

销售包装（Sales Package）又称小包装或内包装，是以促进商品销售为主要目的的包装，也是在商品制造出来以后以适当的材料或容器所进行的初次包装，即直接接触商品并随商品进入零售网点和消费者初次见面的包装。

销售包装可采用不同的包装材料、造型结构与式样，要根据商品特性和形状而定。

常见的销售包装有：①挂式包装，如具有吊钩、吊带、挂孔等装置；②堆叠式包装，如罐、盒；③携带式包装，如在包装上附有提手装置；④易开包装，如易拉罐；⑤喷雾包装，适用于流体商品；⑥配套包装，即将不同规格的商品配套装于同一包装内；⑦礼品包装，多采用华丽名贵的装饰；⑧复用包装，这种包装除了用作销售之外，还可用于存放其他商品或供人们观赏等。

除了包装的式样，销售包装上一般还附有装潢画面，不仅要美观大方，富有艺术吸引力，突出商品特点，还要适应有关国家的民族习惯和爱好。当然，销售包装上应有必要的文字说明，如商标、品名、品牌、产地、数量、规格、成分和使用方法等。使用的文字必须简明扼要、简单易懂，必要时可中外文字并用，同时，还应注意有关国家标签管理的规定。

目前，在零售市场上，商品的销售包装通常印有条码（见图 5-2）。所谓条码（UPC 或 EAN），就是指在商品包装上打印的一组黑白、粗细间隔不等的平行线条，下面配有数字标记。条码通过光电扫描设备，可以识别判断该产品的产地、厂家及有关商品的属性，并可查询商品单价进行货款结算，能够更有效地为客户服务，提高货物管理效率。目前，发达国家已经普遍采用条码，所以我国商品要想进入国际市场，不仅商品质量、包装要符合有关国际标准的要求，还要符合国外超市自动扫描结算的要求，否则即使是名优产品也只能当作低档商品进入廉价商店。

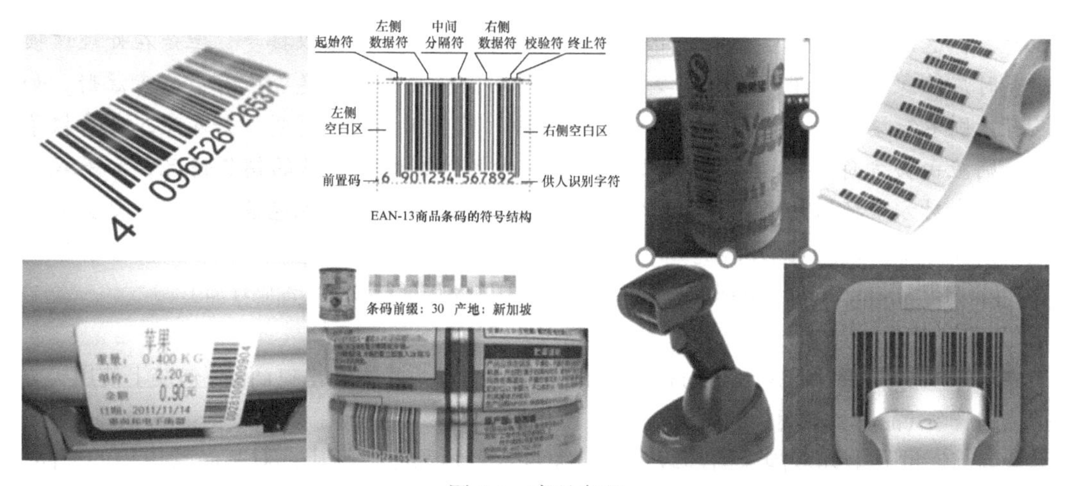


图 5-2　商品条码

## 三、按有无特殊要求分类

按国际贸易中有无特殊要求分类，包装可以分为一般包装、中性包装和定牌包装。

### （一）一般包装

一般包装是指进出口两国对商品及商品的包装都没有特殊的要求，出口方采用两国通用的包装形式、材料、条码及唛头对商品进行惯用的包装。它对税收和销售不会产生不利影响。

### （二）中性包装

中性包装（Neutral Packing）是指在商品和商品的内外包装上不注明生产国别、地名和生产厂名，甚至没有任何文字的包装形式。

**1. 中性包装的种类**

中性包装分为定牌中性包装和无牌中性包装。定牌中性包装是指在商品和（或）包装上使用买方指定的商标、牌名，但不注明生产国别。无牌中性包装是指在商品和包装上既不显示任何商标和牌名，也不注明生产国别。

**2. 中性包装的目的**

中性包装的做法是国际贸易中常见的方式，在买方的要求下可酌情采用。中性包装主要是为了打破某些国家实行的关税壁垒、配额限制和其他一些限制进口的歧视性措施。

在国际贸易中，各国为了保护本国的民族工业，往往采取贸易歧视政策，限制或不允许国外某些商品进入本国市场。为了打破这些限制进口的歧视性政策，发展出口贸易，一些国家的厂商只好采用中性包装的方法向这样的国家出口商品。此外，为了满足转口贸易中间商的要求，也要使用中性包装。

**◇小问答**

**中性包装的注意事项**

菲律宾某公司与上海某自行车厂洽谈业务，打算从我国进口“凤凰”自行车1000辆。但要求我方改用“剑”牌商标，并在包装上不得注明“Made in China”字样。

问：我方是否可以接受？在处理此项业务时，应注意什么问题？

答：这是一笔外商要求采用中性包装的交易，我方一般可以接受。但是在处理该项业务时应注意下列问题：首先，要注意对方所用商标在国内外是否已有第三者注册，如果有，则不能接受。如果我方一时还无法判明，则应在合同中写明“若发生工业产权争议，则应由买方负责”。其次，还需要考虑我方品牌在对方市场的销售情况，如果我方产品已在对方市场树立了良好的信誉，很畅销，则不易接受中性包装条款，否则会影响我方产品地位，造成市场混乱。

（资料来源：https://max.book118.com/html/2017/0104/80030092.shtm。经整理加工。）

**（三）定牌包装**

定牌包装（Packing of Nominated Brand）是买方要求卖方在出口商品 / 包装上使用买方指定的牌名（品牌）或商标的做法。

当前，世界上许多国家的超级市场、大百货公司和专业商店，对其经营出售的商品，都要在商品或包装上标有本商店使用的商标或品牌，以扩大本店知名度和显示该商品的身价。许多国家的出口厂商，为了利用买主的经营能力及其商业信誉和品牌声誉，以提高商品售价和扩大销路，也愿意接受定牌主产。

## 四、按包装技术分类

按包装技术分类，包装可以分为充气包装、脱氧包装、真空包装、防潮包装、防虫包装、防锈包装、防腐包装、防震包装、危险品包装等（见图 5-3~ 图 5-11）。

国际物流中的商品品种繁多、性能复杂，各国进出口的要求也各不相同。因此，在国际物流中选择包装技术，应遵循科学、经济、牢固、美观和适用的原则。例如对于防腐包装，国际物流相对于国内物流的要求会更高。一方面，中间环节多，时间长，相应的保质期必须延长；另一方面，各地的气候、温度、湿度环境不同，同一种包装技术不见得在另一个国家也适用。各国设置的“绿色包装”壁垒比国际物流中使用的防腐技术要求更加安全可靠，技术性能更高。

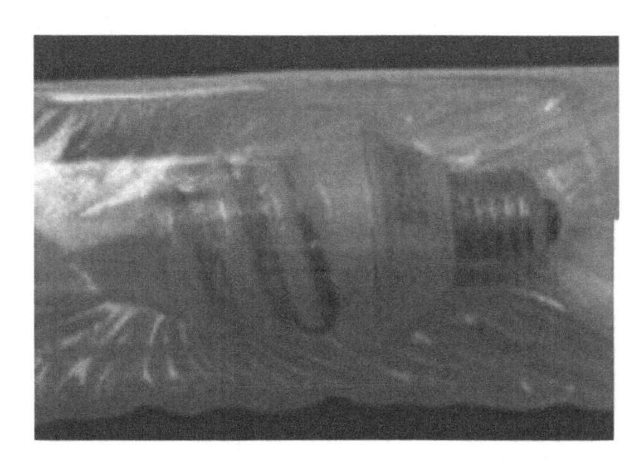

图 5-3　充气包装

图 5-4　脱氧包装

图 5-5　真空包装

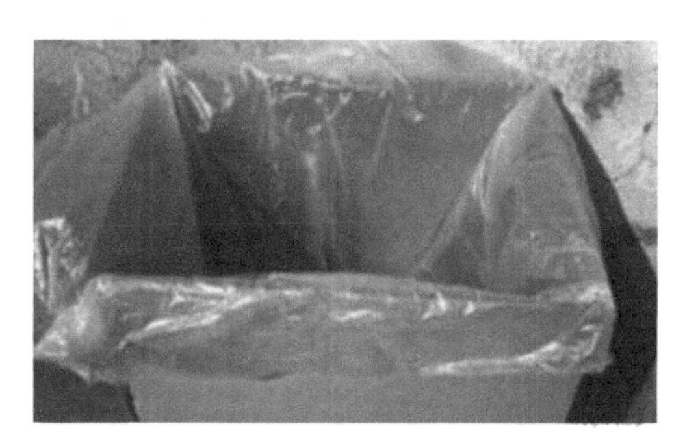

图 5-6　防潮包装

图 5-7　防虫包装（熏蒸木箱）

图 5-8　防锈包装

图 5-9　充氮防腐包装

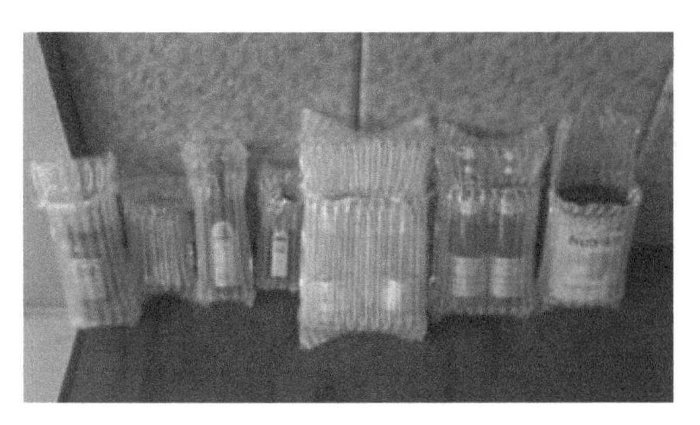

图 5-10　防震包装

图 5-11　危险品包装

# 第三节　国际物流包装的合理化

## 一、国际物流包装需要考虑的因素

包装是物流的起点，国际物流包装的初衷是保证出口货物在经过装卸、运输和保管的一系列过程中，有效地保护商品，使之以完好的状态经济地、安全地到达目的地。出口包装在设计方面必须满足以下八个要点：保护性、运输性、保管性、装卸性、作业性、机械性、识别性和经济性。既要考虑满足国际贸易合同的要求，也要考虑国际运输的形式、运输成本的高低，以及物流作业的要求。

### （一）考虑进口国对商品包装的要求

一般情况下，发达国家对包装材料和技术等方面的要求较高，甚至国内标准要高于国际标准，而我国一些包装产品在环境、卫生和安全技术标准上因为不符合进口国的要求而不能顺利出口的情况屡见不鲜。据商务部统计，我国每年有价值过百亿美元的出口商品因达不到国外发达国家的包装要求而受影响，对企业扩大出口和贸易收益均产生了严重的不良影响。1998 年 9 月 11 日，美国农业部签署了一项法令，以在我国进口产品木质包装中发现的光肩星天牛为名，要求来自我国的木质包装和木质铺垫材料必须附有热处理、熏蒸处理和防腐剂处理的证明，或者出口商必须出具无木质包装的证明，否则禁止入境。据统计，此项规定使我国大约 500 亿美元的出口商品受到影响，并使我国出口的包装成本增加约

20%[1]。此外，发达国家为保护本国产业而制定苛刻的技术标准，以限制某类产品的进口。例如美国和欧盟利用安全、卫生检疫及各种包装、标签规定对进口商品进行严格检查，从而增加出口商的经济负担和合同履行难度。对我国从事国际物流包装业务的企业而言，需要和出口企业一起关注进口国或者区域关于进口商品包装材料和技术方面的相关规定和变化趋势，对商品施以符合其相关规定和要求的包装，避免因此造成纠纷和损失。

**◇小资料**

**美国对部分商品的包装要求**

食品药品监督管理局规定，所有医疗健身及美容药品都要具备防止掺假、掺毒等防污能力的包装。

美国环保局规定，为了防止儿童误服药品、化工品，凡属于《防毒包装条例》和消费者安全委员会管辖的产品，必须使用保护儿童的安全盖。

美国加利福尼亚、弗吉尼亚等11个州以及欧洲共同体负责环境和消费部门规定，可拉离的拉环式易拉罐不能在市场上销售，目前已趋于研制不能拉离的掀扭式、胶带式易拉罐。

（资料来源：http：//www.doc88.com/p-1877563870612.html。经整理加工。）

**（二）考虑国际贸易合同的要求**

货物的包装如同品质一样也是买卖合同的主要条款，有的国家的法律把合同的包装条款视作对货物说明的组成部分。倘若合同对货物未做具体规定，《联合国国际货物销售合同公约》第三十五条规定："货物按照同类货物通用的方式装箱或包装，如果没有此种通用方式，则应按照足以保全和保护货物的方式装箱或包装。"包装除了要保障国际贸易合同中的对商品质量的要求以外，还要符合贸易进口方的一些要求，如：

1）被包装商品的性质及其价格。

2）根据进口国的国情和风俗习惯，考虑被盗的可能性。

3）本国与进口国之间的贸易、海关、保险等各方面的关系与进出口条件。

4）进口国客户提出的特别要求。

**◇小资料**

**对外贸易合同中的包装条款**

对外贸易合同中的包装条款，一般包括以下两个方面的内容：

1）包装材料和方式，如木箱装、纸箱装、铁桶装、麻袋装等，并根据需要加注尺寸、每件重量或数量、加固条件等。

2）运输标志，按国际惯例，一般由卖方设计确定，也可由买方决定。但在签约时，进口单位必须提出明确的要求和责任，以减少运输过程中不必要的损失。

订立包装条款时应注意：

1）对于有些包装术语如适合海运包装、习惯包装等，因可以有不同理解而引起争议，除非买卖双方事先取得一致认识，否则应避免使用。尤其对设备包装条件，应在合

---

[1] 陈希荣，宋峥嵘．包装技术性贸易壁垒对国际贸易的影响与对策［J］．中国包装，2008（5）：25-28.

同中做出具体明确的规定，如对特别精密的设备包装规定必须符合运输要求外，还应规定防震措施等条件。

2）运输标志如由买方决定，则应规定标志到达时间（标志内容须经卖方同意）及逾期不到时买方应负的责任等。

（资料来源：https：//zhidao.baidu.com/question/1836255213332715100.html。经整理加工。）

**（三）考虑国际运输的形式**

设计合理的出口商品包装，需要根据商品的运输距离和搬运次数对商品包装技术、材料做不同的考虑。不会单纯由于运输距离远、装卸次数多就得采用厚实的包装材料来加强包装的强度，必须全面考虑运输距离、运输工具、转运次数、保管条件以及到货地点的运输条件等多方面的因素。只有经过周密的分析，才能确定合理包装的规格。

国际物流的商品运输过程对商品的包装有着非常高的要求。商品在整个运输流通过程当中所经历的一切外部因素，在国际运输环节而言，对于货物包装所造成的损害的原因有冲击、振动、气候条件以及其他因素。不同的运输方式将会带来不同等级的冲击，以及在各种气候条件下所处的时间长短。

对商品进行合理的包装，将会在国际物流链中保证商品的安全以及促进各种运输方式之间的衔接。

**◇小资料**

**国际运输过分包装的原因**

出口商品的包装材料和包装技术都要比内销包装严格得多。其主要原因有：①出口商品运输距离远；②出口商品运输要利用多种运输工具和运输方法；③一般不容易事先掌握出口商品将采用什么运输工具和运输方法；④各国的装卸方法、运输工具和搬运机械极不相同，这也是出口国所难以左右的；⑤各国的气候和风俗习惯互不相同；⑥商品破损后，难以迅速提供备用品对破损商品进行替代。这些都是造成出口商品容易出现过分包装的重要原因。

对国际物流过程中的风险意识不足，包装不合理，都可能因为货损造成经济损失。例如，许多公司运输易腐货物时没有意识到所租用的运输工具的运输时间太长，结果用了几个月的时间才到达目的地，货物全坏了。或者几经周转，货物运达进口国后，发现因包装箱受压变形，里面的商品货损过半。还有的公司将货物装在不防潮的箱子里，不能满足特定的运输条件。

在实施出口商品包装时，在满足国际贸易合同和信用证要求的基础上，还要对以上各因素多加注意，避免因包装不当影响贸易合同的履行。

（资料来源：http：//news.pack.cn/show-138526.html。经整理加工。）

**（四）考虑国际运输成本的要求**

出口商品的运输费用在到货地的商品价格中占很大的比例，出口商品的运费是由基本运费、保管费和附加费等项目组成的。出口商品的包装设计，关键是要考虑包装容积、重量和包装单位（个数）。重量较小的商品，以容积为计费基准，所以包装容积的大小会影响运费。而重量较大的商品，以重量为计费基准，所以重量大小也会影响运费。因此，在设计出口包装时必须尽量减小其容积与重量。

**（五）考虑国际物流作业的要求**

物流包装必须要考虑国际物流作业的便利性，为了装卸、运输、仓储、检验和交接工作的顺利进行，保证货物及时、安全、迅速、准确地运交收货人，还需要在运输包装上书写、压印、刷制各种有关的标志，以作为识别和提醒之用。运输包装上的标志，按其用途可分为运输标志、指示性标志和警告性标志三种。

**1. 运输标志**

运输标志又称唛头，通常由几何图形和一些字母、数字及简单的文字组成，主要内容包括目的地的名称或代号、收货人的代号及其件号、批号，有的运输标志还包括原产地、合同号、许可证号、体积与重量等内容，这由买卖双方根据商品特点和具体要求商定。国际通行的运输标志包括收货人或买方名称的首字母缩略词或简称；参考号，如运单号、订单号或发货票号；目的地及件号四项内容，如图 5-12 所示。

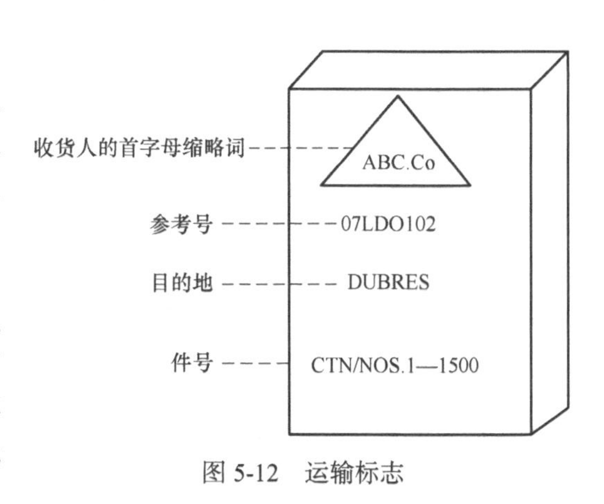


图 5-12　运输标志

**2. 指示性标志**

它可以提示人们在装卸、运输和保管过程中需要注意的事项，一般以简单醒目的图形和文字在包装上标出，如图 5-13 所示。在运输包装上标订何种指示性标志应根据商品性质正确选用。

图 5-13　指示性标志

**3. 警告性标志**

警告性标志又称危险货物标志，凡是在运输包装内装有爆炸品、易燃物品、有毒物品、腐蚀品、氧化剂和放射性物品等危险货物时，都必须在运输包装上标清适用于各种危险品的标志。如图 5-14 所示，这些标志起到警告的作用，使装卸、运输和保管人员可按货物特性采取相应的防护措施。

## 二、国际物流包装不合理的表现

**（一）包装不足**

①国际物流环节多，流程复杂，包装强度不足，导致包装防护性不足，造成被包装物损失；②国际物流中商品在途时间较长，包装材料水平不足，由于包装材料选择不当，材料不能很好地承担运输防护及促进销售作用；③包装容器的层次及容积不足，缺少必要层次与所需体积不足造成损失；④包装成本过低，不能保证有效的包装。

图 5-14　危险货物标志

**（二）包装过剩**

**（1）包装物强度设计过高。**例如包装材料截面过大、包装方式超过强度要求等，从而使包装防护性过高。

**（2）包装材料选择不当。**例如本来可以用纸板，却采用镀锌、镀锡材料等。

**（3）包装技术过高。**包装层次过多，包装体积过大。

**（4）包装成本过高。**一方面，这可能会使包装成本的支出大大超过减少损失可能获得的效益；另一方面，包装成本在商品成本中比重过高，损害了消费者利益。

**（三）不符合进口国关于包装的相关规定**

在国际贸易中，由于各国国情不同，以及文化差异的存在，对商品的包装材料、结构、图案及文字标识等要求不同。国际物流中包装不合理的表现之一就是采用了不符合进口国关于商品包装的相关规定，因此承担不必要的责任和损失。

**◇小资料**

### 一些贸易国家对贸易商品包装的规定

新西兰农渔部农业检疫所规定，进口商品包装严禁使用以下材料：土壤、泥灰、干草、稻草、麦草、谷壳或糠、生苔物、用过的旧麻袋及其他废料。

澳大利亚防疫局规定，凡用木箱包装（包括托盘木料）的货物进口时，均需提供熏蒸证明。

美国规定，为防止植物病虫害的传播，禁止使用稻草作为包装材料，如被海关发现，必须当场销毁，并支付由此产生的一切费用。

菲律宾卫生部和海关规定，凡进口的货物禁止用麻袋和麻袋制品及稻草、草席等材料包装。

（资料来源：https：//wenku.baidu.com/view/a0b56a19fc4ffe473368abe0.html。经整理加工。）

**（四）不符合国际贸易合同中关于包装的相关规定**

《联合国国际货物销售合同公约》规定，卖方必须按照合同规定的方式装箱或包装，如果未规定，货物按照同类货物通用方式包装，如果没有此种通用方式，则按照足以保全和保护货物的方式装箱或包装。因此，在国际物流的运作中要充分考虑商品的特点和不同运输方式的要求，明确合同中对包装的具体要求，由何方提供运输标志以及装箱系数及其配比。包装的规格、唛头等要素必须符合国际贸易合同中的相关规定。

货物进出口的唛头一般是商品的主标志，将会记载在合同、发票、提单、保险单、关单、检验证书以及其他与贸易运输有关的单据上。主标志采用什么形式，多数由出口公司决定，并在合同中具体规定。如果主标志不符合国际贸易合同的规定，则通常会给出口公司带来巨大损失。例如，我国某化工企业欲出口加拿大600t颗粒硫酸锌，当时和国外客户签订合同中规定的是颗粒直径2~4mm，而在原来一个包装厂印刷过程中变成了直径20~40mm。集装袋生产完后，质检人员发现货物“唛头”不符合要求，及时进行了补救，使损失得以减少。由此可见，国际物流中货物包装必须要符合国际贸易合同的规定。

**◇小案例**

出口合同规定：糖水橘子罐头，每箱24听，每听含5瓣橘子，每听罐头上都要用英文标明“MADE IN CHINA”。我国卖方每听装了6瓣橘子，装箱时，为了用足箱容，每箱装了26听。在刷制产地标志时，只在纸箱上注明了“MADE IN CHINA”。买方以包装不符合合同规定为由，向卖方要求赔偿，否则拒收货物。

根据《联合国国际货物销售合同公约》规定，卖方应按照合同规定的品质、数量、包装交货。卖方无视合同规定，对每箱24听、每听5瓣橘子的包装方式进行了更改。这种任意违反合同规定的做法直接侵犯了买方的权益，不符合当地市场消费者的习惯要求，并且卖方只在外箱上注明“MADE IN CHINA”，而没有标示在每听罐头上，这都不适合在市场上销售，买方必须重新加工，这笔费用理应由卖方承担。买方对此有权提出赔偿损害要求，在合理要求得不到满足时，可以拒收货物。

（资料来源：https：//www.jinchutou.com/p-59870103.html。经整理加工。）

**（五）标志、标签不完整**

国际物流中，货物的外包装上必须要有简要、清晰、正确、完整的运输标志。

除了外包装上的运输标志外，还应该在商品内包装或者个装上带有标签。标签上的内容包括品牌、产品规格、使用须知等，比运输标志信息量大。我国出口商品的产品标签不合格现象也屡有发生，面对各进口国不断修订完善各类标签新规定的环境，企业还可与当地检验检疫部门密切合作，进行相关的国内外法律法规培训，以增强应对各种新规定的能力。

**◇小资料**

**不合格标签带来的退货**

2019年5月6日，宁波检验检疫局收到一批从摩洛哥退运的余姚某茶厂生产的中国绿茶，退货原因是产品内包装上未打印“中国绿茶”的法文字体。标签不完整造成了高昂的赔偿和运费损失。

2020年12月，宁波检验检疫局对宁波地区出口电器产品送宁波电气安全检测中心进行检测，1450批次中有铭牌标记不合格的就有188批次，占总不合格品的1/3。

（资料来源：http：//news.cnnb.com.cn/system/2009/04/25/006080954.shtml。经整理加工。）

## 三、进出口商品包装合理化措施

### （一）选择合理的包装材料

进出口商品的包装材料只有符合进口规定，才能被准许输入进口国，否则进口国海关将不放行。许多国家以法规形式对进口商品的包装材料进行限制或进行强制性监督和管理。如果不符合其要求，极有可能会被当场销毁，并要承担产生的一切费用。选择合理的包装材料时，应做到以下几点：

**1. 避免使用含有毒性的材料**

由于包装不可避免地使用印刷原料或使用粘胶等材料以使两种不同包装材料接合在一起，因此，印刷原料应禁止使用有毒的金属原料，如金粉、银粉或铜粉等，包装容器或标签上所使用的颜料、染料、油漆等应采用不含重金属的原料，作为接合材料的粘剂，除应不含毒性或有害成分外，还应在分离时易于分解。商品包装业常用泡沫包装材料，如聚氯乙烯（PVC）。由于这种材料燃烧后产生氯化物，不仅对人体有害，也会对地球臭氧层造成破坏，现已被许多国家列为禁用，因此，泡沫包装材料宜使用聚对苯二甲酸乙二酯（PET）等无害且易回收的替代品。

**2. 尽可能使用循环再生材料**

许多国家或地区的产品越来越多地使用可循环再生材料进行包装，并以此作为进口外国商品的条件之一。因此，使用可循环再生材料的商品包装是未来产品是否具有国际竞争力的标志之一。国际上使用的可循环再生材料多是再生纸，以及以废纸回收制成的再生纸箱、模制纸浆、蜂浆纸板和纸管等，这些可循环再生材料一般可用于包装内部的缓冲材料或外部包装材料，如发达国家出口计算机、微波炉、复印机等商品均使用此种材料作为包装内垫或外包装材料，深受进口国欢迎。

**3. 选用单一包装材料**

商品包装材料应尽可能选用同一种材料，以减少多种材料之间的分离解体带来的麻烦，若确需使用两种以上不同材料组合包装时，为了在拆解包装时易于分离或易于识别，最好使用卡榫的方式，作为接合两种不同材料的方法，这样既不使用特殊工具即可将材料解体，又可以节省回收与分离时间。

例如电子产品包装所使用的发泡塑胶，为减少塑胶用量，可采用部分发泡塑胶与瓦楞纸板相结合的设计，避免使用黏合方法而导致回收、分离的困难。

### （二）采用合理的包装技术

**1. 积极开发以植物为包装材料的技术**

使用植物包装材料一般不会对环境、生态平衡和资源的维护造成危害，因此，许多发达国家都在积极开发以植物为包装材料的技术。

例如，美国以玉米、蜀葵、黍子等植物或作物为原料，采用生物分解或光分解技术制成塑胶作为包装物，或由谷类制成植物性包装材料。此外，还有一些国家将植物性淀粉质材料与瓦楞纸板混合制成可溶性包装材料，回收后不需将两种材料分离，可直接再生为纸制品，这是国际上食品类商品包装的一大趋势。

**2. 推行包装标准化**

对于同类或同种商品的包装，包装标准化的要求可以概括为“七个统一”，即统一材料、统一造型结构、统一规格尺寸、统一包装容量、统一包装标记、统一包装方法、统一捆扎方法。

包装标准化的作用主要表现在：①提高包装生产效率；②集中大批量生产，有利于机械化生产；③有利于自动化设施设备对商品的识别、使用和计量；④可以进一步节约包装材料和降低成本；⑤有利于包装的回收和复用。

**◇小资料**

**沙特阿拉伯和伊朗对部分商品包装重量规定**

沙特阿拉伯港务局规定，所有运往该国港埠的建材类海运包装，凡装集装箱的，必须先组装托盘，以适应堆高机装卸，且每件重量不得超过2t。

伊朗港口颁布的进口货物包装规定，药品、化工品、食品、茶叶等商品，分别要求以托盘形式，或体积不小于1$m^3$或重量1t的集装箱包装。

沙特阿拉伯港口规定，凡运往该港的袋装货物，每袋重量不得超过50kg，否则不提供仓储便利，除非这些袋装货物附有托盘或具有可供机械提货和卸货的悬吊装置。

（资料来源：https://www.taodocs.com/p-176722648.html。经整理加工。）

**（三）采用清晰、符合要求的标记、标志**

**1. 保证标志、标识的清晰**

国际物流环节多、时间长，一定要注意制作标志的颜料需具备耐温、耐晒、耐摩擦等性能，不易发生褪色、脱落等现象。

包装标识可以满足国际物流的各个环节作业。对于包装标识要求文字少，图案清晰，一目了然，方便查对。标志的文字、字母及数字号码的大小，应该与包装件的标记和标志的尺寸相称，笔画粗细要适当。所有的物流包装标志都应位于搬运装卸作业者容易看得见的地方。防止在国际物流过程中，某些标志被抹掉或不清楚而难以辨认，应尽可能在同一包装物的不同部位制作两个相同的标志。

**2. 采用符合要求的包装标志和图案**

各国对于不同物品包装标志所使用的文字、符号、图形以及使用方法都有统一的规定。在进行商品包装之前，需要了解相关国家的法规和风俗习惯，使商品包装符合国际贸易合同中的对商品标志标识的要求。

**◇小知识**

**不同国家商品包装的喜好及禁用标志、图案**

图案和色彩应新颖大方，不落俗套，富有艺术性，特别注意要符合各国家和地区的民俗和喜好。

瑞士忌讳猫头鹰；丹麦视红、白、蓝色为吉祥色。

荷兰视橙色为活泼色彩，橙色和蓝色代表国家的色彩，荷兰人钟爱郁金香。

对德国出口的商品包装禁用类似纳粹和军团符号的标志。

对利比亚出口的商品包装禁止使用猪的图案和女性人体图案。

法国视鲜艳色彩为高贵，视马为勇敢的象征，喜欢蓝色、百合花，厌恶墨绿色，忌用菊花、核桃（不祥之物）、黑桃（丧事的象征）图案，视孔雀为恶鸟，忌讳仙鹤、乌龟，不宜用作商标。

英国商标上忌用人物肖像、大象、山羊图案，却喜好白猫，英国也视孔雀为恶鸟，不宜用作商标，而视马为勇敢的象征，不喜欢红色，百合花用于葬礼。

意大利视紫色为消极色彩，服装、化妆品以及高级的包装喜好用浅淡色彩，食品和玩具喜好有鲜明色彩。

欧洲除比利时视猫为不祥之物外，大都喜欢黑色猫。另外，国际上视三角形为警告性标志，所以忌用三角形作为出口产品的商标。

阿拉伯国家规定进口商品的包装禁用六角星图案，因为六角星与以色列国旗上的图案相似，阿拉伯国家对带有六角星图案的东西非常反感和忌讳。

日本喜欢鸭子、乌龟、松竹图案，不喜欢荷花、狐狸、獾图案（狐狸、獾代表狡诈和贪婪）。

马达加斯加认为猫头鹰是不祥之物。

新加坡喜欢绿色、红双喜，以及大象、蝙蝠图案，不喜欢黄色。

土耳其认为绿三角代表免费商品。

（资料来源：http：//www.ttketang.com/html/ps/article/zixun/988.html。经整理加工。）

**3. 设计环保气息的包装**

在包装设计之前，设计者必须调查国际市场对环保包装的具体要求，例如出口国有关环保包装的法规、消费者环保消费观念的强度、绿色组织活动、环保包装发展趋势等，以便在包装设计时充分考虑这些因素。

突出环保营销标志。这种标志不同于环境标志，可由制造商、供应商或批发商自行设计，用以表示某种商品上有特定的环境品质以取得消费者的好感，从而达到扩大营销的目的。

产品的实物质量和包装标识质量对于树立企业的产品形象、提高产品的市场占有率具有重要意义。总之，在国际竞争日益激烈的今天，在环保运动蓬勃发展的时代，要想不断地巩固扩大出口市场，缩小与发达国家之间的差距，必须紧跟“绿色”时代的脚步，重视改进出口包装，实行绿色包装，只有这样才能为我国对外贸易持续稳定的发展开辟出一条切实可行的道路。

## ◇重要概念

国际物流包装　中性包装　定牌包装　包装合理化

## ◇本章小结

本章首先阐述了国际物流包装的含义，以及包装在国际物流中的作用和地位；其次介绍了国际物流包装的分类；最后重点分析了国际物流包装作业的合理化需要考虑的因素，以及应该采取的措施。

## ◇复习思考题

### 一、单选题

1. 物流过程中为保护物品、方便储运、促进销售，按一定技术方法而采用的容器、材料及辅助等物的总体名称叫作（　　）。

A. 仓储　B. 包装　C. 搬运　D. 流通加工

2. 下列关于国际物流包装的说法不正确的是（　　）。

A. 国际物流系统其他功能要素大都受包装的制约

B. 国际物流中包装具有保障国际运输安全和保护商品的作用

C. 国际物流包装就是指包装操作活动

D. 国际物流中的包装是按照一定的技术方法进行的

3. 国际物流系统中，不受包装影响的功能要素是（　　）。

A. 运输　B. 搬运　C. 仓储　D. 销售

4. 下列属于国际物流包装作用的是（　　）。

A. 保障国际运输安全　B. 有利于打破贸易壁垒和限制

C. 刺激消费者购买　D. 以上都是

5. 下列不属于绿色包装原则的是（　　）。

A. 重复使用原则　B. 可降解原则

C. 减量原则　D. 材料强度原则

6. 下列哪项不属于包装过剩的表现？（　　）

A. 包装物强度设计过高　B. 包装技术过高

C. 包装时间过长　D. 包装材料选择不当

### 二、判断题

1. 国际物流包装包括包装物和包装操作活动。（　　）

2. 在国际物流系统中，包装对其他功能要素没有影响。（　　）

3. 符合进口地风俗习惯的商品包装，会更加有利于商品的销售。（　　）

4. 国际物流中，包装就是为了保护商品的安全和促进销售。（　　）

5. 国际物流中的包装必须要按照一定的技术方法来进行。（　　）

6. 内包装中的衬垫有吸收震动、防止货物在容器内发生摩擦、避免货物与包装容器相撞的作用。（　　）

### 三、简答题

1. 中性包装的商品是不是“三无”商品？

2. 简述国际物流运输包装与国内运输包装的主要区别。

### 四、案例分析题

#### 韩国三星集团包装材料优化策略

韩国三星集团是一家以电器、电子产品为主的国际知名企业，其产品遍及世界各地。三星集团注重在企业活动中对环境的管理，在实施绿色包装优化方面的主要手段如下：

**1. 聚苯乙烯泡沫塑料的循环再利用**

聚苯乙烯泡沫塑料作为防震包装的填充材料，需求量很大，为了对这种材料重复利用，三星集团与学术机构共同研究“基于物理方法的聚苯乙烯泡沫塑料的回收重用”课题。该课题研究目的是解决聚苯乙烯泡沫作为减震材料的重复利用问题，而不是在其他产品中再循环。它们应用一种未加热的压缩机械使聚苯乙烯泡沫塑料的物理特性得到恢复，从而能重新用作减震材料。

**2. 包装材料使用量的减少**

通过计算机仿真法，识别产品中最脆弱的部分，从而对防震包装进行结构的优化，降低包装中对聚苯乙烯泡沫塑料的使用量。

例如，通过计算机仿真技术，AS-410 空调包装对聚苯乙烯材料的用量从每台 180g 降低到每台 148g，用量缩减了 18%。

**3. 使用环境友好的包装材料**

三星集团曾致力于研制新型的环保包装材料，例如，三星 ML-6060 打印机的包装采用的是一种蜂窝状的纸缓冲吸震，它比常规纸品的重量降低 10%；M5317 计算机及 NL15MO LCD 显示器用纸制的波纹状衬板作为吸震包装。

（资料来源：https：//max.book118.com/html/2019/0311/7065126044002013.shtm。经整理加工。）

**思考：**

从三星集团的做法可以看出，在国际物流包装合理化措施中对包装材料的优化可从哪些方面改进？

# 第六章　国际海洋货物运输

## ◇学习目标

1. 了解国际班轮货物运输费用的计算及相关知识。
2. 熟悉国际班轮货运的流程，以及国际班轮货运中常见单证的作用。
3. 理解国际海洋货物运输的基础知识及经营方式。
4. 掌握海运提单的功能及其分类。

## ◆导入案例

**无正本提单放货海商纠纷典型案例**

日照某纺织品生产企业A公司与阿联酋迪拜某贸易公司B公司经过微信沟通，于2018年12月达成合意，由A公司向B公司出口纺织品一宗，货值61 080美元，预付货款18 031.44美元，余款货到阿联酋目的港付清后再提货。协议确定后，B公司依约支付了预付款。上海某货代C公司作为无船承运人受B公司委托接受了货物，并给A公司出具了货代提单，还为A公司出具了保函，承诺“确保不会发生A公司持有全套正本提单，而货物已被收货人提走的情况。如果发生无单放货，我司承担所有责任和损失”。

A公司如约发货后，2019年3月7日货到目的港，B公司一直没有支付其余货款。经A公司多次催收，B公司于2019年4月12日支付货款9893美元，剩余33 155.56美元未支付。据C公司说明，2019年4月16日，B公司以转账支票（实为空头支票）向C公司的代理质押，在目的港提货，但全套正本提单均在A公司手中。后A公司多次催收B、C两公司，剩余货款33 155.56美元一直拖欠。

（资料来源：http：//www.sddyf.com/content/？94-121-1297.html。经整理加工。）

国际海洋货物运输是国际物流中的主要运输方式，它是指使用船舶通过海上航道在不同国家和地区的港口之间运送货物的一种方式。国际贸易总运量中的2/3以上、中国进出口货运总量的约90%都是利用海上运输完成的。

## 第一节　国际海洋货物运输概述

随着经济的快速发展，我国已经成为世界上最具有影响力的水运大国。2020年全国港口货物吞吐量完成145.5亿t，港口集装箱吞吐量完成2.6亿标箱，

港口货物吞吐量和集装箱吞吐量都居世界第一位。在全球港口货物吞吐量前 10 名中我国港口有 8 席，集装箱吞吐量排名前 10 名的港口中我国占有 7 席。到 2020 年年底，我国海运船队运力规模达到 3.1 亿载重吨，居世界第二位。中远海运集团、招商局集团经营船舶运力规模分别已经达到全球综合类航运企业第一位和第二位[㊀]。随着我国经济影响力的不断扩大，世界航运中心正在逐步从西方转移到东方，我国海运业已经进入世界海运竞争舞台的前列。

## 一、国际海洋货物运输的特点

### （一）海洋货物运输量大

国际货物运输支撑了全世界范围内的商品交换，地理位置和地理条件决定了海洋货物运输是国际货物运输的主要手段。国际贸易总运量的 75%以上是利用海洋运输来完成的，有的国家对外贸易运输中海运占总运量的 90%以上。这主要是因为船舶向大型化发展，如 50 万~70 万 t 的巨型油船，16 万~17 万 t 的散装船，以及集装箱船的大型化（如 2020 年韩国大宇造船为 HMM 建造的集装箱船最多可装载近 24 000TEU），船舶的载运能力远远大于火车、汽车和飞机，船舶是运输能力最大的运输工具。

### （二）海洋货物运输通过能力强

海洋运输利用四通八达的天然航道，不像火车、汽车那样要受轨道和道路的限制，因而其通过能力要超过其他各种运输方式。如果因政治、经济、军事等条件的变化，还可随时改变航线驶往有利于装卸的目的港。例如：2006 年夏秋季节，英吉利海峡多次出现大风天气，导致船舶无法靠泊英国码头进行装卸作业，如果等大风过去，可能要浪费 3~4 天，船期损失将十分严重。当时船公司纷纷调整班轮航线的挂靠港口顺序，先到德国汉堡、法国了勒哈弗尔和比利时安特卫普港进行作业，等大风过去以后再回英国港口作业，最终将船期损失降到最低[㊁]。

### （三）海洋货物运输费用低廉

海运航道天然构成，船舶运量大，港口设备一般均为政府修建，船舶经久耐用且节省燃料，所以货物的单位运输成本相对低廉。据统计，海运运费一般约为铁路运费的 1/5、公路汽车运费的 1/10、航空运费的 1/30，这就为低值大宗货物的运输提供了有利的竞争条件。

### （四）海洋货物运输对货物的适应性强

海洋货物运输基本上适应各种货物的运输，包括危险货物（Dangerous Cargo）、重大长件货物（Awkward & Length Cargo）、散装货物（Bulk Cargo）、液体货物（Liquid Cargo）、气味货物（Smelled Cargo）、食品货物（Food Cargo）、扬尘污染货物（Dusty and Dirty Cargo）、清洁货物（Clean Cargo）、冷藏货物（Refrigerated Cargo）、易碎货物（Fragile Cargo）、贵重货物（Valuable Cargo）、活牲畜货物（Livestock Cargo）、液化货物（Liquefied Cargo）、易潮货物（Hygroscopic Cargo）、普通货物（General Cargo）。如石油井台、火车、机车车辆等超重大货物，其他运输方式是无法装运的，船舶一般都可以装运；一些工业制品，如轮胎、塑料等，通常都使用集装箱装好，然后通过海运进出口。

---

㊀ http://news.cyol.com/gb/articles/2021-06/24/content_pyMoptYBE.html。

㊁ 代湘荣，胡惟璇．国际物流运作实务［M］．北京：中国人民大学出版社，2020.

◇小资料

### 贵重货物条款

托运人与承运人所签订的有关贵重货物损坏赔偿的条文规定，对于受损的贵重货物，如货方要得到实际价值的赔偿，不受承运人的责任限制的约束，必须声明该货物的种类、性质和价值，并在支付运费外，支付一笔额外的附加费。

（资料来源：https://www.59baike.com/a/102928-05。经整理加工。）

**（五）海洋货物运输速度慢**

由于商船体积大、水流阻力大、装卸时间长等因素的影响，所以海洋货物运输的运输速度比其他运输方式慢。较快的班轮航行速度也仅 30kn（1kn ≈ 1.852km/h）左右。

**（六）海洋货物运输风险较大**

由于船舶海上航行受自然气候和季节性影响较大，海洋环境复杂，气象多变，随时都有遇上狂风、巨浪、暴风、雷电、海啸等人力难以抗衡的海洋自然灾害袭击的可能，遇险的可能性比陆地、沿海要大。同时，海洋运输还存在社会风险，如战争、罢工、贸易禁运等因素的影响。为转嫁财产损失风险，海洋运输的货物、船舶保险尤其应引起重视。

**（七）海洋货物运输具有国际性**

国际海洋货物运输的国际性主要表现在以下几个方面：

**1. 船公司的业务经营对国际海运市场的依存性**

在国际海运市场上，运力的供给与需求的关系左右着运价和租金水平的变动，任何个别船舶经营人的经营行为都不能对国际航运市场的运价和租金产生很大的影响，相反，任何个别船舶经营人的经营活动都要适应国际海运市场的变化。

**2. 主要货运单证的国际通用性**

国际海洋货物运输中使用的单证繁多，作用各不相同，不同国家或地区、港口或者航运公司使用的货运单证也不尽相同。但是，因为国际海上货运船舶航行于不同国家或地区的港口之间，作为划分各方责任和业务联系主要依据的货运单证，在单证名称、记载内容、编制方法和作用上大同小异，可以在国际上通用。

**3. 适用法规的国际统一性**

国际海上货物运输从事的是在不同国家或地区之间进行的货物运输，在过程中出现的各种事故或争议涉及的各方可能分属不同的国家或地区，因此在处理这些问题时，需要有各方能够共同遵守的国际公约。目前，国际海洋运输中认可度较高的国际公约有 1931 年 6 月生效的《海牙规则》、1977 年 6 月生效的《维斯比规则》和 1992 年 11 月生效的《汉堡规则》等。

## 二、国际海洋货物运输的基本条件

国际海洋货物运输的基本条件包括船舶、港口、航线、货物和参与人五个方面。①船舶是航运经营人从事海洋货运服务的生产工具；②港口是船货结合的集散地和衔接点；③航线是船舶运行的载体；④货物是国际海运服务的劳动对象；⑤参与人是国际海运各项服务的提供者。

**（一）船舶**（运输工具）

按照功能划分，国际海运中使用的船舶可分为以下几种：

**1. 杂货船**

杂货船一般是指定期航行于货运繁忙的航线，以装运零星杂货为主的船舶。这种船航行速度较快，船上配有足够的起吊设备，船舶构造中有多层甲板把船舱分隔成多层货柜，以适应装载不同货物的需要。

**2. 干散货船**

干散货船是用于装载无包装的大宗货物的船舶。依所装货物的种类不同，干散货船又可分为粮谷船、煤船和矿砂船。这种船大多为单甲板，舱内不设支柱，但设有隔板，用以防止在风浪中运行的舱内货物错位。

**3. 冷藏船**

冷藏船是专门用于装载冷冻易腐货物的船舶。船上设有冷藏系统，能调节多种温度以适应各舱货物对不同温度的需要。

**4. 集装箱船**

集装箱船可分为部分集装箱船、全集装箱船和可变换集装箱船三种。

**（1）部分集装箱船。**部分集装箱船仅以船的中央部位作为集装箱的专用舱位，其他舱位仍装普通杂货。

**（2）全集装箱船。**全集装箱船是指专门用以装运集装箱的船舶。与一般杂货船不同，它的货舱内有格栅式货架，装有垂直导轨，便于集装箱沿导轨放下，四角有格栅制约，可防倾倒。集装箱船的舱内可堆放3~9层集装箱，甲板上还可堆放3~4层集装箱。

**（3）可变换集装箱船。**可变换集装箱船的货舱内装载集装箱的结构为可拆装式。因此，它既可装运集装箱，必要时也可装运普通杂货。集装箱船航速较快，大多数船舶本身没有起吊设备，需要依靠码头上的起吊设备进行装卸。这种集装箱船又称吊上吊下船。

**5. 木材船**

木材船是专门用于装载木材或原木的船舶。这种船舱口大、舱内无梁柱及其他妨碍装卸的设备。船舱及甲板上均可装载木材。为防甲板上的木材被海浪冲出舷外，在船舷两侧一般设置不低于1m的舷墙。

**6. 滚装船**

滚装船主要用来运送汽车和集装箱。这种船本身无须装卸设备，一般在船侧或船的首尾有开口斜坡跳板连接码头，装卸货物时，以装载有集装箱或货物的车辆为运输单元，汽车及由牵引车辆拖带的挂车通过跳板开进舱内。到达目的港后，车辆可直接开往收货单位。滚装船的装卸效率很高，每小时可达1000~2000t，而且实现了从发货单位到收货单位的“门到门”直接运输，减少了运输过程中的货损和差错。这种船的优点是不依赖码头上的装卸设备，装卸速度快，可加速船舶周转。

**7. 载驳船**

载驳船又称子母船，是指在大船上搭载驳船，驳船内装载货物的船舶。载驳船的主要优点是不受港口水深限制，不需要占用码头泊位，装卸货物均在锚地进行，装卸效率高。目前较常用的载驳船主要有“拉希”型和“西比”型两种。

**8. 液货船**

第二次世界大战后，油轮改成不同用途的液货船。过去油轮专载石油，现在差不多每一种流质或半流质的货物，如液化天然气、橙汁、牛羊油脂、糖蜜、植物油、清洁剂，以及其他许多类似的产品，都用特种油轮载运。为取得较大的经济效益，第二次世界大战以后，液货船的载重吨位不断增加，目前世界上油轮载重吨位已达到60多万吨。

例如，美国西海岸一家大型木材和造纸公司使用特别设计的油轮装载半流质纸浆，从制造商仓库运往它的沿海或河边造纸厂。以前，纸浆加工成干板才能付运，到达目的地后再还原成纸浆，供造纸用。现在只需几小时的工夫用导管注入油轮，运抵造纸厂后，把纸浆直接灌进岸上的纸浆槽里，这种方式不但速度更快、费用更低，而且更有效率。美国加利福尼亚联合温特纳公司把近 $1.14 \times 10^7$L 的散装葡萄酒装进26个不锈钢大桶，从加州经巴拿马运河由“派垂天使”号运往新泽西州。“派垂天使”号压载水舱的内壁涂了一层瓷釉，可多载 $2.28 \times 10^6$L 的植物油，从西海岸运往东海岸。回程时则装载溶解于水的糖、可饮用的酒精以及其他液体货物，这些货物虽然经过数千公里的载运，但在有特制衬里的容器中，仍不会变质。一些产品的海运必须保持绝对的低温，另一些产品又必须保持在一定的压力下，还有一些产品则需要高温，这些要求对于现代的液货船来说均可做到[㊀]。

◇**小资料**

### 方便旗船

早期的方便旗船可以追溯到16世纪，主要是为了方便国际贸易交往。例如英国船东，为了方便与处于西班牙控制下的西印度群岛交易，经常悬挂西班牙的国旗航行。

现代方便旗船出现在第一次世界大战之前，以船东为自己的船在其他国家或地区进行登记为标志。第二次世界大战之后，方便旗船迅速增加，挂方便旗的船舶主要属于海运较发达的国家或地区，如美国、希腊、日本和韩国的船东。他们将船转移到外国登记，以图逃避国家重税和军事征用，自由制定运价不受政府管制，自由处理船舶和运用外汇，自由雇用低工资的外籍船员，降低船舶标准以节省修理费用，降低运营成本以提高竞争力等。第二次世界大战结束后，方便旗船发展迅速，总载重吨约占世界商船总载重吨的1/3，对世界船运市场产生了巨大的影响。

（资料来源：https：//wiki.mbalib.com/wiki/ 方便旗船。经整理加工。）

#### （二）港口

港口是位于海、江、河、湖、水库沿岸，具有水陆联运设备以及条件以供船舶安全进出和停泊的运输枢纽。港口是水陆交通的集结点和枢纽处，是工农业产品和外贸进出口物资的集散地，也是船舶停泊、装卸货物、上下旅客、补充给养的场所。

目前，世界上的主要港口包括荷兰的鹿特丹港（Rotterdam），法国的马赛港（Marseilles），英国的伦敦港（London），德国的汉堡港（Hamburger），比利时的安特卫普港（Antwerp），美国的纽约港（New York）、洛杉矶港（Los Angeles）、旧金山港（San Francisco），日本的神户港（Kobe）、横滨港（Yokohama），还有新加坡港（Singapore），以及韩国的釜山港（Busan）等。

我国拥有18 000多km的海岸线，沿海有很多优良的海港，目前共有大小港口190多个，其中年吞吐量在100万t以上的港口就有26个。交通运输部数据显示，2020年货物吞吐量

㊀ https：//zhidao.baidu.com/question/1502138215241554539.html?fr=iks&word=%D2%BA%BB%F5%B4%AC%B0%FC%C0%A8%C4%C4%BC%B8%D6%D6%3F&ie=gbk。

方面，全国排名前十的港口分别是：宁波舟山港（第1）、上海港（第2）、唐山港（第3）、广州港（第4）、青岛港（第5）、苏州港（第6）、天津港（第7）、日照港（第8）、烟台港（第9）、镇江港（第10）。2020年我国内地十大集装箱港口分别是：上海港、宁波舟山港、深圳港、广州港、青岛港、天津港、厦门港、苏州港、营口港、大连港㊀。截至2020年年底，我国港口拥有万吨级及以上泊位2592个。截至2021年6月24日，我国港口规模居世界首位。

**（三）航线**

承运人在可供通行的航路中，根据主客观条件的限制，为达到经济效益最大化而选定的营运路线就叫作航线。

按照船舶的经营方式，航线可以分为定期航线和不定期航线。

按航程分类，航线可以分为远洋航线、近洋航线和沿海航线。

**（四）货物**

国际海运的货物包括原料、材料、工农业产品、商品，以及其他产品。货物的物理形态、性质、装箱货量不同，对运输、装卸搬运、储存保管的要求也不同。

**1. 按物理形态分类**

根据货物的物理形态，货物可分为散货、液体货和件杂货，见表6-1。

**表6-1 国际运输货物分类**

| 种类 | 概念 | 举例 |
| --- | --- | --- |
| 散货 | 在运输过程中，物理形态为细小的粉末状或颗粒状的货物 | 如煤炭、矿粉、粮食、化肥和水泥等 |
| 液体货 | 在运输过程中，物理形态为气体，经压缩变为液态，装在容器中进行运输的货物 | 如石油、石油制成品、液化天然气、液化煤气等 |
| 件杂货 | 在运输过程中可以以件计量的货物。件杂货又可以分为包装货和裸装货，包装货就是可以用包、袋、箱等包装起来运输的货物，裸装货就是没有包装或者无法包装的货物 | 如钢材及钢材制品、各种纸类、棉花、天然橡胶、塑料制品、袋装水泥、袋装化肥、袋装粮食、机械设备、交通工具、文具、日用品等 |

**2. 按货物性质分类**

**（1）普通货物**。它是指在性质方面没有特殊要求的一般货物。

**（2）特种货物**。它是指在性质、形状、体积等方面比较特殊，在运输保管中有特殊要求的货物，一般又分为鲜活货物、危险货物、笨重且长大货物、贵重货物和涉外货物等。

**3. 按装箱货量分类**

**（1）整箱货**。它是指托运人所托运的货物可以装满一个集装箱的货物，或者不足一个集装箱，但托运人要求按一个集装箱托运的货物。

**（2）拼箱货**。它是指托运人的货物不足装满一个集装箱，需要与其他货主的货物拼装于同一个集装箱的货物。

**（五）参与人**

国际海洋货运中的当事人主要包括承运人、托运人、收货人以及各方的代理人。根据《中华人民共和国海商法》，各当事人的含义如下：

---

㊀ http://www.cfgw.net.cn/epaper/content/202102/04/content_35017.htm。

1）“承运人”是指本人或者委托他人以本人名义与托运人订立海上货物运输合同的人。

2）“托运人”是指：①本人或者委托他人以本人名义或者委托他人为本人与承运人订立海上货物运输合同的人；②本人或者委托他人以本人名义或者委托他人为本人将货物交给与海上货物运输合同有关的承运人的人。

3）“收货人”是指有权提取货物的人。

## 第二节　国际海洋货物运输的经营方式

从事国际海洋货物运输的船公司，其经营方式主要有租船运输和班轮运输两大类。

### 一、租船运输

租船运输又称不定期船运输（Shipping by Chartering），是指船舶所有人与租船人通过洽谈，将船舶以光船或定期或航次出租给租船人，根据租船合同规定来安排货物运输的方式。

#### （一）租船运输的特点

1）需要船舶所有人与承租人签订租船合同。租船运输的营运安排视合同而定，因此无固定航线，无船期表。

2）租船运费或租金水平由签订合同的双方商定，租金率或运费率根据租船市场行情而变化。

3）租船期间，根据不同的租船方式，船舶营运中有关费用的支出由船东和租方分担，并在合同条款中订明。例如，装卸费用条款 FIO 表明，船舶所有人（船东）不负责有关装卸的所有费用，所有雇佣装卸工人及有关的装卸费用均由承租人负担。与之相对应的是班轮条款 LIO。班轮条款是指租船合同中规定船舶所有人（船东）负担装卸费用的条款。按此条款，装货时，由租船人负担把货物运至船边的费用，船舶所有人负担把货物装进舱并积载的费用；卸货时，船舶所有人负担把货物从舱内卸至船边的费用，租船人或收货人负担把货物从船边运走的费用。

4）各种租船方式均有相应的标准合同格式供其采用，合同条款由双方自由商定，国家对此少有强制性法律规定。

5）租船运输适用于大宗货物。适合租船运输的船型大多是大型专用货船，如油船、散货船、矿砂船等。

6）租船合约提单（Charter Party B/L）是指在租船运输业务中，在货物装船后由船长或船东根据租船合同签发的提单。它和班轮运输中提单的性质不完全相同，一般不是独立的文件，对于承租人和船舶出租人而言，仅相当于货物收据。租船合约提单上应该有类似这样一些文字：“此提单受到租船合约的约束”。提单内容和条款与租船契约有冲突时，以租船契约为准。

**◇小资料**

**租船市场和租船经纪人**

租船是通过租船市场（Chartering Market）进行的。在租船市场上，船舶所有人是船舶的供给方，而承租人则是船舶的需求方。在当今通信技术十分发达的时代，双方当事人从事的租船业务，绝大多数是通过电话、电传、电报或传真等现代通信手段洽谈的。

在国际租船市场上，租船交易通常不是由船舶所有人和承租人亲自到场直接洽谈，而是通过租船经纪人代为办理并签约的。租船经纪人非常熟悉租船市场行情，精通租船业务，并且有丰富的租船知识和经验，在整个租期交易过程中起着桥梁和中间人的作用，对顺利成交起着十分重要的作用。

（资料来源：https：//wiki.mbalib.com/wiki/ 租船市场。经整理加工。）

**（二）租船方式**

根据承租人不同的营运需要，租船方式可分为航次租船、定期租船、包运租船和光船租船四种常见形式。

**1. 航次租船**

航次租船（Voyage Charter，Trip Charter）又称程租船，是指由船舶所有人负责提供一艘船舶在指定的港口之间进行一个航次或几个航次运输指定货物的租船。在国际现货市场上成交的绝大多数货物（主要包括液体散货和干散货两大类）都是通过航次租船方式运输的。

航次租船的特点是：

1）航次租船期间船舶的营运调度由船舶所有人负责，船舶的燃料费、物料费、修理费、港口费、淡水费等营运费用也由船舶所有人负担。

2）船舶所有人负责配备船员，负担船员的工资、伙食费。

3）租船合同中规定滞期费和速遣费的标准和计算方法。

4）航次租船的“租金”通常称为运费，运费按货物的数量及双方商定的费率计收。规定计算运费的方法有三种：①按装货吨数计算；②按卸货吨数计算；③按包干运费，包价支付。

**◇小资料**

**滞期费和速遣费**

采用航次租船运输时，在航次租船合同中规定滞期费和速遣费的标准和计算方法。根据该项条款的规定，如果在装卸期限内，租船人未能完成装卸任务，延误了船期，应向船方支付一定的罚金，即滞期费（Demurrage），它相当于船舶因滞期而发生的损失和费用；反之，如租船人按约定时间提前完成装卸任务，船方要按其在装卸港所节省的停泊时间向租船人支付一定的奖金，即速遣费（Dispatch），速遣费一般相当于滞期费的一半。速遣费实际上就是船东用来鼓励承租人尽快完成装卸作业、缩短船舶滞港时间以提高船舶营运效率的一种奖励。

（资料来源：https：//wiki.mbalib.com/wiki/ 滞期速遣条款。经整理加工。）

航次租船合同常见的合同范本有“金康合同”等。租船合同的主要条款包括合同当事人、船舶概况位置及装卸港口、船舶受载期及解约日、货物种类及数量、运费及支付办法、装卸费分担条款、船舶所有人责任条款、装卸时间条款、签发提单办法、佣金、留置权、共同海损条款、赔偿条款、免责条款等。

◇小资料

### 一起航次租船运输合同下的滞期费的计算

2009年3月3日，洋浦海旺航运有限责任公司（下称原告）与青岛市恒光热电有限公司（下称被告）传真签订了一份航次租船合同，合同约定被告是承租人，原告是出租人；船名“津连成”轮，受载期限3月4日，装船期限48h，卸船期限48h，滞期费率20 000元/天。装卸时间为船到达锚地起算，两港合并计算。根据“津连成”轮航海日记记载，该轮在装货港秦皇岛港的作业过程是：2009年3月6日15:08锚泊，报交管；3月11日14:24起锚进港，报交管同意，16:26靠泊，19:30装货正常；3月12日6:30装完货，装货13 163t。“津连成”轮在卸货港青岛港的作业过程是：2009年3月20日11:30申请VTS起锚进港，3月21日11:40卸货完毕。

法院判决：船舶装船时间应从3月6日15:08起算，计算至3月12日6:30装完货，共计135.37h。卸货时间应从3月20日11:30起算，至3月21日11:40止。因此，装港时间为135.37h，卸港时间为24.17h，两港合并计算为159.54h。该时间减去合同约定的96h，剩余的63.54h为滞期时间，则被告应当按照约定的20 000元/天向原告支付63.54h的滞期费，共计52 949.79元。

（资料来源：根据“王爱玲《一起航次租船运输合同下的滞期费纠纷》”加以整理。）

**2. 定期租船**

定期租船（Time Charter）又称期租船，是指按一定期限租赁船舶的方式，即由船东（船舶出租人）将船舶出租给租船人在规定期限内使用，在此期限内由租船人自行调度和经营管理。租期可长可短，短则数月，长则数年。这种租船方式不以完成航次数为依据，而以约定使用的一段时间为限。

定期租船的特点是：

1）在租赁期间，船舶交由租船人管理、调动和使用。

2）货物的装卸、配载、理货等一系列工作都由租船人负责，由此而产生的燃料费、港口费、装卸费、垫舱物料费等也由租船人负担。

3）租金按船舶的载重吨、租期长短及商定的租金率计算。租金一经约定即固定不变。

4）船员由船舶所有人负责配备，负担船员薪金、伙食等费用，并负责保持船舶在租赁期间的适航状态（Seaworthy），以及由此产生的费用和船舶保险费用。适航状态一般是指使船舶能够正常运转，具有航海安全能力，能够适用接受和保管货物。

**3. 包运租船**

包运租船（Contract of Affreightment）又称为运量合同，是指船舶所有人以一定的运力，在确定的港口之间，按事先约定的时间、航次周期和每航次较均等的货运量，完成全部货运量的租船方式。

包运租船的特点是：

1）包运租船合同中不确定船舶的船名及国籍，仅规定船舶的船级、船龄和船舶的技术规范等，船舶所有人只需比照这些要求提供能够完成合同规定每航次货运量的运力即可，这对船舶所有人在调度和安排船舶方面是十分灵活、方便的。

2）租期的长短取决于货物的总量及船舶航次周期所需的时间。

3）船舶所承运的货物主要是运量特别大的干散货或液体散装货物，承租人往往是业务量大和实力强的综合性工矿企业、贸易机构、生产加工集团或石油公司。

4）船舶航次中所产生的时间延误的损失风险由船舶所有人承担，而对于船舶在港装卸货物期间所产生的延误，则通过合同中订有的“延滞条款”的办法来处理，通常是由承租人承担船舶在港的时间损失。

5）运费按船舶实际装运货物的数量及商定的费率计收，通常按航次结算。

**4. 光船租船**

光船租船（Bareboat Charter）又称船壳租船，是指船舶所有人将船舶出租给承租人使用一定期限，但船舶所有人提供的是空船，承租人要自己任命船长、配备船员，负责船员的给养和船舶经营管理所需的一切费用。

光船租船的特点是：

1）船舶所有人只提供一艘空船，全部船员由承租人配备并听从承租人的指挥，承租人负责船舶的经营及营运工作，并承担在租期内的时间损失，即承租人不能“停租”。

2）除船舶的资本费用外，承租人承担船舶的全部固定费用及变动费用；租金按船舶的装载能力、租期及商定的租金率计算。

3）光船租船是通过船舶所有人与承租人订立光船租船合同，由船舶所有人将船舶的占有权和使用权转移给承租人，船舶所有人仍然保留船舶的所有权。所以，光船租船合同是财产租赁合同，而不是海上运输合同。

**（三）租船运输的作用**

1）租船一般是通过国际租船市场进行的，货主可以根据货物品种、批量、运费以及装卸港口等因素租用符合自己运输需要的船舶，完成特定的国际贸易货物运输。

2）租船市场是开放的，租船运价是竞争价格，个别船主不可能随意抬高运价。因此，租船运输成本低，适合运输大批量、低价值的货物。

3）只要是船舶能安全进出的港口，租船都能按照承租人（货主）的要求直达货物装卸港口，可以满足不同货物对国际贸易运输的特殊需要。

**（四）租船业务流程**

租船业务流程主要包括询盘、报盘、还盘、接受和签订租船合同五个环节[⊖]。

**1. 询盘**

询盘通常是由承租人以期望的条件通过租船经纪人寻求租用所需要的船舶。

**2. 报盘**

报盘又称报价或发盘，是出租人对承租人询盘的回应。若是船舶所有人先发出的询盘，则报盘人是承租人。报盘分为实盘与虚盘。实盘是报盘条件不可改变并附加时效的硬性报价，虚盘则是可磋商、修改的报价。

**3. 还盘**

还盘是询价双方通过平等谈判、协商、讨价还价的过程。

**4. 接受**

通过双方的谈判，最后达成一致意见即可成交。成交后交易双方当事人应签署一份“订租确认书”，就商谈租船过程中双方承诺的主要条件予以确认，对于细节问题还可以进

---

⊖ https://china.findlaw.cn/hetongfa/hetongdongtai/hetongzhishi/yunshuhetong/20110416/46416.html。

一步商讨。

**5. 签订租船合同**

签订确认书只是一种合同意向，正式租船合同要按租船合同范本予以规范，进行编制，明确租船双方的权利和义务，双方当事人签署后即可生效。之后，哪一方提出更改或撤销等异议，造成的损失由违约方承担责任。

航次租船合同的主要内容包括：出租人和承租人的名称，船名，船籍，载货重量，容积，货名，装运港与目的港，受载期限，装卸期限，运费、滞期费、速遣费的支付及其他事项。

定期租船合同的主要内容包括：出租人和承租人的名称，船名，船籍，船级，吨位容积，船速，燃料消耗，航区，用途，租船期限，交船与还船的时间、地点以及条件，租金及其支付等相关事宜。

租船运输合同正式签订后，船舶所有人就可按合同的要求，安排船舶投入营运；货方备好货物准备装船。

租船业务中，租船经纪人代表各自委托人洽谈租船业务，代为签约，可迅速而有效地促进租船业务的成交，减少船东或租船人大量的事务性工作，减少了租约中的责任风险，协调了租船市场的正常运营。租船业务成交后，由船东付给运费的 1.25%~2.5% 给经纪人作为佣金。

**（五）标准租船合同范本**

标准租船合同范本是国际航运组织和大宗商品交易所或商会根据行业特点制定的，作为租船合同的标准文本。它专门提供给有关出租人和承租人洽租船舶时参考和使用。国际租船市场一般使用的标准租船合同范本有数十种之多[㊀]。

**1. 经英国航运公会和（或）波罗的海国际航运公会正式认可的标准租约范本**

这主要有以下几种：

1）统一定期租船合同（Uniform Time C/P）。

2）统一杂货租船合同（Uniform General Charter）。

3）澳大利亚粮谷物租船合同（Australian Grain C/P）。

4）大河区粮谷租船合同（River Plate C/P 1914）。

5）东海岸煤炭租船合同（East Coast Coal C/P）。

**2. 未经上述两公会正式认可而一般通用的标准合同范本**

这主要有以下几种：

1）巴尔的摩班轮条件粮谷租船合同（Baltime Berth Grain C/P“Form C”）。

2）纽约物产交易所定期租船合同（New York Produce Exchange Time Charter）。

3）古巴食糖租船合同（Cuba Sugar C/P）。

4）毛里求斯食糖租船合同（Mauritius Sugar C/P）。

5）缅甸大米租船合同（Burmah Rice C/P）。

6）太平洋海岸糖谷租船合同（Pacific Coast C/P）。

**3. 为某种特定运输制定的租船合同范本**

这主要有以下几种：

1）西班牙铁矿砂租船合同（Iron Ore C/P from Spain）。

2）北非矿石租船合同（West Africa Ore Charter）。

---

㊀ https：//www.59baike.com/a/102656-54。

3）埃及磷灰石租船合同（Egyptian Phosphate Charter）。

4）南非煤炭租船合同（South African Coal Charter）。

**4. 中国租船公司制定的租船合同范本**

中国租船公司制定的中租公司定期租船合同（China National Chartering Corp Time C/P 1980）已为国际租船市场所接受，并已使用。

## 二、班轮运输

班轮运输又称定期船运输，是指托运人将一定数量的货物交由作为承运人的轮船公司，轮船公司按固定航线，沿线停靠固定的港口，按固定船期、固定运费所进行的国际海上货物运输。班轮运输多用于运输量少、货价高、交接港分散的货物，是海上货物运输中使用最为广泛的一种方式。轮船公司或其代理人在接受交付托运的货物后签发提单，提单是班轮运输合同的形式和证据。

### （一）班轮运输的特点

班轮运输的基本特点可概括为“四固定，一负责”，即航线、停靠港口、船期、费率固定，承运人负责装和卸。

1）固定航线、固定港口、固定船期和相对固定的费率是班轮运输的最基本特征。

2）班轮运费包括装卸费用，即货物由承运人负责配载装卸，承托双方不计滞期费和速遣费，也不规定装卸时间。

3）承运人对货物负责的时段是从货物装上船起到货物卸下船止，即“船舷至船舷”（Rail to Rail）或“钩至钩”（Tackle to Tackle）。

4）承运双方的权利、义务和责任豁免以签发的提单为依据，并受国际公约的制约。

**◇小资料**

**班轮公会**

班轮公会，俗称水脚公会，简称公会，是指两家以上在同一航线上经营货物班轮运输的航运公司所组成的自律性联合组织。通过订立统一的费率、设定某些统一的服务标准、安排航次挂港、分配货载、共享营运收入等形式限制内部成员间的竞争，并防止或抵制来自公会外界的竞争。各公会的具体联合内容会有所差异，但协定费率是其重要特征，一般认为公会为行业垄断组织。现全球航运市场有多个班轮公会，比较著名的有远东班轮公会等。

19世纪末，国际航运竞争日益激烈，为避免因竞相竞争跌价争揽货源而损害各自的利益，1875年7家英国航运公司组成“联合王国”——加尔各答班轮公会。协议规定各自的船舶发航艘次和最低运价。此后，班轮公会有很大发展，目前全世界已有360多个班轮公会，遍布各主要班轮航线，由海运发达国家航运公司控制。

（资料来源：https://wiki.mbalib.com/wiki/班轮公会。经整理加工。）

适合采用班轮运输的货物品种与数量比较灵活，大多是工业制品、生鲜食品以及各种高价货物。此外，班轮运输手续简单，方便货主托运。对于普通货物，不必在码头或者港口交货或收货，货主可以在装货港码头仓库交货，收货人在卸货港码头仓库提货。对于班轮不能直达的港口，甚至在内陆地区，班轮公司通常都负责转运，以满足对外贸易的特殊需求。根据所运货物包装的不同，国际班轮运输可以分为杂货班轮运输和集装箱班轮运输。

◇小知识

### 杂货班轮装船时的责任问题[㊀]

在杂货班轮运输的情况下，无论采用怎样的装船形式，托运人都应承担将货物送至船边的义务，而作为承运人的班轮公司的责任则是从装船时开始，除非承运人和托运人之间另有不同的约定。因此，集中装船与直接装船的不同之处在于是托运人还是班轮公司指定的代理人代托运人将货物从仓库送至船边，而班轮公司与托运人之间的责任界限和装船费用的分担仍然以船边货物挂上吊钩为界。

从货主角度出发，在集中装船的形式下，当托运人在装货港将货物交给班轮公司指定的装船代理人（我国通常是港口的装卸公司）时，就可视为将货物交给了班轮公司，交货后的一切风险都应由班轮公司承担。但是，根据有关海上运输法规（如《中华人民共和国海商法》第四十六条规定："承运人对非集装箱装运的货物的责任期间，是指从货物装上船时起至卸下船止，货物处于承运人掌管之下的全部期间。"）和提单条款规定，对于件杂货运输，船公司的责任是从本船船边装货时开始的，即使是在"仓库收货，集中装船"的情况下，船公司与托运人之间的这种责任界限并没有改变。也就是说，船公司的责任期间并没有延伸至仓库收货时。虽然装船代理人在接收货物后便产生了如同船公司所承担的那种责任，实际上，船公司和装船代理人各自对托运人所应承担的责任仍然存在一定的界限，即根据船公司和装船代理人之间的约定，在船边装船以前属于装船代理人的责任。在集装箱班轮运输中，由于班轮公司基本上是以堆场—堆场（CY-CY）作为货物的交接方式，因此集装箱货物的装船工作都会由班轮公司负责。

#### （二）国际班轮货运单证

在班轮运输中，从办理物品的托运手续开始，到物品装船、运送、卸船直至交付的整个过程中，都需要编制各种单证。这些单证是托运人、承运人和收货人之间办理货物交接的证明，也是货方、港方、船方、海关等有关单位之间从事业务的凭证，又是划分各方责任的必要依据。国际上通用的及我国航运与国际航线的船舶所使用的主要单证见表6-2。

表6-2　国际海运主要单证

| 单证 | 缮制 | 审核及签发 | 持单 |
|---|---|---|---|
| 托运单 | 托运人 | 承运人 | 承运人 |
| 装货单 | 托运人 | 托运人、承运人 | 托运人 |
| 收货单 | 托运人 | 船上大副 | 托运人 |
| 海运提单 | 承运人 | 承运人 | 托运人 |
| 装货清单 | 承运人 | 船长 | 承运人 |

㊀ 王仁祥．国际物流［M］.2版．杭州：浙江大学出版社，2013.

（续）

| 单证 | 缮制 | 审核及签发 | 持单 |
| --- | --- | --- | --- |
| 货物积载图 | 船上大副 | 船长 | 承运人 |
| 舱单 | 船上大副 | 船长 | 承运人 |
| 出口载货运费清单 | 承运人 | 承运人 | 托运人、承运人 |
| 提货单 | 承运人 | 承运人 | 托运人 |

**1. 托运单**

托运单（Booking Note，B/N），俗称下货纸，是托运人根据贸易合同和信用证条款内容填制的，向承运人或其代理办理货物托运的单证。承运人根据托运单内容，并结合船舶的航线、挂靠港、船期和舱位等条件考虑，认为合适后，即接受托运。

托运单是承运人和托运人之间对托运货物的合约，其记载有关托运人与承运人之间的权利与义务。

**2. 装货单**

装货单（Shipping Order，S/O）是接受了托运人提出装运申请的船公司，签发给托运人的用于命令船长将承运的货物装船的单据。对于托运人来讲，它既是办妥货物托运的证明，又是货主用以向海关办理出口货物申报手续的主要单据之一，所以又称关单；对船公司或其代理来讲，它是通知船方接受装运该批货物的指示文件。

**3. 收货单**

收货单（Mate’s Receipt，M/R）是船方收到货物的凭证。货物装船后，由船上大副签署后退给托运人，故又有“大副收据”之称。托运人凭此向代理公司换取正本已装船提单，代理公司凭收货单给托运人签发提单。如装船时，船方发现货物包装不良或有其他残损等缺陷时，即在收货单上做各种批注，这些批注将全部转移到提单上，就成为不清洁提单。托运人不能凭有批注的收货单换取清洁提单，除非向船方出具保函。

**4. 海运提单**

海运提单（Bill of Lading，B/L）简称提单。《中华人民共和国海商法》第七十一条规定：“提单，是指用于证明海上货物运输合同和货物已经由承运人接收或者装船，以及承运人保证据以交付货物的单证。提单中载明的向记名人交付货物，或者按照指示人的指示交付货物，或者向提单持有人交付货物的条款，构成承运人据以交付货物的保证。”

**5. 装货清单**

装货清单（Loading List，L/L）是承运人根据装货单留底，将全船待装货物按目的港和货物性质归类，依航次、靠港顺序排列编制的装货单汇总清单，其内容包括装货单编号、货名、件数、包装形式、毛重、估计尺码及特种货物对装运的要求或注意事项的说明等。装货清单既是船上大副编制配载计划的主要依据，又是供现场理货人员进行理货、港方安排驳运、进出库场以及承运人掌握情况的业务单据。

**6. 货物积载图**

货物积载图（Cargo Plan，C/P）又称舱图，是货物装载的重要文件。船舶在装货前要编制装货计划，绘制积载图，即对所承运的货载在各舱的堆装位置做出详细安排。

**7. 舱单**

舱单（Manifest，M/F）是根据我国海关规定而制定的，是海关进行验货放行及监督装载工作的依据，也是统计我国出口货运资料的依据。

**8. 出口载货运费清单**

出口载货运费清单（Export Freight Manifest，F/M）又称运费舱单或随船舱单，是船舶装载出口货物有关货运资料及其运费的汇总清单，也是船方的随船单证之一。

**9. 提货单**

提货单（Delivery Order，D/O）是收货人凭以提货的依据。船舶到港后，收货人接到代理公司通知，即持正本提单到代理公司或船公司换取货物提货单，并凭提货单到海关办理进口手续，经海关查验放行，收货人即可凭提货单到港区提货。

**◇小资料**

**单证员的工作内容**

单证员是指在对外贸易结算业务中，买卖双方凭借在进出口业务中应用的单据、证书来处理货物的交付、运输、保险、商检、结汇等工作的人员。随着外贸行业持证上岗制度实施力度的逐步加强，外贸从业资格证书正受到越来越多用人单位与求职者的认可，市场上对外贸人才的要求也越来越高。这主要表现在对传统外贸岗位从业技能要求的提高：工作人员不仅要能掌握最新的专业知识，而且还需持有国家颁发的资格证书。单证员的主要工作包括审证、制单、审单、交单与归档等一系列业务活动，具有工作量大、涉及面广、时间性强与要求高等特点。

（资料来源：https：//wiki.mbalib.com/wiki/ 单证员。经整理加工。）

**（三）国际班轮提单**

根据《中华人民共和国海商法》第七十一条的规定，提单是指用于证明海上货物运输合同和货物已经由承运人接收或者装船，以及承运人保证据以交付货物的单证。

**1. 提单的功能**

**（1）货物收据。**对于将货物交给承运人运输的托运人，提单具有货物收据的功能。提单一经承运人签发，即表明承运人已将货物装上船舶或已确认接管。提单作为货物收据，不仅证明收到货物的种类、数量、标志、外表状况，而且还证明收到货物的时间，即货物装船的时间。在国际贸易合同履行中，装船时间意味着卖方的交货时间，用提单来证明货物的装船时间是非常重要的。

**（2）物权凭证。**对于合法取得提单的持有人，提单具有物权凭证的功能。提单的合法持有人有权在目的港以提单相交换来提取货物，提单的转移就意味着物权的转移，连续背书可以连续转让。提单所代表的物权可以随提单的转移而转移，提单中所规定的权利和义务也随着提单的转移而转移。即使货物在运输过程中遭受损坏或灭失，也因货物的风险已随提单的转移而由卖方转移给买方，只能由买方向承运人提出赔偿要求。

**（3）合同成立的证明文件。**提单上的条款规定了承运人与托运人之间的权利、义务，而且提单也是法律承认的处理有关货物运输的依据，但提单只是运输合同的证明。如果在提单签发之前，承托双方之间已存在运输合同，则无论提单条款如何规定，双方都应按原先签订的合同约定行事；但如果事先没有任何约定，托运人接受提单时又未提出任何异议，这时提单就被视为合同本身。

◇小资料

### 物权凭证

物权凭证是指代表所有权的凭证。如仓单、提单、提货单、债券（Bonds）、股票及息票等，以及在通常商业或融资过程认为，以作为证明持有人有权受领、占有及处分该凭证及其有关货物的任何其他凭证。一般提单是货物所有权的凭证（即物权凭证），谁合法持有提单，谁就可以提货。提单持有人，不管他是否真是该货的主人，只要他能递交提单，就可提货。物权凭证可分为流通或转让凭证与不流通或不转让凭证两类，一般使用的属于可转让凭证。常见的物权凭证包括房产证、土地证、提单（空运提单不是物权凭证，不可转让）、宅基地证等。

（资料来源：https://wiki.mbalib.com/wiki/物权凭证。经整理加工。）

**2. 提单的分类**

按不同的分类标准，国际班轮提单可以分为不同的种类。

**（1）按提单收货人的抬头分类。**

1）记名提单（Straight B/L）。记名提单又称收货人抬头提单，是指提单上的收货人栏中已具体填写收货人名称的提单，提单所记载的货物只能由提单上特定的收货人提取。这种提单失去了代表货物可转让流通的便利，但同时也可以避免在转让过程中可能带来的风险。使用记名提单，如果货物的交付不涉及贸易合同下的义务，则可不通过银行而由托运人将其邮寄收货人，或由船长随船带交。

记名提单一般只适用于运输展览品或贵重物品，特别是短途运输中使用较有优势，而在国际贸易中较少使用。

2）不记名提单（Bearer B/L，Open B/L，Blank B/L）。不记名提单是指提单上收货人一栏内没有指明任何收货人，而注明“提单持有人”（Bearer）字样或将这一栏空白的提单。这种提单不需要任何背书手续即可转让或提取货物，谁持有提单，谁就可以提货，承运人交付货物只凭单，不凭人。根据有些班轮公会的规定，凡使用不记名提单的，在给大副的提单副本中必须注明卸货港通知人的名称和地址。

3）指示提单（Order B/L）。指示性提单（又称可转让提单），是指在提单收货人（Consignee）一栏填写“to order”或“to order of ××”。这种提单由于可以通过背书进行转让，且方便贸易中相关各方控制和转让货物的所有权，因此在国际贸易中使用最为广泛。

提单上收货人一栏如果填写的是“to order”，这就意味着：收货人还未确定，需要凭指示后才能确定。但是并没有说明凭谁的指示，这种情况下唯一有权做出指示的人是发货人。

提单上收货人一栏如果填写的是“to order of ××”，这就意味着：收货人未定，需要凭××指示后才能确定。这种提单通常又分为以下三种：凭托运人指示提单，即收货人一栏填写“to the order of shipper”或“to shipper’s order”；凭银行指示提单，即收货人一栏填写“to order of ×× bank”，这通常是信用证结算方式下提单抬头的写法，“×× bank”通常是指开证行；凭收货人指示提单，收货人一栏填写“to order of ×× Co.Ltd”或“to order of the consignee”，这样的提单即为凭收货人指示提单。

**（2）按货物是否已装船分类。**

1）已装船提单（Shipped B/L，on Board B/L）。已装船提单是指货物装船后由承运人或其授权代理人根据大副收据签发给托运人的提单。这种提单除载明一般事项外，通常还必须注明装载货物的船舶名称和装船日期，即提单项下货物的装船日期。

2）收货待运提单（Received for Shipment B/L）。收货待运提单是承运人在收到托运人交来的货物但还没有装船时，应托运人的要求而签发的提单。签发这种提单时，说明承运人确认货物已交由承运人保管并存在其所控制的仓库或场地，但还未装船。当货物装船，承运人在这种提单上加注装运船名和装船日期并签字盖章后，待运提单即成为已装船提单。同样，托运人也可以用待运提单向承运人换取已装船提单。

**（3）按提单上有无批注分类。**

1）清洁提单（Clean B/L）。在装船时，货物外表状况良好，承运人在签发提单时，未在提单上加注任何有关货物残损、包装不良、件数、重量和体积，或其他妨碍结汇的批注的提单称为清洁提单。承运人一旦签发了清洁提单，货物在卸货港卸下后，如发现有残损，除非是由承运人可以免责的情况所致，否则承运人必须负责赔偿。

2）不清洁提单（Unclean B/L，Foul B/L）。在货物装船时，承运人若发现货物包装不牢、破残、渗漏、沾污、标志不清等现象时，大副将在收货单上对此加以批注，并将此批注转移到提单上，这种提单称为不清洁提单。

**（4）根据运输方式的不同分类。**

1）直达提单（Direct B/L）。直达提单又称直运提单，是指货物从装货港装船后，中途不经转船，直接运至目的港卸船交与收货人的提单。直达提单上不得有“转船”或“在某港转船”的批注。

2）转船提单（Transshipment B/L）。转船提单是指货物从起运港装载的船舶不直接驶往目的港，需要在中途港口换装其他船舶转运至目的港卸货，承运人签发的这种提单称为转船提单。在提单上注明“转运”或在“某某港转船”字样，转船提单往往由第一程船的承运人签发。

3）联运提单（Through B/L）。联运提单是指货物运输需经两段或两段以上的运输方式来完成，如海—陆、海—空或海—海等联合运输所使用的提单。当船舶承运由陆路或飞机运来的货物继续运至目的港时，货方一般选择使用船方所签发的联运提单。

4）多式联运提单（Multimodal Transport B/L）。这种提单主要用于集装箱运输，是指一批货物需要经过两种以上不同运输方式，其中一种是海上运输方式，由一个承运人负责全程运输，负责将货物从接收地运至目的地交付收货人，并收取全程运费所签发的提单。提单内的项目不仅包括起运港和目的港，而且列明一程、二程等运输路线，以及收货地和交货地。

**（5）按签发提单的时间分类。**

1）倒签提单（Anti-dated B/L）。倒签提单是指承运人或其代理人应托运人的要求，在货物装船完毕后，以早于货物实际装船日期为签发日期的提单。

2）顺签提单（Post-date B/L）。顺签提单是指在货物装船完毕后，应托运人的要求，由承运人或其代理人签发的，以晚于该票货物实际装船完毕日期作为提单签收日期的提单。

3）预借提单（Advanced B/L）。预借提单是指货物尚未装船或装船尚未完毕的情况下，信用证规定的结汇期（即信用证的有效期）即将届满，托运人为了能及时结汇，而要求承运人或其代理人提前签发的已装船清洁提单。签发这种提单，承运人要承担更大的风险，可能构成承托双方合谋对善意的第三者收货人进行欺诈。

签发倒签或预借提单，对承运人的风险很大，由此引起的责任承运人必须承担，尽管托运人往往向承运人出具保函，但这种保函同样不能约束收货人。比较而言，签发预借提单比签发倒签提单对承运人的风险更大，因为预借提单是承运人在货物尚未装船或者装船还未完毕时签发的。我国法院对承运人签发预借提单的判例，不但由承运人承担了由此引起的一切后果，赔偿货款损失和利息损失，还赔偿了包括收货人向第三人赔付的其他各项损失。

4）过期提单（Stale B/L）。过期提单有两种含义：①出口商在装船后延滞过久才交到银行议付的提单。按国际商会 600 号出版物《跟单信用证统一惯例》（《UCP600》），受益人超过提单签发日期后 21 天才交到银行议付的提单称为“过期提单”。在任何情况下，交单不得晚于信用证到期日。②提单晚于货物到达目的港，这种提单也称为过期提单。

**（四）国际班轮货运流程**

国际海运进出口单证的流转及国际班轮货运流程如图 6-1~ 图 6-4 所示。

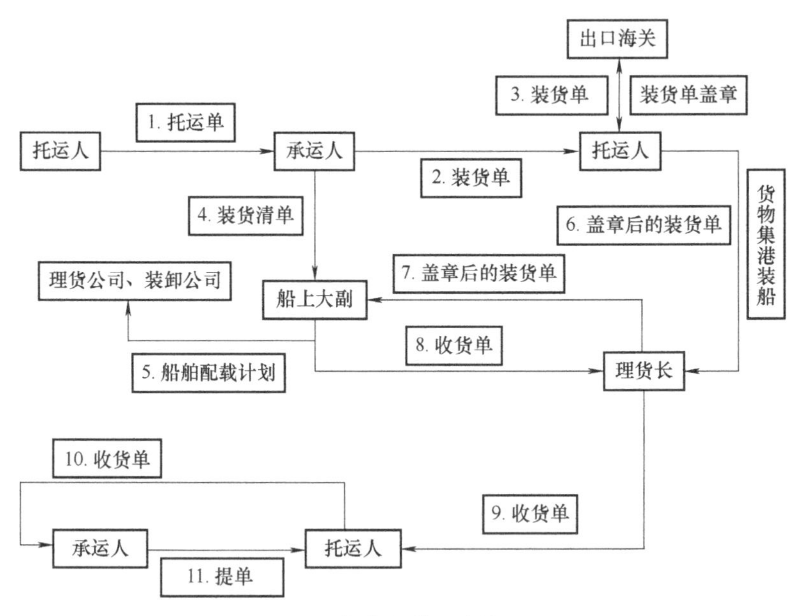


图 6-1　装货港单证流转过程

1）托运人填制托运联单（含托运单、装货单和收货单）向承运人办理货物托运手续。

2）承运人同意后留下托运单，签发装货单，将装货单和收货单交给托运人，并要求托运人将货物送至指定的装船地点。

3）托运人持装货单和收货单送海关办理出口报关手续。

4）同时，承运人根据托运单制作装货清单交给船上大副。

5）船上大副根据装货清单制作船舶配载计划，交给理货、装卸公司等按计划装船。

6）托运人将海关加盖放行章后的装货单交给理货长。

7）理货长将海关加盖放行章后的装货单交给船上大副。

8）货物装船后，理货长将装货单和收货单交大副核对无误后，船上大副留下装货单，签发收货单交给理货长。

9）理货长将收货单交还给托运人。

10）托运人持收货单向承运人或其代理人换取提单。

11）承运人或其代理人审核无误后签发提单给托运人。

12）托运人持提单到议付行结汇，议付行将提单邮寄开证行，收货人再通过开证行和议付行进行付款。

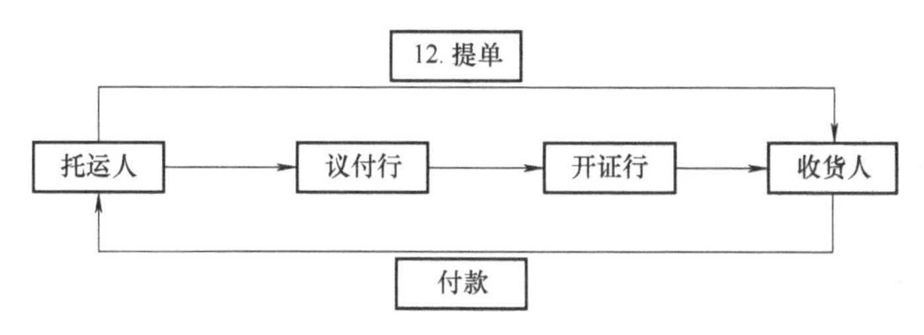


图 6-2　国际结算简要流程

13）船代或大副编制舱单向海关办理船舶出口手续。

14）海关盖章后才能放行，舱单随船携带。

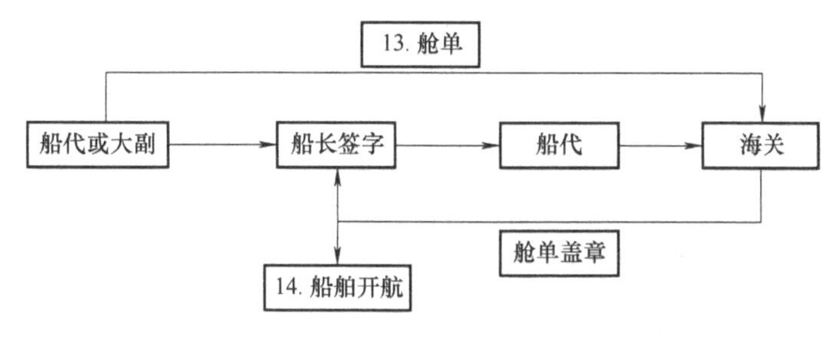


图 6-3　承运人内部的单证流转

15）出口国船代将舱单等运输单证寄交或随船带给进口国船代。

16）进口国船代持舱单向进口国海关报关。

17）同时，进口国船代向进口国货代通知船舶到港，由其安排船舶在卸货港的停泊、卸货、补给等事项。

18）进口国货代向收货人（通知人）发出到货通知。

19）收货人持海运提单向进口国船代换取提货单。

20）收货人持提货单办理进口报关。

21）收货人持经进口国海关加盖放行章的提货单向进口国船代提取货物。

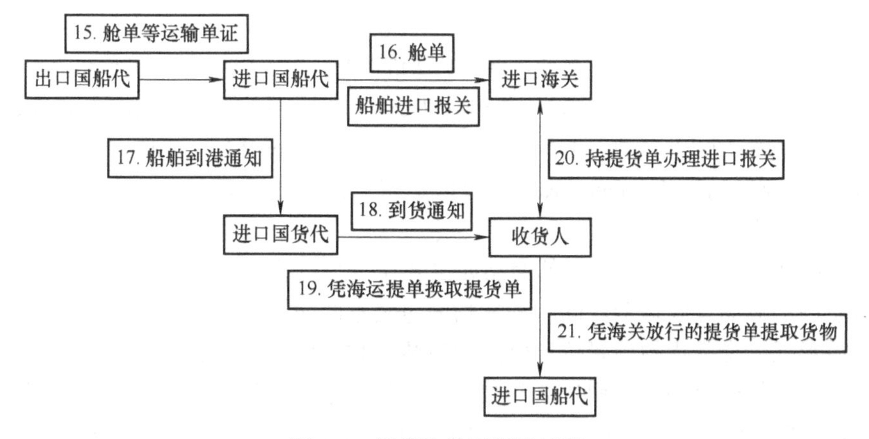


图 6-4　卸货港单证流转过程

# 第三节　国际班轮货物运输费用的计算

## 一、国际班轮运费及其构成

班轮运费是指在班轮运输过程中，承运人为完成货物运输而向托运人收取的报酬。而计算班轮运费的费率（单价），则称为班轮运价。

班轮运费对应散货运输还是集装箱运输而有所不同，散货运输的班轮运费包括货物从装运港至目的港的海上运费以及货物的装卸费。班轮运费是按照班轮运价表（Liner's Freight Tariff）的规定计算的。不同的班轮公司或班轮公会有不同的班轮运价表。

班轮运价表的结构一般包括说明及有关规定、货物分级表、航线费率表、附加费率表、冷藏货及活牲畜费率表等。对于基本费率的规定，有的运价表是按每项货物列出其基本费率，这种运价表称为单项费率运价表；有的是将承运的货物分为若干等级（一般分为 20 个等级），每一个等级的货物有一个基本费率，这种运价表称为等级费率表。在等级费率表中，第 1 级商品费率最低，第 20 级商品费率最高。在实际业务中，大多采用等级费率表。

通常承运人把班轮运输应收的运输费用分为基本运费和附加运费两个部分。基本运费是对任何一种商品都要计收的运费；附加运费则是视不同情况而加收的运费。

## 二、国际班轮运费计收标准

### （一）杂货班轮运费计收标准

1）按货物的毛重即以重量吨（Weight Ton）为计算单位计收运费。1 重量吨为 1t。按此方式计收运费时，班轮运价表中的货物名称后面均注有“W”字样。

2）按货物尺码或体积（Measurement）计算，以“M”表示。如 $1m^3$（约合 $35.3147ft^3$）或 $40ft^3$ 为一个计算单位，也称尺码吨或容积吨。

3）按货物重量或尺码，选择其中收取运费较高者计算运费，以“W/M”表示。

4）按货物 FOB 价格收取一定的百分比作为运费，称从价运费，以“ad.val.”表示，按照价值的意思（According to Value）。

5）按货物重量或尺码或价值，选择其中一种收费较高者计算运费，用“W/M or ad.val.”表示。

6）按货物重量或尺码选择其高者，再加上从价运费计算，以“W/M plus ad.val.”表示。

7）按每件为 1 单位计收，如活牲畜和活动物，按“每头”（per Head）计收；车辆有时按“每辆”（per Unit）计收；起码运费按“每提单”（per B/L）计收。

8）按临时议定的价格（Open Rate）计收运费。由承托运双方临时议定的价格收取运费，一般多用于低价货物。

根据一般费率表的规定，不同的商品如混装在一个包装内（集装箱除外），则全部货物按其中收费高的商品计收运费。同一种货物因包装不同而计费标准不同，但托运时如未申明具体包装形式，全部货物均要按运价高的包装计收运费。同一提单内有两种以上不同计价标准的货物，托运时如未分列货名和数量，计价标准和运价全部要按高者计算。这是在包装和托运时应该注意的。此外，对无商业价值的样品，凡体积不超过 $0.2m^3$，重量不超过 50kg 时，可要求船方免费运送。

### （二）集装箱班轮运费计收标准

#### 1. 计算原则

集装箱班轮运输中运费的计算原则与杂货班轮运输中运费的计算原则相似，但也有其自身的特点，如有些租船运输中的装卸费用条款也被引入到集装箱班轮运输中。

#### 2. 计算方法

费率表中规定了基本运费和附加运费，并给出了费率和计算方法。

集装箱班轮运输的基本运费计算方法有以下两种：

1）拼箱货采用与计算普通杂货班轮运输的基本运费相同的方法，对具体的航线按货物的等级和不同的计费标准来计算基本运费。上海起始港海运拼箱运价见表 6-3。

**表 6-3　上海起始港海运拼箱运价**

（单位：美元）

| 起始港—目的港 | 中转港 | 班期 | 航程 | 船公司 | 计费标准 | |
|---|---|---|---|---|---|---|
| | | | | | M | W |
| 上海—塔马塔夫 | 直达 | 周二 | 40 天 | OOCL | 110 | 105 |
| 上海—圣何塞 | 直达 | 周二 | 30 天 | COSCO | 32 | 22 |

2）整箱货则根据包箱费率计算集装箱运费。根据中国远洋运输公司使用的交通部《中国远洋货运运价本》，有以下 3 种包箱费率：

① FAK 包箱费率。对每一集装箱不细分箱内货物，不计货量统一收取的运价，即分类不分级。它一般适用于短程特定航线的运输和以堆场—堆场（CY-CY）、货运站—堆场（CFS-CY）方式交接的货物运输。大连起始港海运整箱运价见表 6-4，中国—新加坡航线集装箱费率表（FAK）见表 6-5。

**表 6-4　大连起始港海运整箱运价**

（单位：美元）

| 起始港—目的港 | 船公司 | 20′ | 40′ | 40′H | 45′GP | 班期 | 航程 | 中转港 | 有效期 |
|---|---|---|---|---|---|---|---|---|---|
| 大连—博多 | RCL | 240 | 480 | 480 | 0 | 周六 | 7 天 | 直达 | 2020-11-15 |
| 大连—瓜亚基尔 | MSC | 3600 | 4000 | 4000 | 0 | 周六 | 40 天 | 直达 | 2020-11-15 |

**表 6-5　中国—新加坡航线集装箱费率表（FAK）**

（单位：美元）

| 装运港 | 货物种类 | LCL（W/M） | 20′ | 40′ |
|---|---|---|---|---|
| 黄埔 | 普通货物 | 63 | 800 | 1450 |
| | 半危险品 | 86 | 1250 | 2300 |
| | 危险品 | | 1500 | 2850 |
| | 冷藏货物 | | 2200 | 4050 |

② FCS 包箱费率。这种费率是按不同货物种类和等级制定的包箱费率。在这种费率下，一般（如中远集团运价本）将货物分为普通货物、非危险化学品、半危险货物、危险货物和冷藏货物等几大类，其中，普通货物与件杂货一样为 1~20 级，各公司运价本中按货物种类、

级别和箱型规定包箱费率。集装箱货的费率级差要大大小于件杂货费率级差。一般低价货费率高于传统运输费率，高价货则低于传统费率；同一等级货物，实重货运价高于体积货运价。这也反映了船公司鼓励货主托运高价货和体积货。中远集团中国—日本航线集装箱费率表（FCS）见表6-6。

**表6-6　中远集团中国—日本航线集装箱费率表（FCS）**

（单位：美元）

| 上海—神户、大阪、名古屋、横滨、四日市、门司<br>宁波—神户、横滨<br>温州—横滨 | | | |
|---|---|---|---|
| 等级 | LCL（W/M） | CY-CY | |
| | | 20′ | 40′ |
| 1~7 | 55 | 770 | 1460 |
| 8~10 | 58 | 820 | 1560 |
| 11~15 | 61 | 870 | 1650 |
| 16~20 | 64 | 920 | 1750 |
| 化学品 | 61 | 870 | 1650 |
| 半危险品 | 68 | 1200 | 2280 |
| 危险品 | | 1650 | 3100 |
| 冷藏货物 | | 2530 | 4800 |

③ FCB包箱费率。这种费率是既按不同货物等级或货类又按计算标准制定的包箱费率。同一级费率因计算标准不同，费率也不同。以表6-7中8~10级货物为例，CY-CY交接方式，20ft集装箱货物如按重量计费为1850美元，如按尺码计费则为1900美元。

**表6-7　中国—地中海航线集装箱费率表（FCB）**

（单位：美元）

| 中国基本港：上海、青岛、大连、黄埔、厦门—巴塞罗那、马赛、热那亚 | | | | |
|---|---|---|---|---|
| 等级 | 计费标准 | LCL：CFS-CFS | FCL：CY-CY | |
| | | | 20′ | 40′ |
| 1~7 | M | 90 | 1750 | 3500 |
| 8~10 | M | 94 | 1900 | 3800 |
| 11~15 | M | 101 | 2050 | 4100 |
| 16~20 | M | 107 | 2200 | 4400 |
| 1~7 | W | 118 | 1600 | 3300 |
| 8~10 | W | 27 | 1850 | 3600 |
| 11~15 | W | 136 | 2300 | 4200 |
| 16~20 | W | 145 | 2400 | 4500 |

（续）

| 中国基本港：上海、青岛、大连、黄埔、厦门—巴塞罗那、马赛、热那亚 | | | | |
|---|---|---|---|---|
| 等级 | 计费标准 | LCL：CFS-CFS | FCL：CY-CY | |
| | | | 20′ | 40′ |
| 化学品 | W/M | 128 | 2050 | 4100 |
| 半危险品 | W/M | 166 | 2550 | 5100 |
| 危险品 | W/M | 224 | 3550 | 7100 |
| 冷藏货物 | W/M | 246 | 3900 | 7850 |

注：CFS-CFS 是指货运站—货运站交接方式。

集装箱班轮运输的附加运费与杂货班轮运输的附加运费情况相似。

集装箱班轮运输的滞期费是指在集装箱运输中，货主未在规定的免费堆存时间内前往指定的集装箱堆场或集装箱货运站提取货物及交还集装箱，而由承运人向货主收取的费用，实践中也称其为滞箱费。滞期费按天计算。

## 三、国际班轮运费计算步骤

班轮运费主要由基本运费和附加运费两部分组成，即班轮运输总运费 = 基本运费 + 附加运费，而基本运费 = 班轮运价 × 货物数量，班轮运价及运费率（单位运价）需要从运价表中通过查找得到，货物数量则根据货物的具体计收标准而得出，最后决定是体积、重量还是从这两者中选取较高的作为计收标准。

### （一）杂货班轮运费计算步骤

杂货班轮运费的具体计算方法包括以下五个步骤：

1）根据货物的中英文名称，从货物分级表中查出有关货物的计算等级及其计算标准。

2）从航线费率表中查出有关货物的基本费率。

3）加上各项需支付的附加费率，所得的总和就是有关货物的单位运费（每重量吨或每尺码吨的运费）。

4）单位运费再乘以计费重量吨或尺码吨，即得该批货物的运费总额。

5）如果是从价运费，则按规定的百分率乘以 FOB 货价即可。

### （二）集装箱班轮运费计算步骤

集装箱班轮运费计算主要分为两类：一类是拼箱货（LCL）海运运费计算；另一类是整箱货（FCL）海运运费计算。

#### 1. 拼箱货（LCL）海运运费计算

这类运费袭用件杂货班轮运费的计算方法和步骤，以每运费吨为单位（俗称散货价），即基本运费加附加运费。

#### 2. 整箱货（FCL）海运运费计算

这类运费以每个集装箱的包箱费率为计费单位（俗称包箱价）。

采用包箱费率计算集装箱基本运费时，先要根据货名查到等级，然后按货物大类等级、交接方式和集装箱尺度查表，即可得到每只集装箱相应的运费；以每只集装箱包箱费率加上以箱为单位的附加运费得出每只集装箱对应的运费，再乘以箱数即可。

◇小知识

**我国班轮运价使用的运价表**

《中国远洋货运运价本》(China Ocean Freight Tariff),由交通部印发,其中,货物分级、计算标准、运价、各种附加费或有关费用均参照国际市场价格,费率均以美元标价。

《中国租船公司运价本》(China National Chartering Corporation Freight),由中国租船公司代表货方制定,以港元支付,属货方运价表性质。

我国进出口货物使用中波轮船公司、日本东方公司、德国瑞克麦斯公司班轮,则分别适用其公司制定的费率本。

对美国进出口货物的运价,经美国联邦海事委员会(Federal Maritime Commission, FMC)核准,采用中国香港华夏公司(Far East Enterprising Co. Hongkong)第3号和第4号对美运价本,其中3号本对应美国东海岸港口,4号本对应美国西海岸港口,运往东部港口比运往西部港口的运价高约12%。

## ◇重要概念

班轮运输　租船运输　海运提单　班轮运费

## ◇本章小结

本章首先介绍了海洋货物运输的基本知识;其次介绍了国际海洋货物运输中租船运输与班轮运输两种经营方式,国际班轮运输中涉及的主要单证,以及国际班轮货运的流程,重点说明了海运提单的功能及其分类;最后讲述了国际班轮货物运输费用计算的内容,包括杂货班轮运费和集装箱班轮运费的计算等。

## ◇复习思考题

**一、单选题**

1. 水路运输按航行区域分类不包括(　　)。

A. 远洋运输　　B. 沿海运输　　C. 内河运输　　D. 班轮运输

2. 以下哪项说法不正确?(　　)

A. 航次租船简称期租,是以航次为基础的租船方式。航次是指从装货开始到卸货为止一次完整的运输过程。在这种方式下,航次又分为单程航次、来回程航次、连续单程航次、连续来回程航次

B. 包运租船是指船舶出租人提供给承租人一定运力的船舶(若干条船),在确定的港口之间和约定的时间内,完成合同规定的总货运量,承租人支付的运费根据双方商定的运费率和完成的总运量计算

C. 光船租船在某些方面与定期租船相似,也是船舶出租人将一艘特定的船舶提供给承租人使用一个时期的租船,不同的是,船舶所有人所提供的船舶只是一艘“光船”——没有配备船员的空船

D. 定期租船是指船舶所有人将配备船员的船舶出租给租船人使用一定时期的租船方式

3. 关于杂货班轮运费的构成，下列说法正确的是（　　）。

A. 按货物毛重（重量吨）计收，运价表中用“M”表示

B. 按货物体积（尺码吨）计收，运价表中用“W”表示

C. 在毛重或体积中选择收费较高的作为计费吨，运价表中用“W&M”表示

D. 班轮运费一般由基本运费和附加运费构成

4. 以下哪项不是水路运输的特点？（　　）

A. 运输量大　　B. 通过能力强　　C. 速度较快　　D. 适货性强

5. 下列属于按照提单格式分类的是（　　）。

A. 简式提单和预借提单　　B. 全式提单和简式提单

C. 预借提单和过期提单　　D. 过期提单和清洁提单

**二、多选题**

1. 国际海洋货物运输的基本条件包括（　　）。

A. 船舶　　B. 港口　　C. 航线

D. 货物　　E. 参与人

2. 按照地理位置，商港可以分为（　　）。

A. 河口港　　B. 海湾港　　C. 内河港　　D. 渔港

3. 按照港口的功能，港口可以分为（　　）。

A. 存储港　　B. 贸易港　　C. 转运港　　D. 经停港

4. 根据承租人不同的营运需要，租船方式可分为（　　）。

A. 航次租船　　B. 定期租船　　C. 包运租船　　D. 光船租船

**三、简答题**

1. 何为班轮运输？班轮运输有哪些特点？

2. 班轮运费计算标准有哪些？

**四、计算题**

上海某公司向日本出口鸡肉23t，共需装1200箱，每箱毛重20kg，每箱体积为20cm×20cm×25cm。该货物对应的上海—神户航线的运价为100美元/运费吨，计费标准为W/M，另加收燃油附加费10美元/运费吨、港口附加费15美元/运费吨。

1. 请计算该批货物的运费。

2. 如果原对日本报价每箱FOB 30美元，日商回电要求改报CFR神户，则应如何计算该批货物的运费？每箱的CFR价格为多少？

**五、案例分析题**

**1. 船货不适案例**[1]

【基本案情】

原告：绍兴县A针纺织有限公司（以下简称A公司）。

被告：B株式会社（以下简称B会社）。

2013年6月，A公司将一批货物委托B会社自宁波港出运至沙特阿拉伯吉达港。B会社作为承运人于同年6月1日签发提单。同月17日，运输船舶“MOL COMFORT”

[1] 逯宇铎，鲁力群.国际物流管理［M］.3版.北京：机械工业出版社，2020.

轮在印度洋海域船体中部断裂沉没，船上货物全部灭失。A公司持有全套正本提单，认为B会社应对货损承担全部责任，故诉至宁波海事法院。另查明，B会社对“MOL COMFORT”轮进行日常保养检修，并委托船级社进行日常检验，均未发现涉案船舶存在设计上的潜在缺陷。事故发生后，日本船级社和国土交通部组织了大量专家对事故进行调查、分析和论证。2014年9月，日本船级社出具调查报告，认为事故当时总纵弯矩的载荷确实可能超过船体梁极限强度，事故船的安全余量与其他船舶存在显著差异，产生屈曲破坏的可能性差异。2015年3月，日本国土交通部出具调查报告，做出如下调查结果：可以推断的是，事故船的船体断裂始自船底外板，对事故船的姊妹船（与事故船设计相同的大型集装箱船）进行的安全检查中发现船底外板存在屈曲变形；通过模拟发现，事故船在事故发生时确有船体断裂的可能性，在姊妹船的船底外板检测到的屈曲变形可通过施加比船体结构强度略低的载荷实现，且变形幅度可通过反复施加载荷而变大；日本船级社中的其他不同于事故船设计的大型集装箱船，安全检查并未发现类似的船底外板变形，同时将它们和事故船的模拟结果进行比较后发现，它们具有更加充足的结构余量。专家证人在庭审中强调了涉案船舶（包括其姊妹船）设计体系中安全余量不足，该不足随着时间的推移容易导致船舶外板变形、断裂，且为船员的日常检查所无法发现。

（资料来源：https：//www.sohu.com/a/161721746_754963。经整理加工。）

**思考：**

B会社是否应因船体断裂造成的货损赔偿A公司？为什么？

**2. 预借提单案例**

【基本案情】

原告：A货代。

被告：B物流公司。

某年7月，一家工具厂向A货代出具货运委托书，委托A货代办理涉案货物从上海至香港的出运业务，需8月6日左右装船。A货代接受委托后以自己的名义将运输业务委托B物流公司办理，托运单上载明配8月6日的船。B物流公司向船公司订舱后，向A货代出具了提单确认通知书。A货代确认后，B物流公司向A货代出具了载明装船日期为8月6日且盖有电放㊀章的提单。8月11日，B物流公司得知原定航次被取消，于13日通知A货代。涉案货物由B物流公司退关后，A货代另行委托他人将涉案货物以空运方式运至香港，为此支付空运费用人民币6万多元以及散货陆路运费1000多元。A货代将B物流公司诉至法庭，法院裁定B物流公司赔偿A货代空运费用及散货陆运费用共计6万多元。

（资料来源：https：//www.zjport.gov.cn/detail/article/2012_4/12_15/2024351_1.shtml。经整理加工。）

**思考：**

（1）承运人擅自签发预借提单需要承担什么法律责任？

（2）A货代采取空运方式是否合理？

㊀ 电放是指应签发或已签发正本提单的货代或船公司，根据发货人或货代的要求，在装货港不签发正本提单或收回已签发之正本提单，以电子邮件、传真、电报等方式通知目的港代理将货放给提单上的收货人。

# 第七章　国际物流其他运输方式

## ◇学习目标

1. 了解国际航空货物运输的基础知识，以及国际公路货物运输和陆桥运输的形式。

2. 理解国际多式联运经营人的责任形式，以及国际集装箱运输的优点及其对国际货物运输发展的重要意义。

3. 熟悉国际航空货物运输流程及运输费用的计算，以及国际铁路货物联运流程。

4. 掌握国际航空货物运输主要经营方式，以及集中托运的操作过程及单证的作用。

## ◆导入案例

### 2020 年全球航空货运数据报告发布

国际航空运输协会（IATA）发布的全球航空货运数据报告显示，2020 年全球航空货运需求同比下降 10.6%，超过全球货物贸易 6% 的降幅。该数据是自 1990 年国际航空运输协会开始监测货运表现以来的最大降幅。

尽管如此，为了应对持续的全球疫情，全球航空货运业的收益率仍在不断上升，这是由于客机腹舱空间的严重减少导致全球运力同比下降 23.3%。国际航空运输协会表示，可用货物吨千米（ACTK）的下降率相当于需求萎缩的两倍。由于全球货运可用运力不足，2020 年载货率上升了 7.7%；由此带动收益和收入的增加，在乘客收入大幅下降的情况下，为航空公司和部分长途客运服务提供支持。

该行业在接近年底时有所改善，2020 年 12 月全球货运需求同比下降 0.5%，而全球运力同比下降 17.7%。国际航空运输协会发表声明，运力降幅超过需求降幅，表明运力持续严重短缺。随着客运市场复苏的停滞，运力紧张的局面尚未结束。

航空货运在危机中的生存状态比客运业务要好。对许多航空公司来说，尽管需求减弱，但 2020 年航空货运已成为重要的收入来源。然而，随着大部分的客运机队停飞，在没有足够腹舱运力的情况下满足需求仍然是一个巨大的挑战。此外，各国面对新冠病毒变种又将加强旅行限制，客运需求的改善或运力紧缩难以实现。2021 年将又是艰难的一年。

（资料来源：https://new.qq.com/omn/20210226/20210226A0B1WD00.html。经整理加工。）

# 第一节　国际航空货物运输

## 一、国际航空货物运输概述

### （一）国际航空货物运输的含义与特点

航空货物运输是指采用商业飞机运输货物的商业活动。

根据《华沙公约》和《海牙议定书》的规定，国际航空货物运输是指根据货物运输合同，无论运输中有无间断或转运，始发地和目的地是在两个缔约国的领土内；或者始发地和目的地都在一个缔约国的领土内，而在另一个缔约国的领土内有一个约定的经停点的任何货物和邮件的运输。

国际航空货运虽然起步较晚，但发展异常迅速，原因之一就在于它具有许多其他运输方式所不能比拟的优越性。概括起来，国际航空货物运输的主要特征有：

**1. 运送速度快**

目前，飞机仍然是最快捷的交通工具，常见的喷气式飞机的经济巡航速度大多在每小时850~900km。快捷的交通工具极大地缩短了货物在途时间，对于那些易腐烂、变质的鲜活商品，时效性、季节性强的报刊，节令性商品，抢险、救急品的运输，这一特点显得尤为突出。

运送速度快，在途时间短，也使货物在途风险降低，因此，许多贵重物品、精密仪器也往往采用航空运输的形式。当今国际市场竞争激烈，航空运输所提供的快速服务也使得供货商可以对国外市场瞬息万变的行情即刻做出反应，迅速推出适销产品占领市场，获得较好的经济效益。

**2. 不受地面条件影响**

航空运输利用天空这一自然通道，不受地理条件的限制。对于地面条件恶劣、交通不便的内陆地区非常合适，有利于当地资源的出口，促进当地经济的发展。

航空运输使本地与世界相连，对外的辐射面广，而且航空运输与公路运输和铁路运输相比，占用土地少，对寸土寸金、地域狭小的地区发展对外交通无疑是十分适合的。

**3. 安全性较高**

与其他运输方式相比，航空运输的安全性较高。根据国际航空运输协会发布的《2020年航空运输安全报告》和2020年商用航空安全指标数据，该行业全年事故总数从2019年的52起减少到2020年的38起，致命事故总数从2019年的8起减少到2020年的5起，总事故率为每百万次飞行发生1.71起[㊀]。2019年我国公路运输百万公里事故数为3.7起[㊁]，中国机动车交通事故发生数量为215 009起[㊂]，整体事故风险依然高发。可见，航空运输比公路运输事故率明显偏低，而且航空公司的运输管理制度也比较完善，货物破损率较低，如果采用空运集装箱的方式运送货物，则更为安全。

**4. 节约包装、保险、利息等费用**

由于采用航空运输方式，货物在途时间短，周转速度快，企业存货可以相应减少。一

---

㊀ https：//m.thepaper.cn/baijiahao_11940701。
㊁ https：//www.chyxx.com/industry/202006/870140.html。
㊂ https：//www.chyxx.com/industry/202103/936272.html。

方面，有利于资金回收，减少利息支出；另一方面，企业仓储费用可以降低。航空货物运输安全、准确，货损、货差少，保险费用较低。与其他运输方式相比，航空运输的包装简单，包装成本减少。这些都使得企业的隐性成本下降、收益增加。

当然，国际航空货物运输也有自己的局限性，主要表现在航空货运的运输费率较其他运输方式更高，不适合低价值货物的运输；航空运载工具——飞机的舱容有限，对大件货物或大批量货物的运输有一定的限制；飞机飞行安全容易受恶劣气候影响等[㊀]。但总体来说，随着新兴技术得到更为广泛的应用，产品更趋向薄、轻、短、小、高价值，管理者更重视运输的及时性、可靠性，航空货运将会有更大的发展前景。

**（二）国际航空货物运输系统**

国际航空货物运输系统包括运输工具、航空港、航线、货物和参与者五个部分。

**1. 运输工具**

**（1）货运飞机。**国际航空货物运输中使用的飞机包括客货两用机和全货机。对于民航客机来说，一般都有专用的行李舱，但是仍然不属于客货两用飞机。B747 系列最早的客货两用机是 B747-200combi，飞机大约前三分之二为客座，后三分之一为货舱，可以装载 4 个 20ft 的集装板。飞机可以通过下层的货舱，以及不同的位置放置不同重量的集装箱（货物和行李）来达到平衡。全货机是指以包机或定期航班的形式专门运输货物的飞机。很多干线飞机都有专门的货机型号，如 B747-400F、B757-200F、A300-600F、A330-200F 等为全货机。全货机一般设计为集装设备型的货舱，飞机货舱底部一般设置滚轴及固定系统，可以放置集装板和集装箱。B747-400F 货机可以放置 39 个集装板；A300-600F 货机可以装载 50t 货物，放置 21 个集装板和 23 个集装箱。

**◇小资料**

### 顺丰航空机队规模增至 66 架

顺丰集团微信公众号消息，2021 年 6 月 14 日，顺丰航空第 66 架全货机（注册号 B-220R、机型 B767-300BCF）正式加入机队。随着 B-220R 飞机的入列，顺丰航空于 2021 年投用的全货机数量已达 5 架，超过 2020 年全年的总和。顺丰航空已形成 2 架 B747-400ERF、11 架 B767-300BCF、36 架 B757-200F、17 架 B737-300/400F 的梯队运力。

（资料来源：https：//xueqiu.com/5124430882/182920053？ivk_sa=1024320u。经整理加工。）

**（2）航空集装器（ULD）。**集装器即一种容器或载体，专为飞机设计的集装板和集装箱。它不像海运和陆运的集装箱那么庞大，具有轻便、小巧的特点，型号多种多样。在航空运输中，除特殊情况外，货物均以“集装箱”“集装板”形式进行运输。装运集装器的飞机，其舱内应有固定集装器的设备，把集装器固定于飞机上，这时集装器就成为飞机的一部分，所以飞机集装器的大小有严格的规定。集装器按形状结构分为集装板（Pallet）和网套、结构集装棚与非结构集装棚、集装箱（Container）三种类型，集装箱又分为空陆联运集装箱、主货舱集装箱、下货舱集装箱等。

**2. 航空港**

航空港是指保证飞机安全起降的基地和空运旅客、货物的集散地，包括飞行区、客货运输服务区和机务维修区三部分。

---

㊀ 井颖，季永青．运输管理实务［M］．北京：高等教育出版社，2014.

世界上较大的航空港有英国伦敦希思罗航空港、法国巴黎戴高乐航空港、美国芝加哥国际航空港等。

**3. 航线**

国际运输航线（简称航线）是指飞机飞行的空中交通线。飞机的航线确定了飞机飞行的具体方向、起讫点和经停点，并规定了航线的宽度和飞行高度，保证飞行安全。

航空运输航线可分为国际航线、地区航线和国内航线三大类。

**（1）国际航线。**国际航线是指飞行的路线连接两个或两个以上国家的航线。在国际航线上进行的运输是国际运输，一个航班如果它的始发站、经停站、终点站有一点在外国领土上就叫作国际运输。

**（2）地区航线。**地区航线是指在一国之内，各地区与有特殊地位地区之间的航线，如我国内地与港、澳、台地区的航线。

**（3）国内航线。**国内航线是指在一个国家内部的航线，可以分为干线、支线和地方航线三大类。

**4. 货物**

国际贸易中适合采用航空运输的货物主要包括：

**（1）高附加值产品。**例如精密仪器、电子元器件、计算机设备及其他进口设备等。空运需求强、服务好是吸纳这部分货物的关键。

**（2）时效性物品。**这主要是高品位水产品，流向具有很强的单一性，是否选择空运，关键因素是时效而不是价格。

**（3）能承受一定的运价，其他运输方式存在竞争的货物。**例如服装、书籍、药品等。

**5. 参与者**

国际航空货运的参与者主要包括航空运输组织、发货人、承运人、代理公司、地面运输公司、收货人等。

**（三）国际航空货物运输组织**

**1. 国际民用航空组织**

国际民用航空组织（ICAO）是各国政府之间组成的国际航空运输机构，成立于 1947 年 4 月 4 日，于 1947 年 5 月 13 日正式成为联合国的一个专门机构。ICAO 是负责国际航空运输技术、航行及法规方面的机构。它所通过的文件具有法律效应，各成员必须严格遵守。

**2. 国际航空运输协会**

国际航空运输协会（IATA）是全世界航空公司中参与的最大的一个国际性民间组织。IATA 由经营国际定期或不定期航班的航空公司参加。它的主要任务是：制定国际航空客货运输价格、运载规则和运输手续，协助航空运输企业间的财务结算，执行 ICAO 制定的国际标准和程序。

**3. 国际货运代理协会联合会**

国际货运代理协会联合会（FIATA），译称“菲亚塔”，是一个非营利性的国际货运代理行业组织，其会员不限于货代，还包括海关、船代、空运代理、仓库、卡车、集中托运等部门。

◇小知识

### 航空运输时差的计算

**1. 时区**

时区以子午线为中心，即从西经7.5°至东经7.5°为0时区，该时区太阳正午时的时间为12:00，称为格林尼治时间（GMT）。

从0时区向西和向东，每隔经度15°为一时区，依次划分为东1区～东12区、西1区～西12区，东12区与西12区重叠，这样全球划分为24个时区。

当地时间（Local Time）=GMT+/– 某一数值

0时区向东隔几个时区，时间加几小时；向西隔几个时区，时间减几小时。具体数值查 International Time Calculator（国际时间计算表）。

**2. 飞行时间计算**

（1）飞行时间＝到达 GMT– 始发 GMT。

（2）飞行时间＝到达时间 – 始发时间 – 到达地至始发地时差。

## 二、国际航空货物运输经营方式

航空运输企业的经营方式主要有班机运输、包机运输和航空快递业务。

### （一）班机运输

**1. 班机运输的定义**

班机运输（Scheduled Airline）是指具有固定开航时间、航线和停靠航站的飞机运输。按业务对象不同，班机运输分为客运航班和货运航班。客运航班一般使用客货混合型飞机，一部分搭载乘客，客机腹舱承揽小批量货物；货运航班只承揽货物运输，一般使用全货机。由于国际贸易中由航空运输完成的货量有限，因此货运航线一般由一些规模较大的航空运输公司或者国际快递公司在货源充足的地方开辟。

**2. 班机运输的特点**

**（1）迅速准确。**班机有固定航线、固定停靠港和定期开航等优点，国际航空货物大多使用班机运输，能安全迅速地到达世界上各通航地点。

**（2）方便货主。**由于班机运输有固定的航线、挂靠港、固定的航期，并在一定时间内有相对固定的收费标准，对进出口商来讲，可以在贸易合同签署之前预期货物的起运和到达时间，核算运费成本，合同的履行也较有保障，因此成为多数贸易商的首选航空货运形式。

**（3）舱位有限。**班机运输通常采用客货混合型飞机，用于装载货物的客机腹舱容量较小，对于大批量的货物不能及时出运，往往需要分期、分批运输，这是班机运输的不足之处。

**（4）运价较高。**班机运输运价较高，适合于客户安排鲜活商品或急需商品的运送。

### （二）包机运输

**1. 包机运输的定义**

包机运输（Chartered Carrier）是指航空公司按照约定的条件和费率，将整架飞机租给一个或若干个包机人（即发货人或航空货运代理公司），从一个或几个航空站装运货物至指定目的地。

包机运输适用于满足大宗货物或没有直达航班的货物运输需求，费率低于班机，但运送时间要比班机长一些。2020年3月17日—25日，深圳机场已陆续保障8班国际货运包机，累计运输各类防疫物资、高新技术产品等近400t，助力全球疫情防控和国际贸易正常化。

**2. 包机运输的分类**

包机运输分为两类：整架包机和部分包机。

**（1）整架包机。**航空公司按照与租机人事先约定的条件和费用，将整架飞机租给包机人，从一个或者几个航空港装运货物至目的地。

包机人一般在货物装货前一个月与航空公司联系，以便航空公司安排运载和向起降机场及有关政府部门申请办理过境或者入境的有关手续。包机的费用一次一议，一般按每飞行1km的固定费率核收费用，并按每飞行1km费用的80%收取空放费。因此，使用包机运输时尽量往返都有货物，以减少费用。

**（2）部分包机。**几家航空货运代理公司或发货人联合包租一架飞机或者航空公司把一架飞机的舱位分别租给几家航空货运代理公司。这种运输方式适用于托运不足一架飞机舱位，但货量又较大的运输。

**3. 包机运输的优点**

1）解决班机舱位不足的问题。

2）货物全部由包机运出，节省时间和多次发货的手续。

3）弥补没有直达航班的不足，并且不需中转。

4）减少货损、货差或丢失的现象。

5）在空运旺季缓解航班紧张状况。

**4. 包机运输的缺点**

1）和班机运输相比，包机运输时间较长，虽部分包机有固定时间表，但是经常由于其他原因不能准时起飞。

2）受到航空公司各种限制。各国政府为了维护本国航空公司的利益，常对从事包机业务的外国航空公司实行各种限制。例如申请入境、降落地点，一般经过当地政府同意后才能降落。

**（三）航空快递业务**

**1. 航空快递业务的定义**

航空快递业务（Air Express Service）是由快递公司与航空公司合作，向货主提供的快递服务，其业务包括：由快速公司派专人从发货人处提取货物后以最快航班将货物出运，飞抵目的地后，由专人接机提货，办妥进关手续后直接送达收货人，称为“桌到桌”运输（Desk to Desk Service）。这是一种最为快捷的运输方式，特别适用于各种急需物品和文件资料。

**2. 航空快递中邮政和商业快递的主要区别**

**（1）经营范围不同。**邮政以私人信件、包裹为主；商业快递以商务文件、资料、小型物品为主。

**（2）服务对象不同。**邮政面向社会全体成员，以提供社会成员之间基本的通信服务为准则；商业快递则主要针对经济贸易领域内的特殊客户，以个性化的特殊服务为准则。

**（3）服务标准不同。**万国邮政联盟对邮政的普遍服务有明确的质量要求，邮政的普遍服务注重服务的标准化和统一性；商业快递服务更注重满足客户的个性化需求，提供"门对门""桌对桌"的便捷服务。邮政与商业快递属于两种不同的服务类型。

**（4）传递渠道不同。**邮政服务是通过邮局之间的连续投递进行的，国际的邮政服务通过万国邮政联盟协议进行；而商业快递服务是通过快递公司自身的跨国或全国的网络，或两个航空货运代理公司之间进行的。

**（5）定价机制不同。**邮政普遍服务的定价遵从万国邮政联盟关于让人们可以接受的低价原则，制定并执行全国统一的具有公益性质低价且固定资费标准；而商业快递的服务价格则遵从价值规律，按照其服务效率与服务程度的不同，以市场供求关系决定其价格水平。

**（6）企业运行规则不同。**邮政企业作为国家公用事业单位，虽实行企业化管理，但出现政策性亏损时，会由国家财政给予专项补贴；而商业快递企业只能按照市场经济的规律运行，实行自负盈亏、自我发展、适者生存、优胜劣汰。

**（7）行业监管体制不同。**邮政的普遍服务业务属于国家公用事业，商业快递服务属于竞争性的市场化业务，因此在行业管理上，世界上绝大多数国家的邮政部门没有权力管理商业快递，也未将商业快递纳入邮政的经营范围。

## 三、集中托运

### 1. 集中托运的含义

集中托运是指集中托运人（Consolidator）将若干批单独发运的货物组成一整批，向航空公司办理托运，采用一份航空总运单集中发运到同一目的站，由集中托运人在目的地指定的代理收货，再根据集中托运人签发的航空分运单分拨给各实际收货人的运输方式，也是航空货物运输中开展最为普遍的一种运输方式，是航空货运代理的主要业务之一。

集中托运人通常是航空货运代理公司，但与货运代理人不同，集中托运人的地位类似多式联运中的多式联运经营人。它承担的责任不仅仅是在始发地将货物交给航空公司，在目的地提取货物并转交给不同的收货人，集中托运人承担的是货物的全程运输责任，而且在运输中具有双重角色。它对各个发货人负货物运输责任，地位相当于承运人；而在与航空公司的关系中，它又被视为集中托运的一整批货物的托运人。

### 2. 集中托运的流程

集中托运的基本流程如图 7-1 所示。

1）集中托运人接受发货人的托运申请，将每一票货物分别制定航空运输分运单，即出具货运代理的运单（House Airway Bill，HAWB）。

2）集中托运人将所有货物区分方向，按照其目的地相同的同一国家、同一城市来集中，制定航空公司的总运单（Master Airway Bill，MAWB）。总运单的发货人和收货人均为航空货运代理公司。

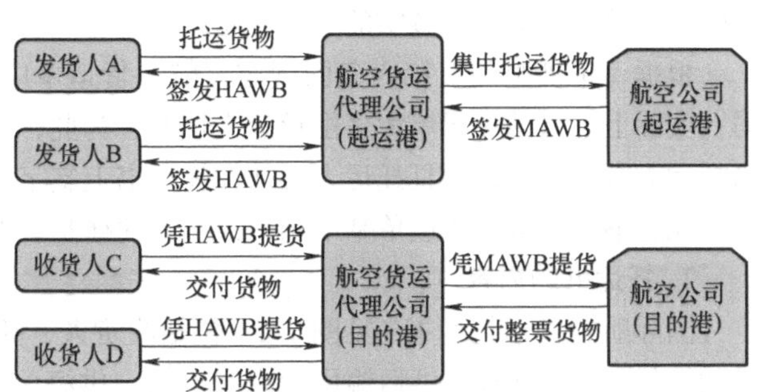


图 7-1　集中托运的基本流程

3）集中托运人打出该总运单项

下的货运清单（Manifest），即此总运单有几个分运单，号码各是什么，其中件数、重量各为多少等。

4）集中托运人把该总运单和货运清单作为一整票货物交给航空公司。一个总运单可视货物具体情况随附分运单（既可以是一个分运单，也可以是多个分运单）。例如一个 MAWB 内有 10 个 HAWB，说明此总运单内有 10 票货，发给 10 个不同的收货人。

5）货物到达目的地站机场后，当地的货运代理公司作为总运单的收货人负责接货、分拨，按不同的分运单制定各自的报关单据并代为报关；代实际收货人办理有关接货送货事宜。

6）实际收货人在分运单上签收以后，目的站货运代理公司以此向发货的货运代理公司反馈到货信息。

**3. 集中托运的限制**

1）集中托运只适合办理普通货物，对于等级运价的货物，如贵重物品、危险品、活动物以及文物等不能办理集中托运。

2）由于集中托运的情况下，货物的出运时间不能确定，因此不适合易腐烂变质的货物、紧急货物或其他对时间要求高的货物的运输。

3）目的地相同或临近的才可以办理集中托运。例如，不能把到日本与到欧洲的货集中托运。

**4. 集中托运的优点**

**（1）节省运费。**由于集中托运人（航空货运代理公司）办理集中托运时，运价一般低于航空协会的运价，这样发货人可享受到低于其自行向航空公司托运的运价，从而节省运输费用。

**（2）提供方便。**将货物集中托运，延伸了航空公司的服务，既方便了货主，又方便了航空公司。

**（3）提早结汇。**发货人将货物交给航空货运代理公司（集中托运人）后，即可取得 HAWB，可持分运单到银行尽早办理结汇。

## 四、国际航空货运单证

### （一）航空托运书

**1. 托运书的概念**

托运书（Shippers Letter of Instruction）是托运人用于委托承运人或其代理人填开航空货运单的一种表单，表单上列有填制货运单所需各项内容，并应印有授权于承运人或其代理人代其在航空货运单上签字的文字说明。

根据《华沙公约》第六条的规定，航空货运单应由托运人填写，也可由承运人代为填写。实际上，目前货运单大多由承运人填制，为此，作为填开货运单的依据——托运书，应由托运人自己填写，而且托运人必须在托运书上签字。

托运书的内容与货运单基本相似，但它的缮制要求却不如货运单严格。

**2. 托运书的内容**

国际航空货运托运书（见图 7-2）包括收货人、托运人、始发站机场、目的地机场、要求的路线 / 申请订舱、供运输用的声明价值、供海关用的声明价值、保险金额、理赔事项、货运单所附文件、件数和包装方式、实际毛重、运价类别、计费重量（千克）、费率、货物品名及数量、托运人签字和日期等内容。

<table>
<tr><td colspan="2">Shipper's Name and Address(托运人及地址)</td><td colspan="2">国际航空货物运输委托书</td></tr>
<tr><td colspan="2">Shipper's Name and Address(托运人及地址)</td><td colspan="2" rowspan="2">国际航空货物运输委托书<br>广州洋洋国际货运代理有限公司<br>TEL:020-838035XX　FAX: 020-222661XX/838034XX<br>广州市环市东华乐路华乐大厦南塔4楼A<br>操作联系人：招小姐（JOJO）　020-222661XX<br>业务联系人：张先生（OSCAR）　020-838035XX</td></tr>
<tr><td colspan="2" rowspan="2">Consignee's Name and Address(收货人及地址)</td></tr>
<tr><td colspan="2">通知人名称及地址Also Notify：<br><br>电话号码Tel：</td></tr>
<tr><td>始发站Airport of Departure:</td><td>目的站 Airport of Destination:</td><td colspan="2" rowspan="2">随附文件Doc Attached:</td></tr>
<tr><td></td><td></td></tr>
<tr><td colspan="2">付款方式Payment</td><td rowspan="2">MAWB No. 航空主运单</td><td rowspan="2">HAWB No. 公司分运单</td></tr>
<tr><td>预付PP **</td><td>到付CC</td></tr>
<tr><td colspan="4">Handling Information and Others(储运注意事项及其它):</td></tr>
<tr><td colspan="4">温馨的提示：<br>1、报关基本单证：报关单，报关委托书，承揽协议书，发票，装箱单，合同，核销单。<br>2、必须提供的货物信息：是否退税：A. 是　B。否　有否牌子：A. 无　B. 有 牌子为：<br>境内货源地：<br>3、报关负责人：　联系电话：<br><br>储运注意事项及其他特约事项 Handling Information:<br>注意：货物计费重量以入仓时量度及过磅的数据为准，所有轻泡货计费重量按长X宽X高CM/6000计算</td></tr>
<tr><td>唛号Marks and numbers</td><td>件数No. Of Pieces</td><td>毛重Gross Weight</td><td>货物品名及数量（包括尺寸）Nature and Quantity (including Dimensions)</td></tr>
<tr><td></td><td></td><td></td><td></td></tr>
<tr><td colspan="3">1. 托运人证实以上所填内容全部属实并愿意遵守承运人的一切运输章程。The shipper certifies that the particulars on the face hereof are correct<br>and agree to the conditions of carriage of carrier.<br>2. 托运人证实以上货物非危险品。<br>The shipper certifies the shipment shown on this letter is not dangerous goods.<br>3. 在运费到付的情况下，如果收货人拒付运费，托运人保证支付该运费及相关费用。<br>In case of freight collect, if cnee refuse to pay the freight, the shipper<br>Guarantee to pay the freight and related charge.<br>4. 如果没注明委托我司代办保险业务，我司只负责运输方面的事情，凡涉及保险方面的责任我司概不负责。No insurance will be effected except upon express instructions given in writing by the shipper</td><td>经办人：<br>Person in charge:<br><br>联系电话：<br><br>托运人签章：<br>Signature of Shipper<br><br>日期：<br><br>Date</td></tr>
</table>

图 7-2　国际航空货运托运书

**3. 托运书的审核**

在接受托运人委托后、单证操作前，由货运代理公司的指定人员对托运书进行审核，或称合同评审。审核的主要内容有价格和航班、日期等。目前，航空公司大部分采取自由销售方式。每家航空公司、每条航线、每个航班，甚至每个目的港均有优惠运价，这种运价会因货源、淡旺季经常调整，而且各航空公司之间的优惠运价也不尽相同，有时候更换航班，运价也会随之调整。

货运单上显示的运价虽然与托运书上的运价有联系，但相互之间有很大区别，货运单上显示的是空运货物运价表（The Air Cargo Tariff，TACT）上公布的适用运价和费率，托运书上显示的是航空公司优惠运价加上杂费和服务费或使用协议价格。托运书的价格审核就是判断其价格是否能被接受、预定航班是否可行。审核人员必须在托运书上签名和写上日期以示确认。

**（二）航空货运单**

**1. 航空货运单的概念**

航空货运单即航空货物运单，是由托运人或者以托运人的名义填制，托运人和承运人之间在承运人的航线上运输货物所订立的运输合同。航空货运单由承运人定制，托运人在托运货物时要按照承运人的要求进行填制。航空货运单既可用于单一种类的货物运输，也可用于不同种类货物的集合运输；既可用于单程货物运输，也可用于联程货物运输。

**2. 航空货运单的构成**

国际航空货运单（见图 7-3）少的有 9 联，多的有 14 联。我国国际航空货运单一般由 3 联正本、6 联副本和 3 联额外副本共 12 联组成。

**航空货运单**

999 | | 999—

Shipper's Name and Address | Shipper's Account Number

NOT NEGOTIABLE 中国民航 CAAC

AIR WAYBILL AIR CONSIGNMENT NOTE
ISSUED BY: THE CIVIL AVIATION ADMINIASTRATION OF CHINA
BEIJING CHINA

Copies 1, 2 and 3 of this Air Waybill are originals and have the same validity.

Consignee's Name and Address | Consignee's Account Number

It is agreed that the goods described herein are accepted in apparent good order and condition (except as noted) for carriage SUBJECT TO THE CONDITIONS OF CONTRACT ON THE REVERSE HEREOF. THE SHIPPER'S ATTENTION IS DRAWN TO THE NOTICE CONCERNINC CARRIER'S LIMITATION OF LIABILITY. Shipper may increase such limitation of liability by declaring a higher value for carriage and paying a supplemental charge if required.

ISSUING CARRIER MAINTAINS CARGO ACCIDENT LIABILITY INSURANCE

Issuing Carrier's Agent Name and City | Accounting Information

Agent's IATA Code | Account No.

Airport of Departure (Addr. of First Carrier) and Requested Routing

to | By First Carrier | Routing and Destination | to | by | to | by | Currency | CHGS Code | WT/NAL PPD COLL | Other PPD COLL | Declared Value for Carriage | Declared Value for Customs

Airport Destination | Flight/Date | For Carrier Use only | Flight/Date | Amount of Insurance | INSURANCE if carrier offers insurance, and such insurance is requested in accordance with conditions on reverse here of, indicate amount to be insured in figure in box marked amount of insurance.

Handling Information

(for USA only) Those commodities licensed by U.S. for ultimate destination... Diversion contray to U.S. law is prohibited.

| No. of Pieces RCP | Gross Weight | Kg Lb | Rate Class / Commodity Item No. | Chargeable Weight | Rate / Charge | Total | Nature and Quantity of Goods (incl. Dimensions or Volume) |
|---|---|---|---|---|---|---|---|
| | | | | | | | |

Prepaid | Weight Charge | Collect

Other Charges
AWA: 50

Valuation Charge

Tax

Total Other Charges Due Agent
50

Total Other Charges Due Carrier

Shipper certifies that the particulars on the face hereof are correct and that insofar as any part of the consignment contains dangerous goods, such part is properly described by name and is in proper condition for carriage by air according to the applicable Dangerous Goods Regulations.

Signature of Shipper or his Agent

Total Prepaid | Total Collect

Currency Conversion Rates | CC Charges in Dest. Currency

Executed on (date) at (place) Signature of Issuing carrier or its Agent

For Carrier's use only at Destination | Charges at Destination | Total Collect Charges | 999—

图 7-3 国际航空货运单

正本单证具有同等的法律效力，副本单证仅是为了运输使用方便。航空货运单的3份正本中第一份注明“交承运人”，由托运人签字、盖章；第二份注明“交货人”，由托运人和承运人签字、盖章；第三份由承运人在接收货物后签字、盖章，交给托运人，作为托运货物及货物预付运费时运费的收据，同时也是托运人与承运人之间签订的具有法律效力的运输文件。

**3. 航空货运单的种类**

**（1）航空公司货运单和中性货运单。**这是根据是否印有承运人标志来划分的。航空公司货运单是指印有出票航空公司（Issuing Carrier）标志（航徽、代码等）的航空货运单。中性货运单（Neutral Air Waybill）是指无承运人任何标志、供代理人使用的航空货运单。

**（2）航空主运单和航空分运单。**这是在集中托运业务中根据航空货运单签发人的不同来划分的。航空主运单（Master Air Waybill，MAWB）是由航空运输公司签发给航空货运代理公司的，作为两者之间的运输合同。航空分运单（House Air Waybill，HAWB）又称“小运单”，是航空货运代理公司在办理集中托运业务时签发给各个托运人的分运单。

**4. 航空货运单的性质和作用**

**（1）性质。**航空货运单是航空货物运输合同订立和运输的条件，以及承运人接收货物的初步证据。航空货运单上关于货物的重量、尺寸、包装和包装件数的说明具有初步证据的效力。除经过承运人和托运人当面查对并在航空货运单上注明“经过查对”或者已书写关于货物的外表情况的说明外，航空货运单上关于货物的数量、体积和情况的说明不能构成不利于承运人的证据。

**（2）作用。**航空货运单是航空货物运输合同当事人所使用的最重要的货运文件，其作用归纳如下：

1）航空货运单是发货人与航空运输承运人之间缔结的运输合同，必须由双方当事人共同签署后方能生效。与海运提单不同，航空货运单不仅证明航空运输合同的存在，而且航空货运单本身就是发货人与航空运输承运人之间缔结的货物运输合同，并在货物到达目的地交付给货运单上所记载的收货人后失效。

2）航空货运单是承运人或其代理人签发的收到货物的证明，即货物收据。

3）航空货运单是承运人交付货物和收货人核收货物的依据。

4）航空货运单的正本可作为承运人的记账凭证，是承运人据以核收运费的账单。航空货运单分别记载着属于收货人所负担的费用和代理费用，并详细列明费用的种类、金额，因此可作为运费账单和发票。

5）航空货运单是货物出口时的报关单证之一，也是货物到达目的地机场进行进口报关时海关放行检查的基本依据。

6）航空货运单是承运人承办保险或发货人要求承运人代办保险时的保险证书。办完保险的航空货运单称为红色航空货运单。

**5. 货运单有效期**

航空货运单自填制完毕、托运人或其代理人和承运人或其代理人双方签字后开始生效；货物运到目的地，收货人提取货物并在货运单交付联（或提货通知单）上签收确认后，货运单作为运输凭证，其有效期即告终止。但作为运输合同的法律依据，航空货运单的有效期应至自民用航空器到达目的地点、应当到达目的地点或者运输终止之日起两年内有效。

## 五、国际航空货物运输的运价和费用

### （一）航空运费计算的基本知识

**1. 基本概念**

**（1）运价率。**运价率又称费率，是指承运人对所运输的每一重量单位货物所收取的自始发地机场至目的地机场的航空费用。

**（2）航空运费。**航空运费是指航空公司将每批货物自始发地机场运至目的地机场所应收取的航空费用。

**（3）其他费用。**其他费用是指除运费外，由承运人、代理人或由其他部门收取的费用，如单证费、危险品处理费、到付手续费等。

**2. 计费重量**

**（1）实际毛重。**实际毛重包括货物包装在内的实际货物重量，对高密度的货物进行计价收费。

**（2）体积重量。**分别量出货物的最长、最宽、最高的部分，三者相乘算出体积，四舍五入；将体积折算成千克；中国民航规定以 6000cm$^3$ 折合 1kg 为计算标准。

**（3）计费重量。**以实际毛重和体积重量两者比较取较高者，以 0.5kg 为最小单位。不足 0.5kg 的，按 0.5kg 计算；0.5kg 以上不足 1kg 的，按 1kg 计算。

**3. 最低运费**

最低运费是指一票货物自始发地机场至目的地机场航空运费的最低限额。

货物按其计费重量和其适用的运价计算而得的运费不能低于公布资料的最低收费标准。

### （二）航空运价体系及使用规则

**1. 我国航空运价体系**

我国航空运价体系的构成分别为最低运价、普通货物运价、等级货物运价和指定商品运价。

**2. 运价的使用规则**

1）优先使用双边协议运价。

2）使用公布直达运价时，按以下顺序使用：优先使用指定商品运价；其次使用等级货物运价，等级货物运价优先于普通货物运价。

3）无直达货物运价时，比例运价优先于分段相加运价。

4）按重量计算的运费与最低运费相比取其高者。

### （三）国际航空货物运费的计算

**1. 普通货物运价及运费的计算**

普通货物运价（General Cargo Rate，GCR）是指为一般货物制定的，仅适用于计收一般普通货物的运价。

根据货物重量不同，普通货物运价分为若干个重量等级分界点运价。

1）N——45kg 以下的普通货物运价。

2）Q——45kg 以上的不同重量分界点的普通货物运价。

3）M——最低收费标准

计算步骤：将计费重量与对应区间的航空运价相乘得到航空运费；再将此运费和采用

较高分界点的较低运价计算的航空运费相比，取其中较低者即可。航空运费不能小于对应航线上的起码运费。

**2. 等级货物运价及运费的计算**

**（1）基本概念。**等级货物运价是指在规定的业务区内或业务区之间运输制定等级的货物所适用的运价。等级货物运价是在普通货物运价的基础上增加或减少一定百分比而构成的。

**（2）分类。**IATA 规定，等级货物运价主要包括以下两类：

1）等级运价加价。用运价代号 S（Surcharged Class Rate）表示，适用商品包括活动物、贵重物品、尸体、骨灰等。

2）等级运价减价。用运价代号 R（Reduced Class Rate）表示，适用商品包括报纸、杂志、书籍等出版物、货物托运的行李。

计算步骤：查找运价表确定货物运价是等级运价加价还是等级运价减价，分别按查找的运价与计费重量相乘得到航空运费；再将此运费和采用较高重量分界点对应的较低运价计算出的航空运费相比较，取其中较低者即可。航空运费不能小于对应航线上的起码运费。

**3. 指定（特种）商品运价及运费计算**

**（1）基本概念。**特种货物运价又称指定商品运价，运价代号为 C，是指始发地至指定目的地公布的适用于特定商品、特定品名的低于普通货物运价的某些指定商品的运价。

**（2）使用规则。**

1）运输始发地至目的地之间有公布的指定商品运价。

2）货物品名与有关指定商品运价的货物品名相吻合。

3）货物计费重量满足指定商品运价适用时的最低重量要求。

计算步骤：查找品名表得到货物所对应的适用运价，再将其和计费重量相乘得出其所需航空运费即可。

**（四）国际航空运输其他费用**

**1. 声明价值费**

货物的声明价值是针对整件货物而言的，不允许对货物的某部分声明价值。声明价值费的收取依据货物的实际毛重，计算公式为

声明价值费 =（货物价值 − 货物毛重 ×20 美元 /kg）× 声明价值费的费率

**2. 货运单费**

货运单费又称航空货运单工本费，包括航空公司或其代理人填制运单的成本费用。

**3. 垫付款**

垫付款是在始发地机场发生的部分其他费用，包括地面运输费、清关处理费、运单工本费。

**4. 危险品处理手续费**

在国际航空货物运输中，危险品除收取运费外，还收取处理手续费。

**5. 运费到付手续费**

此项费用由最后一个承运航空公司收取，并归其所有。

# 第二节　国际铁路货物联运

## 一、国际铁路货物联运概述

### （一）国际铁路货物联运的概念与特点

#### 1. 国际铁路货物联运的概念

国际铁路联运是指由两个或两个以上不同国家铁路当局联合起来完成一票货物从出口国向进口国转移所进行的全程运输。按照《国际铁路货物联运协定》（简称《国际货协》）的定义，国际铁路货物联运是指在两个或两个以上国家铁路运送中，使用一份运送单据，并以连带责任办理货物的全程运送，在一国铁路向另一国铁路移交货物时，无须发货人和收货人参与。铁路当局对全程运输负连带责任。

#### 2. 国际铁路货物联运的特点[㊀]

**（1）必须由两个或两个以上国家铁路参加运送。**国际铁路联运要考虑各参加国家铁路的设备条件、组织方式和相关法规，因此，其运输票据、货物、车辆及有关单证都要符合各参加国家的规定和要求。

**（2）运输方法采用一单到底制。**国际铁路联运采用一次托运、一次付费、一单到底、统一理赔、全程负责的运输业务方法。这种运输业务方法能提高联运的管理水平，最大限度地发挥现有设备的作用，选择最佳的运输路线，组织合理化运输，也方便发货人及早结汇。

**（3）运输责任采用统一责任制。**自承运到交付的全过程，无论货物的灭失、毁损、短件或延迟交付的责任是在哪个联运国铁路段发生的，均按有关规定对发货人或收货人负责。

**（4）国际铁路联运通常以集装箱为载体，是一种高效率的运输方式，可以实现“门到门”运输。**在运输途中不需要拆箱、装箱，减少了中间环节及换装可能带来的货损、货差，缩短运输时间，降低运输成本，提高运输质量。

### （二）国际铁路联运的范围和办理种别

#### 1. 国际铁路联运的范围

同参加《国际货协》和未参加《国际货协》但采用《国际货协》规定的铁路间的货物运送，铁路从发站以一份运送票据负责运送至最终到站交付给收货人。

同未参加《国际货协》铁路间的货物运送，发货人在发送路用《国际货协》运送票据办理至参加《国际货协》的最后一个过境路的出口国境站，由该站站长或收货人、发货人委托的收转人转运至最终到站。

通过过境铁路港口站的货物运送。从参加《国际货协》铁路的国家，通过参加国际货协的过境铁路港口，向其他国家（无论这些国家的铁路是否参加《国际货协》）或者相反方向运送货物时，用《国际货协》运送票据只能办理至过境铁路港口站止或者从这个站起开始办理，由港口站的收转人办理转发送。

#### 2. 国际铁路货物联运的办理种别

**（1）整车货物。**整车货物是指按一份运单托运的按其体积或种类需要单独车辆运送的

---

㊀ 杨菊花．多式集装联运［M］．北京：北京交通大学出版社，2013.

货物。例如《国际货协》规定，所有动物均应按整车货物办理运送。

**（2）零担货物**。零担货物是指按一份运单托运的一批货物，重量不超过 5000kg，按其体积或种类不需要单独车辆运送的货物。但如有关铁路间另有商定条件，也可不适用《国际货协》整车货物和零担货物的规定。

笨零货物是指一件货物的重量在 1t 以上，体积在 $2m^3$ 或长度在 5m 以上，以整车货物方式运输，零星货物（含 1t 集装箱）以拼车、拼箱、行包运输和一站直达整零等组织方式运输。

**（3）大吨位集装箱货物**。大吨位集装箱货物是指按一份运单托运的、用大吨位集装箱运送的货物或空的大吨位集装箱。

## 二、国际铁路联运的相关规定㊀

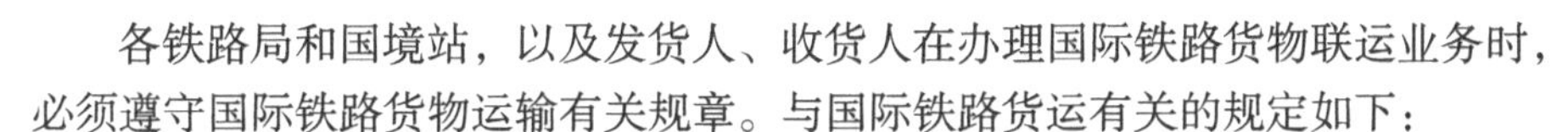

各铁路局和国境站，以及发货人、收货人在办理国际铁路货物联运业务时，必须遵守国际铁路货物运输有关规章。与国际铁路货运有关的规定如下：

**1.《国际铁路货物联运协定》**（简称《国际货协》）

1952 年制定的《国际货协》规定了货物运送条件、运送组织、运送费用计算核收办法，以及与发货人、收货人之间的权利与义务等问题。《集装箱运送规则》《危险货物运送规则》《敞车类货车货物装载和加固规则》《易腐货物运送规则》等都是《国际货协》的附件。

**2.《国际铁路货物联运统一过境运价规程》**（简称《统一货价》）

1991 年《统一货价》不再从属于《国际货协》，具有独立的法律地位，计算单位由卢布变为瑞士法郎。《统一货价》主要规定了过境参加《统一货价》的铁路办理货物运送手续、过境运送费用和杂费的计算、过境铁路里程表、货物品名分等表、货物运费计算表等。

**3.《国际铁路货物联运协定办事细则》**（简称《货协细则》）

《货协细则》内容包括国际铁路货物联运协定（国际货协）、国际铁路货物联运协定（国际货协）附件、国际铁路货物联运协定办事细则（国际货协办事细则）、国际铁路货物联运协定办事细则（国际货协办事细则）附件。《货协细则》规定了参加《国际货协》的铁路及其工作人员在办理货物联运业务时所应遵守的铁路内部的办事程序，即调整各参加国铁路内部往来业务关系的规则，适用于铁路内部工作关系的处理，但不能用于调整发货人（收货人）同铁路之间的关系。

**4.《国境铁路协定》和《国境铁路会议议定书》**

《国境铁路协定》规定了办理联运货物交接的国境站、车站及货物交接条件和方法、交接列车和机车运行办法及服务方法等。

《国境铁路会议议定书》是通过两相邻国家铁路定期召开国境铁路会议，对执行协定中的有关问题协商而签订的，主要内容为双方铁路之间关于行车组织、旅客运送、货物运送、车辆交接等有关问题。

中朝、中越、中蒙、中俄、中俄蒙铁路签订的国境铁路协定和议定书是我国与朝、越、蒙、俄、俄蒙铁路之间签订的双边协定或协议，规定了有关国境站联运货物、车辆交接条件和方法及交接列车、机车运行办法，适用于国境铁路，部分内容适用于发站和到站、发货人和收货人。

---

㊀ 杨菊花．多式集装联运［M］．北京：北京交通大学出版社，2013.

**5.《关于国际联运车辆使用规则的协定》及其附件《国际联运车辆使用规则》**（简称《车规》）

这两项规则规定了参加国铁联运的一切客车、货车、集装箱、托盘和运送工具在有关国家国际联运中的交接要求及内容。该内容主要对铁路车辆部门和国境站适用。

**6.《关于国际旅客和货物联运清算规则的协定》及《国际旅客联运和货物联运清算规则》**（简称《清算规则》）

这两项规则规定了参加国铁路之间费用清算办法及其修改、补充和争议的解决办法，从1991年9月起具有独立的法律地位，不再从属于《国际货协》。

**7.《国际铁路货物联运办法》**（简称《联运办法》）

《联运办法》是铁道部根据我国铁路货物联运的实际，为了便于开展国际联运工作，方便执行上述有关联运规章，将上述联运规章简化并做了补充规定，供我国国内各站办理国际铁路货物联运时使用，该国际联运规章不具有法律效力。

**8. 其他规定**

《国际货协》内还有其他规定，如《国际铁路联运危险货物运送特定条件》《敞车类货车货物装载和加固规则》，以及各种轨距铁路的装载限界、运单格式、表示牌和标记样式、《铁路集装箱运送规则》《国际铁路联运易腐货物运送规则》《国际铁路联运托盘货物运送规则》等。

在上述国际联运规章、补充规定及《联运办法》内未规定的事项，均适用于国内铁路规章的规定。国际联运和国内铁路都有规定时，适用国际联运规章。

我国铁路货物运输适用的有关规章有《铁路货物运输规程》《铁路货物运价规则》《铁路危险货物运输管理规则》《铁路鲜活货物运输规则》《铁路超限货物运输规则》《铁路货物装载加固规则》《铁路月度货物运输计划编制办法》《铁路集装箱运输办法》《货运日常工作组织办法》《快运货物运输办法》《铁路货物保价运输办法》《铁路货物运输杂费管理办法》《货车延期使用费核收办法》《铁路国际联运办法》等。

## 三、国际铁路货物联运流程

### （一）出口货物的程序

**1. 托运前的工作**

在托运前必须将货物的包装和标记严格按照合同中有关条款、《国际货协》和议定书中条项办理。

1）货物包装应能充分防止货物在运输中灭失或腐坏，保证货物多次装卸不致毁坏。

2）货物标记、表示牌及运输标记、货签的内容主要包括商品的记号和号码、件数、站名、收货人名称等。字迹均应清晰，不易擦掉，保证多次换装中不致脱落。

**2. 货物托运和承运**

1）发货人在托运货物时，应向车站提出货物运单和运单副本，以此作为货物托运的书面申请。

2）车站接到运单后，应进行认真审核，对整车货物应检查是否有批准的月度、旬度货物运输计划和日要车计划，检查货物运单各项内容是否正确，如确认可以承运，车站即在运单上签证时写明货物应进入车站的日期和装车日期，即表示接受托运。

3）发货人按签证指定的日期将货物搬入车站或指定的货位，并经铁路根据货物运单的记载查对实货，认为符合《国际货协》和有关规章制度的规定，车站方可予以承认。

整车货物一般在装车完毕后，发站在货物运单上加盖承运日期戳，即为承运。发运零担货物，发货人在托运时，不需要编制月度、旬度要车计划，即可凭运单向车站申请托运，车站受理托运后，发货人应按签证指定的日期将货物搬进货场，送到指定的货位上，经查验过磅后，即交由铁路保管。从车站将发货人托运的货物，连同货物运单一同接受完毕，在货物运单上加盖承运日期戳时，即表示货物业已承运。铁路对承运后的货物负保管、装车发运责任。总之，承运是铁路负责运送货物的开始，表示铁路开始对发货人托运的货物承担运送义务，并负运送上的一切责任。

**3. 货物交接**

首先，联运出口货物实际交接在接收方国境站进行。口岸货运公司接到铁路交接所传递的运送票据后，依据联运运单审核其附带的各种单证份数是否齐全、内容是否正确，遇有矛盾不符等缺陷，则根据有关单证或函电通知更正、补充。

其次，报关报验。运送单证经审核无误后，将出口货物运送单截留三份（易腐货物截留两份），然后将有关运送单证送各联检单位审核放行。

最后，货物交接。单证手续齐备的列车出境后，交付方在邻国国境站的工作人员会同接收方工作人员共同进行票据和货物交接，依据交接单进行对照检查。交接可分为一般货物铁路方交接和易腐货物贸易双方交接。

### （二）进口货物的程序

**1. 确定货物到达站**

国内订货部门应提出确切的到达站的车站名称和到达路局的名称，除个别单位在国境站设有机构外，均不得以我国国境站或换装站为到达站，也不得以对方国境站为到达站。

**2. 必须注明货物经由的国境站**

例如，注明货物是经二连浩特还是满洲里，或阿拉山口进境的。

**3. 正确编制货物的运输标志**

各部门对外订货签约时必须按照商务部的统一规定编制运输标志，不得颠倒顺序和增加内容，否则会造成错发、错运事故。

**4. 向国境站外运机构寄送合同资料**

进口单位对外签订合同应及时将合同的中文副本、附件、补充协议书、变更申请书、确认函电、交货清单等寄送国境站外运机构，在这些资料中订有合同号、订货号、品名、规格、数量、单价、经由国境站、到达路局、到站、唛头、包装及运输条件等内容。事后如有某种变更事项，进口单位应及时将变更资料抄送外运机构。

## 四、国际铁路联运单证

国际货协运单是指参加《国际货协》的各国之间办理铁路联运时所使用的单据。根据《国际货协》的规定，货物运送用统一样式的运单办理，其格式载于国际货协附件第 1 号《货物运送规则》附件 1。运单各栏由发货人和承运人根据该规则的规定填写。

### （一）国际货协运单的组成

国际货协运单是一整套票据，由带编号的 6 联和必要份数的运行报单（补充联）组成，各联的用途见表 7-1。

表 7-1 国际货协运单的构成

| 第 × 张 | 各张名称 | 各张的领收人 | 各张用途 |
|---|---|---|---|
| 1 | 运单正本 | 收货人 | 随同货物至到站 |
| 2 | 运行报单 | 将货物交付收货人的承运人 | 随同货物至到站 |
| 3 | 货物交付单 | 将货物交付收货人的承运人 | 随同货物至到站 |
| 4 | 运单副本 | 发货人 | 运输合同缔结后，交给发货人 |
| 5 | 货物接收单 | 缔约承运人 | 缔约承运人留存 |
| 6 | 货物到达通知单 | 收货人 | 随同货物至到站 |
| 无编号 | 运行报单（补充联） | 承运人 | 给货物运送途中的承运人（将货物交付收货人的承运人除外） |

货物由我国港口站运入，过境我国铁路运送时，港口站应多编制一份不带号码的补充运行报单，以便我国出口国境站截留后对外清算过境运送费用。

**（二）国际货协运单的作用**

国际铁路联运中，国际货协运单具有以下作用：

1）国际货协运单是货主和铁路部门之间的运输合约。国际货协运单是发货人、收货人（货主）与铁路之间缔结的运输契约，具有法律效力，发货人填制好运单，盖上发货人章交付车站，发运站盖上带有日期的发运章后，即为签订运输合同。

2）国际货协运单是国际铁路货物联运铁路连带责任的确认。在发运国铁路、通过国铁路和到达国铁路（应都是《国际货协》的参加路和适用路）在接受运单后，都应对运输承担《国际货协》和连带责任的义务。

3）国际货协运单是用于银行议付货款、信用证核销的法律文件。

4）国际货协运单是发货人用以报销运费的财务文件。

**（三）添附文件**

我国出口货物必须添加“出口货物明细单”“出口货物报关单”“出口外汇核销单”。另外，根据规定和合同的要求，还要添附“出口许可证”、品质证明书、商检证、卫生检疫证、动植物检验检疫证，以及装箱单、磅码单、化验单、产地证及发运清单等有关单证。

## 五、国际铁路联运运到期限和运到逾期

**（一）货物运到期限**

**1. 货物运到期限的定义**

货物运到期限是指铁路在现有技术设备条件和运输工作组织水平的基础上，根据货物运输种类和运输条件将货物由发站运至到站而规定的最长运输限定天数。根据《国际货协》的规定，如发货人和承运人未另行商定，则按货物运送全程确定运到期限，且不得超过根据本条所述标准计算的期限。

**2. 货物运到期限的计算**

货物运到期限按日计算。起码日数为 3 天，即计算出的运到期限不足 3 天时，按 3 天

计算。

若运到期限用 $T$ 表示，则

$$T = T_{发} + T_{运} + T_{特}$$

运到期限由以下三部分组成：

**（1）货物发送期间（$T_{发}$）。**货物发送期间是指车站完成货物发送作业的时间，为1昼夜，包括发站从货物承运到挂出的时间。

**（2）货物运输期间（$T_{运}$）。**根据《国际货协》的规定，集装箱货物，每150运价公里（或未满）为1昼夜；其他货物，每200运价公里（或未满）为1昼夜。

对因自身技术特性需限速运行的货物、超限货物及采用单独机车牵引的专列运送的货物，运到期限由承运人确定。

对国际铁路—轮渡直通联运中运送的货物，其水运区段的运到期限由办理该区段运送的承运人确定。

**（3）特殊作业时间（$T_{特}$）。**特殊作业时间是为某些货物在运输途中进行作业所规定的时间。货物运到期限在下列情况下延长2昼夜：

1）每次将货物换装到其他轨距的车辆时。

2）车辆、自轮运转货物每次更换另一轨距的转向架时。

3）在国际铁路—轮渡直通联运中运送货物时。

货物运到期限，自缔结运输合同的次日零时起计算，至货物到达通知单移交收货人之时为止，且不足1昼夜的按1昼夜计算。

**3. 班列运到期限**

班列运输的运到期限，按列车开行天数（始发日和终到日不足24小时的按1天计算）加2天计算，运到期限自班列始发日开始计算。

**（二）货物运到逾期**

**1. 货物运到逾期的定义**

所谓货物运到逾期，是指货物的实际运到天数（$T_{实}$）超过规定的运到期限。若货物运到逾期，无论收货人是否因此受到损害，铁路部门均应向收货人支付违约金。

**2. 货物运到逾期的计算**

起算时间：从承运人承运货物的次日零时（指定装车日期的，为指定装车日的次日）起算。

终止时间：到站由承运人组织卸车的货物，到卸车完了时止；由收货人组织卸车的货物，货车调到卸车地点或货车交接地点时止。

具体计算公式：

$$T_{逾} = T_{实} - T$$

货物运到逾期的违约金额度，根据造成运到逾期承运人的运费和逾期（期限）的长短，即逾期（天数）占总运到期限的比例确定，即

1）逾期不超过总运到期限1/10时，为运费的6%。

2）逾期超过总运到期限1/10，但不超过3/10时，为运费的18%。

3）逾期超过总运到期限3/10时，为运费的30%。

## 六、国际铁路货物联运费用

### （一）国际铁路联运运送费用的构成

国际铁路联运运送费用由发送路运送费用、过境路运送费用和到达路运送费用三部分构成。国际铁路联运运送费用的计算和核收，必须遵循《国际货协》《统一货价》和中华人民共和国铁道部《铁路货物运价规则》（简称《国内价规》）的规定。

### （二）计收运送费用的原则

参加《国际货协》各铁路间运送费用的核收，分为发送路、到达路、过境路费用三部分。

1）发送路的运送费用按承运当日发送路国内规章规定计费，以发送国货币在发站向发货人核收。

2）到达路的运送费用按承运当日到达路规章规定，以到达国货币在到站向收货人核收。

3）过境路的运送费用对参加《统一货价》的铁路，按《统一货价》在发站向发货人或在到站向收货人核收；对未参加《统一货价》的铁路，由该铁路直接向发货人或收货人或其代理人核收过境运送费用。

### （三）发送路和到达路运费的计算

发送国家和到达国家铁路的运费，均按铁路所在国家的国内规章办理。以我国铁路运费计算为例，根据原铁道部（现为中国铁路总公司）发布的《铁路货物运价规则》（铁运〔2005〕46号），计算货物运输费用的程序包括：

1）按附件四“货物运价里程表”计算出发站至到站的运价里程，一般应根据最短路径确定，并需将国境站至国境线的里程计算在内。

2）根据货物运单上填写的货物名称查找附件一“铁路货物运输品名分类与代码表”、附件三“铁路货物运输品名检查表”，确定适用的运价号。铁路常用的运价号见表7-2。

**表7-2　铁路货物运输品名分类与代码表**（部分）

| 代码 | | | 货物品类 | 运价号 | | 说明 |
|---|---|---|---|---|---|---|
| | | | | 整车 | 零担 | |
| 01<br>01 | <br>1 | <br>0 | 原煤 | 4 | 21 | 含未经入洗、筛选的无烟煤、炼焦烟煤、一般烟煤、褐煤 |
| 01 | 2 | 0 | 洗精煤 | 5 | 21 | 含冶炼用炼焦精煤及其他洗精煤 |
| 01 | 3 | 0 | 块煤 | 4 | 21 | 含各种粒度的洗块煤和筛选块煤 |
| 01 | 4 | 0 | 洗、选煤 | 4 | 21 | 指洗精煤、洗块煤以外的其他洗煤（含洗混煤、洗中煤、洗末煤、洗粉煤、洗原煤、煤泥），及筛选块煤以外的其他筛选煤（含筛选混煤、筛选末煤、筛选粉煤） |

资料来源：《铁路货物运价规则》（铁运〔2005〕46号）附件一“铁路货物运输品名分类与代码表”。

3）根据运价里程与运价号，在《铁路货物运价规则》附件二“铁路货物运价率表”中查出适用的运价率。铁路货物运价并不是一成不变的，如 2018 年 6 月我国铁路总公司就对集装箱货物运价进行过调整。2018 年国内段铁路货物运输价格见表 7-3。

表 7-3 2018 年国内段铁路货物运输价格

| 办理类别 | 运价号 | 基价 1 | | 基价 2 | |
|---|---|---|---|---|---|
| | | 单位 | 标准 | 单位 | 标准 |
| 整车货物 | 1 | 元 /t | 7.10 | 元 / 吨公里 | 0.0418 |
| | 2 | 元 /t | 7.80 | 元 / 吨公里 | 0.0502 |
| | 3 | 元 /t | 9.80 | 元 / 吨公里 | 0.0562 |
| | 4 | 元 /t | 12.20 | 元 / 吨公里 | 0.0629 |
| | 5 | 元 /t | 13.40 | 元 / 吨公里 | 0.0722 |
| | 6 | 元 /t | 19.60 | 元 / 吨公里 | 0.0989 |
| | 7 | | | 元 / 轴公里 | 0.3275 |
| | 机械冷藏车 | 元 /t | 14.70 | 元 / 吨公里 | 0.0996 |
| 零担货物 | 21 | 元 /10kg | 0.150 | 元 /10 千克公里 | 0.00071 |
| | 22 | 元 /10kg | 0.210 | 元 /10 千克公里 | 0.00103 |
| 集装箱 | 20 英尺箱 | 元 / 箱 | 440 | 元 / 箱公里 | 3.185 |
| | 40 英尺箱 | 元 / 箱 | 532 | 元 / 箱公里 | 3.357 |

说明：货物运费的计费重量，整车货物以吨为单位，1t 以下四舍五入，零担货物以 10kg 为单位，不足 10kg 进为 10kg；集装箱货物以箱为单位。

4）计费重量与运价相乘，即得出该批货物的国内运费。

运费 = 运价 × 计费重量

整车货物每吨运价 = 基价 1+ 基价 2 × 运价公里

零担货物每 10kg 运价 = 基价 1+ 基价 2 × 运价公里

集装箱货物每箱运价 = 基价 1+ 基价 2 × 运价公里

**（四）国际铁路货物联运过境运费的计算**

国际铁路货物联运过境运费的计算步骤如下：

1）根据运单记载的应通过的国境站，在《统一货价》过境里程表中分别找出货物所通过的各个国家的过境里程。

2）根据货物品名，查阅《统一货价》中的通用货物品名表，确定所运货物应适用的运价等级。

3）根据货物运价等级和各过境路的运送里程，在《统一货价》中找出符合该批货物的运价。

4）《统一货价》对过境货物运费的计算是以慢运整车货物的运费额为基础的（基本运费额），其他种别的货物运费则在基本运费额的基础上分别乘以不同的加成率。

过境运费的计算公式为

运费 = 货物运价 × 计费重量 = 基本运费额 ×（1+ 加成率）

（注：加成率是指运费总额应按托运类别在基本运费额基础上所增加的百分比。快运货物运费按慢运运费加 100%，零担货物加 50% 后再加 100%。随旅客列车挂运整车费，另加 200%。）

# 第三节　国际公路货物运输和陆桥运输

## 一、国际公路货物运输

### （一）国际公路货物运输的特点

国际公路货物运输是指国际货物借助一定的运载工具，沿着公路做跨及两个或两个以上国家或地区的移动过程。国际公路货物运输起着重要的衔接作用。

国际公路货物运输具有以下特点：

**（1）时差效益。**在对外贸易的港口集运中，汽车可以随要随运，而且装卸时间短、运行速度快，保证货物在预定时间内，按质、按量运至港口装运，可以尽早结汇，加速资金周转。

**（2）运距差效益。**汽车高度灵活，适应性强，有时可以选择小于铁路或水路运输的运距，使商品在途时间缩短，能迅速投放市场或投入生产，从而加速资金周转，获得运距差效益。外贸出口商品集港运输一般属于中、短距运输，经济运输距离在 300~500km，正是汽车的经济运距，其综合经济成本常常低于铁路运输和水上运输。

**（3）运输质量效益。**公路运输运距较短，装卸环节少，货损、货差小，损失比例也较小。

**（4）公路运输的局限性。**汽车载重量小，不适宜装载重件、大件货物，不适宜长途运输，运价通常较水路、铁路高。

### （二）国际公路货物运输的作用

1）公路运输的特点决定了它最适用于短途运输。它可以将两种或多种运输方式衔接起来，实现多种运输方式联合运输，做到进出口货物运输的“门到门”服务。

2）公路运输可以配合船舶、火车、飞机等运输工具完成运输的全过程，是港口、车站、机场集散货物的重要手段。尤其是鲜活商品、集港疏港抢运，往往能够起到其他运输方式难以起到的作用。可以说，其他运输方式往往要依赖汽车运输来最终完成两端的运输任务。

3）公路运输是一种独立的运输体系，可以独立完成进出口货物运输的全过程。公路运输是欧洲大陆国家之间进出口货物运输的最重要方式之一。我国的边境贸易运输、港澳货物运输，其中有相当一部分是靠公路运输独立完成的。

4）集装箱货物通过公路运输实现国际多式联运。集装箱由交货点通过公路运到港口装船，或者进行反向运输。美国陆桥运输以及我国内地通过香港的多式联运都可以通过公路运输来实现。

### （三）国际公路货物运输的分类

**（1）出口物资的集港（站）运输。**它是指出口商品由产地（收购站或加工厂）到外贸中转仓库、由中转仓库到港口仓库、由港口仓库到船边（铁路专用线或航空港收货点）的运输。

**（2）货物的疏港（站）运输。**它是指受进口货物代理人委托，将进口货物由港（站）送达指定交货地点的运输。

**（3）国际多式联运的首尾段运输。**它是指国际多式联运国内段的运输，即将出口货物由内陆装箱点装运至出运港（站）；将进口货物由目的港（站）运至最终交货地的运输。

**（4）边境公路过境运输。**它是指向海关申请办理指定车辆、驾驶人和过境路线，在海关规定的地点停留，接受海关监管和检查，按有关规定办理报验、完税、放行后运达目的地的运输。

**（5）浮动公路运输。**浮动公路运输又称车辆渡船方式运输，这种联合运输的特点是在陆运与水运之间，不需要将货物从一种运输工具上卸下再转换到另一种运输工具上，而仍利用原来的车辆作为货物载体。衔接方式是将整车货物开上船舶，以运达另一港口。而且在转换时，不触碰货物，因而有利于减少或防止货损。

**（四）国际公路货物运输的主要任务**

1）将出口商品由产地集中到外贸仓库。

2）将出口商品由外贸储存库运至发运点仓库。

3）将出口商品由发运点仓库运至港口前方仓库，或直接运至港口、车站、机场。

4）将集装箱货物由交货点通过公路运输至车站装上火车或运至港口装船，即承担国际多式联运的第一段运输。

5）进口货物的疏运，送货上门。

6）边境贸易的直达货物运输等。

## 二、陆桥运输

陆桥运输（Land Bridge Transport）是指采用集装箱专列或集装箱拖车，把横贯大陆的铁路或公路作为中间“桥梁”，使大陆两端的集装箱海运航线与铁路专列或集装箱拖车运输连接起来的一种连贯运输方式。例如从远东至欧洲（或反方向）的集装箱运输，货物先在远东港口装船运至美国太平洋口岸，转载后经横贯美国大陆的铁路或公路，运至东部港口，然后继续装船运至欧洲目的港[㊀]。

**（一）大陆桥运输[㊁]**

**1. 大陆桥运输的含义**

大陆桥（Land Bridge）是指把海运与海运连接起来的横贯大陆的铁路或高速公路。

大陆桥运输是指将横贯大陆的铁路（公路）运输系统作为中间桥梁，把大陆两端的海洋连接起来的集装箱连贯运输方式。简单来说，就是两边是海运，中间是陆运，大陆把海洋连接起来，形成海—陆联运，而大陆起到了“桥”的作用，所以称为“陆桥”。而海—陆联运中的大陆运输部分就称为“大陆桥运输”。

大陆桥运输出现于1967年，首次开辟的是美国大陆桥运输路线。目前，世界上的大陆桥主要有北美大陆桥、欧亚—西伯利亚大陆桥、亚欧—新海大陆桥、南亚大陆桥和南美大陆桥等。已经运行铁路运输的亚欧大陆桥有三条。第一亚欧大陆桥是以俄罗斯东部的符拉迪沃斯托克（海参崴）为起点，横穿西伯利亚大铁路通向莫斯科，然后通向欧洲各国，最后

㊀ 《交通大辞典》编辑委员会. 交通大辞典［M］. 上海：上海交通大学出版社，2005.

㊁ 代湘荣，胡惟璇. 国际物流运作实务［M］. 北京：中国人民大学出版社，2020.

到荷兰鹿特丹港。第二（新）亚欧大陆桥是指东起中国连云港西至荷兰鹿特丹港的国际化铁路干线。大陆桥途经山东、江苏、安徽、河南、陕西、甘肃、青海、新疆8个省、自治区，65个地、市、州的430多个县、市，到中哈边界的阿拉山口出国境。出国境后可经3条线路抵达荷兰的鹿特丹港。中线与俄罗斯铁路友谊站接轨，进入俄罗斯铁路网，途经斯摩棱斯克、布列斯特、华沙、柏林等到达荷兰的鹿特丹港，全长10 900km，辐射世界30多个国家和地区。渝新欧铁路被称为第三亚欧大陆桥，它从重庆始发，经西安、兰州、乌鲁木齐，向西过北疆铁路到达我国边境阿拉山口，进入哈萨克斯坦，再经俄罗斯、白俄罗斯、波兰到达德国的杜伊斯堡，全程11 179km。

大陆桥运输一般要在几个国家用不同的运输工具完成，在运输全过程中要建立严密的组织管理方法，在换装、接运中要有现代化的技术装备，以确保运输畅通无阻，达到安全、快速运输的目的。

**2. 大陆桥运输的优越性**

大陆桥运输一般以集装箱为媒介，将海运和陆运结合起来，一票到底的多式联合运输。大陆桥运输将多种运输方式和集装箱载体的优点融为一体，其优势具体表现为以下几个方面：

**（1）缩短运输里程，节省运输时间。**大陆桥运输与海上运输相比，大大缩短了运输里程。以日本至英国的运输为例，日本至英国的海运有几条海运线路可供通行：西行可经过苏伊士运河，东行可穿过巴拿马运河，也可绕道非洲好望角或者南美合恩角，上述各路线的海运里程长度分别为：

苏伊士运河航线　20 807km
巴拿马运河航线　23 061km
好望角航线　27 389km
合恩角航线　31 484km

而同样可达的大陆桥运输线路里程分别为：

北美大陆桥　17 831km
西伯利亚大陆桥　13 400km
新亚欧大陆桥　10 837km

以上两组数字的对比表明，大陆桥运输线路里程大大短于海运线路里程。里程的缩短自然会带来运输时间的缩短。

再以中国天津港至德国汉堡港为例，海上运输距离为21 175km，而大陆桥运输距离仅为10 155km，不及海上运输里程的一半。从运输时间看，海上运输一般需60天左右，大陆桥运输仅需35天左右。日本到欧洲的货物运输，采用欧亚大陆桥比全水路运输里程缩短1/3左右，运输时间节省1~2周，运输费用节约20%~30%。

**（2）提高装卸效率，加快运输速度。**大陆桥运输过程中须转换运输工具，但是因为以集装箱为运输单位，可大大简化理货、搬运、储存、保管和装卸等作业环节；同时，集装箱是经海关铝封的，中途不用开箱检验，可以迅速直接转换运输工具，如中欧班列货运站的装卸工人一天可以装卸60个集装箱。因此，国际大陆桥运输以集装箱为运输单位，装卸作业效率很高，大大加快了运输速度。

**（3）保证货运质量，节约包装费用。**大陆桥运输以集装箱为运输单位，且集装箱是经海关铝封的，中途不用开箱检验，可以迅速直接转换运输工具，减少了箱内货物在运输途中发生货损、货差的概率。另外，集装箱本身坚固耐用、强度大，能很好地保护箱内货物，装入集装箱的货物不必再加以高强度的运输包装，节约了包装费用。

**（4）简化货运手续，方便提前结汇。**在“门到门”运输方式下，发货人只需将货物交给总承运人（或多式联运经营人），办理一次托运，货物的全程运输则由总承运人负责，即可取得货运单据，提前结汇，有利于发货人的资金周转。

### （二）大陆桥运输与国际铁路货物联运的区别

尽管国际铁路货物联运中通常采用国际大陆桥线路，而大陆桥运输中一般包括铁路运输方式，但是这两种运输形式依然存在明显的区别，具体如下：

#### 1. 承运人不同

国际铁路货物联运的承运人是各国的铁路部门。而大陆桥运输的总承运人通常为多式联运经营人，作为大陆桥运输过程中的实际承运人（包括铁路部门），则受多式联运经营人的委托负责对应区段的货物运输。

#### 2. 运输方式的构成不同

国际铁路货物联运主要是欧亚大陆国家之间通过《国际铁路货物联运协定》和《铁路货物运输国际公约》来组织货物的铁—铁联运方式。而大陆桥运输一般是包括铁路运输在内的海—陆—海联运方式。

#### 3. 运输合同名称不同

国际铁路货物联运的运输合同是联运运单，如中欧班列统一采用国际货协运单，大陆桥运输的运输合同是多式联运合同。

#### 4. 结汇所用单据不同

国际铁路货物联运发货人以联运运单的副本作为发货凭证用于结汇；大陆桥运输的发货人则用多式联运单据结汇。

#### 5. 承运货物单位不同

国际铁路货物联运承运的货物种类按种别分为整车货物、零担货物和大吨位集装箱货物。国际铁路货物联运集装箱分为小吨位集装箱、中吨位集装箱和大吨位集装箱三种，而小吨位集装箱和中吨位集装箱只能按整车货物或零担货物种别办理托运。大陆桥运输以国际标准集装箱为运输单位，这类集装箱可在不同运输工具之间进行换装。

#### 6. 承运人责任不同

国际铁路货物联运的承运人为各国铁路部门，对运输过程中的货损、货差、逾期等承担连带责任，但仅负责各自运输区段的运输责任，属于“分段负责制”。大陆桥运输的承运人通常为多式联运经营人，对全程运输负责。

#### 7. 运费构成和计算方法不同

国际铁路货物联运的运输费用由发送路、到达路和过境路三段费用构成，运费按照发送国铁路、到达国铁路和过境国铁路的不同规定来计算。大陆桥运输的运费由国内段、过境俄罗斯铁路运费、过境蒙古铁路和欧洲铁路运费构成。上述运费除国内段运费按照有关运输规定收取外，国外的运费均与代理签订运费协议，按照协议费率向代理支付。

### （三）其他陆桥运输形式

北美地区的陆桥运输不仅包括大陆桥运输，而且还包括小陆桥运输（Mini-Bridge）和微型陆桥运输（Micro-Bridge）等运输组织形式。

**1. 小陆桥运输**

小陆桥运输方式与大陆桥运输相似，只是货物的目的地 / 收货地是美国东部沿海港口或墨西哥湾沿岸港口；小陆桥运输方式全程使用一份联运提单，由海运承运人支付陆桥费用，但东岸港口至目的地的费用则由收货人负担。

北美小陆桥运输的具体做法是：由远东把货物运至美国西海岸港口，再以铁路或公路运至美国东海岸港口或墨西哥湾靠近最后目的地的港口，卸车后再转运目的地。北美小陆桥运送的主要是日本经北美太平洋沿岸到大西洋沿岸和墨西哥湾地区港口的集装箱货物，也承运从欧洲到美西及海湾地区各港的大西洋航线的转运货物。

北美小陆桥由于不必通过巴拿马运河，在缩短运输距离、节省运输时间上效果是显著的。以日本—美东航线为例，从大阪至纽约全程水运（经巴拿马运河）航线距离 9700 n mile，运输时间 21~24 天。而采用小陆桥运输，运输距离仅 7400 n mile，运输时间 16 天，可节省 1 周左右的时间。

**2. 微型陆桥运输**

北美微型陆桥运输是指经北美东、西海岸及墨西哥湾沿岸港口到美国、加拿大内陆地区的联运服务。微型陆桥运输方式与小陆桥运输相似，只是货物的目的地 / 收货地是美国内陆地区。

# 第四节　国际集装箱多式联运

## 一、国际集装箱运输概述

集装箱运输是一种现代化的先进运输方式。由于集装箱运输使货物流通过程中各个环节发生重大改变，因此集装箱运输被称为 20 世纪的“运输革命”。集装箱运输可促使运输生产走向机械化、自动化。

### （一）集装箱运输的概念和特点

**1. 集装箱运输的概念**

集装箱运输（Container Transport）是指以集装箱这种大型容器为载体，将货物集合组装成集装单元，以便在现代流通领域内运用大型装卸机械和大型载运车辆进行装卸、搬运作业和完成运输任务，从而更好地实现货物“门到门”运输的一种新型、高效率和高效益的运输方式。

**2. 集装箱运输的特点**

**（1）高效率**。由于货物的标准化和装卸机械、运输工具的专业化和大型化，使集装箱运输成为一种高效率的运输方式。集装箱运输的高效率体现为装卸功率高、运输工具利用率高、资金周转率高和库场使用率高等。

**（2）高质量**。集装箱运输方式的高质量主要得益于采用了“集装箱”这种运输单元，其装卸、换装、运输、暂存过程中均以箱为单位整体进行，箱子有较高强度和较好的封闭性，货物装载又有较高要求，因此使用集装箱运输货物可以减少运输过程中由各种原因引起的货损、货差、被盗、丢失的可能性。此外，为了保证集装箱运输的高效率，货物全程运输所涉及的各环节（托运、装卸、通关等）都简化了手续，大大方便和简化了货主办理单据和各种财务及行政手续，保证了运输的质量。

**（3）标准化。**集装箱运输的标准化主要体现在以下几个方面：

1）箱型的标准化及货物装在箱内运输带来的货物重量和外形尺度的标准化。

2）各种运输方式中运输工具的专业化和标准化。

3）各类港、站设施的专业化和结构、布局及设计要求的标准化。

4）各类装卸、搬运机械设备的标准化。

5）运输管理组织、运输装卸技术工艺标准化。

6）运输法规、运输单据的统一化、标准化等。

**（4）节省包装运杂费。**由于集装箱本身是一种具有较高强度的容器，在运输途中可以起到保护货物的作用，货物使用集装箱运输时，可以简化运输包装，节省包装费用。在集装箱运输过程中，各港口、车站对装卸费、中转费大多采用优惠价格，加之可以减少运输途中由于换装而引起的理货和办理海关手续次数，因而采用集装箱运输可以减少运杂费。

**◇小知识**

**集装箱的分类**

根据集装箱的适货性不同，集装箱主要包括以下种类：杂货集装箱、开顶集装箱、台架式集装箱、平台集装箱、冷藏集装箱、散货集装箱、通风集装箱、罐状集装箱、动物集装箱、汽车集装箱、组合式集装箱、服装集装箱、其他用途集装箱。

### （二）集装箱运输有关场站

#### 1. 集装箱码头

集装箱码头是水陆联运的枢纽，是集装箱运输系统的重要组成部分，也是各种运输方式衔接的换装点和集装箱的集散地，因此，集装箱码头在整个集装箱运输过程中具有重要地位和作用。

#### 2. 集装箱堆场

集装箱堆场就是堆放集装箱的场所，同时也是临时保管和向货主交接集装箱的地方。集装箱堆场可以分为前方堆场和后方堆场。前方堆场在集装箱码头前方，是为了加速船舶装卸作业而暂时堆放集装箱的场地；后方堆场是集装箱重箱或空箱进行交接、保管和堆存的场所。

集装箱堆场具有交接集装箱、检验和修理集装箱、堆存集装箱，以及安排集装箱货运等功能。

#### 3. 集装箱货运站

集装箱货运站（CFS）有必要的集装箱货物交接、保管和拆箱场地，以及装箱作业的机械和设施等。CFS 主要有三种类型：设在集装箱码头内部的货运站、设在集装箱码头邻近的货运站，以及设在内陆的货运站。

CFS 可提供以下服务功能：

1）集装箱货物的承运、验收、保管和交付。

2）拼箱货（LCL）的装箱和拆箱作业。

3）整箱货（FCL）的中转。

4）重箱和空箱的堆存和保管。

5）货运单据的处理，运费、堆存费的结算。

6）集装箱和集装箱车辆的维修及保养。

**4. 铁路集装箱运输节点站**

铁路集装箱节点站由车场和货场组成，是专业办理集装箱班列运转、到发作业，以办理20ft箱、40ft箱为主体，也可办理其他特种箱型集装箱的承运、发送、装卸、中转、保管、到达、交付等铁路货物运输作业的集装箱货运站。

铁路集装箱节点站的主要功能包括：

1）具有编发、接解成列集装箱的能力。

2）对周边地区集装箱运输具有较强的辐射作用，是区域内集装箱的集散中心。

3）具有很强的集装箱装卸储备能力和空箱调配能力。

4）设有功能齐全的集装箱检修、清洗设施。

5）具有办理国际集装箱运输的相关功能。

### （三）集装箱班轮运输出口作业流程

集装箱班轮货物运输出口作业流程主要包括签订委托代理合同、审核信用证、备货报验、托运订舱、办理保险、货物集港、货物装箱、换取提单、发装船通知以及制单结汇等。具体流程如下：

**1. 签订委托代理合同**

在集装箱班轮货物运输过程中，货主通常委托货运代理人为其办理有关的货运业务。在货主委托货运代理时，会有一份货运代理委托书。在订有长期货运代理合同时，可能会用货物明细表等单证代替委托书。

**2. 备货报验**

备货报验一般由货主完成，但在实际业务中，货主出口的货物如不在装运港所在地，则货运代理人可根据委托代理合同代办或协助卖方将货物集中到港口所在地，并由货运代理人报检报验。

**3. 托运订舱**

货运代理人接受委托后，应根据货主提供的有关贸易合同或信用证条款的规定，在货物出运之前一定的时间内，填制订舱单向船公司或其代理人申请订舱。船公司或其代理人在决定是否接受发货人的托运申请时，会考虑其航线、船舶、运输要求、港口条件、运输时间等方面能否满足运输要求。船方一旦接受订舱，就会着手编制订舱清单，然后分送集装箱码头堆场、集装箱空箱堆场等有关部门，并将据此安排办理空箱及货物交接等工作。

**4. 办理保险**

货运代理人向保险公司办理出口运输货物的国际货运保险，取得保险单证。

**5. 提取空箱**

在订舱后，货运代理人应提出使用集装箱的申请，船方会给予安排并发放集装箱设备交接单。凭设备交接单，货运代理人可安排到集装箱空箱堆场提取所需的空集装箱。

**6. 出口报关**

货运代理人应在货物装箱前申请货物出口报关。

**7. 货物装箱**

在集装箱运输中，根据同一货主的货物能否装满整个集装箱，可以把集装箱货分为整箱货和拼箱货。

整箱货的装箱工作大多是由货运代理人安排进行，并可以在货主的工厂、仓库装箱或由货主将货物交由货运代理人的集装箱货运站装箱，也可以由货主自己安排货物的装箱工作。

拼箱货涉及多个发货人与收货人，货物通常由承运人分别揽货并在集装箱货运站或内陆站集中，将两票以上的货物拼装在一个集装箱内，在目的地货运站或内陆站拆箱，承运人对拼箱货的装箱负责。

**8. 整箱货交接签证**

由货运代理人或发货人自行负责装箱并加封志的整箱货，通过内陆运输运至承运人的集装箱码头堆场，并由码头堆场根据订舱清单，核对场站收据和装箱单接收货物。整箱货出运前也应办妥有关出口手续。集装箱码头堆场在验收货箱后，即在场站收据上签字，并将签署的场站收据交还给货运代理人或发货人。货运代理人或发货人可以凭据经签署的场站收据要求承运人签发提单。

**9. 换取提单**

货运代理人或发货人凭经签署的场站收据，在支付了预付运费后（在预付运费的情况下），就可以向负责集装箱运输的人或其代理人换取提单。发货人取得提单后，就可以去银行结汇。

**10. 装船**

集装箱码头堆场或集装箱装卸区根据接受待装的货箱情况，制订装船计划，等船靠泊后即行装船。

**（四）集装箱班轮运输进口作业流程**

**1. 货运代理人接受委托**

货运代理人与货主双方建立的委托关系可以是长期的，也可以是就某一批货物而建立的。在建立了长期代理关系的情况下，委托人往往会把代理人写在合同的一些条款中，这样，国外发货人在履行合约有关运输部分时会直接与代理人联系，有助于提高工作效率和避免联系脱节的现象发生。

**2. 卸货地订舱**

如果货物以 FOB 价格条件成交，货运代理人接受收货人委托后，就负有订舱或租船的责任，并有将船名、装船期通知发货人的义务。特别是在采用特殊集装箱运输时，更应尽早预订舱位。

**3. 接运工作**

接运工作要做到及时、迅速。作业内容主要包括：加强内部管理，做好接货准备，及时告知收货人，汇集单证并与港方联系货物交接方式和存放地点；谨慎接卸。

**4. 报检报关**

根据国家有关法律法规的规定，必须办理完进口货物的验放手续后，收货人才能提取货物。因此，收货人必须及时办理有关报检报关等手续。

**5. 监管转运**

进口货物入境后，一般在港口报关放行后才进行内陆运输，但经收货人要求，经海关核准也可运往另一设关地点办理海关手续，称为转关运输货物，属于海关监管货物。

办理转关运输的进境地申报人必须持有海关颁发《转关登记手册》，承运转关运输货物的承运单位必须是经海关核准的运输企业，持有《转关运输准载证》，监管货物在到达地申报时，必须递交进境地海关转关关封、《转关登记手册》和《转关运输准载证》，申报必须及时，并由海关签发回执，交进境地海关。

**6. 提取货物**

货运代理人向货主交货有两种情况：①象征性交货，即以单证交接，货物到港经海关验收，并在提货单上加盖海关放行章，将该提货单交给货主，即为交货完毕；②实际性交货，即除完成报关放行外，货运交给货主，集装箱运输中的整箱货通常还需要负责空箱的还箱工作。在这两种情况下，货运代理人都应做好交货工作的记录。

## 二、国际多式联运

### （一）国际多式联运的概念和成立条件

**1. 国际多式联运的概念**

国际多式联运是在集装箱运输的基础上产生和发展起来的。《联合国国际货物多式联运公约》中对“国际多式联运”的定义为：“国际多式联运是指按照多式联运合同，以至少两种不同的运输方式，由多式联运经营人将货物从一国境内接管货物的地点运到另一国境内指定交付货物的地点。”

根据《中华人民共和国海商法》的规定，多式联运合同是指多式联运经营人以两种以上的不同运输方式，其中一种是海上运输方式，负责将货物从接收地运至目的地交付收货人，并收取全程运费的合同。多式联运是在集装箱运输的基础上发展起来的，这种运输方式并没有新的通道和工具，而是利用现代化的组织手段，将各种单一运输方式有机地结合起来，打破了各个运输区域的界限，是现代管理在运输业中运用的结果。

**2. 国际多式联运的成立条件**

1）必须要有一个多式联运合同。

2）必须使用一份全程多式联运单据。

3）必须是至少两种不同运输方式的连贯运输。

4）必须是国际的货物运输。

5）必须由一个多式联运经营人对全程运输负总的责任。

6）必须是全程单一的运输费率。

### （二）国际多式联运的优越性

**1. 手续简便，责任统一**

在国际多式联运方式下，无论货物运程多长、由几种运输方式共同完成货物运输、货物在途中经过多少次转运，所有运输事项均由多式联运经营人负责办理。而货主只需办理一次托运、订立一份运输合同、支付一次运费、办理一次保险，并取得一份联运提单。发货人只需要与多式联运经营人进行交涉。

由于责任统一，一旦在运输过程中发生货物灭失或损坏，多式联运经营人就要对全程运输负责，而每一运输区段的分承运人仅对自己运输区段的货物损失承担责任。

**2. 减少运输过程中的时间损失，使货物运输更快捷**

多式联运作为一个单独的运输过程而被安排和协调运作，能减少在运转地的时间损失和货物灭失、损坏、被盗的风险。多式联运经营人通过通信联络和协调，在转运地各种运输方式的交接可连续进行，使货物得以更快速地运输，从而弥补了与市场距离远和资金积压的缺陷。

**3. 节省了运杂费用，降低了运输成本**

由于国际多式联运使用了集装箱，多式联运经营人可以一次性收取全程运输费用和保险费用。货物装箱后，装上一程运输工具即可用联运提单结汇。这有利于发货人加快货物资金周转，减少利息损失，同时也节省了人、财、物资源，从而降低了运输成本；也有利于减少货物的出口费用，提高了商品在国际市场上的竞争力。

**4. 提高了运输组织水平，实现了“门到门”运输**

多式联运可以提高运输的组织水平，改善不同运输方式间的衔接工作，实现各种运输方式的连续运输，可以把货物从发货人的工厂或仓库运到收货人的内陆仓库或工厂，做到了“门到门”运输，使合理运输成为现实。

**（三）国际多式联运经营人的含义及分类**

**1. 国际多式联运经营人的定义**

《联合国国际货物多式联运公约》对“多式联运经营人”的定义为：“‘多式联运经营人’是指其本人或通过其代表订立多式联运合同的任何人，他是事主，而不是发货人的代理人或代表或参加多式联运的承运人的代表人或代表，并且负有履行合同的责任。”多式联运经营人既可以是实际承运人，也可以是无船承运人（Non-Vessel Operating Carrier，NVOC）。

**2. 国际多式联运经营人的分类**

根据是否实际参与国际联运过程，国际多式联运经营人可以分为两类：一类为承运人型的多式联运经营人；另一类为无船承运人型的多式联运经营人。

**（1）承运人型的多式联运经营人。**承运人型的多式联运经营人是指本人（法人）拥有一种或一种以上的运输工具，并实际参与联运全程中一个或多个区段运输的经营人。这类经营人一般是由某种运输方式承运人发展而来，由海运、陆运或航空运输企业发展而来。例如中远集团以国际集装箱海运起家，逐步发展为能够提供包括国际，国内集装箱，货运代理，散杂货运代理，国际多式联运，订舱，报关报验，集装箱拼、拆箱等主营业务的综合性企业。其下设的中远国际货运有限公司潍坊分公司，简称潍坊中货，是由原外经贸部（现为商务部）批准的大型国际货运及多式联运企业。

**（2）无船承运人型的多式联运经营人。**无船承运人型的多式联运经营人是指从事多式联运但本人不拥有船舶的海运承运人。这类经营人在接受多式联运托运后，再将货物委托给各种运输方式的实际承运人进行，而由它们本人对货主负责。这类经营人无船无车，没有任何运输工具，通常为运输转包人、报关行或装卸公司。这类经营人开展多式联运的益处在于无须投资，如购买运输工具、建立仓储业等，因此对发展中国家是最适宜的。

**（四）国际多式联运经营人的法律责任**

**1. 国际多式联运责任制度**

在国际集装箱多式联运中，经营人所负的责任形式主要有以下两种类型：

**（1）统一责任制（Uniform Liability System）。**统一责任制（又称同一责任制）就是多式联运经营人对货主负有不分区段的统一原则责任，也就是说，经营人在整个运输中都使用同一责任向货主负责，即经营人对全程运输中货物的灭失、损坏或延期交付负全部责任，无论事故责任是明显的还是隐蔽的，是发生在海运段还是发生在内陆运输段，均按一个统一原则由多式联运经营人统一按约定的限额进行赔偿。但如果多式联运经营人已尽了最大努力仍无法避免的或证明确实是货主的故意行为过失等原因造成的灭失或损坏，经营人则可免责。

统一责任制是一种科学、合理、手续简化的责任制度。但这种责任制对联运经营人来说责任负担较重，因此在世界范围内采用还不够广泛。

**（2）网状责任制（Network Liability System）**。网状责任制（又称混合责任制）是由经营人对集装箱的全程运输负责。多式联运经营人对货主承担的全部责任局限在各个运输部门规定的责任范围内，对货物的灭失、损坏或延期交付的赔偿，则根据各运输方式所适用的法律规定进行处理，如海上区段按《海牙规则》处理，铁路区段按《国际铁路运输公约》处理，公路区段按《国际公路货物运输公约》处理，航空区段按《华沙公约》处理。在不适用上述国际法时，则按相应的国内法规定处理。同时，赔偿限额也是按各区段的国际法或国内法的规定进行赔偿，对不明区段的货物隐蔽损失，或作为海上区段按《海牙规则》处理，或按双方约定的原则处理。

国际上大多采用的是网状责任制。我国自"国际集装箱运输系统（多式联运）工业性试验"项目以来发展建立的多式联运责任制采用的也是网状责任制。

经修订的统一责任制是介于统一责任制与网状责任制之间的责任制。它在责任基础方面与统一责任制相同，在赔偿限额方面则与网状责任制相同，即多式联运经营人对全程运输负责，各区段的实际承运人仅对自己完成区段的运输负责。无论货损发生在哪一区段，多式联运经营人和实际承运人都按《联合国国际货物多式联运公约》规定的统一责任限额承担责任。但如果货物的灭失、损坏发生于多式联运的某一特定区域，而对这一区段适用的一项国际公约或强制性国家法律规定的赔偿责任限额高于《联合国国际货物多式联运公约》规定的赔偿责任限额时，多式联运经营人对这种灭失、损坏的赔偿应按照适用的国际公约或强制性国际法律予以确定。《联合国国际货物多式联运公约》基本上采取这种责任形式。

**2. 国际多式联运责任期间**

多式联运经营人的责任期间是指多式联运经营人履行义务和承担责任的期间。《联合国国际货物多式联运公约》规定，多式联运经营人的责任期间为从接收货物时起至交付货物时止，承运人掌管货物的全部期间。

《联合国国际货物多式联运公约》对多式联运经营人的赔偿责任采取了"推定过失原则"，即除非多式联运经营人能证明它和它的受雇或代理人为避免损害事故的发生及其后果已经采取了一切所能合理要求的措施，否则就推定多式联运经营人对事故的发生是有过失的，因而应对货物在其掌管期间所发生的灭失、损坏或延迟交货负赔偿责任。

### （五）国际多式联运合同和单据

多式联运合同是指多式联运经营人凭以收取运费、负责完成或组织完成国际多式联运的合同。多式联运单据是指证明多式联运合同以及证明多式联运经营人接管货物并负责按照合同条款交付货物的单据。根据《联合国国际货物多式联运公约》第五条的规定，多式联运经营人接管货物时，应签发一项多式联运单据。依照发货人的选择，多式联运单据可以是可转让的，也可以是不可转让的。多式联运单据中应当包括15项内容，即货物的品类、标志、包数或件数、货物的毛重、危险货物的性质、货物的外表状况、多式联运经营人的名称和地址、发货人的名称、收货人的名称、多式联运经营人接管货物的地点和日期、交货地点、多式联运单据的签发地点和日期、多式联运经营人或其授权人的签字等。多式联运单据中若缺少上述内容中的一项或数项，并不影响其作为多式联运单据的法律性质。

## ◇重要概念

班机运输 集中托运 公路运输 陆桥运输 集装箱运输 国际多式联运

## ◇本章小结

本章首先介绍了国际航空货物运输的基本知识及其经营方式、国际航空货运单证以及运价和费用；其次介绍了国际铁路货物联运的基本知识、流程、铁路联运单证以及运输费用的计算；再次介绍了国际公路货物运输和陆桥运输的基本知识、特点和作用等；最后介绍了国际集装箱运输和国际多式联运的基础知识。

## ◇复习思考题

### 一、单选题

1. 下列不属于航空运输特点的是（ ）。

A. 速度快　　B. 不受地面限制

C. 适合低价值货物　　D. 适合鲜活货物

2. 对于贵重物品、危险品、活动物以及文物，不能办理（ ）。

A. 班机运输　　B. 集中托运　　C. 包机运输　　D. 联合运输

3. 航空货物运输过程中的货损、货差，是按（ ）条款赔偿的。

A. 《海牙规则》　　B. 《华沙公约》

C. 《维斯比规制》　　D. 《汉堡规制》

4. 国际航空运输中，货物运价类别代号“N”表示（ ）。

A. 等级运价加价　　B. 等级运价减价

C. 45kg 以上的普通货物运价　　D. 45kg 以下的普通货物运价

5. 表示航空货物等级货物附加运价类别代码的是（ ）。

A. M　　B. C　　C. S　　D. R

6. 国际空运货物的计费标准以（ ）为最小单位。

A. 0.3kg　　B. 0.5kg　　C. 0.8kg　　D. 1kg

7. 国际航空货物运输组织规定，若一批货物体积为 21 000cm$^3$，实际重量为 2kg，则其体积重量为（ ）。

A. 2kg　　B. 2.5kg　　C. 3.5kg　　D. 4kg

8. 下列关于航空运单说法错误的是（ ）。

A. 航空运单是承运合同　　B. 航空运单是物权凭证

C. 航空运单是保险证明　　D. 航空运单是报关单证

9. 空运时，国际货物托运书应由（ ）填具。

A. 托运人　　B. 货运代理　　C. 承运人　　D. 航空公司

10. 下列不属于国际铁路联运特点的是（ ）。

A. 运输责任采用分段责任制

B. 必须由两个及两个以上的国家铁路参加运送

C. 运输方法采用一单到底制

D. 国际铁路联运通常以集装箱为载体

11. 整车货物一般在装车完毕，发站在货物运单上加盖承运日期戳，即为（　　）。

A. 接收　　B. 交付　　C. 托运　　D. 承运

12. 根据《铁路危险货物运输安全监督管理规定》，以下说法不正确的是（　　）。

A. 货物装车（箱）不得超载、偏载、偏重、集重

B. 禁止危险货物与普通货物混装运输

C. 货物性质相抵触、消防方法不同、易造成污染的货物不得同车（箱）装载

D. 铁路运输企业可以在非危险货物办理站办理危险货物承运手续

13. 国际铁路货物联运流程中，以下关于货物托运和承运的说法错误的是（　　）。

A. 零担货物一般在装车完毕，发站在货物运单上加盖承运日期戳，即为承运

B. 发货人在托运货物时，应向车站提出货物运单和运单副本，以此作为货物托运的书面申请

C. 车站即在运单上签证时写明货物应进入车站的日期和装车日期，即表示接受托运

D. 发货人按签证指定的日期将货物搬入车站或指定的货位，并经铁路根据货物运单的记载查对实货，认为符合国际货协和有关规章制度的规定，车站方可予以承认

14. 国际铁路货物联运中，过境路的运送费用对参加《统一货价》的铁路，按《统一货价》在发站向发货人或在到站向收货人核收；对未参加《统一货价》的铁路不能向（　　）核收过境运送费用。

A. 发货人　　B. 收货人　　C. 承运人　　D. 代理人

15. 国内段货物运费的计量单位：整车货物以（　　）为单位，零担货物以（　　）为单位。

A. 吨　千克　　B. 千克　千克　　C. 吨　10kg　　D. 2t　10kg

**二、多选题**

1. 国际航空货运的当事人包括（　　）。

A. 发货人　　B. 航空公司

C. 收货人　　D. 航空货运代理公司

2. 国际铁路货物联运的经营方式有（　　）。

A. 整车货物运输　　B. 大吨位集装箱货物运输

C. 零担货物运输　　D. 散装货物运输

3. 按照运输速度划分，国际铁路货物联运可分为（　　）。

A. 慢运　　B. 快运

C. 集装箱快运　　D. 整车货物随旅客列车挂运

4. 国际航空货物运输的主要经营方式有（　　）。

A. 班机　　B. 包机

C. 集中托运　　D. 快递

5. 包机运输相对于其他航空运输方式，其特点有（　　）。

A. 快速　　B. 运量大　　C. 航期固定　　D. 费率低

6. 铁路运到期限由（　　）组成。

A. 特殊作业时间（$T_{特}$）　　B. 货物发送期间（$T_{发}$）

C. 货物运输期间（$T_{运}$）　　D. 货物到站作业时间（$T_{到}$）

7. 大陆桥运输的优势有（　　）。

A. 运输里程缩短，节省运输时间　　B. 运输速度加快，降低运输成本

C. 保证货运质量，节省包装费用　　D. 简化货运手续，利于资金周转

8. 国际多式联运的组织形式主要有（　　）。

A. 海陆联运　　B. 海铁联运　　C. 海空联运　　D. 陆桥运输

9. 以下关于集中托运的限制表述正确的是（　　）。

A. 贵重物品、危险品、活动物以及文物等可以办理集中托运

B. 集中托运只适合办理普通货物

C. 集中托运不适合易腐烂变质的货物、紧急货物或其他对时间要求高的货物的运输

D. 目的地相同或临近的才可以办理集中托运

10. 下列属于国际公路货物运输特点的是（　　）。

A. 时差效益好，可以尽早结汇，加速资金周转

B. 运距差效益，使商品在途时间缩短

C. 运输质量效益较高，货损、货差较少

D. 公路运输的局限性较大

## 三、简答题

1. 班轮运输有哪些特点？
2. 包机运输有哪些优点？
3. 航空运单的作用有哪些？
4. 铁路货物运输联运运单的性质和作用有哪些？
5. 简述集中托运的具体做法。
6. 多式联运的优越性是什么？

## 四、计算题

由北京发往纽约的一批贵重货物，重 210.0kg，体积长、宽、高分别为 160cm × 120cm × 70cm。航空公司公布普通货物运价见表 7-4。

表 7-4　普通货物运价

| BEIJING<br>Y.RENMINBI | CN<br>CNY | | BJS<br>KGS |
|---|---|---|---|
| NEW YORK | US | M | 650.00 |
| | | N | 64.00 |
| | | 45 | 50.00 |
| | | 100 | 45.00 |
| | | 300 | 42.00 |

查找运价表，该批货物运价是普通货物运价的 120%。请计算该批货物的航空运费。

**五、案例分析题**

【基本案情】多式联运集装箱货损责任纠纷案例

**1. 国际多式联运合同的签订**

A丝绸公司将装载布料的五个集装箱委托B集团承运，双方之间签订了国际多式联运合同，约定由B集团对全程负责运输，货交底特律C服装公司。多式联运单上记载："接货地：广州A丝绸公司，装船港：香港，卸船港：西雅图，交货地：底特律C服装公司"；运输条款："FCL-FCL"；运单上同时记载"由货主装箱、计数"的批注。

**2. 国际多式联运运输业务的操作**

B集团受理该票业务后，首先委托D物流公司公路运输到香港，D物流公司签发了以B集团为托运人公路货运单。其后，货到香港，B集团又委托中国远洋船公司海运到西雅图。集装箱在香港装船后，中国远洋船公司签发了以B集团为托运人的海运提单，提单上记载："装船港：香港，卸船港：西雅图"；运输条款："FCL-FCL"。集装箱在西雅图港卸船后，五个集装箱中有三个外表状况有严重破损，B集团在西雅图的代理与船方代理对破损做了记录，双方代理在破损记录上共同签字。随后，B集团又办理了由西雅图到底特律的铁路运输。五个集装箱运抵底特律C服装公司后，收货人开箱时发现：三个外表有破损的集装箱箱内布料已严重受损，另一个集装箱尽管箱子外表状况良好，关封完整，但箱内布料也有受损。

**3. 货损赔偿纠纷的产生**

由于货到底特律收货人开箱时发现五个集装箱中有四个集装箱的货物受损，于是拒绝收货，并向发货人提出赔偿要求。发货人于是向B集团提出赔偿，并要求按最高货损限额的运输区段给予赔付。关于货损责任人、赔偿限额，B集团与发货人、D物流公司、船公司、铁路集团等涉案方产生了争议。

（资料来源：https://wenku.baidu.com/view/927349534a35eefdc8d376eeaeaad1f347931148.html。经整理加工。）

**思考：**

（1）货损到底应该由谁来赔付？

（2）货损应按公路货损标准、海运货损标准，还是铁路货损标准限额支付赔偿金额？

## ◇补充知识

国际集装箱多式联运方案的选择

# 第八章　国际物流通关

## ◇学习目标

1. 了解海关管理概况及报关的含义。
2. 理解对外贸易管制的目的及其主要制度。
3. 熟悉海关监管货物的种类，以及各类海关监管货物的报关程序。
4. 掌握出入境检验检疫的模式与流程，以及进出口货物报关单的填制要求。

## ◆导入案例

**严厉打击犯罪 严密口岸监管 严格布控查缉**

截至2019年7月，中国海关针对象牙等濒危物种“非洲启运、多国中转、周边囤积、偷运进境”的走私特点，加强国际执法合作，已实施多次跨境联合打击，精准指引新加坡、越南、中国香港地区等海关查获象牙11t、穿山甲鳞片59.8t、犀牛角90.5kg，实现了对走私策源、中转、跨境的全链条打击。

我国自2018年1月1日起全面停止加工销售象牙及制品的活动，保护大象等濒危野生动植物物种，但走私犯罪禁而不绝。2019年以来，中国海关立案侦办走私象牙等濒危物种案件374起，其中走私象牙案例133起，打掉犯罪团伙38个，在境内查获各类珍贵动物制品11.28t，其中，象牙制品9.05t，犀牛角251kg。

（资料来源：http：//gec.customs.gov.cn/customs/ztzl86/302414/302417/hgdjxydbwwzjqzpzsdxal/index.html。经整理加工。）

## 第一节　海关管理与报关

### 一、海关管理概述

#### （一）海关的概念

《中华人民共和国海关法》第二条规定，中华人民共和国海关是国家的进出关境监督管理机关。

中国海关标志又称海关关徽，寓意中国海关依法实施进出境监督管理，维护国家的主权和利益，促进对外经济贸易发展和科技文化交往，保障社会主义现代化建设。

#### （二）海关的性质

海关是国家主权的象征，体现着国家的权力和意志。《中华人民共和国海关法》第二条规定，中华人民共和国海关是国家的进出关境监督管理机关。海关依照本法和其他有关法律、行政法规，监管进出境的运输工具、货物、行李物品、邮递物品和其他物品，征收关税和其他税、费，查缉走私，并编制海关统计和办理其他海关业务。以立法的形式明确表述了中国海关的性质与任务。

**1. 海关是国家行政机关**

海关是国家行政机关之一，属于国家的行政管理体制，享有行政管理权，是我国最高国家行政管理机关——国务院的直属机构，依法独立行使行政管理权。

**2. 海关是国家进出境监督管理机关**

海关的监督管理是保证国家有关法律法规实施的行政活动。《中华人民共和国海关法》是管理海关事务的基本法律规范。海关监督管理的对象是所有进出关境的运输工具、货物和物品。

**3. 海关的监督管理是国家行政执法活动**

海关的监督管理是保证国家有关法律法规实施的行政活动。《中华人民共和国海关法》是管理海关事务的基本法律规范。行政法规是指由国务院制定的法律规范，与海关监管相关的有《中华人民共和国进出口货物原产地条例》《中华人民共和国海关行政处罚实施条例》《中华人民共和国海关统计条例》等行政法规。

**（三）海关的任务**

《中华人民共和国海关法》明确规定海关具有以下四项基本任务：

**1. 监管**

海关监管是指海关运用国家赋予的权力，通过一系列管理制度与管理程序，依法对进出境运输工具、货物、物品的进出境活动所实施的一种行政管理。除了通过备案、审单、查验、放行、后续管理等方式对进出境运输工具、货物、物品的进出境活动实施监管外，海关还要执行或监督执行国家其他对外贸易管理制度的实施，如进出口许可制度、外汇管理制度、进出口商品检验检疫制度、文物管理制度等，从而在政治、经济、文化道德、公众健康等方面维护国家利益。

**2. 征税**

海关征税工作的基本法律依据是《中华人民共和国海关法》《中华人民共和国进出口关税条例》以及其他有关法律、行政法规。海关税费征收工作主要包括征收船舶吨税、关税、进口附加税、进口环节海关代征税、滞报金和滞纳金等税费。关税的课税对象是运输工具、进出口货物、进出境物品。进口货物、物品在办理海关手续放行后，允许在国内流通，应与国内货物同等对待，缴纳应征的国内税。进口货物、物品的国内税由海关代征，进口环节税包括增值税和消费税。进口附加税具有临时性，包括反倾销税、反补贴税、保障措施关税、报复性关税等。

**3. 缉私**

查缉走私是指海关依照法律赋予的权力，在海关监管场所和海关附近的沿海沿边规定地区，为发现、制止、打击、综合治理走私活动而进行的一种调查和惩处活动。查缉走私是海关为保证顺利完成监管和征税等任务而采取的保障措施。《中华人民共和国海关法》第五条规定：“国家实行联合缉私、统一处理、综合治理的缉私体制。海关负责组织、协调、管理查缉走私工作。”这一规定从法律上明确了海关打击走私的主导地位以及与有关部门的执法协调。为了严厉打击走私犯罪活动，根据党中央、国务院的决定，国家在海关总署设立了海关缉私局，负责对走私犯罪案件的侦查、拘留、执行逮捕和预审工作。

◇**小案例**

2016年12月29日，国务院办公厅印发《国务院办公厅关于有序停止商业性加工销售象牙及制品活动的通知》。根据该通知，我国政府于2018年1月1日起全面禁止国内象牙商业性加工和销售活动，全面禁止象牙交易，全国公安机关与海关缉私部门对走私象牙等濒危物种及其制品违法犯罪活动，开始严打，对之采取"零容忍"的态度。根据《濒危野生动植物种国际贸易公约附录》《中华人民共和国野生动物保护法》《中华人民共和国陆生野生动物保护实施条例》《国家重点保护野生动物名录》《中华人民共和国刑法》《国务院关于禁止犀牛角和虎骨贸易的通知》的规定，国家禁止出售、收购、携带、运输、邮寄、进出口犀牛角和虎骨，未经批准不得出售、收购、运输、携带、邮寄、进出口包括象牙、虎皮、熊掌、麝香、玳瑁壳、穿山甲甲片、鳄鱼皮、海马等在内的国家重点保护野生动物以及非原产我国的《濒危野生动植物种国际贸易公约》附录Ⅰ和附录Ⅱ动物及其制品，违法者将被追究法律责任，情节严重者最高可被处以无期徒刑并处没收个人财产。

（资料来源：http：//www.gov.cn/xinwen/2019-04/15/content_5382986.htm。经整理加工。）

**4. 统计**

《中华人民共和国海关统计条例》第四条规定："实际进出境并引起境内物质存量增加或者减少的货物，列入海关统计。进出境物品超过自用、合理数量的，列入海关统计。"海关统计是以实际进出口货物作为统计和分析的对象，通过搜集、整理、加工处理进出口货物报关单或经海关核准的其他申报单证，对进出口货物的品名及编码、数量、价格、经营单位、贸易方式、运输方式、国别（地区）、境内目的地、境内货源地、进出口日期、关别等项目分别进行统计和综合分析，全面、准确地反映对外贸易的运行态势，及时提供统计信息和咨询，实施有效的统计监督，开展国际贸易统计的交流与合作，促进对外贸易的发展。

此外，海关还有其他任务，如海关知识产权保护等。

◇**小资料**

**海关总署"国门利剑2020"专项行动**

2020年，海关总署坚持总体国家安全观，严厉打击危害国家经济、政治、文化、社会、生态安全的各类走私违法活动，组织全国海关深入开展打击走私"国门利剑2020"行动，努力克服疫情影响，全力实施专项打击，扎实推进反走私综合治理，始终保持打击走私高压态势。全年共立案侦办走私犯罪案件4061起，其中立案侦办涉税走私犯罪案件2322起，案值927.3亿元；侦办非涉税走私犯罪案件1739起。

（资料来源：http：//www.customs.gov.cn/jsj/djxx91/3589038/index.html。经整理加工。）

## 二、报关的含义与分类

### （一）报关的含义

报关是指进出口货物收发货人、进出境运输工具负责人、进出境物品的所有人或者他们的代理人向海关办理货物、物品或运输工具进出境手续及相关海关事务的过程。

报关与通关既有联系又有区别。二者都是针对运输工具、货物、物品的进出境而言的。但报关是从海关管理相对人的角度，仅指向海关办理进出境手续及相关手续；而通关不仅包括海关管理相对人向海关办理有关手续，还包括海关对进出境运输工具、货物、物品依法进行监督管理，核准其进出境的管理过程。

《中华人民共和国海关法》第八条规定："进出境运输工具、货物、物品，必须通过设立海关的地点进境或者出境。"

### （二）报关的分类

#### 1. 根据报关对象分类

根据报关对象不同，报关可分为运输工具报关、进出境货物报关、进出境物品报关。

**（1）运输工具报关。**进出境运输工具作为货物、人员及其携带物品的进出境载体，其报关事项主要包括向海关直接交验随附的、符合国际商业运输惯例、能反映运输工具进出境合法性及其所承运货物、物品情况的合法证件、清单和其他运输单证，报关手续较为简单。

**（2）进出境货物报关。**进出境货物的报关手续较为复杂。海关根据相关法律条文对进出境货物的监管要求制定了一系列报关管理规范，并要求必须由具备一定专业知识和技能且经海关核准的专业人员代表报关单位办理进出境货物的报关手续。进出境运输工具、物品、货物的报关是一项专业性较强的工作，特别是进出境货物的报关手续最为复杂。

**（3）进出境物品报关。**《中华人民共和国海关法》第四十六条规定："个人携带进出境的行李物品，邮寄进出境的物品，应当以自用、合理数量为限，并接受海关监管。"进出境物品由于其非贸易性质，且一般限于自用、数量合理，报关手续也比较简单。

#### 2. 根据报关行为性质分类

根据报关行为性质的不同，报关可分为自理报关和代理报关。一些进出境货物的收发货人由于经济、时间、地点等不愿意自行办手续，从而形成了代理报关这种报关方式。

**（1）自理报关。**进出口货物收发货人自行办理报关业务称为自理报关。根据我国海关的规定，进出口货物收发货人必须依法向海关注册登记后方能自行办理报关业务。

**（2）代理报关。**代理报关是指接受进出口货物收发货人的委托，代理其办理报关业务的行为。我国海关法律把有权接受他人委托办理报关业务的企业称为报关企业。报关企业必须依法取得注册登记许可后方能从事报关业务。

### （三）根据报关的形式

根据报关形式的不同，报关可分为有纸报关和无纸报关。

**（1）有纸报关。**有纸报关又称纸质报关，是指进出口货物收发货人、受委托的报关企业按照《中华人民共和国海关进出口货物报关单填制规范》（以下简称《报关单填制规范》）的规定填制纸质报关单，通过"单一窗口"向海关报送报关单电子数据，并备齐随附单证，向海关提交纸质报关单，履行申报义务的方式。

**（2）无纸报关。**无纸报关又称电子报关，是指进出口货物收发货人、受委托的报关企业按照《报关单填制规范》的规定，通过"单一窗口"向海关报送电子数据，并且备齐上传的随附纸质单证，以备海关稽查等监管活动时需要的申报方式。无纸报关是利用现代信息技术、互联网平台，对进出口货物电子申报数据进行自动化处理的一种先进的报关方式，具有数据处理自动化程度高、通关效率快、成本低等特点。

## 三、报关的基本内容

### （一）进出境运输工具申报的基本内容

根据我国海关法律规定，所有进出我国关境的运输工具必须经由设有海关的港口、车站、机场、国界孔道、国际邮件互换局（交换站）及其他可办理海关业务的场所申报进出境。进出境申报是运输工具报关的主要内容。

以下为进出境运输工具报关申明内容：进出境时间、航次（车次）、停靠地点；进出境时所载货物和旅客情况；服务人员名单及其自用物品、货币等情况；所载邮递物品、行李物品情况；其他需要向海关申报清楚的情况，如由于不可抗力等因素，运输工具被迫在未设海关的地点停泊、降落或者抛掷、起卸货物、物品等情况。

### （二）进出境货物报关的基本内容

按照海关监管方式，进出境货物报关包括一般进出口货物报关、保税货物报关和其他进出境货物报关。

#### 1. 一般进出口货物报关

一般进出口货物是指在进出口环节缴纳应征的进出口税费并办结其他必要的海关手续，海关放行后不再进行监管的进出口货物，是相对于保税货物、其他进出境货物（暂准进出境货物、特定减免税货物等）而言的。

一般进出口货物报关通常要经过进出口申报、配合查验、缴纳税费、提取或装运货物四个环节的正常手续进出境并结关，无须经过前期准备阶段和后续核销阶段的进出口货物。

#### 2. 保税货物报关

保税货物是指经海关批准未办理纳税手续进境，在境内储存、加工、装配后复运出境的货物。保税货物又分为保税加工货物和保税物流货物。

**（1）保税加工货物。**保税加工货物又称加工贸易保税货物，是指经海关批准未办理纳税手续进境，在境内加工、装配后复运出境的货物。海关对保税加工货物的监管模式分为物理围网和非物理围网两种监管模式。①物理围网监管是指由海关对专门划定区域内开展保税加工业务实施封闭管理，采用电子账册管理，主要适用于珠海园区、出口加工区。②非物理围网监管是指海关通过电子数据与加工区的保税企业进行联网，对保税企业的货物进行监管，包括联网监管和纸质手册管理。其中，联网监管是指应用计算机网络将海关和加工贸易企业联网，建立电子账册或电子化手册，备案、进口、出口、核销等业务手续全部通过计算机网络进行办理。保税加工货物报关管理一般包括经过手册设立、备案保税、纳税暂缓、监管延伸和核销结案等业务手续的办理。

**（2）保税物流货物。**保税物流货物又称保税仓储货物，是指经海关批准未办理纳税手续进境，在境内储存后复运出境的货物。海关对保税物流货物的监管模式分为两类：①非物理围网的监管模式，包括保税仓库和出口监管仓库；②物理围网的监管模式，包括保税物流中心、保税物流园区、保税区、保税港区和综合保税区。

**（3）保税货物报关的通用程序。**保税货物的报关程序要比一般进出口货物报关复杂，包括备案保税申请、进出境报关和核销结关三个阶段。

1）备案保税申请阶段。备案保税申请阶段实质上是经海关批准，获得保税进境资格的过程。对于不同的保税货物，其具体保税进口资格获得形式可能不同，但内涵均是一致的。

2）进出境报关阶段。经海关批准的保税货物只要通过关境，就必须经过进出境报关阶段，但与一般进出口货物报关阶段不同的是，保税货物暂缓纳税，不进入纳税环节。

3）核销结关阶段。在完成保税进出境目的后，保税货物的经营者都必须向其主管海关申报核销，海关受理后根据保税货物不同情况进行核销，最终办理结关销案。

**3. 其他进出境货物报关**

其他进出境货物的报关制度是指除基本报关制度外，因货物进出境的特殊性质、状态及需要而订立的其他海关报关制度，包括：①特定减免税货物，暂准进出境货物，过境、转运、通运货物的报关制度；②进出口货物转关制度；③其他特殊货物的报关制度。具体某一种货物的报关程序请参考中国国际贸易单一窗口网站中“货物申报”模块。

**（三）进出境物品报关的基本内容**

海关监管进出境物品包括行李物品、邮递物品和其他物品，三者在报关要求上有所不同。

《中华人民共和国海关法》第四十六条规定，个人携带进出境的行李物品、邮寄进出境的物品，应当以自用、合理数量为限，并接受海关监管。对于行李物品而言，“自用”指的是进出境旅客本人自用馈赠亲友而非为出售或出租，“合理数量”是指海关根据进出境旅客旅行目的和居留时间所规定的正常数量；对于邮递物品，自用、合理数量指的是海关对进出境邮递物品规定的征免税限制。自用、合理数量原则是海关对进出境物品监管的基本原则，也是对进出境物品报关的基本要求。需要注意的是，对于通过随身携带或邮政渠道进出境的货物要按货物办理进出境报关手续。经海关登记准予暂时免税进境或者暂时免税出境的物品，应当由本人复带出境或者复带进境。享有外交特权和豁免的外国机构或者人员的公务用品或者自用物品进出境，依照有关法律、行政法规的规定办理。

## 四、报关单位

报关单位是指依法在海关注册登记的进出口货物收发货人和报关企业。《中华人民共和国海关法》第十一条规定：“进出口货物收发货人、报关企业办理报关手续，必须依法经海关注册登记。未依法经海关注册登记，不得从事报关业务。”

**（一）进出口货物收发货人**

进出口货物收发货人是指依法直接进口或者出口货物的我国关境内的法人、其他组织或者个人。

进出口货物收发货人依法向国务院对外贸易主管部门或者其委托的机构办理备案登记成为对外贸易经营者。

对于一些未取得对外贸易经营者备案登记表但按照国家有关规定需要从事非贸易性进出口活动的单位，如境外企业、新闻机构、经贸机构、文化团体等依法在中国境内设立的常驻代表机构，少量货样进出境的单位，国家机关、学校、科研院所等组织机构，临时接受捐赠、礼品、国际援助的单位，国际船舶代理企业等，在进出口货物时，海关也视其为进出口货物收发货人。

进出口货物收发货人在海关注册登记后，为本单位的进出口货物办理报关业务。这些报关单位又称自理报关单位。

**（二）报关企业**

报关企业是指按照规定经海关准予注册登记，接受进出口货物收发货人的委托，以委托人的名义或者以自己的名义向海关办理代理报关业务，从事报关服务的中华人民共和国关境内的企业法人。

进出境货物的报关是一项专业性较强的工作。一些进出口货物收发货人或者物品的所有人，由于经济、时间、地点等不能或者不愿自行办理报关手续，从而产生了委托报关的需要，在实践中由报关企业来提供这类报关服务。

我国从事报关服务的报关企业主要有两类：一类是报关公司或报关行，主营代理报关业务；另一类是国际货物运输代理公司，主要经营国际货物运输代理等业务，兼营进出口货物代理报关业务。

**（三）海关总署对报关单位注册登记的相关规定**

1）中华人民共和国海关是报关单位注册登记管理的主管机关。报关单位注册登记分为报关企业注册登记和进出口货物收发货人注册登记。报关企业应当经所在地直属海关或者其授权的隶属海关办理注册登记许可后，方能办理报关业务。进出口货物收发货人可以直接到所在地海关办理注册登记。报关单位应当在每年 6 月 30 日前向注册地海关提交《报关单位注册信息年度报告》。报关单位所属人员从事报关业务的，报关单位应当到海关办理备案手续，海关予以核发证明。报关单位可以在办理注册登记手续的同时办理所属报关人员备案。

2）报关单位办理报关业务应当遵守国家有关法律、行政法规和海关规章的规定，承担相应的法律责任。报关单位对其所属报关人员的报关行为应当承担相应的法律责任。

3）进出口货物收发货人应当通过本单位所属的报关人员办理报关业务，或者委托海关准予注册登记的报关企业，由报关企业所属的报关人员代为办理报关业务。海关可以将报关单位的报关业务情况以及所属报关人员的执业情况予以公布。

4）报关企业办理注册登记许可延续手续，应当在有效期届满 40 日前向海关提出申请。报关企业应当在办理注册登记许可延续的同时办理换领《中华人民共和国海关报关单位注册登记证书》手续。报关企业未按照上述规定的时限提出延续申请的，海关不再受理其注册登记许可延续申请。

除海关另有规定外，进出口货物收发货人《中华人民共和国海关报关单位注册登记证书》长期有效。

临时注册登记单位在向海关申报前，应当向所在地海关办理备案手续。特殊情况下可以向拟进出境口岸或者海关监管业务集中地海关办理备案手续。

## 第二节　对外贸易管制

### 一、对外贸易管制的含义

对外贸易管制是指一国政府为了国家的宏观经济利益、国内外政策需要以及履行所缔结或加入国际条约的义务，确立实行各种制度、设立相应管理机构和规范对外贸易活动的总称。

国际上对外贸易管制通常有三种分类形式：①按管理目的分为进口贸易管制和出口贸

易管制；②按管制手段分为关税措施和非关税措施；③按管制对象分为货物进出口贸易管制、技术进出口贸易管制、国际服务贸易管制。

## 二、对外贸易管制制度

我国对外贸易管制是一种综合制度，主要由以下制度组合而成：证、备、检、核、救。“证”即进出口许可证件；“备”即对外贸易经营资格的备案登记；“检”即商检、动检和卫检，简称“三检”；“核”即进出口收、付汇核销；“救”即贸易管制中的救济措施，主要包括反倾销、反补贴和保障措施。

### （一）对外贸易经营资格管理制度

#### 1. 对外贸易经营者管理制度

对外贸易经营者是指依法办理工商登记或者其他执业手续，依照《中华人民共和国对外贸易法》和其他有关法律、行政法规、部门规章的规定从事对外贸易经营活动的法人、其他组织或者个人。对外贸易经营资格管理制度主要由进出口经营权管理制度和进出口经营范围管理制度组成。进出口经营权是指我国境内的法人、其他组织或者个人依法办理了备案登记后取得的对外签订进出口合同的资格；未按规定办理备案登记的，海关不受理其报关。进出口经营范围是指国家允许企业从事生产经营的具体商品类别和服务项目，具体体现在国家允许对外贸易经营者从事进出口经营活动的内容和方式上，外贸经营者只能在备案登记的经营范围内经营。

#### 2. 备案登记制度

目前，我国对对外贸易经营者的管理实行备案登记制。也就是说，法人、其他组织或者个人在从事对外贸易经营前，必须按照国家的有关规定，按法定程序在国务院对外贸易主管部门备案登记，取得对外贸易经营资格后，方可在国家允许的范围内从事对外贸易经营活动。备案登记不是审批，备案登记制度是深化对外贸易改革的一种体现。从事进出口业务的对外贸易经营者，应当向国务院商务主管部门或者其委托的机构办理备案登记，获得对外贸易经营资格，但法律、行政法规和国务院商务主管部门规定不需要备案登记的除外。备案登记的具体实施办法由国务院商务主管部门规定。对外贸易经营者在备案登记后，应当向海关办理注册登记，否则海关不予办理进出口货物的报关验放手续。对外贸易经营者可以接受他人的委托，在经营范围内代为办理对外贸易业务。

#### 3. 国营贸易

对外贸易主管部门为对关系国计民生的重要进出口商品实行有效的宏观管理，对部分货物的进出口实行国营贸易管理。国营贸易是指由特定的法人企业或其他组织代表国家所从事的部分商品的进出口经营活动。实行国营贸易管理货物的进出口业务只能由经授权的企业经营，但国家允许部分数量的国营贸易管理货物的进出口业务由非授权企业经营的除外。实行国营贸易管理的货物和经授权经营企业的目录，由国务院外贸主管部门会同国务院其他有关部门确定、调整并公布。对未经批准擅自进出口实行国营贸易管理的货物，海关不予放行。

### （二）货物、技术进出口许可制度

我国货物进出口许可制度是根据国家有关法律、法规、对外贸易计划、国内市场需求以及我国所缔结和加入的国际条约协定，对部分进出口货物品种、数量等所实行的进出口许可管制的制度。

**1. 货物进口许可制度**

我国对货物进口许可制度分为自动进口许可制度和非自动进口许可制度。

**（1）自动进口许可制度。**自动进口许可制度是在任何情况下对进口申请一律予以批准的进口许可制度。实际上，它是一种在进口前的自动登记性质的许可制度，通常用于国家对这类货物的统计和监督。

**（2）非自动进口许可制度。**非自动进口许可制度通常适用于对配额及其他限制性措施进行管理。配额管理是指国家在一定时期内对某些货物的进口数量直接加以限制的措施。

**2. 货物出口许可制度**

我国实行鼓励出口政策，实行货物出口许可制度主要基于以下原因：

1）维护国家安全或者社会公共利益（货物和技术）。

2）有效保护国内供应短缺或可能用竭的国内资源。

3）解决输往国家或者地区的市场容量有限问题。

4）履行中华人民共和国所缔结或者参加的国际条约、协定的规定等。

我国货物出口许可管理货品主要是指（《中华人民共和国对外贸易法》）所规定的限制出口货物范围。限制出口的货物目录，至少在实施前21天公布。

有数量限制的限制出口货物，实行配额管理（直接分配 / 招标）；其他限制出口货物，实行许可证管理。

**◇小资料**

**《2021年出口许可证管理货物目录》**

2021年实行许可证管理的出口货物为43种。对外贸易经营者出口目录内所列货物的，应向商务部或者商务部委托的地方商务主管部门申请取得《中华人民共和国出口许可证》（以下简称出口许可证），凭出口许可证向海关办理通关验放手续。

出口活牛（对港澳地区）、活猪（对港澳地区）、活鸡（对香港地区）、小麦、玉米、大米、小麦粉、玉米粉、大米粉、药料用麻黄草（人工种植）、煤炭、原油、成品油（不含润滑油、润滑脂、润滑油基础油）、锯材、棉花的，凭配额证明文件申领出口许可证；出口甘草及甘草制品、蔺草及蔺草制品的，凭配额招标中标证明文件申领出口许可证。

以加工贸易方式出口第二款所列货物的，凭配额证明文件、货物出口合同申领出口许可证。其中，出口甘草及甘草制品、蔺草及蔺草制品的，凭配额招标中标证明文件、海关加工贸易进口报关单申领出口许可证。

继续暂停对一般贸易项下润滑油（海关商品编号27101991）、润滑脂（海关商品编号27101992）、润滑油基础油（海关商品编号27101993）出口的国营贸易管理。以一般贸易方式出口上述货物的，凭有效的货物出口合同申领出口许可证。以其他贸易方式出口上述货物的，按照商务部、国家发展改革委、海关总署公告2008年第30号的规定执行。

（资料来源：http：//www.mofcom.gov.cn/article/b/e/202012/20201203027824.shtml。经整理加工。）

**3. 禁止类进出口货物和技术管理**

禁止进出口技术、货物实行目录管理，对列入进出口货物、技术目录的货物和技术，任何对外贸易经营者均不得经营进出口。

根据《关于调整加工贸易禁止类商品目录的公告》（商务部　海关总署公告2020年第54号），将《商务部　海关总署2014年第90号公告》加工贸易禁止类商品目录中符合国家产业政策，不属于高耗能、高污染的产品以及具有较高技术含量的产品剔除，共计剔除199个十位商品编码。同时，对部分商品禁止方式进行调整，调整后的加工贸易禁止类商品目录仍按《商务部　海关总署2014年第90号公告》有关规定执行。

◇小资料

## 中国海关禁止或限制携带入境或出境物品清单

根据1993年海关总署令第43号《中华人民共和国禁止进出境物品表》和《中华人民共和国限制进出境物品表》，中国海关禁止或限制携带入境或出境物品清单如下：

**一、禁止进出境物品**

**1. 禁止进境物品**

1）各种武器、仿真武器、弹药及爆炸物品。

2）伪造的货币及伪造的有价证券。

3）对中国政治、经济、文化、道德有害的印刷品、胶卷、照片、影片、录音带、录像带、激光视盘、计算机储存介质及其他物品。

4）各种烈性毒药。

5）鸦片、吗啡、海洛因、大麻以及其他能使人成瘾的麻醉品、精神药物。

6）带有危险性病菌、害虫及其他有害生物的动物、植物及其产品。

7）有碍人畜健康的、来自疫区的以及其他能传播疾病的食品、药品或其他物品。

**2. 禁止出境物品**

1）列入禁止进境范围的所有物品。

2）内容涉及国家秘密的手稿、印刷品、胶卷、照片、唱片、影片、录音带、录像带、激光视盘、计算机存储介质及其他物品。

3）珍贵文物及其他禁止出境的文物。

4）濒危的和珍贵的动物、植物（均含标本）及其种子和繁殖材料。

**二、限制进出境物品**

**1. 限制进境物品**

1）无线电收发信机、通信保密机。

2）烟、酒。

3）濒危的和珍贵的动物、植物（均含标本）及其种子和繁殖材料。

4）国家货币。

5）海关限制进境的其他物品。

**2. 限制出境物品**

1）金银等贵重金属及其制品。

2）国家货币。

3）外币及其有价证券。

4）无线电收发信机、通信保密机。

5）贵重中药材。

6）一般文物。

7）海关限制出境的其他物品。

注：根据海关总署公告2013年第46号（关于《中华人民共和国禁止进出境物品表》和《中华人民共和国限制进出境物品表》有关问题解释），为有效实施《中华人民共和国禁止进出境物品表》和《中华人民共和国限制进出境物品表》，现就有关问题解释如下：①赌博用筹码属于《中华人民共和国禁止进出境物品表》所列“对中国政治、经济、文化、道德有害的印刷品、胶卷、照片、唱片、影片、录音带、录像带、激光视盘、计算机存储介质及其他物品”中的“其他物品”。②微生物、生物制品、血液及其制品、人类遗传资源、管制刀具、卫星电视接收设备属于《中华人民共和国限制进出境物品表》所列“海关限制进境的其他物品”。③微生物、生物制品、血液及其制品、人类遗传资源、管制刀具属于《中华人民共和国限制进出境物品表》所列“海关限制出境的其他物品”。

（资料来源：http：//www.customs.gov.cn/customs/302249/302266/302267/356445/index.html。经整理加工。）

**4. 限制类进出口货物的货物和技术管理**

为维护我国安全和社会公共利益，保护人民的生命健康，履行我国所缔结或者参加的国际条约和协定，国务院商务主管部门会同国务院有关部门，依照《中华人民共和国对外贸易法》的规定，制定、调整并公布各类限制进出口货物、技术目录。海关依据国家相关法律法规对限制进出口目录货物、技术实施监督管理。

**（1）限制进口管理制度。**国家实行限制进口管理的货物、技术，必须依照国家有关部门规定取得国务院商务主管部门或者国务院其他相关部门的许可，方可进口。

我国限制进口货物管理按照其限制方式可分为进口许可证配额管理、许可证件管理和关税配额管理。

**（2）限制出口管理制度。**国家实行限制出口管理的货物、技术，必须依照国家有关部门规定取得国务院商务部主管部门或者国务院其他相关部门的许可，方可出口。

根据《中华人民共和国货物进出口管理条例》的规定，国家规定有数量限制的出口货物，实行配额管理；其他限制出口货物，实行许可证件管理。实行配额管理的限制出口货物，由国务院外经贸主管部门和国务院有关经济管理部门按照国务院规定的职责划分进行管理。

**5. 自由进出口货物和技术管理**

除国家禁止、限制进出口货物和技术外的其他货物和技术，均属于自由进出口范围。自由进出口货物和技术的进出口不受限制，但基于监测进出口情况的需要，国家对部分属于自由进口的货物实行自动进口许可管理，对自由进出口的技术实行技术进出口合同登记管理。

**（1）货物自动进口许可管理。**自动进口许可管理是在任何情况下对进口申请一律予以批准的进口许可制度。这种进口许可实际上是一种在进口前的自动登记性质的许可制度，通常用于国家对这类货物的统计和监测，是我国进出口许可管理制度中的重要组成部分，也是目前被各国普遍使用的一种进口管理制度。

我国自动进口许可管理包括自动进口许可证管理和非限制进口类固体废物管理两大类。

进口属于自动进口许可管理的货物，进口经营者应当在办理海关报关手续前，向国务院主管部门或者国务院有关经济管理部门提交自动进口许可申请；然后凭相关部门发放的自动进口许可的批准文件，向海关办理报关手续。

**（2）技术进出口合同登记管理。**进出口属于自由进出口的技术，应当向国务院国际贸易主管部门或者其委托的机构办理合同备案登记。国务院外经贸主管部门应当自收到规定的文件之日起三个工作日内，对技术进出口合同进行登记，颁发技术进出口合同登记证，申请人凭技术进出口合同登记证，办理外汇、银行、税务、海关等相关手续。

**（三）出入境检验检疫制度**

出入境检验检疫制度是指由国家出入境检验检疫机构根据我国有关法律和行政法规及我国政府所缔结或者参加的国际条约、协定，对进出境的货物、物品及其包装物、交通运输工具、运输设备和进出境人员实施检验检疫监督管理的法律依据和行政手段的总和，其国家主管部门是海关总署。

出入境检验检疫的目的是保护国家经济的顺利发展，保护人民的生命和生活环境的安全与健康。出入境检验检疫的职责由《中华人民共和国宪法》、有关法律和最高国家行政机关的行政法规等赋予。

实施出入境检验检疫为世界各国的通行做法。各国法律及国际规约（包括条约、公约、合约、协定、规则、声明）都赋予出入境检验检疫以公认的法律职责。2018 年 4 月，按照《深化党和国家机构改革方案》工作部署，出入境检验检疫管理职责与队伍划入海关，建设中国特色社会主义新海关是我国检验检疫工作今后的重要职责和使命。

全国人民代表大会常务委员会先后制定了《中华人民共和国国境卫生检疫法》《中华人民共和国进出口商品检验法》《中华人民共和国进出境动植物检疫法》《中华人民共和国食品安全法》等法律。其中：《中华人民共和国国境卫生检疫法》第二条规定：“在中华人民共和国国际通航的港口、机场以及陆地边境和国界江河的口岸（以下简称国境口岸），设立国境卫生检疫机关，依本法规定实施传染病检疫、监测和卫生监督。”第四条规定：“入境、出境人员、交通工具、运输设备以及可能传播检疫传染病的行李、货物、邮包等物品，都应当接受检疫，经国境卫生检疫机关许可，方准入境或者出境。”

《中华人民共和国进出口商品检验法》第四条规定：“进出口商品检验应当根据保护人类健康和安全、保护动物或者植物的生命和健康、保护环境、防止欺诈行为、维护国家安全的原则，由国家商检部门规定、调整必须实施检验的进出口商品目录（以下简称目录）并公布实施。”第五条规定：“列入目录的进出口商品，由商检机构实施检验。前款规定的进口商品未经检验的，不准销售、使用；前款规定的出口商品未经检验合格的，不准出口。”

《中华人民共和国进出境动植物检疫法》第二条规定：“进出境的动植物、动植物产品和其他检疫物，装载动植物、动植物产品和其他检疫物的装载容器、包装物，以及来自动植物疫区的运输工具，依照本法规定实施检疫。”

《中华人民共和国食品安全法》第九十一条规定：“国家出入境检验检疫部门对进出口食品安全实施监督管理。”第九十二条规定：“进口的食品、食品添加剂应当经出入境检验检疫机构依照进出口商品检验相关法律、行政法规的规定检验合格。”第九十六条规定：“向我国境内出口食品的出口商或者代理商、进口食品的进口商应当向国家出入境检验检疫部门备案。向我国境内出口食品的境外食品生产企业应当经国家出入境检验检疫部门注册。”

### （四）货物贸易外汇管理制度

国际贸易经营者在国际贸易交易活动中，应当依照国家有关规定结汇、用汇。国家外汇管理局依据《中华人民共和国外汇管理条例》及其他有关规定，对包括经常项目外汇业务、资本项目外汇业务、金融机构外汇业务、人民币汇率生成机制和外汇市场等领域实施监督管理。

国家外汇管理局对企业的贸易外汇管理方式为非现场总量核查。国家外汇管理局通过货物贸易外汇检测系统，全面采集企业货物进出口和外汇收支逐笔数据，定期比对、评估企业货物流与资金流总体匹配情况，一方面便利合规企业贸易外汇收支，另一方面对存在异常的企业进行重点监测，必要时实施现场核查。

国际贸易项下国际收支不予限制，出口收入可按规定调回境内或存放境外。从事国际贸易的机构（以下简称企业）的外汇收支应当具有真实、合法的交易背景，与货物进出口应当一致。企业应当根据贸易方式、结算方式及资金来源或流向，凭进出口报关单等相关单证在金融机构办理贸易外汇收支。金融机构应当对企业提交的交易单证的真实性及其外汇收支的一致性进行合理审查。国家外汇管理局及其各级分支机构，依法对企业及经营结汇、售汇业务的金融机构进行监督检查，形成了企业自律、金融机构专业审查、国家外汇管理局监管的运行机制。

进出口货物收付汇管理是我国实施外汇管理的主要手段，进口货物付汇管理与出口货物收汇管理均采取外汇核销形式。

#### 1. 进口货物付汇核销程序

1）进口企业在进口付汇前，需向付汇银行申请“贸易进口付汇核销单”，凭以办理付汇。

2）货物进口后，进口单位（或其代理）凭海关出具的“报关单进口付汇核销专用联”和报关单向外管局指定银行办理外汇核销。

#### 2. 出口货物收汇核销程序

1）出口企业（包括代理企业）应在报关前向当地外汇管理局领取《出口收汇核销单》。

2）填写《出口收汇核销单》，并在报关时向海关交验《出口收汇核销单》。办理海关手续后，海关将盖有“放行章”的报关单及“核销单”退还出口企业。

3）出口企业将有关单据和“核销单”交银行收汇，并将该“核销单”存根联和报关单送原签发外汇管理局，由其核对相关单据后，核销该笔收汇。

### （五）国际贸易救济措施

世界贸易组织允许成员方在进口产品倾销、补贴和过激增长等给其国内产业造成损害的情况下，可以使用反倾销、反补贴和保障措施手段以保护国内产业不受损害。

反倾销、反补贴和保障措施均属于贸易救济措施。反倾销和反补贴措施针对的是价格歧视这种不公平贸易行为，保障措施针对的是进口产品激增的情况。

为了充分利用世界贸易组织规则，维护国内市场上国内外商品的自由贸易和公平竞争秩序，我国依据世界贸易组织《反倾销协议》《补贴与反补贴措施协议》《保障措施协议》及《中华人民共和国对外贸易法》的有关规定，制定颁布了《中华人民共和国反补贴条例》《中华人民共和国反倾销条例》《中华人民共和国保障措施条例》。

◇小资料

**中国已连续20多年成为全球遭遇反倾销调查最多的国家**

反补贴、反倾销和保障措施均属于贸易救济措施。反补贴和反倾销措施针对的是价格歧视这种不公平的贸易行为，保障措施针对的是进口产品激增的情况。

中国是贸易保护主义的头号受害国，是贸易救济措施的首要目标国。1995年—2016年，中国遭受的反倾销案件占全球案件的近1/4，总共1217起。中国出口的18类出口产品，除动植物油脂之外，其他的17类产品全部都遭受了反倾销。2017年中国共遭遇21个国家（地区）发起贸易救济调查75起，涉案金额达110亿美元。中国已连续20多年成为全球遭遇反倾销调查最多的国家，连续10多年成为全球遭遇反补贴调查最多的国家。这影响了中国钢铁、铝、光伏、轮胎、家电、化肥等诸多出口的产品。

反倾销为什么可怕？

反倾销措施的实施期限一般是5年，在5年到期前，反倾销国进行复审，如果认为有必要，就继续延长实施第二个5年的反倾销措施。10年时间，对整个行业发展的影响是巨大的，涉及的金额更是上百亿元。除了反倾销，外国还对中国进行反补贴、设置绿色壁垒等各种贸易保护行为。

临时反倾销措施包括临时反倾销税、现金保证金、保函或其他形式的担保、预扣反倾销税等形式。

（资料来源：http：//news.ifeng.com/c/7fZyAfNgmlR。经整理加工。）

## 第三节　国际物流中的检验检疫

### 一、出入境检验检疫的作用

#### （一）国家主权的体现

海关作为执法机构，按照国家法律规定，对出入境货物、运输工具、人员等法定检验检疫对象进行检验、检疫、鉴定、认证及监督管理。不符合我国强制性要求的入境货物，一律不得销售、使用；对涉及安全卫生及检疫产品的国外生产企业进行注册登记；对不符合安全卫生条件的商品、物品、包装和运输工具，有权禁止进口，或视情况在进行消毒、灭菌、杀虫或其他排除安全隐患的措施等无害化处理合格后，方准进口；对于应经海关实施注册登记的、向我国输出有关产品的外国生产加工企业，必须取得注册登记证后，方准向我国出口其产品。

#### （二）国家管理职能的体现

海关作为执法机构，依照法律授权，按照我国、进口国或国际性技术法规规定，对出入境人员、货物、运输工具实施检验检疫；对涉及安全、卫生和环保要求的出口产品生产加工企业、包装企业实施生产许可加工安全或卫生保证体系注册登记；经检验检疫发现质量与安全卫生条件不合格的出口商品，有权阻止出境；不符合安全条件的危险品包装容器，不准装运危险货物；不符合卫生条件或冷冻要求的船舱和集装箱，不准装载易腐、易变质的粮油食品或冷冻品；对属于需要注册登记的生产企业，未经许可不得生产加工有关出口产品；对涉及人类健康和安全，动植物生命和健康，以及环境保护和公共安全的入境产品实行强制性认证制度；对成套设备和废旧物品进行装船前检验。

### （三）国家经济建设和社会发展的保障

#### 1. 保护农林牧渔业生产安全

保护农林牧渔业生产安全，使其免受国际上重大疫情灾害影响，是我国海关担负的重要使命。对动植物及其产品和其他检疫物品，以及装载动植物及其产品和其他检疫物品的容器、包装物和来自动植物疫区的运输工具（含集装箱）实施强制性检疫，对防止动物传染病、寄生虫和植物危险性病、虫、杂草及其他有害生物等检疫对象和危险疫情的传入、传出，保护国家农林牧渔业生产安全和人民身体健康具有重要作用。

#### 2. 保护我国人民身体健康

我国边境线长，对外开放的海、陆、空口岸逐年增加，截至2020年12月31日，全国共有经国务院批准对外开放口岸313个。近年来，各种检疫传染病和监测传染病仍在一些国家或地区发生和流行，甚至出现了一批新的传染病，特别是随着国际贸易、旅游和交通运输的发展，以及出入境人员的增加，鼠疫、霍乱、黄热病等一些烈性传染病及其传播媒介随时都有传入的危险，给我国人民的身体健康造成严重威胁。因此，对出入境人员、交通工具、运输设备及可能传播传染病的行李、货物、邮包等物品实施强制性检疫，对防止检疫传染病的传入、传出，保护人民身体健康具有重要作用。

#### 3. 有效提高我国出口企业的管理水平和产品质量，不断开拓国际市场

世界各主权国家为保护国民身体健康、保障国民经济发展和消费者权益，相继制定了食品、药品、化妆品和医疗器械的卫生法规，机电与电子设备、交通运输工具和涉及消费品安全的安全法规，动植物及其产品的检疫法规，检疫传染病的卫生检疫法规。我国海关依法履行检验检疫职能，可以有效提高我国出口企业的管理水平和产品质量，不断开拓国际市场。

### （四）对外贸易顺利进行的保障

#### 1. 对进出口商品的检验检疫监管为对外贸易有关各方提供了公正、权威的凭证

在对外贸易中，贸易、运输、保险各方往往要求由官方或权威的非当事人对进出口商品的质量、重量、包装、装运技术条件等提供检验合格证明，为出口商品交货、结算、计费、计税和进口商品质量、残短索赔等提供有效凭证。我国海关对进出口商品实施检验并出具各种检验检疫证明，为对外贸易有关各方履行贸易、运输、保险契约和处理索赔争议提供了公正、权威的凭证。

#### 2. 对进出口商品的检验检疫监管是建立国家技术保护屏障的重要手段

我国海关加强对进口产品的检验检疫和对相关国外生产企业的注册登记与监督管理，通过合理的技术规范和措施保护国内产业和国民经济的健康发展，保护消费者、生产者的合法权益，履行我国与国外签订的检疫协议义务，突破进口国在动植物检疫中设置的贸易技术壁垒。

## 二、出入境检验检疫机构

### （一）我国进出口商品检验检疫机构

#### 1. 检验检疫机构的变迁

1998年，原国家进出口商品检验局、原农业部动植物检疫局和原卫生部卫生检疫局合

并，组建国家出入境检验检疫局。

2001 年，原国家出入境检验检疫局和原国家技术监督局合并，组建国家质量监督检验检疫总局。

2018 年，国家质量监督检验检疫总局的出入境检验检疫管理职责和队伍划入海关总署。

**2. 民间独立的检验机构**

民间独立的检验机构——中国检验认证（集团）有限公司（CCIC）的业务范围见表 8-1。

**表 8-1 中国检验认证（集团）有限公司的业务范围**

| 认证业务 | 检验业务 | 鉴定业务 | 检测业务 | 培训业务 |
| --- | --- | --- | --- | --- |
| 质量、环境、职业健康安全、食品安全、信息安全、信息技术服务、社会责任、业务连续性管理体系认证，社会责任标准认证、危害分析与关键控制点体系认证、全球有机食品认证、中国良好农业规范认证，绿色市场认证，健康安全环境、医疗器械安全、供应链安全、资产管理体系认证，商品售后服务、物流服务评价体系认证 | 装船前检验、海关通关检验、委托业务检验、矿产品检验、政府援外物资检验 | 司法鉴定、公正鉴定、保险公估、价值鉴定、货物残损鉴定 | 校准业务、食品安全服务、农食产品溯源业务 | 培训教师、培训课程、培训计划、培训通知、培训新闻、网络培训课程 |

**（二）国际商品检验机构**

**1. 官方检验机构**

官方检验机构是在一国专门设置的出入境检验检疫机构，对出入境的货物、人员、交通工具、集装箱、行李、邮包、携带物等进行检验检疫，以保障人员、动植物安全卫生和商品的质量。例如美国食品药品监督管理局（FDA）、美国动植物检疫署、美国粮谷检验署、日本通商省检验所等。

**2. 半官方检验机构**

半官方检验机构是有一定权威、由国家政府授权、代表政府行使某项商品检验或某一方面检验管理工作的民间机构。例如美国担保人实验室（UL）。

**3. 非官方检验机构**

非官方检验机构是私人创办的，具有专业检验、鉴定技术能力的公证行或检验公司。例如英国劳埃氏公证行、SGS 集团等。

## 三、出入境检验检疫制度内容

我国进出境检验检疫制度内容包括进出口商品检验制度、进出境动植物检疫制度、卫生检疫监督制度、食品安全监管制度四大管理体系。根据各自的法律法规，在涉及人类健康、动植物健康安全、商品质量控制、环境保护等方面分别建立了相应的管理制度，由这些制度共同组成了检验检疫管理体系。

**（一）进出口商品检验制度**

进出口商品检验制度是根据《中华人民共和国进出口商品检验法》及其实施条例的规定，海关总署及其口岸进出境检验检疫机构对进出口商品所进行品质、质量检验和监督管理的制度。

商品检验机构实施进出口商品检验的内容包括商品的质量、规格、数量、重量、包装是否符合安全、卫生的要求。我国商品检验的种类分为四种，即法定检验、合同检验、公证鉴定和委托检验。

对法律、行政法规、部门规章规定有强制性标准或者其他必须执行的检验标准的进出口商品，依照法律、行政法规、部门规章规定的检验标准检验；法律、行政法规、部门规章未规定有强制性标准或者其他必须执行的检验标准的，依照对外贸易合同约定的检验标准检验。

《中华人民共和国进出口商品检验法》第六条规定："必须实施的进出口商品检验，是指确定列入目录的进出口商品是否符合国家技术规范的强制性要求的合格评定活动。合格评定程序包括：抽样、检验和检查；评估、验证和合格保证；注册、认可和批准以及各项的组合。"

《中华人民共和国进出口商品检验法》第七条规定："列入目录的进出口商品，按照国家技术规范的强制性要求进行检验；尚未制定国家技术规范的强制性要求的，应当依法及时制定，未制定之前，可以参照国家商检部门指定的国外有关标准进行检验。"

由于机构改革，上述职能已经并入海关管理职能，其中提到的"必须实施的进出口商品检验目录"也列入海关进出口税则中的检验检疫类别，来界定需要实施商品检验的范围。

按照商品属性，涉及的管理办法包括《进口汽车检验管理办法》《进口涂料检验监督管理办法》《进出口玩具检验监督管理办法》《进出口煤炭检验管理办法》《进出口玩具检验监督管理办法》《进口棉花检验监督管理办法》《进口旧机电产品检验监督管理办法》《进口可用作原料的固体废物检验检疫监督管理办法》《出口烟花爆竹检验管理办法》《机电产品进口管理办法》《重点旧机电产品进口管理办法》等。按照检验内容和工作方式，我国制定了《进出口商品数量重量检验鉴定管理办法》《中华人民共和国实施金伯利进程国际证书制度管理规定》《进出口商品免验办法》《进出口商品复验办法》等。

**（二）进出境动植物检疫制度**

进出境动植物检疫制度是根据《中华人民共和国进出境动植物检疫法》及其实施条例的规定，海关总署及其口岸进出境检验检疫机构对进出境动植物、动植物产品的生产、加工、存放过程，实行检疫监督制度。

我国实行进出境检验检疫制度的目的是防止动物传染病、寄生虫病和植物危险性病虫、杂草及其他有害生物传入、传出国境，保护农、林、牧、渔业生产和人体健康，促进对外经济贸易的发展。

口岸进出境检验检疫机构实施动植物检疫监督管理的方式有实行注册登记、疫情调查、检测和防疫指导等。其管理主要包括进境检疫、出境检疫、过境检疫、进出境携带物和邮寄物检疫及进出境运输工具检疫等。

进出境动植物检疫管理制度的基本内容包含检疫审批进出口动植物及其产品的企业及加工储存场所注册登记制度。按照货物属性，涉及的管理办法包括《进境动植物检疫审批管理办法》《进境动物隔离检疫场使用监督管理办法》《进境动物遗传物质检疫管理办法》《进出境非食用动物产品检验检疫监督管理办法》《进出口饲料和饲料添加剂检验检疫监督管理办法》《进境植物繁殖材料检疫管理办法》《进境栽培介质检疫管理办法》《进出境粮食检验检疫监督管理办法》《进境水生动物检验检疫监督管理办法》《进出境转基因产品检验检疫管理办法》《出境竹木草制品检疫管理办法》《出境水果检验检疫监督管理办法》

《出境水生动物检验检疫监督管理办法》《出境货物木质包装检疫处理管理办法》及供港澳活牛、活猪、活羊、活禽、蔬菜等相应的检验检疫监督管理办法等。按照入境口岸检疫、出口属地检疫管理原则，口岸海关及属地海关分别实施相应的检验检疫，包括个人携带物、交通工具、包装铺垫材料等。

◇**小案例**

2021年2月23日，据"海关发布"微信公众号消息，上海海关所属邮局海关工作人员在进行X光机查验时，发现一个申报品名为"牙科耗材"的海外进境邮件包裹影像异常。工作人员随即开箱查验，从中查获活体蚂蚁406只，蚂蚁体长约2cm，且每只都单独放置于一个EP（环氧树脂）管中，管内有湿润的棉花，管口留有通气孔。该包裹已移交有关部门做销毁处理。

2021年2月，包括海关总署在内的五部委联合发布《进一步加强外来物种入侵防控工作方案》，要求强化入境货物、快件、邮件等渠道的检疫监管，对截获的外来入侵物种进行严格处置。该文件严厉打击了非法引进、携带、邮递、走私外来物种的违法行为，有效堵截了外来物种非法入境的渠道。

未经检疫评估的活动物可能携带有疫情疫病，而且一旦逸散繁殖可能会造外来物种入侵，严重威胁我国人民身体健康及生态安全。

（资料来源：https：//finance.sina.com.cn/china/gncj/2021-02-25/doc-ikftpnny9617922.shtml。经整理加工。）

**（三）卫生检疫监督制度**

卫生检疫监督制度是指进出境检验检疫机构根据《中华人民共和国国境卫生检疫法》及其实施细则，以及国家其他的卫生法律、法规和卫生标准，在进出口口岸对进出境的交通工具、货物、运输容器以及口岸辖区的公共场所、环境、生活设施、生产设备所进行的卫生检查、鉴定、评价和采样检验的制度。

我国实行卫生检疫监督制度是为了防止传染病由国外传入或者由国内传出，实施国境卫生检疫，保护人民身体健康。其监督职能主要包括进出境检疫、国境传染病检测、进出境卫生监督等。

《中华人民共和国国境卫生检疫法》第四条规定："入境、出境的人员、交通工具、运输设备以及可能传播检疫传染病的行李、货物、邮包等物品，都应当接受检疫，经国境卫生检疫机关许可，方准入境或者出境。"根据该规定形成的管理办法有《国际航行船舶出入境检验检疫管理办法》《出入境邮轮检疫管理办法》《国境口岸食品卫生监督管理规定》《国境口岸卫生许可管理办法》《出入境特殊物品卫生检疫管理规定》《出入境尸体骸骨卫生检疫管理办法》等。

**（四）食品安全监管制度**

《中华人民共和国食品安全法》对进出口食品的监督管理设置了专门的章节，即"第六章食品进出口"。其中第九十二条规定："进口的食品、食品添加剂、食品相关产品应当符合我国食品安全国家标准。进口的食品、食品添加剂应当经出入境检验检疫机构依照进出口商品检验相关法律、行政法规的规定检验合格。进口的食品、食品添加剂应当按照国家出入境检验检疫部门的要求随附合格证明材料。"2009年7月，根据《中华人民共和国食品安全法》制定的《中华人民共和国食品安全法实施条例》明确了进口食品的检验检疫职责和要求，其中第四十四条规定："进口商进口食品、食品添加剂，应当按照规定向出入境检验检疫机构报检，如实申报产品相关信息，并随附法律、行政法规规定的合格证明材料。"

根据机构改革及新职能的划分，检验检疫机构职责划入海关，即进口食品检验工作由海关实施并签发相应证明。

我国对下列商品实施入境准入：肉类（鹿产品、马产品、牛产品、禽产品、羊产品、猪产品，内脏和副产品除外）、乳制品、水产品、燕窝、肠衣、植物源性食品、中药材、蜂产品八大类产品。海关总署根据风险评估和审查结果，对上述八大类产品准入目录进行动态调整。

为严格落实《中华人民共和国食品安全法》等有关规定，进一步规范对境外输华国家或地区食品安全体系评估和审查，便于国内外监管部门、经营主体和广大消费者了解相关信息，更好地服务进出口贸易健康发展，海关总署进出口食品安全局开发了"符合评估审查要求及有传统贸易的国家或地区输华食品目录信息系统"，在海关总署官网予以对外实时更新和信息发布。

针对上述产品，海关总署颁布了相应的管理办法，详情可以参考海关总署官网信息公开栏目。

**◇小资料**

**我国禁止携带、邮寄入境的16类物品**

根据《中华人民共和国禁止携带、邮寄进境的动植物及其产品名录》的规定，我国禁止携带、邮寄入境的16类物品如下：

**一、动物及动物产品类**

（一）活动物（犬、猫除外），包括所有的哺乳动物、鸟类、鱼类、两栖类、爬行类、昆虫类和其他无脊椎动物，动物遗传物质。

（二）（生或熟）肉类（含脏器类）及其制品；水生动物产品。

（三）动物源性奶及奶制品，包括生奶、鲜奶、酸奶，动物源性的奶油、黄油、奶酪等奶类产品。

（四）蛋及其制品，包括鲜蛋、皮蛋、咸蛋、蛋液、蛋壳、蛋黄酱等蛋源产品。

（五）燕窝（罐头装燕窝除外）。

（六）油脂类，皮张、毛类，蹄、骨、角类及其制品。

（七）动物源性饲料（含肉粉、骨粉、鱼粉、乳清粉、血粉等单一饲料）、动物源性中药材、动物源性肥料。

**二、植物及植物产品类**

（八）新鲜水果、蔬菜。

（九）烟叶（不含烟丝）。

（十）种子（苗）、苗木及其他具有繁殖能力的植物材料。

（十一）有机栽培介质。

**三、其他类**

（十二）菌种、毒种等动植物病原体，害虫及其他有害生物，细胞、器官组织、血液及其制品等生物材料。

（十三）动物尸体、动物标本、动物源性废弃物。

（十四）土壤。

（十五）转基因生物材料。

（十六）国家禁止进境的其他动植物、动植物产品和其他检疫物。

（资料来源：http：//www.gov.cn/zwgk/2012-03/02/content_2081510.htm。经整理加工。）

## 四、出入境检验检疫货物的基本申报要求

### （一）入境货物申报要求

**1. 入境检验检疫报检申报**

入境检验检疫报检是指法定检验检疫入境货物的货主或其代理人，持有关单证向报关地海关申请对入境货物进行检验检疫以获得入境通关放行凭证，并取得入境货物销售、使用合法凭证的报检。对入境一般报检业务而言，签发放行指令和对货物的检验检疫都由报关地海关完成，货主或其代理人在办理完通关手续后，应主动与海关联系落实检验检疫工作。

**2. 报检时限和地点**

对入境货物，应在入境前或入境时向入境口岸、指定的或到达站的海关办理报检手续；入境的运输工具及人员应在入境前或入境时申报。

入境货物需对外索赔出证的，应在索赔有效期前不少于20天向到货口岸或货物到达地的海关报检。

输入微生物、人体组织、生物制品、血液及其制品或种畜、禽及其精液、胚胎、受精卵的，应当在入境前30天报检。

输入其他动物的，应当在入境前15天报检。

输入植物、种子、种苗及其他繁殖材料的，应当在入境前7天报检。

**3. 报检时应提供的单据**（含电子单据）

入境货物报检申报时，应以电子形式提供外贸合同、发票、提（运）单、装箱单等必要的凭证及其他海关要求提供的特殊单证，并根据海关需要提供相关纸质单证。

### （二）出境货物申报要求

为贯彻落实国务院机构改革要求，进一步深化全国通关一体化，优化出口货物检验检疫监管，促进贸易便利化，海关总署印发了《出口申报前监管实施方案》的通知，并发布2018年第89号公告（关于优化出口货物检验检疫监管的公告）。该公告的主要内容是自2018年8月1日起，实施出口检验检疫的货物，企业应在报关前向产地、组货地海关申请；海关实施检验检疫监管后建立电子底账，向企业反馈电子底账数据号，符合要求的按规定签发检验检疫证书；企业报关时应填写电子底账数据号，办理出口通关手续。按照《出口申报前监管实施方案》的要求，将原出口货物的报检、检验检疫签证等作业转化为出口申报前监管，并形成电子底账；同时将出口货物检验检疫的申报要素纳入报关申报内容，报关时可调用电子底账数据，企业无须二次录入；将法定检验检疫出口货物的口岸查验纳入通关作业流程，实现一次查验、一次放行。

**1. 出口检验检疫监管的报检申报**

出口检验检疫监管的报检申报是指法定检验检疫出境货物的货主或其代理人，办理出口货物通关手续前，持有关单证向产地海关申请检验检疫以取得出境电子底账数据号及其他单证的报检。对于出境需要实施检验检疫的货物，产地海关检验检疫合格后，在口岸海关报关时，货主或其代理人凭产地海关签发出境电子底账信息方可向口岸海关报关。

**2. 报检时限和地点**

出境货物最迟应于报关或装运前7天报检，对于个别检验检疫周期较长的货物，应留有相应的检验检疫时间。

出境的运输工具和人员应在出境前向口岸海关报检或申报。

需要隔离检疫的出境动物在出境前60天预报，隔离前7天报检。

法定检验检疫货物，原则上应向产地海关报检，并由产地海关实施检验检疫。

**3. 报检时应提供的单据**

出境货物报检申报时，应以电子形式提供合同、信用证（以信用证方式结汇时提供）、发票、装运箱单等必要的凭证及其他海关要求提供的特殊单证，并根据海关需要提供相关纸质单证。

## 五、出入境检验检疫业务基本流程

出入境检验检疫业务流程是指申报/申请（受理报检、审单布控）、现场和实验室检验检疫（检验检疫、抽样/采样）、卫生除害处理（检疫处理）、综合评定、签证与放行的全过程。

### （一）申报/申请

2018年国务院机构改革后，出入境检验检疫业务的报检/申报与海关报关业务实施整合申报。根据相关方案的安排，全国海关于2018年8月1日起正式实施进出口货物整合申报。通过“单一窗口”“互联网+海关”预录入系统进行报检申报。为了适应国际贸易特点和安全便利的需要，海关总署在整合申报的基础上又进一步改革现有申报制度，企业根据需要可以实施两步申报，即第一步提货申报（概要申报），第二步完整申报。新的申报模式整合了原有报关、报检申报项目，满足了海关及检验检疫作业所关注内容的管理需要，全面优化了涉及检验检疫作业的申报管理方式。出境检验检疫申请是在出境货物报关前，企业根据相关要求向企业所在地海关申请出境报关申报前监管服务的过程。需要实施出口检验检疫作业的货物，完成出境申报前监管的相关工作后，方可在口岸办理报关手续。

海关根据企业申报以随机抽查掌控风险防控覆盖面，以精准布控靶向锁定风险目标，构建随机抽查与精准布控协同分工、优势互补的风险统一防控机制，实现对申报数据的科学布控管理。

### （二）现场和实验室检验检疫

海关对已申报的出入境货物，通过感官、物理、化学、微生物等方法进行检验检疫，以判定所检对象的各项指标是否符合有关强制性标准或合同及买方所在国官方机构的有关规定。检验检疫的方式包括全数检验、抽样检验、型式试验、过程检验、登记备案、符合性验证、符合性评估、合格保证和免予检验等。对必须实施实验室检测并出具检测结果的出入境货物，海关工作人员需要到现场抽取（采取）样品并进行实验室检测。抽取（采取）的样品不能直接进行检验的，需要对样品进行一定的加工，称为“制样”。根据样品管理的规定，样品及制备的小样经检验检疫后应重新封识，超过样品保存期后方可销毁。

**（三）卫生除害处理**（检疫处理）

按照《中华人民共和国国境卫生检疫法》及其实施细则、《中华人民共和国进出境动植物检疫法》及其实施条例的有关规定，检验检疫机构对来自传染病疫区或动植物疫区的有关出入境货物、交通工具、运输工具及废旧物品等实施卫生除害处理。

**（四）综合评定**

根据上述单证审核、现场和实验室检验检疫，以及卫生除害处理等检验检疫作业的相关结果，海关对货物实施综合评定并给出评定结果。

**（五）签证与放行**

出境货物，经检验检疫合格的，办理货物通关手续；经检验检疫或口岸核查货证不合格的，签发出境货物不合格通知单。

入境货物经检验检疫合格的，或经检验检疫不合格但已进行有效处理合格的，签发入境货物检验检疫证明。不合格需要做退货或销毁处理的，签发检验检疫处理通知书；不合格需要办理对外索赔的，签发检验检疫证书，供有关方面办理对外索赔及相关手续。

## 第四节　海关监管及通关程序

### 一、海关监管

进境运输工具在进境以后向海关申报以前，出境运输工具在办结海关手续以后出境以前，受海关监管。

运输工具装卸进出境货物、物品或者上下进出境旅客，应当接受海关监管。

自进境起到办结海关手续止的进口货物，自向海关申报起到出境止的出口货物，以及自进境起到出境止的过境、转运、通运货物等应当接受海关监管的货物。

海关监管证件代码表见表 8-2。

### 二、通关程序

进出境货物通关是指进出境货物通过设立海关的地点或虽未设立海关但经国务院批准的准予进境或出境的地点进境或出境。

进出境货物的收发货人及其代理人，需要依法向海关办理进出境手续。海关对其呈交的单证和申请进出境的货物依法进行审核、查验、征缴税费，并经稽查确认其进口或出口合法的过程。

通关的流程如下：

**（1）报关**。进出口申报，配合查验，缴纳税费，提取或装运货物。

**（2）海关**。审单，查验，征税，放行。

为了缩短货物通关时间，降低企业物流成本，2009 年全国海关启动了分类通关改革试点，2012 年 8 月 1 日，海关总署在部分海关启动通关作业无纸化改革试点，进入试点的 12 个海关包括北京、天津、上海、南京、宁波、杭州、福州、青岛、广州、深圳、拱北和黄埔。这 12 个海关的进出口约占全国外贸总量的八成。2014 年 4 月海关总署决定将通关作业无纸化改革试点范围扩大至全国海关的全部通关业务现场。

表 8-2 海关监管证件代码表（关检融合部分通关参数）

| 代码 | 监管证件名称 | 代码 | 监管证件名称 |
|---|---|---|---|
| 1 | 进口许可证 | P | 固体废物进口许可证 |
| 2 | 两用物项和技术进口许可证 | Q | 进口药品通关单 |
| 3 | 两用物项和技术出口许可证 | R | 进口兽药通关单 |
| 4 | 出口许可证 | S | 进出口农药登记证明 |
| 5 | 纺织品临时出口许可证 | T | 银行调运现钞进出境许可证 |
| 6 | 旧机电产品禁止进口 | U | 合法捕捞产品通关证明 |
| 7 | 自动进口许可证 | W | 麻醉药品进出口准许证 |
| 8 | 禁止出口商品 | X | 有毒化学品环境管理放行通知单 |
| 9 | 禁止进口商品 | Y | 原产地证明 |
| A | 检验检疫 | Z | 音像批准 / 节目提取单 / 光盘备案证明 |
| B | 电子底账 | a | 保税核注清单 |
| D | 出 / 入境货物通关单（毛坯钻石用） | c | 内销征税联系单 |
| E | 濒危物种允许出口证明书 | e | 关税配额外优惠税率进口棉花配额证 |
| F | 濒危物种允许进口证明书 | h | 核增核扣表 |
| G | 两用物项和技术出口许可证（定向） | q | 国别关税配额证明 |
| H | 港澳 OPA 纺织品证明 | r | 预归类标志 |
| I | 精神药物进（出）口准许证 | s | 适用 ITA 税率的商品用途认定证明 |
| J | 黄金及其制品进出口准许证或批件 | t | 关税配额证明 |
| K | 深加工结转申请表 | v | 自动进口许可证（加工贸易） |
| L | 药品进出口准许证 | x | 出口许可证（加工贸易） |
| M | 密码产品和设备进口许可证 | y | 出口许可证（边境小额贸易） |
| O | 自动进口许可证（新旧机电产品） | | |

资料来源：http：//www.singlewindow.cn/cscx/4365.jhtml。

### （一）一般进出口货物的报关程序

#### 1. 一般进出口货物的监管特征

1）进出境环节缴纳进出口税费。

2）进出境时提交相关的许可证件。

3）海关放行即办结海关手续。

#### 2. 一般进出口货物的申报环节

**（1）准备申报单证（报关单和基本单证、特殊单证、预备单证）。**

1）出口报关所需单证主要包括报关单、货物发票、陆运单、空运单和海运进口的提货单及海运出口的装货单、货物装箱单、出口收汇核销单，海关认为必要时，还应交验贸易合同、货物产地证书等。其他有关单证包括减免税证明、加工登记手册。

2）进口报关所需单证主要包括：①必备单证（报关单、装箱单、发票、合同一式一份，报关、报检委托书各一份）；②如是木制包装箱的，需要提供熏蒸证书及盖 IPPC（国际木质包装检疫措施标准）章已做消毒杀虫的处理证明；③不同的产品所需要的特殊单证准备齐全；④有减免税关税的国家请提供相关国家优惠产地证。

**（2）申报前看货取样。**

**（3）交单申报。**

**（4）申报地点。**进口货物由收货人在货物的进境地海关办理海关手续，出口货物由发货人在货物的出境地海关办理海关手续。经收发货人申请，海关同意，进口货物的收货人可以在设有海关的指运地、出口货物的发货人可以在设有海关的启运地办理海关手续。但是货物的转关运输，应当符合海关监管要求；必要时，海关可以派员押运。

**（5）申报时间。**进口货物的收货人自运输工具申报进境之日起 14 日内，出口货物的发货人除海关特准的外，在货物运抵海关监管区后、装货的 24 小时以前，向海关申报。

**（6）预录入编号。**预录入编号是指预录入报关单的编号，一份报关单对应一个预录入编号，由系统自动生成。

报关单预录入编号为 18 位，其中第 1~4 位为接受申报海关的代码（海关规定的《关区代码表》中相应海关代码），第 5~8 位为录入时的公历年份，第 9 位为进出口标志（“1”为进口，“0”为出口；集中申报清单“I”为进口，“E”为出口），后 9 位为顺序编号。例如 0100 2019 1 123456789。

**（7）海关关区名称与代码。**北京和天津海关关区名称和代码见表 8-3。

**（8）境内收发货人。**填报在海关备案的对外签订并执行进出口贸易合同的中国境内法人、其他组织名称及编码。

编码填报 18 位法人和其他组织统一社会信用代码，没有统一社会信用代码的，填报其在海关的备案编码。

**（9）进出境关别。**根据货物实际进出境的口岸海关，填报海关规定的《关区代码表》中相应口岸海关的名称及代码。

进口转关运输货物填报货物进境地海关名称及代码。

出口转关运输货物填报货物出境地海关名称及代码。

按转关运输方式监管的跨关区深加工结转货物，出口报关单填报转出地海关名称及代码，进口报关单填报转入地海关名称及代码。

**（10）日期。**

1）进出口日期。进口日期是指填报运载进口货物的运输工具申报进境的日期。出口日期是指运载出口货物的运输工具办结出境手续的日期，在申报时免予填报。无实际进出境的货物，填报海关接受申报的日期。

2）申报日期。申报日期是指海关接受进出口货物收发货人、受委托的报关企业申报数据的日期。申报日期为 8 位数字，如 2019 03 21。

**（11）备案号。**填报进出口货物收发货人、消费使用单位、生产销售单位在海关办理加工贸易合同备案或征、减、免税审核确认等手续时，海关核发的《加工贸易手册》、海关特殊监管区域和保税监管场所保税账册、《征免税证明》或其他备案审批文件的编号。

**表 8-3　北京和天津海关关区名称和代码**

| 代码 | 关区名称 | 关区简称 | 代码 | 关区名称 | 关区简称 |
|---|---|---|---|---|---|
| 0000 | 海关总署 | 海关总署 | 0128 | 京顺义办 | 京顺义办 |
| 0100 | 北京关区 | 北京关区 | 0129 | 北京海关天竺综合保税区 | 京关天竺 |
| 0101 | 机场单证 | 机场单证 | 0130 | 北京亦庄保税物流中心 | 亦庄物流 |
| 0102 | 京监管处 | 京监管处 | 0200 | 天津关区 | 天津关区 |
| 0103 | 京关展览 | 京关展览 | 0201 | 天津海关 | 天津海关 |
| 0104 | 京一处 | 京一处 | 0202 | 新港海关 | 新港海关 |
| 0105 | 京二处 | 京二处 | 0203 | 津开发区 | 津开发区 |
| 0106 | 京关关税 | 京关关税 | 0204 | 东港海关 | 东港海关 |
| 0107 | 机场库区 | 机场库区 | 0205 | 津塘沽办 | 津塘沽办 |
| 0108 | 京通关处 | 京通关处 | 0206 | 津驻邮办 | 津驻邮办 |
| 0109 | 机场旅检 | 机场旅检 | 0207 | 津机场办 | 津机场办 |
| 0110 | 平谷海关 | 平谷海关 | 0208 | 津保税区 | 津保税区 |
| 0111 | 京五里店 | 京五里店 | 0209 | 蓟县海关 | 蓟县海关 |
| 0112 | 京邮办处 | 京邮办处 | 0210 | 武清海关 | 武清海关 |
| 0113 | 京中关村 | 京中关村 | 0211 | 津加工区 | 津加工区 |
| 0114 | 京国际局 | 京国际局 | 0212 | 天津保税物流园区 | 津物流园 |
| 0115 | 京东郊站 | 京东郊站 | 0213 | 天津东疆保税港区 | 天津东疆 |
| 0116 | 京信 | 京信 | 0214 | 天津滨海新区综合保税区 | 津滨综保 |
| 0117 | 京开发区 | 京开发区 | 0215 | 天津机场海关快件监管中心 | 津机快件 |
| 0118 | 十八里店 | 十八里店 | 0216 | 天津经济技术开发区保税物流中心 | 津开物流 |
| 0119 | 机场物流 | 机场物流 | 0217 | 天津东疆保税港区海关 | 东疆港区 |
| 0121 | 京稽查处 | 京稽查处 | 0218 | 静海海关 | 静海海关 |
| 0123 | 机场调技 | 机场调技 | 0219 | 天津海关驻北辰办事处 | 津北辰办 |
| 0124 | 北京站 | 北京站 | 0220 | 津关税处 | 津关税处 |
| 0125 | 西客站 | 西客站 | 0221 | 天津海关驻宁河办事处 | 津宁河办 |
| 0126 | 京加工区 | 京加工区 | 0222 | 天津大港港区海关 | 大港港区 |
| 0127 | 京快件 | 京快件 | | | |

**（12）境外收发货人。**境外收货人通常是指签订并执行出口贸易合同中的买方或合同指定的收货人。境外发货人通常是指签订并执行进口贸易合同中的卖方。

填报境外收发货人的名称及编码，如：新加坡 AEO 企业 SG123456789012（新加坡国别代码 +12 位企业编码）。

“经认证的经营者”（Authorized Economic Operator，AEO）在世界海关组织（WCO）制定的《全球贸易安全与便利标准框架》中被定义为：“以任何一种方式参与货物国际流通，并被海关当局认定符合世界海关组织或相应供应链安全标准的一方，包括生产商、进口商、出口商、报关行、承运商、理货人、中间商、口岸和机场、货站经营者、综合经营者、仓储业经营者和分销商。”

**（13）运输方式。**运输方式包括实际运输方式和海关规定的特殊运输方式，前者是指货物实际进出境的运输方式，按进出境所使用的运输工具分类；后者是指货物无实际进出境的运输方式，按货物在境内的流向分类。

根据货物实际进出境的运输方式或货物在境内流向的类别，按照海关规定的《运输方式代码表》选择填报相应的运输方式，运输方式代码表见表 8-4。

**表 8-4　运输方式代码表**

| 代码 | 中文名称 | 代码 | 中文名称 |
|---|---|---|---|
| 0 | 非保税区 | 9 | 其他方式运输 |
| 1 | 监管仓库 | H | 边境特殊海关作业区 |
| 2 | 水路运输 | T | 综合实验区 |
| 3 | 铁路运输 | W | 物流中心 |
| 4 | 公路运输 | X | 物流园区 |
| 5 | 航空运输 | Y | 保税港区 |
| 6 | 邮件运输 | Z | 出口加工区 |
| 7 | 保税区 | L | 旅客携带 |
| 8 | 保税仓库 | G | 固定设施运输 |

**（14）运输工具名称及航次号。**填报载运货物进出境的运输工具名称或编号及航次号。填报内容应与运输部门向海关申报的舱单（载货清单）所列相应内容一致。

**（15）提运单号。**填报进出口货物提单或运单的编号。一份报关单只允许填报一个提单或运单号，一票货物对应多个提单或运单时，应分单填报。

**（16）货物存放地点。**填报货物进境后存放的场所或地点，包括海关监管作业场所、分拨仓库、定点加工厂、隔离检疫场、企业自有仓库等。

**（17）消费使用单位 / 生产销售单位。**消费使用单位填报已知的进口货物在境内的最终消费、使用单位的名称。生产销售单位填报出口货物在境内的生产或销售单位的名称。

减免税货物报关单的消费使用单位 / 生产销售单位应与《中华人民共和国海关进出口货物征免税证明》的“减免税申请人”一致；保税监管场所与境外之间的进出境货物，消费使用单位 / 生产销售单位填报保税监管场所的名称。

海关特殊监管区域的消费使用单位 / 生产销售单位填报区域内经营企业（“加工单位”

或“仓库”）。

进口货物在境内的最终消费或使用以及出口货物在境内的生产或销售的对象为自然人的，填报身份证号、护照号、台湾居民来往大陆通行证号等有效证件号码及姓名。

**（18）监管方式。**根据实际对外贸易情况按海关规定的《监管方式代码表》选择填报相应的监管方式简称及代码。一份报关单只允许填报一种监管方式。监管方式代码表（部分，共102种）见表8-5。

**表8-5　监管方式代码表**（部分，共102种）

| 代码 | 监管方式简称 | 监管方式全称 |
| --- | --- | --- |
| 110 | 一般贸易 | 一般贸易 |
| 130 | 易货贸易 | 易货贸易 |
| 139 | 旅游购物商品 | 用于旅游者5万美元以下的出口小批量订货 |
| 200 | 料件销毁 | 加工贸易料件、残次品（折料）销毁 |
| 214 | 来料加工 | 来料加工装配贸易进口料件及加工出口货物 |
| 245 | 来料料件内销 | 来料加工料件转内销 |
| 255 | 来料深加工 | 来料深加工结转货物 |
| 258 | 来料余料结转 | 来料加工余料结转 |
| 265 | 来料料件复出 | 来料加工复运出境的原进口料件 |
| 300 | 来料料件退换 | 来料加工料件退换 |
| 314 | 加工专用油 | 国营贸易企业代理来料加工企业进口柴油 |
| 320 | 不作价设备 | 加工贸易外商提供的不作价进口设备 |
| 345 | 来料成品减免 | 来料加工成品凭征免税证明转减免税 |
| 400 | 边角料销毁 | 加工贸易边角料、副产品（按状态）销毁 |
| 420 | 加工贸易设备 | 加工贸易项下外商提供的进口设备 |
| 444 | 保区进料成品 | 按成品征税的保税区进料加工成品转内销货物 |
| 445 | 保区来料成品 | 按成品征税的保税区来料加工成品转内销货物 |
| 446 | 加工设备内销 | 加工贸易免税进口设备转内销 |
| 456 | 加工设备结转 | 加工贸易免税进口设备结转 |
| 466 | 加工设备退运 | 加工贸易免税进口设备退运出境 |
| 500 | 减免设备结转 | 用于监管年限内减免税设备的结转 |
| 513 | 补偿贸易 | 补偿贸易 |
| 544 | 保区进料料件 | 按料件征税的保税区进料加工成品转内销货物 |
| 545 | 保区来料料件 | 按料件征税的保税区来料加工成品转内销货物 |
| 615 | 进料对口 | 进料加工（对口合同） |

**（19）征免性质。**根据实际情况按海关规定的《征免性质代码表》选择填报相应的征免性质简称及代码，持有海关核发的《征免税证明》的，按照《征免税证明》中批注的征

免性质填报。一份报关单只允许填报一种征免性质。征免性质代码表（部分，共 72 种）见表 8-6。

**表 8-6 征免性质代码表**（部分，共 72 种）

| 代码 | 征免性质简称 | 征免性质全称 |
|---|---|---|
| 101 | 一般征税 | 一般征税进出口货物 |
| 118 | 整车征税 | 构成整车特征的汽车零部件纳税 |
| 119 | 零部件征税 | 不构成整车特征的汽车零部件纳税 |
| 201 | 无偿援助 | 无偿援助进出口物资 |
| 299 | 其他法定 | 其他法定减免税进出口货物 |
| 301 | 特定区域 | 特定区域进口自用物资及出口货物 |
| 307 | 保税区 | 保税区进口自用物资 |
| 399 | 其他地区 | 其他执行特殊政策地区出口货物 |
| 401 | 科教用品 | 大专院校及科研机构进口科教用品 |
| 403 | 技术改造 | 企业技术改造进口货物 |
| 405 | 科技开发用品 | 科学研究、技术开发机构进口科技开发用品 |
| 406 | 重大项目 | 国家重大项目进口货物 |
| 407 | 动漫用品 | 动漫开发生产用品 |
| 408 | 重大技术装备 | 生产重大技术装备进口关键零部件及原材料 |
| 409 | 科技重大专项 | 科技重大专项进口关键设备、零部件和原材料 |
| 412 | 基础设施 | 通信、港口、铁路、公路、机场建设进口设备 |
| 413 | 残疾人 | 残疾人组织和企业进出口货物 |
| 417 | 远洋渔业 | 远洋渔业自捕水产品 |
| 418 | 国产化 | 国家定点生产小轿车和摄录机企业进口散件 |
| 419 | 整车特征 | 构成整车特征的汽车零部件进口 |
| 420 | 远洋船舶 | 远洋船舶及设备部件 |
| 421 | 内销设备 | 内销远洋船用设备及关键部件 |
| 422 | 集成电路 | 集成电路生产企业进口货物 |
| 423 | 新型显示器件 | 新型显示器件生产企业进口物资 |
| 499 | ITA 产品 | 非全税号信息技术产品 |
| 501 | 加工设备 | 加工贸易外商提供的不作价进口设备 |
| 502 | 来料加工 | 来料加工装配和补偿贸易进口料件及出口成品 |

资料来源：http：//www.singlewindow.cn/cscx/4342.jhtml。

**（20）许可证号**。填报进（出）口许可证、两用物项和技术进（出）口许可证、两用物项和技术出口许可证（定向）、纺织品临时出口许可证、出口许可证（加工贸易）、出口许可证（边境小额贸易）的编号。

**（21）启运港。**填报进口货物在运抵我国关境前的第一个境外装运港。

**（22）合同协议号。**填报进出口货物合同（包括协议或订单）编号。

**（23）贸易国（地区）。**发生商业性交易的进口填报购自国（地区），出口填报售予国（地区）。未发生商业性交易的填报货物所有权拥有者所属的国家（地区）。

**（24）启运国（地区）/运抵国（地区）。**启运国（地区）填报进口货物起始发出直接运抵我国或者在运输中转国（地区）未发生任何商业性交易的情况下运抵我国的国家（地区）。

按海关规定的《国别（地区）代码表》选择填报相应的贸易国、启运国（地区）或运抵国（地区）中文名称及代码。国别（地区）代码表（部分，共265个）见表8-7。

**表8-7　国别（地区）代码表**（部分，共265个）

| 代码 | 中文名称 | 英文名称 | 代码 | 中文名称 | 英文名称 |
|---|---|---|---|---|---|
| AFG | 阿富汗 | Afghanistan | BIH | 波斯尼亚和黑塞哥维那 | Bosnia and Herzegovina |
| ALB | 阿尔巴尼亚 | Albania | BWA | 博茨瓦纳 | Botswana |
| ATA | 南极洲 | Antarctica | BVT | 布维岛 | Bouvet Island |
| DZA | 阿尔及利亚 | Algeria | BRA | 巴西 | Brazil |
| ASM | 美属萨摩亚 | American Samoa | BLZ | 伯利兹 | Belize |
| AND | 安道尔 | Andorra | IOT | 英属印度洋领地 | British Indian Ocean Territory |
| AGO | 安哥拉 | Angola | SLB | 所罗门群岛 | Solomon Islands |
| ATG | 安提瓜和巴布达 | Antigua and Barbuda | VGB | 英属维尔京群岛 | Virgin Islands（British） |
| AZE | 阿塞拜疆 | Azerbaijan | BRN | 文莱 | Brunei Darussalam |
| ARG | 阿根廷 | Argentina | BGR | 保加利亚 | Bulgaria |
| AUS | 澳大利亚 | Australia | MMR | 缅甸 | Myanmar |
| AUT | 奥地利 | Austria | BDI | 布隆迪 | Burundi |
| BHS | 巴哈马 | Bahamas（the） | BLR | 白俄罗斯 | Belarus |
| BHR | 巴林 | Bahrain | KHM | 柬埔寨 | Cambodia |
| BGD | 孟加拉国 | Bangladesh | CMR | 喀麦隆 | Cameroon |
| ARM | 亚美尼亚 | Armenia | CAN | 加拿大 | Canada |
| BRB | 巴巴多斯 | Barbados | CPV | 佛得角 | Cabo Verde |
| BEL | 比利时 | Belgium | CYM | 开曼群岛 | Cayman Islands |
| BMU | 百慕大 | Bermuda | CAF | 中非 | Central African Republic |
| BTN | 不丹 | Bhutan | LKA | 斯里兰卡 | Sri Lanka |
| BOL | 玻利维亚 | Bolivia（Plurinational State of） | | | |

资料来源：http：//www.singlewindow.cn/cscx/index_2.jhtml。

**（25）经停港 / 指运港。**经停港填报进口货物在运抵我国关境前的最后一个境外装运港。指运港填报出口货物运往境外的最终目的港。

按海关规定的《港口代码表》选择填报相应的港口名称及代码。港口代码表（部分，共4270个）见表8-8。

**表 8-8 港口代码表**（部分，共 4270 个）

| 代码 | 中文名称 | 英文名称 |
|---|---|---|
| ABW000 | 阿鲁巴 | Aruba |
| ABW001 | 阿鲁巴岛（阿鲁巴） | Aruba，Aruba |
| ABW003 | 奥拉涅斯塔德（阿鲁巴） | Oranjestad，Aruba |
| ABW006 | 圣尼古拉斯湾（阿鲁巴） | Sint Nicolaas，Aruba |
| AFG000 | 阿富汗 | Afghanistan |
| AFG001 | 喀布尔（阿富汗） | Kabul，Afghanistan |
| AFG002 | 坎大哈（阿富汗） | Kandahar，Afghanistan |
| AGO000 | 安哥拉 | Angola |
| AGO003 | 安布里什（安哥拉） | Ambriz，Angola |
| AGO006 | 安布里泽特（安哥拉） | Ambrizete，Angola |
| AGO009 | 木格拉（安哥拉） | Benguela，Angola |
| AGO012 | 卡宾达（安哥拉） | Cabinda，Angola |
| AGO015 | 洛比托（安哥拉） | Lobito，Angola |
| AGO018 | 罗安达（安哥拉） | Luanda，Angola |
| AGO021 | 木萨米迪什（安哥拉） | Mocamedes，Angola |
| AGO024 | 松贝（新里东杜）（安哥拉） | Sumbe（Novo Redondo），Angola |
| AGO026 | 纳米贝（安哥拉） | Namibe，Angola |
| AGO027 | 亚历山大港（安哥拉） | Porto Alexandre（Tombua），Angola |
| AGO030 | 安博因港（安哥拉） | Porto Amboim，Angola |
| AGO033 | 萨拉萨尔港（安哥拉） | Porto Salazar，Angola |
| AIA000 | 安圭拉 | Anguilla |
| AIA003 | 路德湾（安圭拉） | The Road，Anguilla |
| ALA000 | 阿兰群岛（波罗的海中芬兰所属群岛） | Aland Islands |
| ALB000 | 阿尔巴尼亚 | Albania |
| ALB003 | 都拉斯（阿尔巴尼亚） | Durres，Albania |
| ALB006 | 萨兰达（阿尔巴尼亚） | Sarande，Albania |
| ALB009 | 圣吉尼（阿尔巴尼亚） | Shengjin，Albania |
| ALB012 | 发罗拉（阿尔巴尼亚） | Vlora（Vlone），Albania |
| AND000 | 安道尔 | Andorra |
| AND001 | 安道尔（安道尔） | Andorra La Vella，Andorra |

资料来源：http：//www.customs.gov.cn/eportal/fileDir/customs/resource/cms/2018/08/2018082714401340125.xls。

**（26）入境口岸/离境口岸**。按海关规定的《国内口岸编码表》选择填报相应的境内口岸名称及代码。

入境口岸填报进境货物从跨境运输工具卸离的第一个境内口岸的中文名称及代码；采取多式联运跨境运输的，填报多式联运货物最终卸离的境内口岸中文名称及代码；过境货物填报货物进入境内的第一个口岸的中文名称及代码；从海关特殊监管区域或保税监管场所进境的，填报海关特殊监管区域或保税监管场所的中文名称及代码。其他无实际进境的货物，填报货物所在地的城市名称及代码。

离境口岸填报装运出境货物的跨境运输工具离境的第一个境内口岸的中文名称及代码；采取多式联运跨境运输的，填报多式联运货物最初离境的境内口岸中文名称及代码；过境货物填报货物离境的第一个境内口岸的中文名称及代码；从海关特殊监管区域或保税监管场所离境的，填报海关特殊监管区域或保税监管场所的中文名称及代码。其他无实际出境的货物，填报货物所在地的城市名称及代码。

**（27）包装种类**。填报进出口货物的所有包装材料，包括运输包装和其他包装，按海关规定的《包装种类代码表》选择填报相应的包装种类名称及代码，见表8-9。

**表8-9　包装种类代码表**

| 代码 | 中文名称 | 代码 | 中文名称 |
| --- | --- | --- | --- |
| 0 | 散装 | 39 | 其他材料制桶 |
| 1 | 裸装 | 4 | 球状罐类 |
| 22 | 纸制或纤维板制盒/箱 | 6 | 包/袋 |
| 23 | 木制或竹藤等植物性材料制盒/箱 | 92 | 再生木托 |
| 29 | 其他材料制盒/箱 | 93 | 天然木托 |
| 32 | 纸制或纤维板制桶 | 98 | 植物性铺垫材料 |
| 33 | 木制或竹藤等植物性材料制桶 | 99 | 其他包装 |

资料来源：http://www.singlewindow.cn/cscx/4360.jhtml。

**（28）件数**。填报进出口货物运输包装的件数（按运输包装计）。

**（29）毛重（千克）**。不足1kg的填报为“1”。

**（30）净重（千克）**。不足1kg的填报为“1”。

**（31）成交方式**。根据进出口货物实际成交价格条款，按海关规定的《成交方式代码表》选择填报相应的成交方式代码。

**（32）运费**。报进口货物运抵我国境内输入地点起卸前的运输费用，出口货物运至我国境内输出地点装载后的运输费用。

**（33）保费**。填报进口货物运抵我国境内输入地点起卸前的保险费用，出口货物运至我国境内输出地点装载后的保险费用。

**（34）杂费**。报成交价格以外的、按照《中华人民共和国进出口关税条例》相关规定应计入完税价格或应从完税价格中扣除的费用。可按杂费总价或杂费率两种方式之一填报，注明杂费标记（杂费标记“1”表示杂费率，“3”表示杂费总价），并按海关规定的《货币代码表》选择填报相应的币种代码。

**（35）随附单证及编号。**根据海关规定的《监管证件代码表》和《随附单据代码表》选择填报除《中华人民共和国海关进出口货物报关单填制规范》第十六条规定的许可证件以外的其他进出口许可证件或监管证件、随附单据代码及编号。

本栏目分为随附单证代码和随附单证编号两栏，其中代码栏按海关规定的《监管证件代码表》和《随附单据代码表》选择填报相应证件代码；随附单证编号栏填报证件编号。

**（36）标记唛码及备注。**填报要求如下：

1）标记唛码中除图形以外的文字、数字，无标记唛码的填报 N/M。

2）受外商投资企业委托代理其进口投资设备、物品的进出口企业名称。

3）与本报关单有关联关系的，同时在业务管理规范方面又要求填报的备案号，填报在电子数据报关单的“关联备案”栏中。

**（37）商品信息。**

1）商品编号。填报由 10 位数字组成的商品编号。前 8 位为《中华人民共和国进出口税则》和《中华人民共和国海关统计商品目录》确定的编码；第 9~10 位为监管附加编号。

2）商品名称及规格型号分两行填报。第一行填报进出口货物规范的中文商品名称，第二行填报规格型号。

**（38）相关术语。**

1）转关运输是指进出口货物在海关监管下，从一个海关运至另一个海关办理海关手续的行为。

2）指运地是指进口转关运输货物运抵报关的地点。

3）启运地是指出口转关运输货物报关发运的地点。

**（39）注意事项。**

1）运输准备。出口货物报关前要先办妥出口货物托运手续。

2）货物准备。发货人在出口报关前要备好货，在规定时间内运抵海关监管的码头或机场。出口货物应在装货的 24 小时前向海关申报。进口货物应当自载运该货物的运输工具申报进境之日起 14 天内报关。

**3. 配合查验环节**

**（1）查验地点。**海关监管区或装卸现场；特殊情况下，海关可以派员到监管区外进行查验。

**（2）查验方法。**彻查、抽查。

**（3）查验时间。**海关以书面形式提前通知。正常情况下，查验时间为工作日，特殊情况除外。

**（4）复验。**海关可以对已查验货物进行复验（“查验记录”由海关留存）。

**（5）配合查验。**配合查验人员是报关员或仓库保管人员，负责搬运货物、开箱、封箱；回答提问，提供有关单证；协助海关提取需要做进一步检验、化验或鉴定的货样，收取海关开具的取样清单；确认查验结果，在《海关进出境货物查验记录单》上签字。

**4. 缴纳税费环节**

1）海关查验货物无误后，海关计算税费打印纳税缴款书和收费票据。

2）凭海关签发的缴税通知书和收费单据在限定的时间内（收到缴款书后 15 日内）向指定银行缴纳税费，或在网上进行电子支付。

**5. 提取或装运货物环节**

由海关在提货凭证（提货单）或出口装货凭证（装货单）上加盖海关放行章；实行无纸通关的海关，货物的收发货人根据海关发出的放行报文，自行打印放行凭证。

对于一般进出口货物，海关放行即等于结关。

### （二）保税货物的报关程序

保税货物是指经海关批准未办理纳税手续进境，在境内储存、加工、装配后复运出境的货物。保税货物可以分为保税加工货物和保税物流货物。保税加工货物又称加工贸易保税货物，是指在我国境内进行加工、装配后复运出境的货物。保税物流货物是指在我国境内进行储存后复运出境的货物。

海关对保税加工货物和保税物流货物的监管特征有所不同。

**1. 保税加工货物的监管特征**

料件进口暂缓缴纳进口关税和海关代征环节税，成品出口除另有规定外无须纳税；料件进口通常免交进口许可证，成品出口如在规定范围内，必须交验出口许可证；海关现场放行并不等于结关。

**2. 保税加工货物的监管流程**

**（1）商务审批。**经过商务主管部门审批才能进入向海关备案的程序。

**（2）备案保税。**办理《加工贸易登记手册》，才能保税进口。

**（3）纳税暂缓。**海关先准予保税，在产品实际出口并最终确定使用在出口成品上的料件数量后，再确定征免税的范围，然后由企业办理纳税手续。

**（4）监管延伸。**从地点上，保税加工的料件离开进境地口岸海关监管场所后进行加工、装配的地方都是海关监管的场所；从时间上，保税加工的料件在进境地被提取后，海关一直要监管到加工、装配后复运出境或办结正式进口手续为止。

**（5）核销结关。**保税加工货物经过海关核销后才能结关。

**3. 保税物流货物的监管特征**

**（1）设立审批。**保税物流货物必须存放在经过法定程序审批设立的专用场所或者特殊区域，主要有：①保税仓库、出口监管仓库、保税物流中心A型、保税物流中心B型。要经过海关审批，并核发批准证书，凭批准证书设立及存放保税物流货物。②保税物流园区、保税区、保税港区。要经过国务院审批，凭国务院同意设立的批复设立，并经海关等部门验收合格才能存放保税物流货物。未经法定程序审批同意设立的任何场所或者区域都不得存放保税物流货物。

**（2）准入保税。**保税物流货物报关，在任何一种监管模式下，都没有备案程序，而是通过准予进入来实现批准保税。这样，准予进入成为海关保税物流货物监管目标之一。这个监管目标只有通过对专用场所或者特殊区域的监管来实现。

**（3）纳税暂缓。**凡是进境进入保税物流监管场所或特殊监管区域的保税物流货物，在进境时都可以暂不办理进口纳税手续，直到运离海关保税监管场所或特殊监管区域时才办理纳税手续。这与保税加工货物相似，但是保税加工货物（特殊监管区域内的加工贸易货物和边角料除外）内销征税时要征收缓税利息，而保税物流货物在运离海关保税加工场所或特殊监管区域时不需要同时征收缓税利息。

**（4）监管延伸。**这主要包括监管地点延伸和监管时间延伸。①监管地点延伸是指进境货物从进境地海关监管现场，已办结海关出口手续尚未离境的货物从出口申报地海关现场延伸到专用监管场所或者特殊监管区域。②监管时间延伸是指保税仓库存放保税物流货物的时间是 1 年，申请延长的时间最长为 1 年；出口监管仓库存放保税物流货物的时间是 6 个月，申请延长的时间最长为 6 个月；保税物流中心 A 型存放保税物流货物的时间是 1 年，延长的时间最长为 1 年；保税物流中心 B 型存放保税物流货物的时间是 2 年，申请延长的时间最长为 1 年；保税物流园区、保税区、保税港区存放保税物流货物的时间没有限制。

**（5）运离结关。**根据规定，保税物流货物报关同保税加工货物一样有报核程序，有关单位应当定期以电子数据和纸质单证向海关申报规定时段内保税物流货物的进、出、存、销等情况。但是，实际“结关”的时间除外发加工和暂准“运离”（维修、测试、展览等）需要继续监管以外，每一批货物运离保税监管场所或者特殊监管区域都必须根据货物的实际流向办结海关手续；办结海关手续后，该批货物就不再是“运离”的专用监管场所或者特殊监管区域范围的保税物流货物。这里规定时间的报核已经不具备最终办结海关手续的必要程序。

**4. 保税货物报关的基本程序**

1）合同登记备案（必须在保税货物进口前办妥）。

2）进口货物（进口报关时暂缓缴纳税费）。

3）储存或加工后复运出境（办理出口报关手续）。

4）核销结案（结关，海关监管结束）。

**（三）减免税货物的报关程序**

**1. 减免税货物的分类**

关税减免又称关税优惠，根据《中华人民共和国海关法》的规定，关税减免分为三大类：法定减免税、特定减免税和临时减免税。其中后两者属于政策性减免税范围。

**2. 减免税货物的监管特征**

纳税义务人必须在货物进出口前办理减免税审批手续；政策性减免税货物放行后，在其监管年限内应当接受海关的监管，未经海关核准并缴纳关税则不能移作他用；可以在两个享受同等税收优惠待遇的单位之间转让并无须补税。

**3. 减免税货物报关的基本程序**

1）减免税备案和审批（货物申报进口前）。

2）进口报关（提交“进出口货物免征证明”）。

3）减免税货物的处置（在使用期间，向海关呈报减免税货物使用情况的报表，需要时办理结关或结转手续）。

**（四）暂准进出境货物的报关程序**

**1. 暂准进出境货物的分类**

第一类是在进境或者出境时向海关缴纳相当于应纳税款的保证金或者提供其他担保的，可以暂不缴纳关税。

第二类是指除第一类以外的暂准进出境货物，如工程施工中使用的设备、仪器及用品，应当按照该货物的完税价格和其在境内滞留时间与折旧时间的比例来计算征收进口关税。

**2. 暂准进出境货物的监管特征**

1）暂时免予缴纳税费，第一类暂准进出境货物在向海关申报出境时，暂时免予缴纳全部税费；第二类则暂时免予缴纳部分税费。

2）免予提交进出口许可证件。

3）规定期限内（一般为6个月）原状复运进出境。

4）按货物实际流向办结海关手续，核销结关。

**3. 暂准进出境货物报关的基本程序**

1）进出口前的备案。

2）进出口时凭担保报关。

3）使用期内接受海关监管、核查。

4）复出、进口时报关。

5）核销结案。

## ◇重要概念

海关管理　报关　对外贸易管制　检验检疫　海关监管　通关

## ◇本章小结

本章首先介绍了海关的性质和任务，以及报关的含义；其次分析了对外贸易管制的相关措施；再次详细讲述了国际物流中检验检疫的含义、作用、对象、内容和程序；最后针对不同性质的货物和物品分别介绍了海关监管的手段和对应的报关程序。

## ◇复习思考题

**一、单选题**

1. 下列（　　）作为打击走私的主管机关，负责组织、协调、管理查组走私、工作。

A. 公安部门　　B. 海关部门　　C. 武警部队　　D. 解放军

2. 报关是指进出境运输工具的负责人、进出境物品的所有人、进出口货物的收发货人或其代理人向（　　）办理进出境手续的全过程。

A. 边检　　B. 海关

C. 进出境商品检验检疫局　　D. 商务部

3. 由委托企业委托，以委托人的名义办理报关业务的行为，这种报关方式称为（　　）。

A. 直接代理报关　　B. 间接代理报关

C. 自理报关　　D. 跨关区报关

4. 根据相关法律的规定，（　　）是海关对进出境物品监管的基本原则，也是对进出境物品报关的基本要求。

A. 合理在境内使用原则　　B. 合法进出境原则

C. 自用、合理数量原则　　D. 不再转让原则

5. 下列说法错误的是（　　）。

A. 检验是对进出口商品的品质、数量、规格、包装等进行检查验证的行为

B. 检疫是对进出境货物、交通工具、人员、旅客携带物等进行疫情疫病检查

C. 出口检验是确定货物损坏责任的依据

D. 进口检验是接收货物的依据

6. 我国检验检疫货物的通关制度是（　　）。

A. 报关与报验合并进行　　B. 先报关，后报验

C. 先报验，后报关　　D. 统一报关，海关转报验

7. 出入境检验检疫的模式与流程是（　　）。

A. 报检→检验→抽样→签发证书→放行

B. 抽样→报检→检验→签发证书→放行

C. 报检→抽样→检验→签发证书→放行

D. 申报 / 申请→检验 / 检疫（处理）→综合评定→签发证书→放行

8. 关于海关申报地点，下列表述正确的是（　　）。

A. 进口 / 出口货物必须在进境 / 出境地办结海关申报手续

B. 暂时进口货物复运出境时必须在原进境地海关申报

C. 保税货物转为一般进口时应当在货物原进境地海关申报

D. 经收发货人申请，海关同意，进口货物的收货人或其代理人可以在设有海关的货物指运地申报，出口货物的发货人或其代理人可以在设有海关的货物启运地申报

9. 下列关于收发货人或其代理人配合海关查验的主要工作表述错误的是（　　）。

A. 搬移货物，开拆和重封货物包装

B. 回答查验关员的询问

C. 协助海关提取需要做进一步检验、化验或者鉴定的货样

D. 填写查验记录单

10. 下列货物不能存入出口监管仓库的是（　　）。

A. 已办结海关出口手续的一般贸易出口货物

B. 未办结海关出口手续的一般贸易出口货物

C. 已办结海关出口手续的加工贸易出口货物

D. 已办结海关出口手续的暂时出口货物

## 二、简答题

1. 海关的基本任务是什么？

2. 出入境检验检疫的作用有哪些？

3. 一般进出口货物的报关程序由哪几个阶段组成？其主要内容是什么？

4. 对外贸易管制制度的组成部分有哪些？

## 三、案例分析题

【基本案情】

2018 年 1 月中旬，张某随企业商务考察团远赴非洲。张某看到当地市场上有象牙出售，且价格不贵，1000 多元人民币就可以买一根中等大小的象牙，而在国内要花上万元，甚至几万元。于是在考察结束回国前，张某在当地市场上购得 5 根大小不等的象牙，锯断后放入行李中。当张某在上海虹桥机场入境时，推着行李车从海关绿色通道通行，海关通过技术检查设备发现了其行李物品中的象牙。张某携带象牙入境行为构成了走私珍贵动物及其制品罪，被判处有期徒刑 1 年，缓刑 1 年，并没收了其携带进境的 5 根象牙。张某在海关调查期间，多次申辩不知法律规定，不知道哪些物品是禁止带入国

境的，更没有想到象牙属于国家保护动物物种范围。他以为象牙在国外市场上可以随意买卖，出境也未受限制，就认为我国也不会禁止其进境，且他带回国的目的是收藏、馈赠，并非想以此牟利，所以不认为自己的行为违反了法律规定，更没有想到竟然还构成了犯罪。

（资料来源：海关总署网。经整理加工。）

**请问：**张某的申辩理由为什么不能成立？

# 第三篇

# 国际物流新业务

# 第九章　国际工程项目物流

## ◇学习目标

1. 了解国际工程项目物流的概念、特征以及常见模式。
2. 熟悉国际工程项目物流的基本流程。
3. 理解国际工程项目物流常见模式的优缺点。
4. 掌握国际工程项目物流的各种风险及管控措施。

## ◆导入案例

### 风电大型设备国际运输难点及解决方案

**1. 风电大型设备国际运输难点**

风电主机设备属于超重、超高大型不可解体物件，风电机芯属于高科技贵重物件，运输中要保证风电设备安全无损，所以采用高速公路运输，而公路运输线路中存在限制通行标准，需要针对不同路况采用不同运输方案，作业任务比较繁重；风电叶片设备运输属于超长不可解体的大型物件，运输中安全保护设备无损、无伤是一个技术难点，防止后方运行车辆追尾是一个运输中的安全难点；风电设备在运抵风电现场后，若风场设置在山上，山区运输作业安全隐患大、风险高，存在不可预见的各种不利因素；自然灾害影响运输作业进度，对运输单位造成极大困难。

**2. 风电大型设备国际运输的解决方案**

机舱运输大多提前办理大型物件超限证，并以交警、路政护运形式运输作业，针对特备路段按交通管理部门规定行驶；超长叶片设备运输，采取可伸缩叶片专业运输车，并配置明显警示标志，以防止发生交通事故，同时派专属运输护送人员及车辆进行安全运输作业协调；风电设备运抵现场后，必须要求运护车辆提前勘查现场路况，确定可安全通行后方可进入风电现场，同时，由每车配置专用随车指挥人员负责现场车辆的安全运行；自然灾害属不可抗力因素，针对自然天气影响，就暴风雨雪天气等特殊情况进行相应的应急保护措施，以保护货物、人身、车辆的安全。

（资料来源：http：//www.maysun56.com/Article/fdsbdxsbys.html。经整理加工。）

根据《对外承包工程管理条例》的规定，对外承包工程是指中国的企业或者其他单位承包境外建设工程项目的活动。我国大部分“走出去”的施工总承包企业通常采取“设计、采购和施工”的 EPC 工程（又称“交钥匙”工程）模式来承建境外工程项目。在境外工程

EPC 项目中，总承包商主要承担项目的设计、设备物资采购及物流、施工、调试和试运行的任务，并最终向业主移交项目，进行商业运营。

改革开放以来，我国企业的对外工程承包规模增长迅速，国家“走出去”战略和“一带一路”倡议的实施又进一步激励了国内工程建设企业的发展，但由于项目所在国多为发展中国家，基础设施等条件有限，项目实施过程中面临诸多挑战，对国际工程物流管理提出更多要求。据某国际咨询机构统计，在大型国际工程承包上，工程进度延期有一半的情况是由设备物资未按进度计划到场造成的，25%的项目亏损与物流费用超支有密切关系。所以，研究国际工程项目物流具有重要的现实意义。

◇小资料

**近年我国对外承包工程业务简明统计**

随着近年来国家“一带一路”倡议的实施，以及全球经济一体化程度的提高，我国越来越多的工程建设企业“走出去”，走向海外。统计数据表明，2020 年，我国对外承包工程业务完成营业额 10 756.1 亿元人民币，同比下降 9.8%（折合 1559.4 亿美元，同比下降 9.8%），新签合同额 17 626.1 亿元人民币，同比下降 1.8%（折合 2555.4 亿美元，同比下降 1.8%）。2021 年 1 月—5 月，我国对外承包工程业务完成营业额 3427.9 亿元人民币，同比下降 1.6%（折合 528.8 亿美元，同比增长 6.5%），新签合同额 5360.3 亿元人民币，同比下降 10.9%（折合 826.9 亿美元，同比下降 3.5%）。

（资料来源：http: //www.mofcom.gov.cn/article/tongjiziliao/dgzz/202101/20210103033290.shtml；http: //www.mofcom.gov.cn/article/tongjiziliao/dgzz/202106/20210603162203.shtml。经整理加工。）

# 第一节　国际工程项目物流概述

## 一、国际工程项目物流的概念

### （一）工程物流的含义

工程物流是一种特殊的、一次性的物流活动，需要以系统论的方法来规划和设计物流系统、管理和控制物流过程、安排和运用物流设备和技术。工程物流由“工程”和“物流”两个基本要素组成。在实践领域中，工程物流主要解决建设项目、救助支援、大型会展、大型迁址以及战时后勤保障等具有综合性复杂内容的物流组织活动。

根据工程物流的实践范畴，其概念上有广义和狭义之分。广义上的工程物流是指具有工程特性的一切物流活动。按照这个定义，它所研究的范围可涉及建设物流、会展物流、搬家物流、应急物流、战时军事物流和特种物流等。狭义上的工程物流是指建设物流，即围绕建设项目，由物流企业提供某一环节或全过程的物流服务，目的是通过物流企业的专业技术服务，给予投资方最安全的保障和最大的便利，大幅降低工程成本，保证工程项目的如期完成。这些服务有时包括建设项目的设备采购、包装、装卸、运输、固定、安装、回收的全过程[1]。

美国学者 Glifford F. Gray（2003）将“工程物流”定义为：“工程物流是现代物流的重

[1] 王诺．工程物流学导论［M］．北京：化学工业出版社，2007.

要组成部分，具有实施的单一性、工序的不确定性、整体的关联性、技术的复杂性和过程的风险性等特征，它以第三方物流为主要运作模式，对产品的完成或目标的实现具有关键影响的一种特定的物流活动。”

**（二）国际工程项目物流的含义**

国际工程项目物流（International Project Logistics）是物流的一种形式，以工程项目为服务对象，为其提供跨国物流服务。Harold Kerzner 评述国际工程物流时指出：“国际工程物流是指专业物流公司按照合同的要求，为从事海外承包工程业务客户的物资提供的从工厂到工地的‘门到门’跨国综合物流服务，是综合物流行为的跨国延伸。它包括从国内工厂产品的包装设计、单证缮制、集港运输、保险代理、口岸清关、仓储理货、租船订舱，到国外口岸清关、多式转运，以及目的地卸货、验货等物流行为的全过程。”在国际工程的项目施行过程中，将其生产活动中所进行的物流活动称为国际工程项目物流[㊀]。

国际工程项目物流的目的是通过专业的国际物流服务，给予客户最便利、快捷以及安全可靠的工程物料配送保障，在极大程度上降低工程项目国际货物运输的总成本，最终目的是有效配合工程项目进度，确保准时完成工程项目。延伸性和扩展性是国际工程项目物流的长处所在，区别于国内的工程物流，其实质是应用国际化的物流设施、网络和技术，以最优化的方法来配置国际资源以满足客户的国际工程项目设备的物流运输需求。

迫于国际工程项目的进度和成本压力要求，客户会要求国际工程物流服务商通过对最佳路径和方式的选择，在质量和时间有保证的前提下，在低费用和风险的情况下将工程物料运达工程现场，这对国际工程物流提出了更高的服务要求。同时，随着我国对外工程承包项目规模的持续增长，国际工程物流服务商也迎来了广阔的发展空间。

## 二、国际工程项目物流的特征

工程物流是国际物流的重要组成部分，但与普通的国际商品物流不同，其特征是：①具有一次性和不可重复性；②物流作业具有国际性；③物流过程强调高时效性；④物流作业具有复杂多样性；⑤物流过程具有高风险性；⑥物流过程具有明显的不确定性；⑦物流组织计划性强。

**1. 具有一次性和不可重复性**

工程建设项目的一次性特点是为某项工程建设项目提供物资保障的物流作业缺乏中长期的延续性。20 世纪 80 年代初，首次在美国出现“设计—采购—施工”（EPC）的总承包模式，主要集中应用于化工、水利、电力行业项目。自“一带一路”倡议提出以来，我国企业对外开展的 EPC 项目主要分布在水利、电力、通信、交通、工业园区、垃圾处理等基础设施和民生工程方面，这些项目具有典型的一次性和区域差异性等特点。这意味着工程项目物流服务提供商需要针对每个项目设计专门的物流方案，包括包装、装卸搬运、运输方式和路径、物流技术等，需要应用专业的、大型的甚至特殊的技术设备及综合交通运输设施完成。这些物流方案在不同的工程项目之间往往不具有通用性和重复性，物流企业在制定方案时很难找到固定的理论和实践作为参考依据，即使借鉴其他工程的管理经验，其借鉴价值也很有限。这是国际工程项目物流的一次性和不可重复性的特点。

㊀ 付英梅. 国际工程承包项目物流管理体系优化研究［D］. 昆明：云南财经大学，2017.

**2. 物流作业具有国际性**

国际工程项目物流工作的主要内容是从一国国内或第三国向工程项目施工所在国运输一些永久性的项目设备以及工程施工所需配件。物流作业具有国际性，主要表现在运输空间跨越国界、物流环节众多、物流环境复杂等方面。因为跨越国界、运输距离较长，需要统筹考虑各种运输方案、路径和设备的协调安排，通常会采用多种运输方式的组合。国际工程项目物流作业的国际性意味着物流过程一定会涉及进出口通关，给物流作业带来复杂性。国内外物流政策法规不同、风俗习惯和人文环境等的差异，也会导致国际工程项目物流环境复杂。

**3. 物流过程强调高时效性**

国际 EPC 项目高风险属性导致众多国内企业完成的国际 EPC 项目完工成本超出预算成本的情况比较普遍，其中一些国际 EPC 项目甚至出现严重亏损。即使是欧洲、美国、日本、韩国的 EPC 承包商，其完成的国际 EPC 项目完工成本超出预算的情况也不少见，项目工期延误导致成本增加的风险很高。以我国某企业在越南承建的 60 万机组电站项目为例，该项目 EPC 合同总价约 11 亿美元。根据合同，单台机组工期延误罚款标准约为 33 万美元 / 天，最高限额为合同价的 10%，可见项目的工期延误风险是很高的。据某国际咨询机构统计，大型国际工程项目中，25% 的项目亏损和物流费用超支有关。物流过程中的中间环节衔接失误导致仓库压货，或者由海关手续问题导致货物在保税仓库滞留，均会引起高额的费用。所以，在国际工程项目建设期间，对施工进度的把控非常严格，工程设备配送不及时而影响施工进度的情形往往不被允许。国际工程项目物流由于运输距离长、风险高，影响物流时效的不确定性因素很多，更加强调物流过程的高时效性。

**4. 物流作业具有复杂多样性**

国际工程项目物流作业的复杂性源于物流环境的复杂性、作业环节的复杂性，以及作业对象的特殊性。项目承包国和所在国物流环境的差异导致物流作业过程更为复杂；国际工程项目物流作业环节包括设备采购、包装、装卸搬运、出口国内陆运输、出口报关、海运、入境清关、境内倒运等多个环节，加上作业对象多为长大笨重货物，使得每个作业环节比普通的国际物流更为复杂和困难。由于整个国际工程项目的组成系统庞大，所需要的原材料、设备、物资等品类繁杂，从员工日常所需的办公、生活用品到项目核心的组成部件，比如，安装设施、施工设备、机电设备、钢结构、安装材料以及精密的仪器仪表、控制系统等，都可能需要通过物流运送至项目所在国或者地区。由于物资的外形并不规则，尺寸、重量、品类差别很大，外包装的方式和装卸搬运的设备和技术也呈现复杂化和多样化，运输过程中装卸倒运频繁，特别是重大件的货物发运、装卸难度大，对技术和物流管理水平要求标准极高。此外，为满足不同货品国际区段和国内倒运的需要，通常情况下，实现国际工程项目物流的运输方式主要有传统的海运、空运或多式联运等方式[㊀]。要保证物流的运作过程畅通，就必须对物流设备、运输方式、工具和线路等进行专业化的设计和综合管理，导致作业过程比普通国际商品物流更为复杂。

**5. 物流过程具有高风险性**

工程物流的安全问题是首要问题。由于国际工程项目通常投资巨大，有些还具有国家投资性质，其中的大件设备对项目的顺利履约具有重大的意义。但是国际工程项目物流运

---

㊀ 田小雨 . 浅析国际总承包工程项目物流特点与控制要点［J］. 中国设备工程，2020（12）：213-214.

输里程长、作业对象特殊、物流环节多、涉及部门广，以及影响运作的不确定性因素多等，使其具有明显的高风险性。例如物资供应商交货期推迟、船期变动、进口国通关程序变化等都会造成国际工程项目物流的时间风险。国际运输自身的高风险性更容易直接导致工程设备的严重损坏，而国际工程项目所需的设备、物资，从采购、生产、运输到国外现场接收，期间需花费较长的时间，一旦货物出现安全性问题，二次组织运达现场所花费的时间、金钱成本都较高。

**6. 物流过程具有明显的不确定性**

EPC 工程物流的单批次备货和发运时间受工程进度和采购合同的直接影响，随工程进度的调整而不断调整，经常会出现不同种类不同运输要求的货物同时运输，运输安排和人员组织协调难度也非常大[㊀]。另外，国际工程项目物流与一般的国际普通商品物流不同，作业对象多为大件和特种装备的采购、包装、装卸、运输等操作环节，实施过程涉及承包商内部的设计、采购、催交、发运、审计和财务等部门，以及外部的港务局、进出口海关、船东、运输公司等多个机构，是典型的多部门协同作业过程。任何环节和部门衔接不畅，都可能导致国际工程项目物流过程和结果的不确定性。总之，国际工程项目物流作业对象的特殊性、作业环节的复杂性、运输过程中的高风险性以及参与部门的多样性，都会导致国际工程项目物流作业过程具有明显的不确定性。

**7. 物流组织计划性强**

国际工程项目往往工程量大、工期紧、所需设备发货量较大，且发货批次集中。例如，国内某企业在恒逸文莱石油化工项目一期工程两年半的工期内共计发运件杂货约 229.5 万计费吨，散货船 135 个航次，集装箱 12 144TEU，空运物资 190t；其中共计 45 件为超 200t 重大件，最重件达 1020t，最长件 82.3m，最宽件 38m 且为最高件 56m[㊁]。同时，在建设安装阶段有大批量高货值精密仪表仪器物资，后期有大批量紧急物资，这些特殊物资均需要组建专业团队进行有组织、有计划的物流过程，以保障物资设备能按时顺利到达项目施工现场。总之，受制于工程建设进度，物流的时效性要求很高，且特种工程设备对物流作业设施和设备的要求更高，所以，为国际工程项目建设服务的物流组织计划性要求更强。

## 三、国际工程项目物流的基本流程

在工程承包企业执行境外工程项目的过程中，涉及的国际工程物流大多为“门到门”运输。根据国际工程项目物流实践，国际工程项目全程物流活动可分为境内段、国际区段和境外段三个部分，如图 9-1 所示。

### （一）境内段物流活动

境内段物流活动主要包括采购工程项目物资，委托国际货运业务，货物集港（场、站），出口清关、保险，包装、理货、装船等物流服务。

**1. 采购工程项目物资**

工程承包商根据项目建设需要，自行采购或委托工程物流服务商采购工程项目物资或设备。物料来源地包括母国或者第三国。以我国企业境外承包 EPC 项目为例，项目施工所

---

㊀ 孙焕荣 . 天津电力建设公司 EPC 工程物流风险研究［D］. 天津：天津大学，2014.

㊁ 代理想，张先飞，孙忠全 . 国际 EPC 工程项目全程物流服务管理的思考分析：以恒逸文莱石油化工项目为例［J］. 物流技术，2020，39（3）：40-43；144.

需设备材料除了在我国、项目所在国采购之外，还广泛从第三国或地区采购和发运。

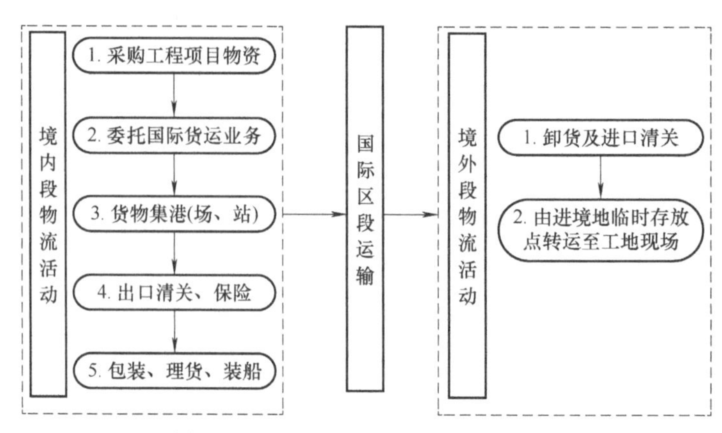


图 9-1　国际工程项目物流的基本流程

**2. 委托国际货运业务**

工程承包商根据所要发运的货物情况及运输线路，选择合适的运输方式和承运人进行托运。如海运中的租船订舱、国际铁路联运中的托运业务等，这项工作通常由国际货运代理公司代为办理。

**3. 货物集港**（场、站）

根据承运人货运安排，组织货物进入港区（机场、车站）的仓库。因为工程项目物资的特殊性，通常由第三方货运公司负责工程物料等在出口国国内区段的运输。

**4. 出口清关、保险**

工程承包商须向海关办理货物的出口报关申请，由海关查验、征税、放行后，工程项目物资方可装入国际运输工具或者集装箱。报关工作和购买国际货运保险可由工程承包商自行办理或委托货运代理公司办理。

**5. 包装、理货、装船**

国际区段承运人根据货物特点合理包装，协同理货人员、装卸公司一起将工程项目物资装入国际运输工具，如船舶、火车、飞机、汽车等。

**（二）国际区段运输**

国际区段运输服务主要是指国际区段承运人负责完成工程项目物资由出口国到进口国之间国际区段的运输服务，包括中间的转运衔接及换装作业。例如，海运段的管理主要为船公司对船舶及航行过程中货物的安全管理及货物在途信息的收集及传递。

**（三）境外段物流活动**

境外段物流活动主要包括卸货及进口清关、由进境地临时存放点转运至工地现场等作业活动，有时还包括工地现场物资二次短倒服务。

**1. 卸货及进口清关**

工程项目物资抵达目的港（场、站）卸货，办理进口清关手续，在港区临时堆存等待运往项目所在工地现场。

**2. 由进境地临时存放点转运至工地现场**

作为国际工程项目物流全程服务商，不仅要解决工程项目物资境内段及国际区段物流服务，还需组织解决境外段的物流运输服务。由于境外工程项目往往面临境外段码头、拖轮、驳船、运输车辆及其他设备等物流服务配套资源设施不完善的瓶颈，给境外段的服务组织带来很大的难度。有时，项目所在国区段的物流时长甚至在比出口国和国际运输总时长还要多。

◇**小案例**

### 乍得某炼厂工程项目物流操作流程

由中国石油天然气勘探公司与乍得石油部合资兴建的乍得某炼厂工程项目，其物流过程基本能够反映当前我国对外EPC项目物流的共性。由于乍得当地工业水平较低，大部分项目工程物资需要从我国国内或第三国采购，而后经过海运和长达2000km内陆运输到施工现场，整个物流过程较复杂，涉及的运输方式和环节较烦琐，如图9-2所示。

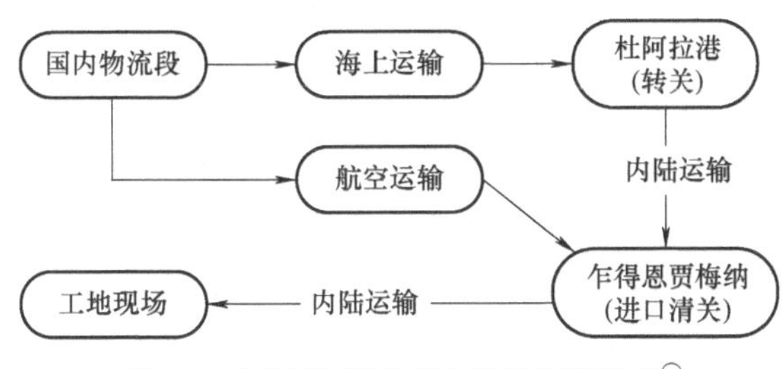


图9-2　乍得某炼厂工程项目物流流程㊀

由于乍得当时国内无港口，也没有供大型货机作业的机场，因此想从乍得直接进口大型工程物资不可行。毗邻国家喀麦隆有西非最大的港口杜阿拉港，港口备有各种岸吊、门吊、拖船、滚装设施等，港区可用最大吊装能力为150t，港口库场面积达44万$m^2$，能够满足该项目工程物资到港卸船及转运要求。因此，在乍得各邻近国家中，无论从技术上还是从成本上，海运后途经喀麦隆的杜阿拉港转关，再经内陆运输至乍得恩贾梅纳是过境运输的最佳方案，然后经乍得国内内陆运输至工地现场。阿杜拉港口至乍得某炼厂工地现场之间的内陆运输距离约为2000km，还需要考虑两个国家的气候问题，尤其是5月—10月为雨季，对内陆运输极为不利；此外，途经多座小桥，对桥梁的承载能力和安全性也是相当大的考验。

## 第二节　国际工程项目物流模式

根据国际工程项目物流实践以及物流服务提供方的不同，其物流模式可以分为三类：①项目承包商自营全部项目工程物流模式；②项目承包商自营部分物流服务，其他物流服务外包给专业物流公司的“自营+外包”物流模式；③项目承包商将全部国际工程项目物流外包给第三方或第四方物流服务商的完全外包物流模式。其中，完全外包的国际工程项目物流模式应用得最为广泛。

㊀　王佳.海外EPC总承包项目物流管理研究［D］.北京：对外经济贸易大学，2014.

## 一、自营物流模式

自营物流是工程项目承包商企业内的国际物流部门全权负责境外本项目的物流，对清关和运输的过程进行全面把控[㊀]。

**1. 自营物流的优点**

①对运输段时间把控强。由于自营物流完全使用自备运输工具，不用依赖当地运输资源，在运输段能有效控制时间。针对某些运输资源紧缺的国家来说，该模式能有效降低工程项目延期的风险，长途运输需求大的项目中，自营物流对时间把控更强。②可以降低整个物流环节中的运输费用。③可以为本企业培养国际物流方面的人才，为以后扩展业务储备物流人才。

**2. 自营物流的缺点**

①需要对外承包工程企业自己投入全部所需物流资源，包括人才、车辆、机械等，投资量大、资源利用率低、管理成本大。②本企业的境外物流人员一般不会外派太多，因此会丧失从卸船、短倒、堆码、装车、运输的部分控制力，容易产生较高的货损率。③造成物流成本上升。对外承包工程企业在进入项目所在国的前期，对当地市场了解较少，掌握市场的能力比专业物流公司弱；对物流各个环节费用的构成了解不到位；在境外注册车辆等运输工具需要额外成本，且办理手续耗时耗力；出现紧急情况时，管控能力弱、费用成本高，整体对费用把控能力较弱。

## 二、“自营＋外包”物流模式

“自营＋外包”物流模式中，工程项目承包商成立物流管理部，对国际工程物流环节进行划分和筛选，承包商物流管理部门负责安排一部分物流运营，其他部分则外包给专业的物流服务公司。比如很多中资单位看中货物到港后的清关进度，会设置专人负责清关，货物运输环节、保险环节等则外包给其他公司。

**1. “自营＋外包”物流的优点**

这种模式的优点是项目总承包商对物流项目管理的整体环节更具可控性，能有效控制物流进度，效率较高，总承包商能够直接对物流环节进行分包管理，同时也方便各个分包商之间的沟通与协商，减少了其他的沟通环节，对国际工程物流项目的运行效率有提升作用。

**2. “自营＋外包”物流的缺点**

这种模式的缺点是对项目承包商的物流管理和运营能力要求较高，要求项目承包商能够对工程物流环节合理划分，否则可能会因分工不合理使物流效率低下。

## 三、完全外包物流模式

### （一）第三方物流模式

由于大型国际工程项目的跨国性和复杂性，很难依靠承包商自身的物流部门或者供应商的物流手段来完成物流运输任务。承包商或业主通过合同将物流业务分包给若干个第三方物流服务商。第三方物流服务商是指具有国家相关资质的物流及相关企业，自身拥有实

---

㊀ 沈佳奇，汤明．国际工程物流模式研究［J］．国际工程与劳务，2018（5）：81-82.

施物流服务的硬件资源，能够按照客户的物流需求，提供质量高、物流成本低的综合物流服务。目前国内外这类物流企业较多，客户很容易依据自身的需求选择配置服务组合，完成整体工程所需物流服务。

**1. 采用第三方物流服务的优点**

第三方物流提供方凭借其自身的物流硬件平台可以为工程项目提供某一方面或多方面专业的物流服务保障，EPC 工程总承包商可以通过与第三方物流提供方签订长期固定物流价格的总包运输合同，能够有效地控制物流运费价格波动，降低物流成本。采用第三方物流模式，能够使总承包商对项目物流业务状况介入程度较深，便于企业提高对物流运作的整体控制能力，一旦发生问题，能够快速找到原因并加以协调，避免物流提供方推诿责任。

**◇小知识**

**国际工程物流注意事项**

国际工程中使用的设备、材料、机械是影响工程质量的基本因素，运输过程中物流活动的效率对质量的影响不可忽视，比如一些精密设备和仪器对震动或摩擦比较敏感，一些机械的臂杆在装卸时不能使用钢丝绳捆绑，在运输过程中需要避免海水腐蚀，一旦损坏将直接影响现场的使用。这不仅需要通过提高工程设备和机械等的包装来降低风险，同时也对运输工具的加速和减震性提出了很高的要求。

（资料来源：孙焕荣．天津电力建设公司 EPC 工程物流风险研究［D］．天津：天津大学，2012.）

**2. 采用第三方物流服务的缺点**

第三方物流服务提供方缺乏对整个物资供应链的战略性规划能力和真正整合供应链流程的相关技术，只能依靠传统运作模式在实践中维持运作。这就要求国际工程总承包商自身具备较高的物流资源整合协调能力，并增加物流专业人员的配备。事实上，国内市场上很难找到一家第三方物流服务提供方可以完全依赖自身资源经济、有效和及时地保证整个工程项目的物流任务。面对 EPC 工程物流周期长且运输过程复杂多变的状况，采用第三方物流提供方承包的方式，只能在关键物流路径上得以优化和保障，从整体物流运作上起不到节约成本的效果。因此，需要在项目开始前积极对项目的物流需求进行充分辨识，合理利用提供方的核心服务能力，提升整体物流工作的执行效果。

**（二）第四方物流模式**

国际工程项目物流中的第四方物流模式是国际工程“门到门”跨国物流服务的主要模式。第四方物流（Fourth Party Logistics）是一个供应链的集成商，其自身没有或只拥有部分物流服务硬件，主要通过整合专业的第三方物流服务、金融、保险，以丰富的业务知识为境外工程项目承包商提供物流规划、咨询、信息、供应链管理，以及全链条的物流服务和技术解决方案。第四方物流服务商可采用多式联运形式，保证长时间物流运输和中转的同时，完成检验检疫、进出口报关、核销退税等复杂程序。如中国远洋、中外运、中海集运等一批公司相继成立专门的工程物流服务部门，承担起我国对外工程承包物流运输任务。运输方式从最初的海运扩大到包括多式联运在内的所有运输方式；业务范围从只负责运输扩大到从厂家接货、境内外运输、进出口报关报验、仓储的“门到门”服务；服务方式从拉货交货方式扩大到方案流程设计、风险评估建议、保险代理等全方位增值服务。

**1. 采用第四方物流服务的优点**

采用第四方物流服务模式对项目总承包商来说具有以下优点：①专业的物流公司对物流的各个流程了解透彻，有丰富的运营经验，能提供专业的物流服务，有效控制物流的每一个节点。比如，中国外运将国际工程物流业务作为传统优势服务，范围涉及大型工程和出口承包工程项目的国际多式联运、租船订舱、包装、仓库、港口中转、报关报检及咨询等服务，可承揽运输总包、大件全程运输、内陆运输、国际铁路联运范围的多个大型项目，服务遍及亚洲、非洲、美洲及中东地区的多个国家和地区。②可以有效降低货损率，物流公司是专门服务于客户的，能在需要把控的点上安排充足的人员进行监督管理，防止货损出现；即使出现货损，也能及时发现，界定货损责任人，尽快安排保险程序，以及向客户反映，争取尽早补货[一]。③降低费用支出。第四方物流服务商凭借其专业的市场经验，能够从物流行业内以最低的成本快速找到满足国际工程物流需求的最适合的要素和最适合的物流专家、技术人员，通过高效的手段加以整合，保证了诸多复杂物流环节的全程服务，有效降低了物流的整体成本。此外，专业的物流公司在处理紧急突发情况时，能充分利用当地关系，可以有效减少不必要的开支[二]。

**2. 采用第四方物流服务的缺点**

对项目总承包商而言，采用第四方物流服务的缺点主要是其对物流活动的可控性变弱。如果物流过程发生问题，则需要通过第四方物流服务商来落实具体是哪一方物流服务实际提供方的责任。此外，如果第四方物流服务提供方仅仅是方案的集成商，不拥有实际的物流硬件资源，不提供实际的国际工程物流服务，其自身抗击物流风险的能力较弱，则可能会出现货物运输过程中责任无法认定而将风险转嫁给总承包商的情况。

**◇小案例**

**南车株洲电力机车有限公司出口土耳其安卡拉地铁车辆项目**

中国外运工程物流事业部于2013年5月中标南车株洲电力机车有限公司（简称南车株机）出口土耳其安卡拉地铁车辆项目，共计发运108列（3节/列）地铁，总货量达90 000计费吨，服务范围为全程物流。为了能够在土耳其实现“本地化”生产，该项目将按照三种方式进行发运：第一阶段按63列整车方式出运；第二阶段按13列空车体+配件+转向架方式出运；第三阶段按32列大部件+配件+转向架方式出运。

中国外运作为全程物流供应商，负责货物自南车株机接货起，陆海联运至土耳其代林杰港口，再经国外陆运后，卸货至土耳其首都安卡拉交货地点的全程运输及关检工作。

（资料来源：http：//project.sinotrans.com/art/2013/9/2/art_234_11214.html。经整理加工。）

## 第三节　国际工程项目物流风险分类与防控

在现代项目管理理论中，风险管理是一个非常重要的课题，特别是国际EPC工程项目，企业要想成功履约，在国际工程承包市场占有竞争优势，就必须加强自身的风险管理意识，

---

[一] 沈佳奇，汤明．国际工程物流模式研究［J］．国际工程与劳务，2018（5）：80-81.

[二] 孙焕荣．天津电力建设公司EPC工程物流风险研究［D］．天津：天津大学，2012.

使其达到国际化的管理水平。国际工程项目物流作为工程实施的重要保证，其风险管理尤为重要。就工程总承包商和物流服务商而言，对国际工程项目物流风险进行分析，并制定风险防范措施及编制风险应对方案成为项目管理控制和物流成本节约的核心问题。

## 一、国际工程项目物流的风险分类

根据国际物流业务特点，结合工程项目物资特征，从影响国际工程项目物流因素角度进行分析，国际工程项目物流风险主要有环境风险、技术风险、组织管理风险、运营操作风险、市场风险等。

### （一）环境风险

环境风险包括物流作业过程中交通地理状况、气候条件等因素的变动而导致的自然环境风险，以及围绕国际工程项目物流实施过程中涉及宏观经济和微观经济的社会环境风险。

#### 1. 自然环境风险

国际工程项目物流首要的自然环境风险来自物资运输环节，这类风险伴随着项目物资从启运地到目的地的全过程当中。例如：运输过程中由意料不到的事情所造成的事故，如意外导致的船舶搁浅、沉没，车辆的损毁，航空器的灭失等；由不可抗力如雷电、海啸、地震、火山爆发等造成的损失，或者作业现场不具备运输、装卸、仓储等一些基础的条件。自然环境造成的工程项目物流风险有些是无法预见和避免的，如船舶遇巨浪而沉没的风险、吊装因强风而坠落的风险、货物因阵雨而淋湿的风险、驳船因航道过浅而搁浅的风险；有些则是可以通过前期调研并制定应对方案加以规避的，如体积过大的物资可事先分析公路的等级标准和通行条件，过重的物资可提前计算路过桥梁的承载能力，船舶航行时可时刻测量和把握航道以及判断风向等。

#### 2. 社会环境风险

国际工程项目物流的社会环境风险主要源于工程承包国和项目所在国的法律法规、认证标准、政府部门办事效率、风俗文化等方面的差异，而给工程物流过程造成的诸多不确定性。

**（1）国外段的清关过程相比国内的报关更为复杂，也存在更多风险。**首先，语言沟通就成为一个基本问题，例如非洲有很多国家的第一语言为法语（几内亚）、葡萄牙语（安哥拉），这就产生了国外段物流清关沟通的障碍，往往许多清关问题是由沟通不畅导致的，如滞港费、集装箱滞车费、集装箱港口堆存费、货物出关X射线检验审核、集装箱上车后超时等待港口海关放行出关等，这些问题需要物流团队或者第三方物流公司深入地与当地海关部门沟通和谈判。其次，不同国家和地区行政程序不同，对当地通关程序不熟悉的报关人员难以保证工程项目物资顺利清关。此外，按照有些项目工程所在国通关流程，顺利情况下正常通关也要在45天左右，如果工程项目的需求十分紧急，很容易受通关障碍的严重影响。

**（2）中外文化差异方面带来的影响。**由于国际工程项目承包国和项目所在国文化的差异，工程物流运作也会受到一定程度的影响。首先，以我国某企业的一处境外承包项目为例，中外节日时间安排不同，这就造成了每年12月中旬开始至次年2月底，两国政府部门和企业因为年终会议、节假日安排等活动，对我国在该国承包的工程项目对应的物流活动产生很大影响[1]。其次，语言不通也给实际物流操作带来许多障碍。以我国某公司在土库曼斯坦实施的 EPC 项目为例，当地工作的中方翻译多为俄语翻译，公路运输、吊装、仓储、包装等很多工人来自土耳其，只懂土耳其语，沟通时也不顺畅，特别是物流工作技术性强、变化性快、细节问题多、专业术语多，很多名词中文和俄语差异较大，或者没有相通词汇，给物流工作带来较大障碍，直接影响物流进度，降低工作效率。

**（二）技术风险**

工程项目物流对技术要求比较高。尤其对大型设备的运输经常要求技术创新，由于工程项目物流的独特性、一次性和复杂性，需要有新型技术应用其中。特别是工程项目设备通常要根据工程项目的要求单件制作，以前的经验无从复制，只能采用新的技术方法。例如，秦山核电三期项目的物流业务，其中一个从加拿大进口的重达 280t 排管容器，从上海港到秦山的专用码头，再到工程现场，几乎在每一个环节，都需要新技术应用。在工程物流活动中，有时需要先进的装卸机械、全球定位系统（GPS）、先进的物流信息技术等。又如，中石油 ×× 公司在 T 国项目过程中曾运输过一台单体重量近 500t 的吸收塔，设备在山东威海装船，穿台湾海峡、马六甲海峡，越过印度洋进入红海，再过苏伊士运河在土耳其换装特种车上岸，然后穿越土耳其在里海下海装船，穿越里海到达 T 国南部港口再上岸换装特种车运输到工程现场，道路是经过提前勘察的，甚至对 T 国境内沿途需要经过的十几座桥梁都做了重新加固施工。

因此，在国际工程项目物流运输、装卸、信息一体化等方面，技术都是保证物流活动能否完成的直接原因。技术的配套能力、成熟程度、可替代程度、安全性、技术人才的水平，都可能成为国际工程物流产生不当后果的原因。

**（三）组织管理风险**

国际工程项目的物流管理贯穿于整个项目的全过程，是保证工程物资按时供应、项目施工有序开展的基础。工程物流中的组织管理风险既包括工程项目承包商的决策风险，也包括物流服务商的决策失误造成的风险。从工程物流决策和实践的全过程来看，任何一个环节的管理失误都会造成重大的风险。

从项目承包商角度，如果总承包商对 EPC 项目物流管理的重视程度不够，筛选物流服务商时未采用科学的选择机制；项目部物资管理部门、各项物流服务提供商、政府部门工作人员等各工程物流相关人员，在国际工程物流业务实施过程中沟通协助不畅；总承包商内部对工程物流管理、协调与监督不到位，工作接口、工作职责、工作内容以及项目安排不明晰，导致工程物流运作的各个环节衔接过程出现断链等，都会给国际工程项目物流带来一定的风险。

从工程物流服务商角度，在实施或组织国际工程项目物流过程中，特别是提供“门到门”物流服务的第四方物流企业，如果各区段实际承运人或辅助人选择不当，以及环节之间衔接出现“断链”，都会直接导致工程物流服务质量的降低。以国际工程物流中运输组织为例，国际工程物流从生产工厂接货后运输至工地现场的全过程可分为四个阶段：①国内生产厂家发往装货港，包括工厂包装、内陆运输、在装货港卸货、堆存、报关等工作；②装货港发往卸货港，包括在装货港的再包装、装船、系固绑扎、海上运输，以及在卸货港的卸货、堆存、清关等；③卸货港运往堆存地点或者材料库，包括在卸货港装车、境外

---

[1] 周绪峰．中石油 ×× 公司土库曼 EPC 工程项目物流风险评价［D］．成都：电子科技大学，2020.

内陆运输、在材料库的卸货和堆存；④堆存地点运往工程作业地点，包括施工现场的车辆调度，根据施工进度运送相关建材等。四个阶段的运输组织和衔接管理必须环环相扣，任何决策失误都可能导致货物无法在预定时间内运抵现场，造成现场施工中断，而一旦工程延期，总承包公司将面临巨额罚款。

### （四）运营操作风险

运营操作风险指的是由国际工程项目物流操作过程中的一些失误导致的风险，包括进度风险、信息传递失误风险等。合理的操作指的是将技术风险控制在最小范围内，整个过程中，通过进行科学安全的物流作业，确保项目承包商各项合理要求可以得到全面满足。在现场施工活动开展过程中，各个环节都是紧密相连的。如果设备等不能按照合同要求及时进行交货，则很容易对整体项目进度造成极大影响，单工序的进度风险往往又会影响整体工期延误风险。

以中石油 ×× 公司在 T 国项目中物流实践为例，由于 T 国铁路站场储存能力、换装能力、编组能力、通过能力都相对落后，在很大程度上影响物流运输的连贯程度。T 国火车站的火车车厢储存能力一般在 50 个左右，有的甚至在 20~30 个，一旦出现集中到货，就会造成站场压车、压站，严重时造成堵塞，且存在出现恶性循环的可能。2015 年某天然气处理厂在建设过程中就出现过到货过于集中的情况，造成法拉普口岸堵塞，T 国铁道部通知各国车站法拉普方向暂停发运，因此耽误了工程项目的完工时间，增加了企业成本，进而对企业造成了很大损失[㊀]。此外，由于境外工程的项目工地大部分在非洲、南美洲等欠发达地区，并且位于内陆，各国（地区）的交通基础设施条件不一样，有的项目所在地没有公路，也没有铁路，更没有机场，这就对内陆转运造成了困难，陆地运输所花费的时间以及风险都大大增加，往往超过管理人员的想象，如车辆半途损坏，道路路面长期严重破损以致车辆行驶缓慢等，进而导致物资的运输不及时，耽误工期，造成严重后果[㊁]。

### （五）市场风险

国际工程项目物流市场中不可预见或者虽可预见但不可预计后果的因素使得工程项目物流活动不能按照计划进行，如市场价格、客户要求、税率、汇率、合同纠纷等都会导致工程物流风险。市场价格波动是常态，工程物流合同签订后，燃料、人工、服务等的价格都会发生变化。随着工程项目的开展，客户需求也会发生改变。在国际工程项目物流领域，关税、汇率的变动都会引起物流成本的变化。此外，缔约风险与违约风险在市场经济中也不容忽视[㊂]。例如，合同中出现漏洞、条款含糊不清时，通常会使工程项目物流活动各参与方产生争议，并导致整个物流活动无法顺利开展。

如中石油 ×× 公司在 T 国的工程项目，由于 T 国当地无较大规模的物流承包商，因此货物从国内运输入境后的短途倒运对中石油 ×× 公司来说是个比较大的问题，往往会发生一些拒绝履行合同义务条款的情况，但是其法律机制不够健全，导致信用风险较大，中石油 ×× 公司很多时候无法实现追偿，诉诸国际裁决的情况一般时间较长，往往也不了了之。不仅如此，中石油 ×× 公司同样面临着完工风险，有些物流运输业务无法在规定时限内顺利完成，或者即使完成，效果也不如预期。这种情况下，不但会增加物流成本和管理成本，

---

㊀ 周绪峰 . 中石油 ×× 公司土库曼 EPC 工程项目物流风险评价［D］. 成都：电子科技大学，2020.

㊁ 周磊 . 海外总承包工程中物流的风险分析及管理［J］. 建筑工程技术与设计，2016（16）：2779.

㊂ 宋倜 . 工程物流风险管理研究［D］. 天津：河北工业大学，2012.

往往还会因为工程项目推迟而损失一些时间效益。

## 二、国际工程项目物流风险防控措施

为了发挥专业化分工优势，工程建设企业将某些物流业务外包，这成为国际工程项目物流的发展趋势。控制国际工程项目物流风险有事前预防与事后控制两种途经。从工程项目的角度考虑，事前预防的途径就是选择合格的物流服务商，树立风险管理意识、提升风险管理水平，采取措施转移物流风险，以及重视与项目业主方的交流沟通等；从物流服务商的角度考虑，进行风险控制需贯穿于物流过程始终，尽量避免发生风险或降低风险发生的概率。

### （一）采取科学的方法选择合格的物流服务商预防风险

由于国际工程项目物资的复杂性与特殊性，对物流服务的要求相对较高，一般需要多种运输方式、多种吊装设备、多家物流企业协作进行，这决定了项目承包商所需要的物流服务提供方必须兼有第三方和第四方物流的特征，既要有强大的物流硬件支撑和公司财力，又要具备综合的物流整合和业务能力，这样才能满足总承包商的需求，更大程度上保障国际承包工程项目的物资供应。因此，对项目承包商而言，为尽可能地避免和减少物流总体风险，选择合格的工程物流服务商，成为承包企业一项重要的经营决策。

物流服务商资源开发和维护是承包商实施有效物流外包采购的基础，承包商应根据公司整体的物流需求，将物流服务商的开发任务纳入日常工作，形成合格提供方资源库，以备项目招标使用。EPC 工程项目物流服务商开发和维护由三个部分构成：开发计划的编制、开发的实施、物流服务商维护。

#### 1. 开发计划的编制

项目承包商从国际工程项目的物流需求实际出发，充分考虑出口运输的特点、国际工程目标国的实际情况、航线特征、业务模块特征及物流服务市场现状，通过系统的分析，由公司物流部门统一编制年度物流服务商开发计划。开发计划主要方向是：具有单条或多条航线运输优势的船公司、船代和一级货代；具有常年国际工程业务操作经验的报关行和报检行；能够满足倒运要求的境内外运输代理及仓储代理。开发计划的编制应以满足公司工程项目的物流需求为基础，开发方向明确，数量合理，避免“多而滥”的情况出现，以充分保证物流服务商的开发质量。

#### 2. 开发的实施

开发的实施是指针对具体项目的物流需求，通过科学的方法选择国际工程项目物流服务商。国际工程物流服务商的选择有两种模式：公开招标模式和议标模式。一般情况下，由于工程物流涉及的业务金额较大，且服务周期较长，本着公平、公正的原则，通常采取前种方式进行招标。具体做法是：总承包商根据自身项目的需求，向通过物流服务商的资格、能力、经验、信誉等级等审查和考核甄选出的合格物流服务商发出邀请，由后者根据要求制作技术和商务投标文件，再通过公开招标形式来确定具体项目的物流合作方。在公开招标评选的过程中，常用的方法也有两种：最低投标价法和综合评估法。最低投标价法的主要中标原则是选择价格最低的中标候选人，其对投标人的技术能力、资质资格、履约能力等要求都不高。综合评估法对物流服务商更为客观，但要求总承包商在充分考虑招标项目物流服务需求的基础上对运输物流服务行业有充足的信息资源和专业的判断能力。为此，国际工程项目总承包商在选择采购招标评选方式时，应该根据项目实际物流需求和自身物流业务能力，建立完善的考评机制、考评组织、考评标准和考评过程，尽可能选择综合能力更好的物流服务商，以降低项目运作过程中的物流风险。

**3. 物流服务商维护**

项目承包商对国际工程物流服务商的维护是一个长期的工作，包括对服务商资质资料的复查、服务能力的评价记录，启用或重新启用、停用、取消物流服务商在总承包企业的服务资格，从而保证招标对象库的安全可靠。

**（二）树立风险管理意识，提升风险管理水平**

**（1）树立风险管理的全局意识。**建立项目化风险管理模式，对物流链条上各个环节进行分割、细化、优化，合理配置相关资源，进而确保资源利用率得到全面提升，在满足工作任务发展条件的基础上，对系统形成全面认知，包括对部门目标平衡点的有效判定，出发点在于首先要建立风险管理的全局意识。

**（2）不断提升项目管理人员的风险管理素质和技能。**管理是由人来完成的，所以对项目管理人员就需要有比较高的要求，EPC 项目方可以通过外部引进、内部培养等方式，全面培养团队自身特征，并通过多渠道、多方式、多相关领域引进或培养起来的专业人才可以切实对各个物流环节的实施做到监控、分析和审核，这是风险控制的关键一点。

**（三）采取措施转移物流风险**

风险转移是总承包商采取合同或非合同的方式将国际工程项目物流风险造成的损失后果设法转嫁给参与各方来承担风险的处理方式。在 EPC 工程项目物流的运作过程中，总承包商可以在自身承担运输风险的同时，将部分风险转移给以下单位：物流服务供应商、施工分包队伍和业主；也可通过购买保险将损失后果部分或全部转移给保险公司。不同的工程项目物流业务，风险程度不同，采取的风险应对策略也不同。根据转移对象不同，承包商的风险转移措施主要包括以下四类：

**1. 将风险转移给物流服务供应商**

总承包商可以通过将物流业务全部分包或综合外包的形式，将自身承担的部分或全部物流风险转移给物流服务供应商。合同中通常约定了固定项目服务整体的计费单价，转移总承包商的物流成本控制风险。为达到目的，在签订物流服务合同中，总承包商应重点关注物流服务供应商提出的免责条款，并明确说明易发物流风险的承担主体。

**2. 将风险转移给货物供应商**

理论上，项目承包商可通过在国际工程项目物资采购合同中约定由供应商负责交货物流，从而将物流风险转移给供应商。但实际上，在国际工程项目的储运工作中，完全将运输风险转移给物流服务供应商是不现实的，这样不仅不能有效地降低风险，还会引发更多的风险因素。为此，总承包商的常见做法是在合同中明确供应商的交货地点为指定国内港口，这样不仅降低了货物运输过程中的部分运输风险，缩小了自身投保范围，也不会妨碍总承包商统一安排国际物流运输。

**3. 将风险转移给业主**

由于业主对项目所在国的政策、法律、运输环境比较熟悉，加上多数国际 EPC 工程项目为国家行为，由业主承担 EPC 工程项目物流的整体责任不失为一个转移风险的好办法。但是由于 EPC 工程项目是业主主导的工程形式，如果业主不提出负责项目全程的物流要求，总承包商将非常被动，所以这种风险转移方式执行起来多数情况是有困难的。

4. 将风险转移给保险公司

工程项目物流特征决定了工程项目物流的高风险性，“保险”这一补偿性的契约行为作为工程项目物流风险转移的手段成为工程项目物流风险管理应对环节的常见选择。业主或者物流服务供应商通过投保，可以将不确定的损失转化为固定费用，有利于维持企业的正常经营。工程项目物流中风险种类很多，所涉及的保险险种也很多，和工程项目物流有关的保险种类有财产保险、保证保险、责任保险和人身保险等，其中占工程项目物流重要组成部分的货物运输保险属于财产保险。但需要注意的是，保险业中卖方处于主导地位，企业不能根据自身需要购买符合自身意愿的保险，这样就无法完全规避风险。因此，购买保险只能转移部分风险，而非全部。

（四）重视与项目业主方的交流沟通

项目承包商要时刻保持与项目业主方有效的交流和沟通机制。对外 EPC 工程项目业主方在考虑问题时必然是从自身利益和本国利益出发的，所以要充分了解其处理问题的风格和倾向性，保持良好的沟通和交流，降低整个项目运作过程中因政治对立而产生的直接或间接问题的延伸，从而达到降低风险的可能性。

另外，项目承包商也要加强与项目业主方在文化层次的交流互动，文化的尊重与理解是开展涉外项目管理的前提，同样对物流风险的管理来说也不例外，这其中就包括语言的学习、文化的交流融合、人员的互访等。相互理解增强，产生的矛盾就会减少，物流操作的实际风险也会降低。

（五）物流过程避免发生风险或降低风险发生的概率

1. 必须严格避免重大风险的发生

对于国际工程项目总承包商而言，工程物资的安全是首要问题。如果在物流运作过程中的任何环节可能出现严重的安全风险，就必须重新制定新的方案，即使为此需要增加物流成本，也必须如此，切忌冒险作业。以中外运曾经在委内瑞拉比西亚电站的项目为例，项目所在地比西亚市区属于内陆地区，中外运开始设计的运输路线是：运往该工地的物资通过马拉开波湖进入委内瑞拉境内，再陆运至工程现场，但是考虑到大件设备的精密度要求及本身重量和体积庞大无法适应长途的公路运输，加上公路上多山道，存在较大的风险，若设备半路受损就会给整个工程进度和成本带来非常大的风险。在仔细分析研究状况后，总承包商与中外运达成一致，将重大件物资的运输路径改为采用驳船通过马拉开波湖运至距离比西亚较近的一个河道，再上岸运往现场的方案，尽管这种方案需要修建临时港口、租用大型吊车，大幅增加了运输成本。但由此换取项目运作的安全、避免风险的发生是值得的[㊀]。

2. 积极采取措施降低风险发生的概率

在实际的国际物流运作中，可能出现风险发生的概率很高，如何降低这部分风险的影响就成了关键。可把注意力放在这些风险发生的概率和损失上，对风险进行分析并采取相应的对策。首先，梳理国际运输的整体操作流程，保证过程沟通的畅通和目标利益的一致性；其次，对运输工具的使用年龄和设备服务能力进行严格的要求与监督，保证它们的工况可以满足运输任务的执行；再次，在面临复杂多变的运输环境问题上，应该事先充分调研、选择相对安全的方案避免产生风险；最后，不断学习先进的物流管理技术，从而优化

㊀ 孙焕荣．天津电力建设公司 EPC 工程物流风险研究［D］．天津：天津大学，2012.

原有的管理流程和管理体系，避免程序过于复杂或适用性差。

## ◇重要概念

国际工程项目物流　物流模式　风险分类　风险防控

## ◇本章小结

本章首先阐述了国际工程项目物流的概念，介绍了国际工程项目物流的特征和基本流程；接着归纳了国际工程项目物流的已有运营模式，以及每种模式的优缺点；最后分类说明了国际工程项目物流的主要风险及其管控措施。

## ◇复习思考题

### 一、不定项选择题

1. 工程物流是指（　　）。

A. 后勤保障服务　　B. 针对工程建设项目的物流服务

C. 跨越不同国家之间的物流活动　　D. 国际贸易货物在国际的合理流动

2. 下面关于工程物流表述错误的是（　　）。

A. 狭义上的工程物流是指建设物流和应急物流

B. 广义上的工程物流是指具有工程特性的一切物流活动

C. 广义的工程物流可涉及建设物流、会展物流、搬家物流、应急物流、战时军事物流和特种物流等

D. 狭义上的工程物流是指建设物流，即围绕建设项目，由物流企业提供某一环节或全过程的物流服务

3. 根据国际工程项目物流实践以及物流服务提供方的不同，物流模式可分为（　　）。

A. 自营物流模式　　B.“自营＋外包”物流模式

C. 第三方物流模式　　D. 第四方物流模式

4. 国际工程承包商采用第四方物流服务的优势有（　　）。

A. 能得到专业的物流服务　　B. 可以有效降低货损率

C. 可降低费用支出　　D. 紧急突发情况可得到及时处理

5. 从影响国际工程项目物流因素角度进行分析，国际工程项目物流风险主要有（　　）。

A. 环境风险　　B. 技术风险　　C. 市场风险

D. 组织管理风险　　E. 运营操作风险

6. 当前，我国大部分对外工程承包方式采取EPC工程（又称“交钥匙”工程）模式，总包方需要完成的任务包括（　　）。

A. 设计　　B. 采购　　C. 运营　　D. 施工

### 二、简答题

1. 什么是国际工程项目物流？它与普通物流有什么区别？

2. 国际工程项目物流的特征有哪些？

3. 国际工程项目物流的基本流程是什么？

4. 列举国际工程项目物流风险管控的手段或措施。

三、案例分析题

## 某海外 EPC 项目出口骗税、逃证案

【基本案情】

上海某工程公司与越南某公司签订了一项工程总承包合同，建设一条 12 万 t 钢板连续镀锌生产线，项目建设所需设备、物资均在国内分包采购。货主（即上海某工程公司）将物流工作委托给国内一家货运代理公司操作，由该货运代理公司负责港口接货、单货核对、报关、海运租船等工作，并最终以货主的名义向海关申报出口。

由于整条镀锌生产线的设备构成复杂，同时受到国内分包商生产周期、越南工地施工进度、运输工具等多种因素限制，生产线要分多批次运输出境，即每一批出口的货物仅是当前或下一阶段施工所需的设备和材料。而在实际出口操作时，货主将每一批出口货物都以商品名称“钢板连续镀锌生产线”向海关申报，造成货物被归入商品编码 8479819000，享受了 15% 的出口退税率，同时无任何出口证件的监管需要。货主的这种做法违反了《中华人民共和国海关法》规定的“如实申报”原则，并且构成了“出口违报，骗取退税和逃证”的违法事实。而被委托的货运代理公司也未按《中华人民共和国海关法》的规定，以及双方签订的《委托报关协议》约定，对实际出口货物和货主提供单证进行“合理性审查”，导致货主的这种违法操作在其后的每一批货物的出口操作中都被重复使用。

直至项目后期第 5 批货物出口，海关随机查验见集装箱内货物与企业申报的商品名称“钢板连续镀锌生产线”和商品编码 8479819000 明显不相符。海关随即以涉嫌违报为由将货物扣压，在接下来对企业的调查询问中，发现了该项目已出口的全部货物均存在类似问题。货主最终因“违报商品名称和商品编码，骗取出口退税，逃避监管证件”被处以出口申报货值 40%（总金额为 387.5152 万元人民币）的罚款。同时，企业等级被降为 C 级。由于违法案件的发生和查处需要一定的周期，导致第 5 批货物在出口港被扣压数月，严重影响了越南项目的正常施工计划，最终造成未能按合同约定的时间向业主交付。总包该项目的上海某工程公司又向越南业主支付了高达 47 万美元的违约罚金。

（资料来源：王霆轩 . 海外 EPC 项目中货运代理公司的选择：以某海外 EPC 项目出口骗税、逃证案为例［J］. 国际工程与劳务，2014（4）：57-59. 经整理加工。）

**思考：**

（1）由此案例思考海外 EPC 项目货物的出口申报难点及其解决措施。

（2）结合案例，思考海外 EPC 项目在货运代理公司的选择上应该注意哪些方面。

# 第十章　跨境电商物流

## ◇学习目标

1. 了解跨境电商物流的发展现状。
2. 熟悉跨境电商物流的主要方式。
3. 熟悉不同跨境电商物流模式的流程。
4. 掌握跨境电商物流模式的优缺点。

## ◆导入案例

**缓解疫情冲击，跨境电商应对有道**

2020年第二季度，由于疫情影响，航班大量停飞，运力无法满足空运需求，各大物流服务商以不同形式提价，跨境电商卖家的物流成本快速攀升。物流价格全线暴涨时，包机业务也被刺激，惯常二三十万美元一趟的包机价格一度涨到七八十万美元甚至100万美元。随着空运价格暴涨，海运需求量有所提高。超过半数的跨境电商卖家在头程运输上选择海运方式。价格成为卖家渠道选择上最重要的考量因素，其次是时效和性价比。

由于国际局势不明朗、国际物流受阻、资金周转困难、海外采购商倒闭或资金链断裂等因素给外贸企业带来较大冲击。全球疫情之下，外贸线上化趋势越发明显，越来越多的企业选择开启跨境电商的外贸新征途。同时，针对物流困局，部分企业采取“国内仓＋第三方海外仓＋亚马逊FBA仓”模式，将补货发运至第三方海外仓运营，有效分散了经营风险，保障了终端销售的持续性。

在确保库内疫情防控效果的前提下，海外仓一件代发、中转、贴标、换标等业务将迎来井喷式增长。疫情下，邮政官方渠道的所有产品均大幅涨价，eBay、Wish、全球速卖通等平台上以销售低值、小额订单产品为主的卖家在寻找更高性价比的物流渠道，铁路小包、海运小包或是一个新的方向。

由于疫情蔓延，“宅经济”品类需求爆发，家居、办公、美容、健身器材等卖家迎来一轮订单回暖潮。零售分析公司Stackline数据显示，除防疫物资外，欧洲人在封城时的最大刚需是在室内锻炼，宅家生活和娱乐用品需求大幅增长。随着各国陆续解封复工复产，自行车、电动车等代步工具以及打印机等户外用品和办公用品需求上涨。据全球速卖通数据，疫情期间，平台3D打印机的销售额同比翻了一番。海外大量工厂因疫情关闭，线下流通渠道受限，但线上跨境渠道是畅通的，很多商家选择线上购买3D打印机打印口罩、汽车零件，甚至飞机零部件。

（资料来源：https：//www.sohu.com/a/410548105_100209482。经整理加工。）

# 第一节　跨境电商物流概述

## 一、跨境电商

### （一）跨境电商的概念

跨境电子商务（简称跨境电商）的概念有广义和狭义之分。

广义的跨境电商是指分属不同关境的交易主体通过电子商务手段达成交易的跨境进出口贸易活动。狭义的跨境电商特指跨境网络零售，即分属不同关境的交易主体通过电子商务平台达成交易，进行跨境支付结算、通过跨境物流送达商品，完成交易的一种国际贸易新业态[㊀]。跨境网络零售是互联网发展到一定阶段所产生的新型贸易形态。

跨境电商包括进口电商和出口电商两大类。前者是将国外的商品运送到国内市场交易，后者是将国内的商品运送到国外市场交易。从目前的发展态势来看，我国的跨境电商业务主要以出口为主，这与国家推动企业“走出去”的发展战略密不可分，也有利于我国在国际贸易中获得顺差。

随着国内市场需求多元化、个性化的转向，以及对海外产品高速增长的需求，进口跨境电商必然会呈现出强劲的发展势头。2020 年，我国跨境电商零售进出口额达 1.69 万亿元人民币。

### （二）跨境电商的特征

相比传统跨境贸易的产业链流程长、渠道加价率高、商品的运货周期长等缺陷，跨境电商能够显著减少供应链层级，压缩商品运输时间，降低商品价格，提高商品在国际市场上的竞争力。跨境电商的特征主要表现在：

**1. 成本低**

传统跨境贸易进出口环节多、时间长、成本高，而跨境电商直面最终消费者，大大降低了企业的销售成本和消费者的购买成本。

**2. 速度快**

只要境外采购商在平台上下订单，强大的物流体系就可以使货品在 1~2 周到达消费者手中。

**3. 门槛低**

传统的跨境贸易主要由一国（地区）的进 / 出口商通过另一国（地区）的出 / 进口商集中进 / 出口大批量货物，然后通过境内流通企业经过多级分销，才能到达消费者手中，对于参与国际贸易的企业有较高的专业素质要求；而在跨境电商中，商家与消费者只需通过跨境电商平台就可以达成交易，企业参与跨境交易的门槛明显降低。

## 二、跨境电商物流

跨境电商物流是伴随着跨境电商的发展而产生的，是跨境电商发展的有力支撑。跨境电商物流除了提供传统的商品运输、配送、货代、报关等服务外，有时还需要提供退换货处理、海外仓等增值服务。

---

㊀ 庞燕 . 跨境电商环境下国际物流模式研究［J］. 中国流通经济，2015，29（10）：15-20.

### （一）跨境电商物流的含义

跨境电商物流是指分属不同关境的交易主体通过电子商务平台达成交易并进行支付结算后，通过跨境物流服务送达商品完成交易的国际商务活动。

由于电子商务环境下人们的交易主要依靠网络进行，因此客户下单并完成支付后，线下的货物交付就显得尤为重要。它直接关系到电子商务交易能否顺利完成，能否获得消费者的认可。

### （二）跨境电商物流的特征

与境内物流相比，跨境电商物流涉及范围更广、影响更加深远，它不仅与多个国家（地区）的社会经济活动紧密相连，更受到多个国家（地区）之间多重因素的影响。

具体来看，我国跨境电商物流的主要特征表现为：

#### 1. 物流成本高

物流成本主要由资金成本、人力成本和物力成本构成。当前跨境电商的消费者主要分布在欧美发达国家，跨境电商物流企业在这些国家投入的人力、物力所需成本比一般贸易高。同时由于涉及境内集货、跨境通关、境外配送交付等环节，运输过程中还牵涉跨境检查，这些都导致跨境运输流程复杂，成本增加。

#### 2. 配送时效差

跨境电商复杂的流程，不仅增加了成本，也拉长了物流作业的时间。特别是不同国家的物流发展水平差别比较大，不可控因素大大增加。以当前全球比较发达的 eBay 平台为例，其通过国际 e 邮宝将货物送达欧美消费者手中的期限一般为 7~12 天，使用专线物流需要 15~30 天。

#### 3. 退换货困难

对于电子商务交易而言，能否实现退换货在很大程度上影响消费者的满意度。一个完整的跨境电商物流环节多、周期长、流程复杂，导致退换货非常困难。此外，跨境电商活动往往需要缴纳行邮税，即海关对入境人员及其携带行李、个人邮政物流所征收的进口税。以我国为例，2019 年 4 月下调进境物品征收的行邮税税率后，行邮税按 13%、20%、50% 三个档次收取税费。因此，当发生退换货时，在费用重复缴纳和分摊方面，买卖双方会存在一定分歧，从而影响到跨境交易退换货的顺利进行。

#### 4. 需要国际合作

由于跨境电商物流涉及范围广、环节多，因此我国跨境电商领域的物流企业主要依靠与境外物流企业合作来拓展全球网络，提升境外配送时效。与我国物流企业开展合作的境外物流企业主要包括俄罗斯邮政、西班牙邮政、英国皇家邮政、新加坡邮政、瑞典邮政等。通过这些国际合作，我国的跨境电商物流企业打通境外“最后一公里”配送服务，全面提升物流服务体验。

## 三、跨境电商物流的发展现状

与国内物流相比，跨境物流除具备其共性外，还伴随国际性等特点。物流硬件环境与软件环境存在国家差异，不同国家其标准也不同，国内物流、国际物流与目的国物流在衔接上会存在障碍，导致顺畅的跨境物流系统难以构建。物流环境的差异，导致在跨境物流、运输与配送过程中，需要面对不同的法律、文化、习俗、观念、语言、技术、设施等，增加了跨境物流的运作难度和系统复杂性。此外，如关税壁垒、非关税壁垒、物流成本、空间距离等，都直接或间接地影响与制约跨境物流，需要物流企业根据自身情况以及客户需求去协调各个环节的资源（例如采购干线航空腹仓、购买清关公司服务、与目的国本土的快递及邮政公司展开合作等），然后将所有资源进行集成，为客户提供综合跨境物流服务。

目前，我国跨境电商物流行业分散，并无绝对实力强劲的公司，也缺少专业化程度较高的第三方物流企业。为跨境电商提供国际快递服务的企业包括联邦快递、敦豪速递、中国邮政速递、顺丰速运等传统物流快递企业，专业的第三方物流企业也正在崛起，但与跨境电商高速发展的形势相比，市场还是较为缺乏专业的第三方物流企业。

此外，国内物流、国际物流与目的国物流在衔接、可视化、信息透明度等方面表现较差，影响并降低了顾客对跨境电商物流的满意度。

◇**小资料**

**跨境电子商务综合试验区的分布情况**

2015年3月7日，国务院首先在浙江省设立第一个跨境电子商务综合试验区——中国（杭州）跨境电子商务综合试验区，此后分别于2016年1月12日、2018年7月24日、2019年12月15日、2020年4月27日公布了四批试验区名单。截至2020年，国务院在全国范围内共设立了105个跨境电子商务综合试验区，覆盖了30个省、区、市，见表10-1。国家跨境电子商务综合试验区的设立旨在鼓励跨境电子商务交易、支付、物流、通关、退税、结汇等环节的技术标准、业务流程、监管模式和信息化建设探索创新、先行先试。进一步简化流程、精简审批，完善通关一体化、信息共享等配套政策，推进包容、审慎、有效的监管创新，推动国际贸易自由化、便利化和业态创新。

**表10-1 各地获批的跨境电子商务综合试验区**

| 省份 | 所在地（批次） | 省份 | 所在地（批次） |
|---|---|---|---|
| 北京 | 北京（3） | 上海 | 上海（2） |
| 天津 | 天津（2） | 重庆 | 重庆（2） |
| 宁夏 | 银川（4） | 新疆 | 乌鲁木齐（5） |
| 青海 | 海东（4）、西宁（5） | 甘肃 | 兰州（3）、天水（5） |
| 山西 | 太原（4）、大同（5） | 陕西 | 西安（3）、延安（5） |
| 贵州 | 贵阳（3）、遵义（5） | 云南 | 昆明（3）、德宏（5） |
| 海南 | 海口（3）、三亚（5） | 广西 | 南宁（3）、崇左（5） |
| 河北 | 唐山（3）、石家庄（4）、雄安新区（5） | 安徽 | 合肥（2）、芜湖（4）、安庆（5） |
| 河南 | 郑州（2）、洛阳（4）、南阳（5） | 湖北 | 武汉（3）、黄石（4）、宜昌（5） |
| 黑龙江 | 哈尔滨（3）、绥芬河（4）、黑河（5） | 内蒙古 | 呼和浩特（3）、赤峰（4）、满洲里（5） |
| 吉林 | 长春（3）、珲春（4）、吉林（5） | 江西 | 南昌（3）、赣州（4）、九江（5） |
| 湖南 | 长沙（3）、岳阳（4）、湘潭（5）、郴州（5） | 四川 | 成都（2）、泸州（4）、德阳（5）、绵阳（5） |
| 辽宁 | 大连（2）、沈阳（3）、抚顺（4）、营口（5）、盘锦（5） | 福建 | 厦门（3）、福州（4）、泉州（4）、漳州（5）、莆田（5）、龙岩（5） |

（续）

| 省份 | 所在地（批次） | 省份 | 所在地（批次） |
|---|---|---|---|
| 山东 | 青岛（2）、威海（3）、济南（4）、烟台（4）、东营（5）、潍坊（5）、临沂（5） | 江苏 | 苏州（2）、南京（3）、无锡（3）、徐州（4）、南通（4）、常州（5）、连云港（5）、淮安（5）、盐城（5）、宿迁（5） |
| 浙江 | 杭州（1）、宁波（2）、义乌（3）、温州（4）、绍兴（4）、湖州（5）、嘉兴（5）、衢州（5）、台州（5）、丽水（5） | 广东 | 广州（2）、深圳（2）、珠海（3）、东莞（3）、汕头（4）、佛山（4）、梅州（5）、惠州（5）、中山（5）、江门（5）、湛江（5）、茂名（5）、肇庆（5） |

# 第二节　跨境电商物流的运营方式

在跨境电商的发展过程中，以国际邮政小包为代表的国际邮政包裹与国际快递扮演着极其重要的角色，在众多跨境物流模式中，这两种模式的占比最高。受市场需求和政策法规的影响，以海外仓为首的新型跨境电商物流模式逐渐受到关注，并被广泛应用于跨境电商市场。

## 一、常见的跨境电商物流运营方式

### （一）国际邮政小包

国际邮政快递小包裹（简称国际邮政小包）是服务于跨境电商的一种传统物流模式。国际邮政小包的包裹重量在2kg以内，外包装长、宽、高之和小于90cm，且长边小于60cm，包含挂号、平邮两种服务，可寄达全球各个邮政网点。挂号服务费率稍高，可提供网上跟踪查询服务。国际邮政小包主要包括中国邮政小包、中国香港邮政小包、新加坡邮政小包等。

**1. 国际邮政小包的优势**

**（1）覆盖网络广泛。**基于万国邮政联盟协议，国际邮政小包基本可触达全球绝大部分国家和地区，末端派送由当地邮政完成。

**（2）轻小件货物的价格优势明显。**①由于跨境电商出口商品主要为小商品、服饰和计算机类、通信类和消费类电子产品（3C产品），包裹重量在2kg以内的货物以100g为最小计费单位。与以千克为最小计费单位的一般商业快件相比，国际邮政小包在价格上具有明显的优势。②入境清关时不会产生关税或清关费用。

**（3）清关速度快。**国际邮政小包采用批量清关，在海量包裹清关时，速度远快于一般商业快件清关，特别是在货运量集中的地区，如纽约、洛杉矶等地，清关时效的优势更为突出。

截至2019年10月，万国邮政联盟有192个成员国，各成员国的邮政企业可以借助覆盖全球的邮政网络满足世界各地消费者的购物需求。这为中国跨境电商早期发展提供了极大的支持。据不完全统计，我国跨境电商活动有超过60%的商品是通过邮政体系完成跨境物流的。

国际邮政小包虽然优点突出，但在实际运营过程中，其丢包率高、安全性低、时效性不强等劣势也较为突出。国际邮政小包适合轻型、小型商品，在货物体积、重量、形状等方面限制性较高，如带电池、粉末、液体等特殊商品无法通过正常方式在邮政渠道实现通关。

**2. 国际邮政小包的终端费**

万国邮政联盟成员国之间的物流费用结算主要依靠终端费，即原寄国邮政向寄达国邮政支付的为补偿寄达国处理所接收函件的费用。随着跨境电商的迅猛发展，国际邮政小包业务量急速增长。由于世界贸易发展不平衡，存在贸易顺差的国家与存在贸易逆差的国家在邮政业务上会出现利益不平衡。由于一些国家的国内物流成本较高，终端费不能覆盖其国内处理成本，因此，这些国家呼吁要求提高终端费。

万国邮政联盟每四年召开一次大会商定终端费体系，该体系将成员国按发展水平分为4组，我国所属第3组国家。2019年9月，万国邮政联盟第三次特别大会在瑞士日内瓦举行，大会通过了融合各方诉求的方案V㊀。该方案将使第3组国家在2020年—2025年的出口国际小包终端费较2019年累计增长164%，从而推高我国跨境电商物流成本。这意味着我国跨境电商产品的价格优势有可能丧失，利润将被压缩。邮政业务需要适应国际小包市场化进程，不断创新，打造安全可靠的国际寄递网络。

**（二）国际商业快递**

国际商业快递是用于跨境电商物流服务的另一种传统模式，它主要是通过国际快递公司来解决跨境电商产品物流及配送问题。国际上知名的快递公司有联邦快递（FedEx）、联合包裹（UPS）、DHL等，我国国内知名的快递公司也扩展了国际快递业务，包括EMS、顺丰、申通、韵达等。

从特征上看，国际商业快递与国际邮政小包具有明显的互补性，国际商业快递的时效性高、丢包率低、可追溯查询等特点，是其主要的竞争优势。虽然国际商业快递的网络覆盖不如邮政物流体系，不过，国际知名快递公司的全球网络也是比较完善的，并且能够实现报关、报检、保险等辅助业务，支持货物包装与仓储、跟踪追溯等服务。但是国际快递的价格偏高，尤其在一些不发达国家或偏远地区，国际商业快递收取的附加费更是惊人。

**（三）海外仓**

海外仓是指建立在海外的仓储设施。出口企业将商品通过大宗运输的形式运往消费者所在国家或者邻近国家的仓库，储存商品。客户从电商平台或者其他渠道需要产品时，可以迅速响应，直接从消费者所在国家或者附近国家的仓库进行分拣、包装和配送，提升消费者跨境贸易购物的体验，增强消费者黏性。

海外仓模式的费用主要包括三个部分，即出口段的大宗商品运输（头程运输）费用与清关费用，海外仓中的存储费用与分拣、包装等操作费用，本地派送的运输费用。

**1. 海外仓的运营模式**

**（1）自建模式。**自建模式是指跨境电商企业选择自己建设并且运营海外仓，仅为本企业的产品提供仓储、配送等服务。自建模式下，跨境电商企业可以自主控制整个跨境物流过程，优化商品存储品类，提高“最后一公里”的控制能力，增强客户的信任感，扩展企业在海外市场的知名度与影响力。由于自建海外仓多数投资于美国、德国、英国等发达国家，不仅土地、劳动力成本高昂，法务税务、管理风险也比较突出，自建海外仓短期内难以通过规模化运营来均摊运营成本。因此，自建模式主要适合于跨境电商大卖家。

**（2）第三方服务模式。**第三方服务模式是指租赁由第三方企业（主要是物流企业）建立

---

㊀ 与会代表称此方案为“胜利方案”，因此写作“方案V”。

并运营的海外仓，为客户提供配送服务，提升消费者满意度。通常提供海外仓服务的物流企业还同时提供清关、入库质检、接受订单、商品分拣、配送等服务。例如亚马逊将自身平台开放给第三方卖家，将其库存纳入亚马逊全球的物流网络，该服务统称为亚马逊物流服务（Fulfillment by Amazon，FBA），亚马逊为第三方卖家提供拣货、包装以及终端配送的服务，收取服务费用。第三方服务模式下，高昂的仓库租金和服务费用是跨境电商出口企业必须承受的。

**（3）合作建设模式。**合作建设模式是指跨境电商企业与海外合作企业共同出资建设仓储设施。该模式的突出优势在于企业可以减轻建设海外仓的资金压力，同时通过与合作企业的互相学习，有利于快速实现本地化。在订单履行方面，合作建设模式不仅兼具自建模式的优点，而且可以为当地国家或地区的消费者提供本地化售后服务。

**2. 海外仓的主要优点**

相比国际邮政小包和国际商业快递，海外仓具有以下优点：

1）海外仓的头程运输将零散的国际小包转化成大宗运输，体现规模经济效益，可大大降低物流成本。研究表明，相比小包直邮，海外仓模式可以减少30%~50%的物流成本。

2）海外仓将国际派送转化为当地派送，确保商品更快速、更安全、更准确地到达消费者手中，完善消费者跨境贸易购物体验。

3）海外仓可以提供高效便捷的退货服务，适应当地消费者的购物习惯，使消费者购物时更加放心。

4）海外仓可以降低节假日等特殊原因造成的物流服务中断风险，为消费者提供本土化服务，从而提高跨境电商的海外竞争力。

**（四）保税区、自贸区物流**

保税区或自贸区物流模式是依托保税区或自贸区开展的跨境电商物流服务，这种模式已经成为跨境电商物流市场的一种新兴模式。在该模式下，跨境电商出口企业通过国际货运预先将商品运至保税区或自贸区仓库，当跨境电商平台获得网络销售订单后，再通过线下的保税区或自贸区仓库完成商品的分拣、包装、发货，完成通关后进行末端配送活动。因此，该模式是一类特殊的海外仓，跨境电商经营者所使用的仓库具有保税功能。

跨境电商进口领域对公共仓的需求基本集中在国内保税仓。国内保税仓主要应用于网购保税进口商品，其中以跨境电商试点城市、跨境电商综合试验区的海关特殊监管区及B型保税仓库为主要载体。

由于受跨境电商政策的影响，国内保税仓市场供给端主要集中在跨境电商试点城市及跨境电商综合试验区。国内保税仓主要有三种类型，见表10-2。

**表10-2 国内保税仓的类型**

| 仓库类型 | 备案主体 | 服务方式 |
|---|---|---|
| 跨境进口公共仓 | 仓储企业 | 主要为跨境电商进口卖家提供跨境进口保税仓储服务 |
| 跨境进口自营仓 | 跨境电商进口平台 | 为自身平台服务 |
| 跨境进口自营仓+公共仓 | 大部分为跨境电商进口平台 | 一方面服务于自营平台；另一方面对外开放，服务于第三方跨境电商进口卖家 |

资料来源：亿邦动力研究院，《跨境电子商务创新研究报告》，2018年6月。

保税区或自贸区物流模式简化了作业流程与手续，可以享受保税区或自贸区的优惠政策，主要体现在物流、通关、商检、收付汇、退税等方面。同时作为一种特殊类型的海外仓，头程运输可以实现集中化的国际货运、通关与商检，获得规模经济效应，既降低了跨境物流成本，又缩短了物流时间，提高了物流与配送时效。与海外直邮相比，基于保税区或自贸区所开展的保税备货模式具有一些显著的特征，见表10-3。

**表10-3 保税区（自贸区）保税备货模式的典型特征**

| 模式 | 保税备货模式 | 海外直邮模式 | |
|---|---|---|---|
| | | 小包裹直邮 | 集货直邮 |
| 基本操作 | 商品暂存在国内保税仓库，消费者下单后从保税仓清关、发货 | 消费者下单后，由国外供应商直接发货，经过海关清关，快递至消费者 | 消费者下单后，国外供应商集中订单，统一采购、发货，经海关清关、快递至消费者 |
| 物流模式 | 保税仓→海关清关→快递→消费者 | 国外供应商→(海外仓)→国际物流→海关清关→快递→消费者 | 国外供应商→海外仓库→国际物流→海关清关→快递→消费者 |
| 成本 | 商品囤放在保税仓，如商品过期，需要在海关监管下进行销毁，跨境电商平台和商家要承担商品销毁的成本 | 海外仓建设成本、非规模化运营阶段的成本较高，但规模较为灵活 | |
| 包裹大小 | 小包裹 | 小包裹 | 大包裹 |
| 清关速度 | 较快，1~2天 | 较慢 | 较慢 |
| 收货速度 | 最快 | 较慢 | 最慢 |
| 适用品类 | （1）标准产品；（2）受到市场检验认可的类型；（3）大众商品 | （1）非标准商品；（2）处于测试阶段的新产品；（3）品类多样，可以满足长尾需求的商品 | |
| 退换货 | 无法退回保税仓，需要自建退货仓库存放退货商品 | 国内有保税仓的，可将货物在保证二次销售的情况下退还国内分支机构或者保税仓；国内无保税仓的，需回程寄送 | |
| 退货成本 | 退货商品无法进行二次销售，需承担较大的退货成本 | 回程寄送的，需要承担较高的国际物流配送、时效、清关等成本 | |

注：小包裹直邮的物流模式中，可以使用海外仓，也可以不使用海外仓，故用（海外仓）表示可选择。

资料来源：中国国际商会、德勤中国研究中心、阿里研究院，《持续开放的巨市场——中国进口消费市场研究报告》，2018年10月31日。

### （五）国际物流专线

国际物流专线是在跨境电商不断发展的背景下出现的一种新型跨境物流模式。国际物流专线具体运营不同国家（地区）之间点对点的货运线路，其运输线路及班次一般是固定的。

国际物流专线种类非常多，依据线路的不同，以我国为例，可分为中俄专线、中美专线、中欧专线、中澳专线等；依据运输方式的不同，可分为航空专线、港口专线、铁路专线、大陆桥专线等。

国际物流专线有其专门使用的物流运输工具、物流线路、物流起点与终点、物流运输周期及时间等，同时它还是根据特定国家或地区跨境电商物流特点所推出的物流线路，模式能够有效规避通关及商检风险，还具有一定的物流时效性及物流经济性；但同时也由于其“专”而产生一定的局限性，突出表现在具有明显的区域特征，无法适应跨境电商所产生的无地域限制性需求。因此，国际物流专线模式难以成为跨境物流的主要模式之一，只能作为跨境电商企业挖掘重要固定市场的物流解决方案，或者作为其他跨境物流，如海外仓模式的中间环节。

此外，传统的国际物流专线仅包含货运站点之间的运输服务，随着跨境电商服务需求升级，国际物流专线的业务链条进一步向上游的货物揽收和下游的末端派送延伸。国际物流专线的服务开始形成包括货物揽收、装卸打包、运输、在线追踪订单、清关、本地派送等在内的完整的“端到端”物流链。这将为跨境物流服务提供商提供更多接触客户的机会，增加国际物流专线的使用频率与整体价值。

**（六）集货物流**

集货物流模式是指将已经按消费者订单分拣后，经过集货中心处理，达到批量运输的起点后，通过与国际物流公司合作，将货物集中运往进口国并送到消费者手中。根据作业模式的差异，集货物流可以分为直邮集货和保税集货两种模式。

直邮集货模式下，跨境电商出口企业在接到订单后分拣、打包，达到一定包裹量之后再统一发往进口国。保税集货模式是指跨境电商出口企业根据消费者在跨境电商平台上产生的订单，将货物统一打包，以集货方式进境，在保税物流中心由物流企业根据消费者订单信息在包裹上分别粘贴运输面单，由报关企业汇总申报，经海关清单核放，查验放行后配送到消费者手中。与前文提到的保税区、自贸区物流模式有所不同的是，采用保税集货模式的电商企业无须将未出售的货物预先囤积在仓库内，可极大地降低资金成本和销售风险。

集货物流模式的优点包括：①可以个人物品清关，在税收和检验检疫的环节都享有优势。天猫国际方面的数据显示，有 60% 以上的订单通过保税模式备货发货。②可以把不同来源的货物集中在一起，使原来分散的、小批量的、规格质量混杂的、不容易进行批量运输的货物，达到大批量运输的要求，从而实现大批量、高效率、低成本和快速的国际物流运作。

## 二、主要的跨境电商物流优劣势比较

物流环节对跨境电商来说尤为重要，小卖家一般可以通过平台发货，选择国际小包等渠道。大卖家或者独立平台的卖家，需要优化物流成本、考虑客户体验、整合物流资源并探索新的物流形式。跨境电商物流方式各有优缺点，表 10-4 对四种主要跨境电商物流方式进行简单比较。

**表 10-4 跨境电商物流方式比较**

| 物流方式 | 优势 | 劣势 |
|---|---|---|
| 国际邮政小包 | 价格便宜、网络覆盖范围广 | 速度较慢，丢包率高 |
| 国际商业快递 | 速度快、服务好、丢包率低 | 网络覆盖区域有限，价格昂贵，且价格资费变化较大 |
| 海外仓 | 物流成本降低，订单周期缩短，可提供退换货方案，海外用户消费体验提升 | 运营成本高，并非任何产品都适用，库存周转慢的商品容易压货，管理难度大 |
| 国际物流专线 | 价格比国际商业快递低，运输速度快于国际邮政小包，丢包率较低 | 价格高于国际邮政小包，运输速度慢于国际商业快递，网络覆盖地区少 |

资料来源：根据亿邦动力网相关材料整理。

# 第三节 跨境电商物流通关

跨境电商作为一种新兴业态，给政府传统外贸管理提出了新挑战。跨境电商商品碎片化、贸易主体碎片化和管理政策碎片化，促使海关通过创新、完善现行邮递商品和快件管理制度，逐步发展与海关联网的跨境电商综合服务平台，为跨境电商企业提供更多便利。根据跨境电商业务碎片化、高频次、低货值等特点，海关采取了进口“清单核放”、出口“清单核放、汇总申报”等不同于对一般贸易的监管方式，力图通过监管方式的创新，为跨境电商带来税收优惠，提升通关效率，降低通关成本，实现跨境电商的阳光化通关。

## 一、货物与物品监管的区别

在跨境电商快速发展的过程中，个人或小规模采购商在最终收货人中所占比例不断提高，使得交易主体越来越多，而单笔交易商品数量越来越少，价值越来越低，并且交易的物权转移发生在线上，因此产生了“以物品代替货物”报关的需求。

《中华人民共和国海关法》第三章、第四章明确规定了进出境货物与进出境物品不同的海关监管，主要包括用途、数量、外汇、税收和许可证等几个方面[一]。

从用途来看，进出境货物具有贸易性质，货物进出境是为了销售，例如 B2B 模式下的传统大宗商品贸易；而进出境物品不具有贸易性质，物品进出境是为了本人自用或馈赠亲友，而非出售或出租，例如旅客从境外携带进境的奢侈品。

从数量来看，进出境货物数量较大；进出境物品以自用、合理数量为限，超出数量限制则会被海关认定为进出境货物。比如旅客在美国旅游时顺便买了一双耐克鞋，在中国香港地区买了两罐奶粉，海关认定属于自用、合理的数量范围，因此按物品类别进行通关监管。但如果旅客买了一行李箱的苹果手机或者手表入关，显然已经超出了海关认定的自用、合理的范畴，海关将按照货物类别对其进行通关监管。

从外汇来看，进出境货物是购进或售出的商品，因此有对应的外汇收入或外汇支出；而进出境物品不属于商品，因此没有对应的外汇收入或外汇支出。从事货物进出口的企业需凭报关单等通关材料向银行申请进行购付汇和收结汇，由银行审核贸易真实性并一一核销；而进出境物品无须通关单等手续，无外汇监管。

从税收来看，进出境货物征税内容包括关税、增值税和消费税；而进出境物品仅在进境环节征收进口税。进出境货物的税率通常高于同类进出境物品，但有特殊情况的除外。若通过邮政网络进境，按个人物品申报，则只涉及行邮税。虽然行邮税的税率可能比进出境货物关税高一些，但由于不涉及其他税种并且有 50 元的免征税额，因此所承担税负明显降低[二]。这也是很多跨境电商选择邮政渠道通关的主要原因之一。

从许可来看，国家对部分限制进出境货物进行许可证管理；除了出境携带的文物外，一般进出境的物品不涉及行政许可问题。

---

㊀ 冯晓鹏．跨境电子商务的法律与政策研究［D］．长春：吉林大学，2019.

㊁ 于立新，陈晓琴，陈原，等．跨境电子商务理论与实务［M］．北京：首都经济贸易大学出版社，2017.

## 二、跨境电商出口的通关

### （一）一般出口模式

一般出口模式（9610 出口）是指采用“清单核放、汇总申报”的方式，电商出口商品以邮件、快件方式分批运送，海关凭清单核放出境，定期把已核放清单数据汇总形成出口报关单，电商企业或平台凭此办理结汇、退税手续，并纳入海关统计，如图 10-1 所示。

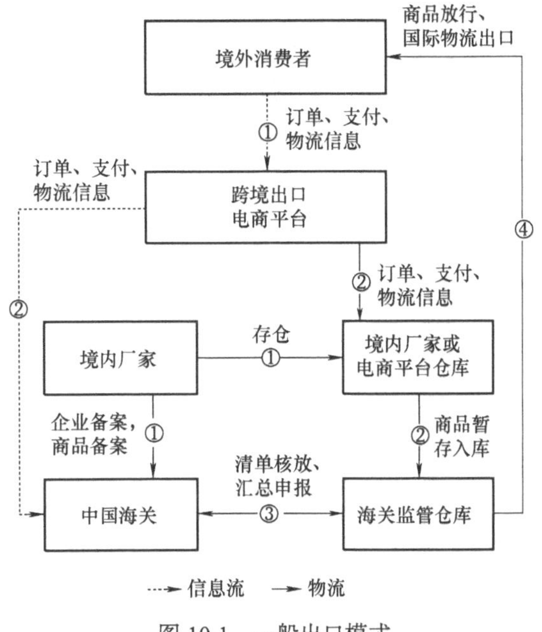

图 10-1　一般出口模式

### （二）网购保税出口模式

网购保税出口模式（1210 出口）是指电子商务企业把整批商品按一般贸易报关进入海关特殊监管区域，企业实现退税；对于已入区退税的商品，境外网购后，海关凭清单核放，由邮件、快件企业分送出区离境，海关定期将已放行清单归并形成出口报关单，电子商务企业凭此办理结汇手续，并纳入海关统计，如图 10-2 所示。

海关总署公告 2014 年第 57 号指出，自 2014 年 8 月 1 日起，增列海关监管方式代码“1210”，其全称为“保税跨境贸易电子商务”，简称“保税电商”，又称“备货模式”。

简单来说，商家将商品批量备货至海关监管下的保税仓库，消费者下单后，电子商务企业根据订单为每件商品办理海关通关手续，在保税仓库完成贴面单和打包，经海关查验放行后，由电子商务企业委托物流配送至消费者手中。

采用保税备货模式时，商家可以提前将批量货物放置于保税仓库，由于准备时间较长，国际物流头程运输可以使用海运，以降低成本。当有订单后，电子商务企业可立即从保税仓库发货，通关效率高，并可及时响应售后服务需求，用户体验好。但是由于需要租用保税仓库，仓储成本会增加，同时，备货占用的资金量也较大。保税备货模式适用于业务规模大、业务量稳定的阶段。电子商务企业可通过大批量订货或备货来降低采购成本，逐步从空运过渡到海运以降低国际物流成本。

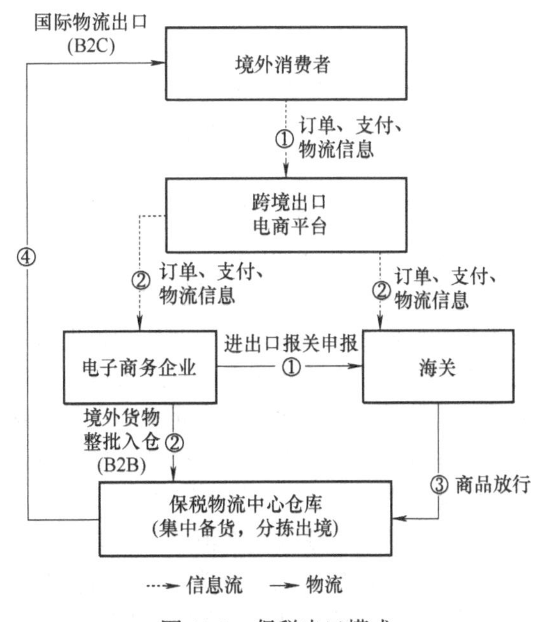

图 10-2　保税出口模式

## 三、跨境电商进口的通关

### （一）直购进口模式

直购进口模式（9610 进口）是指符合条件的电子商务平台与海关联网，境内个人跨境网购后，平台将电子订单、支付凭证、电子运单等实时传输给海关，商品通过海关跨境电商专门监管场所入境，按照跨境零售进口商品征税，并纳入海关统计。

海关总署公告 2014 年第 12 号指出，为促进跨境贸易电子商务零售进出口业务发展，方便企业通关，自 2014 年 2 月 10 日起，增列海关监管方式代码“9610”，其全称为“跨境贸易电子商务”，简称“电子商务”，又称“集货模式”。该监管方式适用于境内个人或电子商务企业通过电子商务交易平台实现交易，并采用“清单核放、汇总申报”模式办理通关手续的电子商务零售进出口商品（通过海关特殊监管区域或保税监管场所一线的电子商务零售进出口商品除外）。

因为跨境电商具有小额多单的特点，传统 B2C 出口企业，在物流上主要采用航空小包、邮寄、快递邮政小包、快件等方式，报关主体是邮政或快递公司。海关新增的 9610 代码将跨境电商的监管独立出来，有利于规范和监管。

商家将多个已售出商品统一打包，通过国际物流运送至国内的保税仓库，电子商务企业为每件商品办理海关通关手续，经海关查验放行后，由电子商务企业委托国内快递派送至消费者手中。每个订单附有海关单据。

直购进口模式较为灵活，不需要提前备货，相对于快件清关，物流通关效率较高，整体物流成本有所降低。但是由于需要在境外完成打包操作，境外操作的人工成本高，距离消费地较远，物流时间稍长。直购进口模式适用于电子商务企业业务量迅速增长的阶段，每周都有多笔订单。

### （二）网购保税进口模式

网购保税进口模式（1210 进口）是指电子商务企业将整批商品运入海关特殊监管区域或保税物流中心（B 型）内并向海关报关，海关实施账册管理。境内个人网购区内商品后，电子商务企业、支付企业和物流企业分别将电子订单、支付凭证、电子运单等传输给海关，电子商务企业或其他代理人向海关提交清单办理申报和纳税手续，海关验放出区后账册自动核销。

1210 监管方式用于进口时仅限经批准开展跨境贸易电子商务进口试点的海关特殊监管区域和保税物流中心（B 型）。

网购进口保税产品的交易流程是消费者向跨境电子商务企业订购产品，一次性付清价款及税费，由跨境电子商务企业作为代理人以消费者的名义向海关报关清关，再由与跨境电子商务企业合作的物流企业直接从保税仓提出货物送至消费者手中。而以 1210 海关监管方式开展跨境贸易的电子商务企业、海关特殊监管区域或保税监管场所内跨境贸易电子商务经营企业、支付企业和物流企业，应当按照规定向海关备案，并通过电子商务平台实时传送交易、支付、仓储和物流等数据。

网购保税进口模式是在消费者下单前，将批量商品在综合保税区备货，国内消费者生成订单后，能够快速响应订单，国际运输费用低，全程物流综合成本低。网购保税进口模式适用于刚性需求类商品，消费者体验更佳。

**（三）保税电商 A 模式**

保税电商 A 模式是指电子商务企业将整批商品运入海关特殊监管区域内特设的电子商务专区，向海关报关，海关建立电子商务管理账册。境内个人网购区内商品后，电子商务企业委托报关代理公司向海关申报电子清单，海关对电子订单、支付凭证、电子运单和电子清单进行四单计算机自动比对，凡相符的，海关参照跨境零售进口商品自动征税，验放后账册自动核销，并纳入海关统计。

海关总署公告 2016 年第 75 号指出，增列海关监管方式代码“1239”，其全称为“保税跨境贸易电子商务 A”，简称“保税电商 A”。与“1210”监管方式相比，“1239”监管方式适用于境内电子商务企业通过海关特殊监管区域或保税物流中心（B 型）一线进境的跨境电商零售进口商品。同时，区别于“1210”监管方式的是，上海、杭州、宁波、郑州、重庆、广州、深圳、福州、平潭、天津 10 个试点城市暂不适用“1239”监管方式开展跨境电商零售进口业务。

2016 年 4 月，财政部、海关总署、国家税务总局联合发布通知，从 4 月 8 日起实施跨境电商零售进口税收政策，并同步调整行邮税政策。该项跨境电商政策实施后，国内保税进口分为两种：①政策实施前批复的具备保税进口试点的 10 个城市；②政策实施后开放保税进口业务的其他城市。由于该项政策后续出现了暂缓延期措施，且暂缓延期措施仅针对此前的 10 个城市，因此，海关在监管时将二者区分开来：对于免通关单的 10 个城市，继续使用 1210 代码；对于需要提供通关单的其他城市（非试点城市），采用新代码 1239。

**（四）万国邮政联盟的邮路清关**

跨境电商的进口和出口都可以采用包括中国邮政速递在内的邮路物流方式，从国外直邮也可以采用比利时邮政（BPost）、荷兰邮政、法国邮政、西班牙邮政等渠道。邮政速递公司的邮路在不断优化，瞄准的是跨境电商快递物流市场。对于出口企业而言，通过邮政物流通关出口退税的关键节点在出口报关单。只有海关将货物、物品申报清单认定为出口凭证，才能相应解决结汇和退税问题。对于进口消费者而言，海关总署公告 2014 年第 56 号（关于跨境贸易电子商务进出境货物、物品有关监管事宜的公告）和第 57 号（关于增列海关监管方式代码的公告）要求按进出境个人邮递物品有关规定办理征免税手续，申报手续较为繁杂，需要邮政部门或专业服务公司代为申报，为邮路进口快递产品提供了政策依据[㊀]。

## ◇重要概念

跨境电商物流　海外仓　国际邮政小包　跨境监管

## ◇本章小结

本章阐述了跨境电商发展的基本情况，对跨境电商物流的运营方式进行分析，重点阐述了国际邮政小包、国际商业快递、海外仓等模式，归纳了跨境电商面临的监管难题以及海关针对跨境电商通关进行的创新。

## ◇复习思考题

**一、单选题**

1. 下列不属于跨境电商物流活动的是（　　）。

㊀ 于立新，陈晓琴，陈原，等．跨境电子商务理论与实务［M］．北京：首都经济贸易大学出版社，2017.

A. 日本代购从日本直邮寄回代购的化妆品
B. 通过天猫国际购买进口食品，食品从澳大利亚寄回
C. 通过天猫国际购买尿不湿，尿不湿从宁波保税区发货
D. 海淘在英国购物网站下单服装，英国 DHL 发货至国内

2. 中国邮政推出的邮政物流产品中通邮范围最广的是（　　）。
A. e 邮宝　B. e 包裹　C. 邮政小包　D. e 速宝

3. 海外仓优势不包括下列哪种情况（　　）。
A. 物流成本降低　B. 订单周期缩短
C. 可提供退换货方案　D. 海外用户消费体验降低

4. 保税备货模式实际上是（　　）。
A. 先物流，后订单　B. 先订单，后物流
C. 物流和订单同时履行　D. 不需要订单信息

5. 下列哪个模式需要具备保税仓资源（　　）。
A. 集货直邮　B. 保税备货　C. 跨境直邮　D. 个人代购

**二、多选题**

1. 三大国际快递包括（　　）。
A. UPS　B. FedEx　C. DHL　D. 顺丰

2. 传统 B2C 跨境电商出口企业在物流上主要采用（　　）等方式。
A. 航空小包　B. 邮寄
C. 快递邮政小包　D. 快件

3. 海外仓储意味着出口跨境电子商务企业将货物全部发到海外仓运营主体的仓库，由后者进行（　　）甚至库存管理。
A. 销售　B. 拣选　C. 仓储、配送　D. 打包

4. 海外仓模式的费用主要包括（　　）。
A. 头程运输的费用
B. 海外仓中的存储费用与分拣、包装等操作费用
C. 本地派送的运输费用
D. 清关费用

**三、简答题**

1. 什么是跨境电商？
2. 跨境电商物流的主要特征有哪些？
3. 跨境电商物流有哪些运营方式？
4. 相比国际邮政小包和国际商业快递，海外仓的主要优点体现在哪些方面？
5. 简述海外直邮模式和保税备货模式的区别。

## ◇课后延伸阅读

叶尔兰·库都孜. 电商平台跨境物流发展现状及提升策略：以京东跨境物流发展为例［J］. 对外经贸实务，2017（8）：89-92.

# 第四篇

# 国际物流服务

# 第十一章　国际货物运输保险

## ◇学习目标

1. 了解我国陆空邮货物运输保险条款。

2. 理解国际货物运输保险的特点、海上货物运输保险的除外责任，以及海上货物运输保险的责任起讫。

3. 熟悉国际海洋货物运输保险的保障范围（风险、损失和费用）。

4. 掌握我国海上货物运输保险的基本险别及其责任范围。

## ◆导入案例

货物运输保险是指以运输过程中的货物作为保险标的，保险人承保因自然灾害或意外事故造成损失的一种保险。货物运输保险是随着海上贸易的发展而产生和发展起来的。进入现代社会后，货物运输出现了内河、航空、陆上、邮递等多种方式，货物运输保险也因此得到全面的发展。

中国产业调研网发布的《中国货物运输保险行业发展现状分析与发展趋势预测报告（2021—2027年）》认为，运输、物流行业的发展，使货物运输过程充满了各种各样的风险。从国外的经验来看，当企业无法自我承担某些经营风险时，它们就会购买相应的保险，将这类风险转嫁给保险公司。例如许多企业担心暴风或暴雨会导致运输货物受损，它们会选择购买货物运输保险，通过保险理赔减少经济损失；一些出口企业担心货物海上运输风险较大，它们就会购买一份海洋货物运输保险，确保自身销售收入与利润的“安全性”。

现在很多财产保险公司都在我国开展货物运输保险业务，这些公司基本上可以分为三类：第一类是国内财产保险公司，主要以中国人民财产保险股份有限公司、中国平安财产保险股份有限公司、中国太平洋财产保险股份有限公司为代表，这三家保险公司在国内开展货物运输保险业务时间长、经验丰富，承保及理赔能力都比较强；第二类是国外财产保险公司，主要以美亚保险、友邦保险等为代表，外资保险公司大多刚刚在我国开展货物运输保险业务，但是有长期的国际货物运输保险操作经验，实力雄厚，服务优越；第三类是保险中介机构，主要是保险代理与保险经纪公司，这类公司在我国数量较多，竞争非常激烈。

（资料来源：https://www.cir.cn/R_JinRongTouZi/15/HuoWuYunShuBaoXianWeiLaiFaZhanQuShi.html。经整理加工。）

## 第一节　国际货物运输保险概述

国际货物运输保险是指从事国际贸易业务的进出口商作为被保险人，以运输货物为保险标的向保险人投保，通过支付一定保险费以取得保险人对被保险货物的风险保障。一旦被保险货物在运输过程中因保险事故发生而受损，保险人则负责按保险金额和损失程度给予被保险人经济赔偿。

国际货物运输保险主要包括国际海上货物运输保险、国际铁路货物运输保险、国际公路货物运输保险、国际航空货物运输保险和邮包运输保险等。其中，海上货物运输保险历史悠久，业务量较大，法律规定较全。它是其他货物运输保险险种的基础。

### 一、国际货物运输保险的基本原则

**1. 保险利益原则**

保险利益原则是指被保险人对保险标的所具有的合法的利害关系。根据《中华人民共和国保险法》第十二条的规定，投保人对保险标的应当具有保险利益，投保人对保险标的不具有保险利益的，保险合同无效。

**2. 最大诚实信用原则**

最大诚实信用原则是各国保险法和国际保险实践所普遍要求的一项基本原则，要求投保人在订立保险合同时须履行以下三项义务：主动声明、如实声明和不违反保证。投保人或被保险人违反此项原则的法律后果是保险合同不成立，即使订立，保险人也可以主张解除合同。

**3. 损失补偿原则**

损失补偿原则是指在保险事故发生而使被保险人遭受损失时，保险人必须在责任范围内对被保险人所遭受的实际损失进行补偿。国际货物运输保险合同属于补偿性的财产保险合同，因此，在发生超额保险和重复保险的情况下，保险人只赔偿实际损失，被保险人并不能通过保险得利。

**4. 近因原则**

虽然《中华人民共和国保险法》及《中华人民共和国海商法》均没有对近因原则进行明文规定，但在国际货物运输保险实践中，近因原则是常用的确定保险人对保险标的损失是否负保险责任以及负何种保险责任的一条重要原则。

### 二、国际货物运输保险的特点

**1. 承保标的具有流动性**

国际货物运输保险承保的是流动中或运动状态下的货物，它不受固定地点的限制，即具有流动性。运输货物的流动性特点使货物遭受自然灾害和意外事故的可能性更大，发生事故损失的地点也变动不定，加上货物在不同地点的价格差异，使得保险人难以像处理一般财产保险所承保财产损失时那样，按出险时的实际价值来核定损失。因此，承保标的的流动性决定了国际货物运输保险一般采用定值保险方式。

**2. 承保风险范围广**

国际货物运输保险承保的风险范围远远超过一般财产保险承保的风险范围。从性质上看，既有财产和利益上的风险，又有责任上的风险；从范围上看，既有海上风险，又有陆上和空中风险；从风险种类上看，既有自然灾害和意外事故引起的客观风险，又有外来原因引起的主观风险；从形式上看，既有静止状态中的风险，又有流动状态中的风险。

**3. 致损因素复杂**

国际货物运输保险承保的货物由于经常处于流动状态，遭遇的风险事故多且广，在运输过程中发生残损、短少乃至灭失的可能性较大。造成货损的原因多种多样，有不可预料的灾害事故，也有各种人为因素。

**4. 保障对象多变**

国际货物运输保险的保障对象多变主要是指被保险人多变。贸易活动中货物买卖的目的不仅是实现其使用价值，更重要的是实现货物的价值或货物的增值，这就决定了货物在运输过程中频繁易手，不断变换其所有人，从而必然会引起被保险人的不断变化。

**5. 险种险别多样**

与其他保险相比，国际货物运输保险承保的货物由于运输方式有多种，再加上被保险人所需保障也有差别，客观上要求有多种多样的保险险种和险别来满足被保险人不同的风险保障需要。

**6. 适用相关的国际法规和惯例**

国际货物运输保险承保的标的主要是国际贸易货物，达成货物交易的双方是不同国家或地区的贸易商，负责运输的则是经营国际运输的服务商，运输工具和所载运货物均在不同国家或地区之间往返流动。这将不可避免地涉及有关的国际经济、法律关系。因此，国际货物运输保险的订立和履行应当遵循国际公约、国际法律、国际惯例和通用准则，或有关国家的法律法规的规定。保险争议或纠纷的解决也同样如此。

## 第二节　国际海洋货物运输保险的保障范围

国际货物运输保险可以从不同的角度进行分类，但最主要的是根据运输方式的分类。海运、陆运、空运和邮运等不同运输方式的货物保险承保的具体责任自然有所不同，但保障范围却基本一致。由于海洋运输在各种运输方式中是采用最广泛的一种，大部分国际贸易货物是通过海洋运输来实现的，海上货物运输保险在国际贸易中也因此占有重要地位，是其他运输方式货运保险险种的基础。因此，我们将围绕海上货物运输保险来认识和了解国际货物运输保险的保障范围。

### 一、海上货物运输保险保障的风险

海上货物运输途中可能遭遇的风险种类很多，海上货物运输保险并不是对所有海上风险造成的损失和费用都予以保障，只有当被保险货物遭受的损失是由保险单上具体列明的承保风险所造成的情况下，保险人才承担赔偿责任。海上货物运输保险承保的风险，从形式上可分为基本承保风险和特约承保风险两类。

**（一）基本承保风险**

基本承保风险是指在保险单上所列明的承保风险。这些风险基本上是由各国的海上保险人参考英国的 S.G. 保单（the S.G.Form Marine Insurance Policy），即劳氏船货保单的标准格式，以条款形式所列明承保的。S.G. 保单已于 1983 年 3 月 31 日退出历史舞台，但其包含的大部分条款，与替代它的英国新的海上保险单同时启用的协会货物保险条款（ICC）和协会船舶定期保险条款（ITC）一起保留下来。根据这些条款，当前海上货物运输保险所列举承保的风险大致可归纳为海难、火灾和爆炸、抛货，以及船长或船员的恶意行为四种。

**1. 海难**

海难（Perils of the Sea）是指海上发生的自然灾害和意外事故，是海上固有的风险。根据英国《1906年海上保险法》附件《保险单解释规制》第7条的规定，“海难”是指海上偶然发生的意外事故或灾难，并不包括风和浪的普通作用。因此，一般常见的可预测的海浪并不是海难。

**（1）海上自然灾害（Marine Natural Calamity）**。它是指海上发生的人力不可抗拒的自然界破坏力量所造成的灾害，主要包括恶劣气候、雷电、地震、海啸、洪水、火山爆发和浮冰等。这些灾害在海上货物运输保险业务中都有特定的含义，见表11-1。

**表11-1 海上风险自然灾害的范围解释**

| 自然灾害 | 范围解释 |
| --- | --- |
| 恶劣气候（Heavy Weather） | 通常又称暴风雨，一般是指海上飓风、大浪引起的船体颠簸倾斜，船上所载货物相互挤压、碰撞所导致的货物破碎、渗漏、凹瘪等损失 |
| 雷电（Lighting） | 指货物在海上或陆上运输过程中由雷电所直接造成的或者由雷电引起的火灾所造成的货物灭失和损害 |
| 地震（Earthquake） | 指由于地壳发生急剧的自然变化，使地面发生震动、坍塌、地裂等，造成船货的直接损失或由此引起的火灾、爆炸、淹没等损失。通常不会影响海上航行的船舶，但会影响停泊在港口的船货 |
| 海啸（Tsunami） | 指由于海底地壳发生变异，有的地方下陷，有的地方升高，引起剧烈震荡而产生巨大波浪，致使被保险货物或船舶遭受损害或灭失 |
| 洪水（Flood） | 指偶然的、意外的大量降水在短时间内汇集河槽而形成的特大径流造成的船货损失，包括山洪暴发、江河泛滥、潮水上岸或暴雨积水成灾造成船货被淹没、浸泡、冲散等损失 |
| 火山爆发（Volcanic Eruption） | 指由于强烈的火山活动，喷发固体、液体以及有毒气体造成的船货损失 |
| 浮冰（Floating Ice） | 指所有自由漂浮于海面、能随风和海流漂移的冰的总称 |

**（2）海上意外事故（Marine Fortuitous Accidents）**。它是指运输工具遭遇外来的、偶然的、非意料中的海上事故。根据我国《海洋运输货物保险条款》和英国《协会货物保险条款》的规定，海上意外事故包括船舶沉没、碰撞、触碰、触礁、搁浅、倾覆和失踪等。这些事故在海上货物运输保险业务中都有特定的含义，详见表11-2。

**表11-2 海上风险意外事故的范围解释**

| 意外事故 | 范围解释 |
| --- | --- |
| 沉没（Sunk） | 指船舶因海水侵入失去浮力，船体全部沉入水中，无法继续航行的状态，或虽未构成船体全部沉没，但是大大超过船舶规定的吃水标准，使应浮于水面的部分浸入水中无法继续航行，由此造成保险货物损失的事故。如果船体只有部分浸入水中而仍能航行，则不能视为船舶沉没 |
| 碰撞（Collision） | 指船舶在水中与其他船舶或与沉没中的船舶残骸发生直接接触或撞击，船舶及船上所载货物因此遭受损失的事故 |

（续）

| 意外事故 | 范围解释 |
|---|---|
| 触碰（Contact） | 指载货船舶在水中与船舶以外的其他任何物体发生直接接触或撞击，船舶及船上所载货物因此遭受损失的事故。其他物体包括如码头、船舶、灯塔、其他漂流物 |
| 触礁（Stranding） | 指船舶在航行过程中，船身或船底意外触及海中的滩礁或海底的沉船、木桩、渔栅等障碍物，船舶及船上所载货物因此遭受损失的事故 |
| 搁浅（Grounding） | 指船舶在航行中，由于意外与水下障碍物，包括海滩、礁石等紧密接触，且持续一段时间失去进退自由的状态。构成搁浅事故必须具备两个条件：①搁浅必须是意外发生的；②搁浅必须造成船体紧密搁置在障碍物上，持续一段时间处于静止状态。船舶搁浅时，如果货物已装载于船上，保险人则应对货物的一切损失负赔偿责任，即使损失的近因并非搁浅，保险人仍旧负责赔偿 |
| 倾覆（Over Turn） | 指船舶在航行中遭受自然灾害或意外事故导致船体翻倒或倾斜，失去正常状态，非经施救不能继续航行。由此造成的保险货物的损失属于倾覆责任 |
| 失踪（Missing） | 指船舶在海上航行，失去联络超过合理期限的一种情况。“合理期限”视各国的规定而定，如我国为两个月 |

**2. 火灾和爆炸**

火灾（Fire）是指船舶或船上所载货物在航行或运输途中，因意外着火后烧到一定的范围并造成一定程度损失的灾害事故。在海上保险实践中，构成火灾的条件是船舶或所载货物着火燃烧后遭受的损失达到或超过它们保险价值的3%。火灾起因一般属于意外事故，也包括因雷击、地震等自然灾害起火的。因为载货船舶在海上航行时一旦发生火灾后果十分严重，造成的船舶损失特别大，所以海上保险各种险种都将火灾作为一种灾害事故予以承保。船舶或货物被烧毁、烤焦、烟熏、热气蒸和烧裂等的损失，以及为灭火而搬移船上物料和货物、消防灌水等造成的水渍或其他损失，都属于火灾造成损失的范围。

爆炸（Explosion）是指物体内部发生急剧的分解或燃烧，迸发出大量的气体和热力，致使物体本身及其周围的其他物体遭受猛烈破坏的现象。例如，船舶锅炉爆炸，或货物因气候影响产生化学作用引起爆炸等。

**3. 抛货**

抛货（Jettison）是指船舶在航行中遭遇直接危及船货共同安全的海上灾害事故时，为摆脱共同危险而故意将船上的一部分货物抛入海中所造成的损失。抛货行为必须是有意的，意在追求船货的共同安全，避免全部损失。按保险习惯，若无特别约定，不符合航运习惯的舱面货物、腐败货物的抛弃，不属于抛货损失之列。伦敦保险协会规定，凡因抛货造成的损失，保险人都给予赔偿。在我国，它仅仅是指共同海损的抛货。

**4. 船长或船员的恶意行为**

船长或船员的恶意行为（Barratry of the Master and Mariners）是指船长、船员背着船东或货主故意做出的有损于船东或货主利益的恶意行为。例如：故意弃船、纵火烧船或凿沉船舶；故意违反航行规则，导致船舶遭受处罚；擅自与敌人交易、走私或冲越封锁线，以致船舶货物被扣押或没收；欺诈出售或私自抵押船舶和货物。

构成恶意行为的条件有二：①船长或船员的行为，船东或货主事先不知道，也未唆使、纵容、授意乃至共谋，否则就应作为船东或货主的故意行为；②必须是故意的、怀着恶意的，而不是无意的过失，否则就属于疏忽行为。

英国《协会货物保险条款》将船长或船员的恶意行为列入其A类险（即基本险）承保范围，而我国《海洋运输货物保险条款》则不把此项风险作为基本承保风险，而是作为特约承保风险由货物运输罢工险予以承保。

**（二）特约承保风险**

特约承保风险是指根据货物的特点或运输的条件和环境，为满足货主获得更充分保障的需要，经双方特别约定，在承保保单上所列明的一般风险的基础上，以附加条款的形式增加承保某些特殊的风险。特约承保风险大都属于外来风险（Extraneous Risks），是海上风险以外的其他外来原因所造成的风险，通常分为一般外来风险和特殊外来风险两类。

**1. 一般外来风险**

一般外来风险（General Extraneous Risks）是指在海运过程中，引起货物损失的一般外来原因，如偷盗、提货不着、淡水雨淋、短量、沾污、渗漏、碰损、破碎、串味、受潮受热、包装破裂、锈损、钩损等（详见表11-3），不包括货物自身的固有缺陷和自然损耗。

**表11-3 海上风险一般外来风险的范围解释**

| 一般外来风险 | 范围解释 |
|---|---|
| 偷窃（Theft，Pilferage） | 指整件货物或包装货物的一部分被人暗中窃取，不包括公开的攻击性的劫夺 |
| 提货不着（Non-Delivery） | 指货物在运输途中由于不明原因被遗失，造成货物未能运到目的地，或运抵目的地发现整件短少，未能交给收货人 |
| 淡水雨淋（Fresh Water and Rain Damage） | 指货物在运输途中直接遭雨淋或淡水所造成的水渍损失，雨淋包括雨水、冰雪融化，淡水包括因船舱内水汽凝结而成的舱汗、船上淡水舱或水管漏水等 |
| 短量（Short Weight） | 指货物在运输过程中或货物到达目的地发生的包装内货物数量短少或散装货物重量短缺 |
| 沾污（Contamination） | 指货物在运输途中受到其他物质的污染所造成的损失 |
| 渗漏（Leakage） | 指流质、半流质、油类等物质因为容器的破漏引起的损失 |
| 碰损（Clash） | 指金属及其制品在运输途中因受震动、挤压而造成变形等损失 |
| 破碎（Breakage） | 指易碎物品在运输途中因搬运、装卸不慎以及受震动、碰压等造成货物本身破裂和破碎 |
| 串味（Taint of Order） | 指货物受到其他异味物品的影响而引起串味导致的损失 |
| 受热受潮（Sweat and Heating） | 指由于气温的骤然变化或者船上的通风设备失灵，使船舱内的水汽凝结，引起发潮发热导致货物的损失 |
| 包装破裂（Breakage of Packing Risk） | 指在货物的运输过程中，因搬运或装卸不慎、包装破裂造成短少、沾污、受潮等损失。此外，为了运输安全需要而产生的修补或调换包装所支付的费用也予负责 |
| 钩损（Hook Damage） | 指货物在装卸搬运的操作过程中，由于挂钩或用手钩不当而导致货物的损失 |
| 锈损（Sofrust） | 指货物在运输过程中发生锈损现象 |

**2. 特殊外来风险**

特殊外来风险（Specific Extraneous Risks）是指海上运输过程中，由政治、军事、国家法令、政策及行政措施等特殊外来原因所造成的风险。如因政治或战争因素，运送货物的船只被敌对国家扣留而造成交货不到；或因某些国家颁布的新政策或管制措施，以及国际组织的某些禁令造成货物无法正常出口或进口而造成的损失等，包括战争、罢工、暴力盗窃、海盗行为、交货不到、拒收等，详见表 11-4。

**表 11-4　海上风险特殊外来风险的范围解释**

| 特殊外来风险 | 范围解释 |
|---|---|
| 战争（War） | 指海上发生的战争、类似战争行为、敌对行为和武装冲突等，以及由此引起的轰炸、封锁、拦截、捕获、拘留、禁制、扣押等造成货物的损失 |
| 罢工（Strikes） | 指货物在运输途中由于船员或港口码头工人集体拒绝工作，或者其他任何人的恶意行为而造成的直接损失 |
| 暴力盗窃（Thieves） | 指以暴力手段对航行于海上或停泊在码头上的船舶或船上所载货物进行掠夺、抢劫和破坏，该风险明显不同于偷窃，其构成要件有二：①来自船外对象的行为；②必须有暴力行为或采取威胁手段及武力抢夺 |
| 海盗行为（Piracy） | 指海盗抢劫海上航行的船舶，掠夺船上所载货物的行为 |
| 交货不到（Failure to Deliver） | 指货物启运后，由于运输上的原因或政治上的原因不能在预定抵达目的地的日期起 6 个月内交货的损失。以政治上的原因居多，如因禁运、在中途港被强行卸载造成交货不到等 |
| 拒收（Rejection） | 指货物因各种原因而被进口国政府或有关当局拒绝进口或没收所造成的损失 |

在海上货物运输保险中，我国《海洋运输货物保险条款》把海盗行为作为战争风险除外不保，而是将其列入海上货物运输战争险的保险责任范围。但海盗行为与战争其实是两种不同性质的风险，所以英国《协会货物保险条款》现已将海盗行为从其 IWC[㊀]（Cargo）的承保责任中剔除，由其 ICC（A）险作为基本风险来承保。

## 二、海上货物运输保险保障的损失

海上运输货物遭受的损失简称海损（Average），是指被保险货物在海运过程中，由于海上风险和外来风险所造成的损坏或灭失。海上货物运输保险承保的损失可按损失程度和按损失性质等角度进行区分；按前一种分类方式，可区分为全部损失和部分损失，其中全部损失又可分为实际全损和推定全损两种；按后一种分类方式，则可将部分损失区分为单独海损和共同海损。

### （一）实际全损和推定全损

#### 1. 实际全损

实际全损（Actual Total Loss）是指海上货物运输中保险标的物完全损毁或灭失。构成海上货物运输保险承保的实际全损一般有以下几种情况[㊁]：

**（1）保险标的完全毁损或灭失**。例如货物被完全焚毁，或者因船舱进水，糖、盐这类易溶物完全被溶解。

㊀ IWC 即 Inland Waterway Casualty，是指内河事故。
㊁ 应世昌 . 新编国际货物运输与保险［M］.4 版 . 北京：首都经济贸易大学出版社，2017.

**（2）保险标的完全丧失原有的性质和用途。**这是指货物受损后，其形体还在，但不再具有投保时的属性，已丧失商业价值或使用价值，如茶叶被串味或水渍不能饮用。但如果货物受损经处理后其原有属性并未丧失，或仍有使用价值，则不构成实际全损。如小麦被海水浸泡受损，后经烘干整理再削价销售，被保险人只能将损失的部分利益作为部分损失索赔。

**（3）被保险人失去对保险标的物的所有权，且无法追回。**例如货物在海运途中被海盗劫夺，或被敌对国家扣留、没收等。

**（4）载货船只失踪达到一定期限仍无音信。**对构成船舶失踪时间，各国法律规定不一，国际惯例通常为半年，我国《船舶保险条款》规定为2个月。

**2. 推定全损**

推定全损（Constructive Total Loss）是指货物因遭受承保风险而造成的损失事实上并未达到完全毁损或灭失的程度，但实际全损已不可避免，或者为避免实际全损所需要支付的费用超过货物的保险价值。构成海上货物运输保险承保的推定全损一般有以下几种情况：

**（1）被保险货物的实际全损已经无法避免。**例如载货船舶在偏僻水域触礁搁浅，无法获得救助，船舶所载货物随船沉入海底无可避免。

**（2）为了防止实际全损发生而需要支付的费用将超过货物的保险价值。**例如载货船舶途中遭巨浪，海水入舱，舱内货物快要被全部打湿，若采取施救或者救助，估计花费200万元，而该批货物的保险价值只有170万元。

（3）整理受损货物和续运到目的地的费用超过货物到达目的地的价值。

（4）为收回已经丧失的货物所有权花费的代价将超过货物的价值。

**3. 实际全损与推定全损的区别**

**（1）灭失的性质不同。**实际全损强调的是货物遭受承保风险后，确实已经完全损毁、灭失，或失去原有的性质和用途，或不能恢复原样或收回，是一种实质性的物质上的灭失。推定全损则侧重于从货物价值方面考虑保险标的的恢复和修理是否合算，可见推定全损是一种推定的经济性灭失。

**（2）索赔手续不同。**在实际全损的情况下，被保险人可以要求保险人按照全部损失承担赔偿责任；而在推定全损的情况下，被保险人不一定得到全损赔偿。《中华人民共和国海商法》规定："保险标的发生推定全损，被保险人要求保险人按全部损失赔偿的，应当向保险人委付保险标的。"

委付是指被保险人在保险标的处于推定全损状态时，通过书面形式提出申请，愿意将保险标的所有权转移给保险人，并请求保险人全部赔偿的行为。委付是被保险人按推定全损索赔的前提条件，必须经保险人承诺才能成立。保险人一旦同意接受委付，便不能反悔。

**（二）单独海损和共同海损**

按货物的损失性质，海损中的部分损失可分为单独海损和共同海损。我国《海洋运输货物保险条款》中，平安险不承保自然灾害造成的货物部分损失，仅指单独海损。

**1. 单独海损**

单独海损（Particular Average）是指在海上运输中，保险标的因遭受保单承保的海上风险直接导致的船舶或货物本身的部分损失，但不是共同海损。构成单独海损必须具备以下三个条件：

1）必须是意外的、偶然的承保风险直接导致的保险标的本身受损。

2）必须是船方、货方或者其他利益方单方面所遭受的损失，而不涉及他方的损失。

3）仅指保险标的本身的损失，而不包括由此引起的费用损失。

**2. 共同海损**

共同海损（General Average）是指同一海上航程中，当船方、货方及其他利益方共同处于危险时，为了解除共同的危险而有意采取合理的措施所引起的、需各有关利益方共同分摊的特殊牺牲和额外费用。

因为共同海损是采取救难措施而引起的，其成立必须具备以下四项条件：

1）危险必须是船货共有的，危险必须是实际存在的。

2）行为必须是有意而合理的。

3）牺牲必须是特殊的，费用必须是额外的，而且是共同海损行为的直接后果。

4）行为必须是有效的。

**3. 单独海损与共同海损的区别**

单独海损和共同海损就其性质而论，虽然都属于部分损失，但二者却有所区别。这主要表现在：

**（1）致损原因不同。**单独海损是由所承保的风险直接导致船、货受损；而共同海损是为解除或减轻共同风险，人为地、有意识地造成损失。

**（2）损失的承担者不同。**单独海损的损失由受损者自己承担；而共同海损的损失则由受益各方根据获救利益的大小按比例分摊。

**（3）损失的内容不同。**单独海损是标的物本身损失；而共同海损是标的物本身损失加上费用损失。

**4. 共同海损的分摊计算**

**（1）共同海损的分摊原则。**共同海损分摊是共同海损法律制度中的一项基本原则，指的是共同海损牺牲和费用应由同一航程的各受益方按各自的分摊价值比例分别摊付。

共同海损分摊的前提条件是船、货由于采取了共同海损措施而没有全部损失，即有财产被保全下来，并抵达航程终止地。其基本原则是按照各自的分摊价值比例分摊。

**（2）共同海损的分摊价值。**共同海损的分摊价值主要包括船舶分摊价值、货物分摊价值、运费分摊价值。根据《北京理算规则》第四条的规定，共同海损分摊值如下：

船舶分摊价值，按照船舶在航程终止时的当地完好价值减除不属于共同海损的损失金额计算，或按照船舶在航程终止时的当地实际价值加上共同海损的损失金额计算。货物分摊价值，按照货物的到岸价格，减除不属于共同海损的损失金额和承运人承担风险的运费计算。运费分摊价值，按照承运人承担风险并于事后收得的运费，根据共同海损事故发生时尚未完成的航程，做相应比例的扣减，加上列入共同海损的运费损失金额计算。

## 三、海上货物运输保险保障的费用

发生海上危险事故时，往往需要采取一定的措施以避免损失的发生或扩大，由此会引起费用的支出，保险人对这些费用根据其性质规定了不同的赔付原则。在海运货物保险中，保险人负责赔偿的费用主要有以下几种：

### （一）施救费用

**1. 施救费用的概念**

施救费用（Sue and Labor Expenses）是指保险货物遭遇保险责任范围内的事故时，被保险人或其代理人、雇佣人员和受让人为避免或减少损失而采取各种抢救、保护、整理措施而产生的合理费用。例如，船舶在航行中因意外触礁，致使海水从船底进入船舱，舱内服装部分被浸湿，船长下令将服装搬离该舱，并对已浸湿的服装进行整理和烘干，由此而支出的费用就是施救费用。

**2. 施救费用的构成条件**

1）施救行为必须是由被保险人或其代理人、雇佣人或受让人所采取的。

2）施救费用的支出受保险责任范围的限制。假如被保险货物的损失不属于保险责任，则被保险人为此而支出的抢救费用不能作为施救费用得到补偿。

3）施救费用应该是必要的、合理的费用。假如施救行为不当，则因此支付的费用不能作为施救费用，保险人不予赔偿。

**3. 施救费用的特点及赔付计算**

保险人对施救行为是予以鼓励和支持的。根据《中华人民共和国海商法》的规定，被保险人为防止或减少根据合同可以得到赔偿的损失而支出的必要的合理费用，应当由保险人在保险标的的损失赔偿之外另行支付，保险人对上述费用的支付，以相当于保险金额的数额为限。此外，即使施救行为没有效果，保险人在支付保险标的赔款后，还应赔偿被保险人支付的合理的施救费用。保险人负责赔偿的施救费用不包括共同海损和救助费用。

**（二）救助费用**

**1. 救助费用的概念**

救助费用（Salvage Charges）是指被保险船舶或货物遭遇海难时，对于自愿救助的第三者，因救助或保全处在危险中的船舶及货物，由被救方所支付的报酬。

**2. 救助费用的构成条件**

1）被救的船舶、货物或其他财产必须处于某种不能自救的危险境地。

2）救助人必须是海难中相关财产关系方之外的第三者，救助行为是自愿行为。

3）救助行为必须具有实际效果。“无效果、无报酬”是海上救助实践的惯例。

**3. 施救费用与救助费用的区别**

**（1）行为实施主体的区别。**施救是自救，实施的主体是被保险人自己（或其雇佣人员、代理人）；救助是他救，实施的主体是被保险人和保险人以外的第三者。

**（2）保险赔偿原则的区别。**被保险人实施施救后，无论是否取得成效，保险人对其支出的施救费用均负责赔偿；救助人实施救助后，被救助人按照“无效果、无报酬”原则决定是否支付报酬，保险人只有在作为被救助人的被保险人向救助人支付报酬的前提下才承担对这笔救助费用的赔偿。

**（3）保险赔偿额度的区别。**保险人对施救费用的赔偿在损失赔偿之外，单独以保险金额为限；但对救助费用的赔偿，则是将救助费用与对被保险货物的损失赔偿合在一起，以一个保险金额为限。

**（4）与共同海损联系的区别。**施救费用是因被保险人为减少自己的货物损失采取施救措施而产生的，与共同海损一般没有联系。救助费用在大多数情况下是由于作为救助人的其他过往船舶为船货获得共同安全而前来救助并取得成效而产生的，因此，施救费用大多可列入共同海损费用项目。

**（三）其他费用**

除上述两种比较常见的施救费用及救助费用以外，还有特别费用与额外费用。

特别费用特指被保险人或其代理人为保险标的安全和保存而发生的费用。比如运输工具在海上遭遇海难后，在中途港或避难港卸货、存放、重新装载及续运货物所产生的费用。

额外费用包括保险标的受损后，对其进行查勘、公证、理算或拍卖等支付的费用，以及运输在中途中止时所支付的货物卸下、存仓及续运至目的地的费用等。假如保险标的遭遇保险责任范围内的事故，额外费用可由保险人负责赔偿；反之，假如保险标的损失的索赔不能成立，那么额外费用也不能获赔。

## 第三节　我国国际货物运输保险条款

国际海上货物运输保险条款常用的是《伦敦保险协会货物保险条款》，我国对外贸易运输中除上述条款外，还经常使用《中国人民保险公司海洋运输货物保险条款》。

《中国人民保险公司海洋运输货物保险条款》分为一般保险条款和特殊保险条款。一般保险条款包括三种基本险别：平安险、水渍险和一切险。特殊保险条款包括一般附加险和特殊附加险。

### 一、海上货物运输保险

#### （一）基本险别及其责任范围

**1. 平安险及其责任范围**

平安险（Free from Particular Average，FPA）又称单独海损不赔险，是海上货物运输保险的主要险别之一。它是保险人只负责货物全部损失和特定意外事故部分损失的赔偿责任的保险，为海上货物运输保险中责任范围最小的一种。平安险责任范围如下：

1）在运输过程中，由于自然灾害和运输工具发生意外事故，造成被保险货物的实际全损或推定全损，单独海损不赔。

2）由于运输工具遭遇搁浅、触礁、沉没、互撞，与流冰或其他物体碰撞，以及失火、爆炸等意外事故造成被保险货物的全部损失或部分损失。

3）只要运输工具曾经发生搁浅、触礁、沉没、焚毁等意外事故，无论该意外事故发生之前或者之后曾在海上遭遇恶劣气候、雷电、海啸等自然灾害造成的被保险货物的部分损失。

4）落海损失。在装卸转船过程中，被保险货物一件或数件落海所造成的全部损失或部分损失。

5）施救费用。被保险人对遭受承保责任内危险的货物采取抢救，防止或减少货损措施支付的合理费用，但以不超过该批被救货物的保险金额为限。

6）避难港损失和费用。运输工具遭遇自然灾害或者意外事故，需要在中途的港口或者在避难港口停靠，由此引起的卸货、装货、存仓以及运送货物所产生的特别费用。

7）共同海损的牺牲、分摊费用或救助费用。

8）运输契约订有“船舶互撞责任条款”的，按该条款规定应由货方偿还船方的损失。

**2. 水渍险及其责任范围**

水渍险（With Particular Average，WA/WPA）的英文原意是“单独海损负责赔偿”。水渍险责任范围包括以下两部分：

1）平安险所承保的全部责任。

2）被保险货物在运输途中，由自然灾害所造成的部分损失。

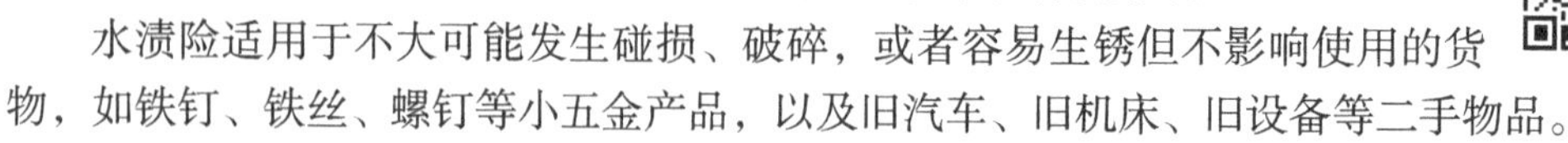

水渍险适用于不大可能发生碰损、破碎，或者容易生锈但不影响使用的货物，如铁钉、铁丝、螺钉等小五金产品，以及旧汽车、旧机床、旧设备等二手物品。

**3. 一切险及其责任范围**

根据我国条款，一切险（All Risks，AR）的责任范围包括以下两大部分：

1）平安险和水渍险的全部责任。

2）被保险货物在运输途中由于一般外来原因所造成的全部或部分损失。

一切险适用于可能遭受损失因素较多的货物，如粮油食品、纺织纤维类商品，以及新的机械设备等。

三种基本险责任范围比较，见表 11-5。

**表 11-5　海运货物保险基本险责任范围比较**

<table>
<tr><td rowspan="4">海运货物保险险别</td><td rowspan="3">一切险</td><td rowspan="2">水渍险</td><td>平安险</td></tr>
<tr><td>自然灾害所造成的部分损失</td></tr>
<tr><td colspan="2">一般附加险</td></tr>
<tr><td colspan="3">特殊附加险</td></tr>
</table>

**（二）海上货运险附加险别及其承保责任**

附加险是对基本险的补充和扩展，不能单独投保，只能在投保了基本险的基础上加保。海上货物运输保险的附加险别很多，国际上将附加险分为一般附加险和特殊附加险两种，我国的条款将所承保的附加险分为一般附加险、特别附加险和特殊附加险三类。

**1. 一般附加险**

一般附加险（General Additional Risk）承保一般外来风险所造成的货物损失，我国海上货物运输保险目前承保 11 种一般附加险：偷窃提货不着险；淡水雨淋险、短量险、混杂沾污险、渗漏险、碰损破碎险、串味险、受潮受热险、钩损险、包装破裂险、锈损险。被保险人可在投保平安险、水渍险的基础上选择加保上述一般附加险中的一种或者数种；但是在投保一切险的前提下，则无须加投任意一种一般附加险。

**2. 特别附加险**

特别附加险（Special Additional Risk）承保一些涉及政治、国家政策法令和行政措施等的特殊外来风险所造成的货物损失。我国海上货物运输保险目前承保的特别附加险主要包括以下六种：

**（1）舱面货物险（On Deck Risk）**。它承保存放在舱面的被保险货物因被抛弃或被风浪冲击落水所受损失。

**（2）进口关税险（Import Duty Risk）**。它承保已经遭受保险责任范围以内损失的被保险货物运到目的港后，被保险人根据进口国的规定仍须按完好货物完税所受的关税损失。

**（3）拒收险（Rejection Risk）**。它承保被保险货物在进口港被进口国政府或有关当局拒绝进口或没收所导致的损失，并按照被拒绝进口或没收货物的保险价值赔偿。加保拒收险的货物主要是与人体健康相关的食品、饮料或药品等。

**（4）黄曲霉素险（Aflatoxins Risk）**。它承保某些含有黄曲霉毒素的被保险货物因超过进口国对该毒素的限制标准而被拒绝进口、没收或强制改变用途而遭受的损失。

**（5）交货不到险（Failure to Deliver Risk）**。它承保无论什么原因，已装上船的被保险货物不能在预定抵达目的地的日期起6个月交货的损失。

**（6）出口到港澳存仓火险责任扩展条款（Fire Risk Extension Clause for Storage of Cargo at Destination Hongkong，including Kowloon，or Macao，FREC）**。它承保被保险货物自内地出口运抵香港（包括九龙）或澳门，在卸离运输工具后直接存放于保险单载明的过户银行所指定的仓库期间因发生火灾而遭受的损失。

**3. 特殊附加险**

特殊附加险（Special Additional Risk）是指承保的主要是战争和罢工这两种风险。我国海上货物运输保险承保的特殊附加险主要有以下两种。

**（1）战争险（War Risk）**。它承保被保险货物直接由于战争、类似战争行为和敌对行为、武装冲突或海盗行为所造成的损失，以及由此而引起的捕获、拘留、扣留、禁制、扣押所造成的损失。

**（2）罢工险（Strikes Risk）**。它承保被保险货物由于罢工者，被迫停工工人或参加工潮、暴动和民众斗争的人员的行动，或任何人的恶意行为所造成的直接损失。

按国际保险业惯例，已投保战争险后另加保罢工险，不另收保险费。如仅要求加保罢工险，则按战争险费率收费。

**（三）基本险的除外责任**

我国海上货物运输保险的三种基本险别都规定保险人对下列原因所造成的货物损失不负赔偿责任。

1）被保险人的故意行为或过失所造成的损失。例如，被保险人未能及时提货而造成的货损或损失扩大。

2）属于发货人责任所引起损失。例如，由发货人装箱引起的短装、积载不当、错装所造成的货损。

3）在保险责任开始前，被保险货物已存在的品质不良或数量短缺所造成的损失。

4）被保险货物的自然损耗、本质缺陷、特性以及由于市价跌落、运输延迟所引起的损失或费用。

5）海洋运输货物战争险条款、罢工险条款规定的责任范围和除外责任。

**（四）海上货物运输保险的责任起讫**

保险的责任起讫也称保险期间或保险期限，是指保险人承担责任的起讫时限。非在保险期间内发生的保险责任范围内的风险损失，被保险人无权索赔。我国《海洋运输货物保险条款》对海上货物运输保险在正常运输和非正常运输情况下的责任起讫分别做了规定。

**1. 正常运输情况下的责任起讫**

正常运输情况下的海上货物运输保险的责任起讫以“仓至仓”条款（Warehouse to Warehouse Clause，W/W Clause）为依据，是指保险人的承保责任从被保险货物运离保险单所载明的启运地发货人仓库或储存处开始运输时生效；包括正常运输过程中的海上、陆上、内河和驳船运输在内，直到该项货物到达保险单所载明目的地收货人的最后仓库或储存处所，或被保险人用作分配、分派或非正常运输的其他储存处为止。如未抵达上述仓库或储存处，则以被保险货物在最后卸货港全部卸离海轮后满60天为止。如在上述60天内被保险货物需转运到非保险单所载明目的地时，则以该项货物开始转运时终止。

**2. 非正常情况下的责任终止**

**（1）航程终止后的保险责任终止。**被保险货物不再运往原卸货港，保险责任的终止为下述两种情况中的先发生者：货物卸离完毕后满 60 天；货物在中途港口卸下后进入仓库，或者在非载明目的地卸下后进入仓库。

**（2）扩展责任的保险责任终止。**被保险人在因其无法控制的原因致使被保险货物发生了运输延迟、绕航的情况下，及时通知保险人并加缴保险费后，保险人的责任得以扩展，保险责任按以下规定终止：①货物在非载明目的地出售，或者满足在卸载港全部卸离船舶后 60 天为限；②卸离后继续运往原目的地，则仍按“仓至仓”条款。

**（五）海运险中被保险人的义务**

当被保险货物运抵保险单载明目的港（地）后，被保险人应及时提货，发现货物受损应尽快报损，并以合适方式保留向责任方的追偿权。

对遭受承保责任内风险的货物，被保险人应合理施救，防止或减少货物损失扩大，但这并不作为其放弃“委付”的表示。

如遇航程变更或发现保险单载明的货物、船名或航程有遗漏或错误时，被保险人应立即通知保险人进行内容变更，并在必要时加缴保费，以使保险单继续有效。

当向保险人索赔时，被保险人有按要求提供各种必要单证的义务，以供保险人确定损失原因、审核保险责任和给付赔偿。

被保险人在获悉有关运输契约中有“船舶互撞责任”条款的实际责任后，应及时通知保险人，并应相助保险人抗辩船方。

## 二、陆上货物运输保险

陆上货物运输保险是承保陆上运输（火车、汽车）货物的保险。这些货物运输保险的基本原则和条款都是以海上货物运输保险作为基础，再根据各自运输方式的特点制定出来，和海上货物运输保险一起均被包括在我国保险条款之内。

陆上货物运输保险条款，包括一般的陆上货物运输保险、陆上货物运输战争险（火车），以及陆上运输冷藏货物保险等。

**（一）一般的陆上货物运输保险**

陆上货物运输保险分为陆运险和陆运一切险两种主险。

**（1）陆运险。**它承保被保险货物在运输途中遭受暴风、雷电、洪水、地震自然灾害或由于运输工具遭受碰撞、倾覆、出轨，或在驳运过程中因驳运工具遭受搁浅、触礁、沉没、碰撞，或由于遭受隧道坍塌、崖崩或失火、爆炸等意外事故所造成的全部或部分损失，以及由于被保险人对遭受承保责任内风险的货物采取抢救，防止或减少货损的措施而支付的合理费用（但以不超过该批被救货物的保险金额为限）。简而言之，陆运险责任范围与海上货物运输保险的水渍险相似，包括两项：①自然灾害和意外事故造成的全部或部分损失；②施救费用。

**（2）陆运一切险。**其责任范围与海上货物运输保险的一切险相似，除承保陆运险的各项责任之外，还负责被保险货物在运输途中由于外来原因所致的全部或部分损失。

陆上货物运输保险的责任起讫也采用“仓至仓”条款，如果被保险货物未运抵保险单载明目的地收货人的最后仓库或储存场所，保险责任以被保险货物运抵最后卸载的车站满

60天为止。

**（二）陆上货物运输战争险**（火车）

陆上货物运输战争险（火车）是陆上货物运输险的特殊附加险。负责赔偿货物在火车运输途中直接由于战争、类似战争行为和敌对行为、武装冲突以及各种常规武器包括地雷、炸弹所致的损失，但不负责由于敌对行为使用热核武器所致的损失以及根据执政当局或其他武装集团扣押、拘留引起的承保运程的丧失和挫折而提出的任何索赔。

陆上货物运输战争险（火车）的责任期间是自被保险货物装上保险单所载明启运地的火车时开始，到卸离保险单所载明目的地的火车时为止。如被保险货物不卸离火车，则保险责任最长期限以火车到达目的地的当天午夜起算满48小时为止。如被保险货物在中途站转车，无论该货物在当地是否卸载，保险责任均以火车到达该中途站的当天午夜起算满10天为止；如货物在上述期限内重行装车续运，原保险恢复有效。如运送合同在保险单所载明目的地以外的地点终止时，该地即被视为保险目的地。按照国际习惯，对货物运输的战争险只保“水上危险”，所以，我国承保陆上货物运输战争险（火车）是罕见的。

**（三）陆上运输冷藏货物保险**

陆上运输冷藏货物保险是陆上货运险的一个专门险种，可单独投保。专门承保冷藏货物在陆运途中，由于下列原因造成的损失：

1）暴风、雷电、地震、洪水以及运输工具遭受碰撞、倾覆、出轨或在驳运过程中因驳运工具的搁浅、触礁、沉没、碰撞或隧道坍塌、崖崩、失火、爆炸。

2）在运输途中因冷藏机器或隔温设备的损坏或者车厢内储存冰块的溶化造成被保险货物解冻而变质的损失。

3）被保险人对遭受承保责任内风险的货物采取抢救，防止或减少货损的措施而支付的合理费用（但以不超过该批被救货物的保险金额为限）。

陆上运输冷藏货物保险的责任期限，自被保险货物运离保险单所载启运地点的冷储仓库装入运输工具开始运输时生效，包括正常陆运和与其有关的水上驳运在内，直至该项货物到达保险单所载明的目的地收货人仓库时继续有效。但最长保险责任，以被保险货物到达目的地车站后10天为限。

## 三、航空货物运输保险

**（一）航空货物运输基本险**

**1. 险别及其责任范围**

航空货物运输基本险分为航空运输险和航空运输一切险两种主险。

**（1）航空运输险（Air Transportation Risks）**。它的承保责任范围与海洋货物运输保险条款中的“水渍险”相似，保险公司赔偿包括被保险货物在运输途中遭受雷电、火灾、爆炸或由于飞机遭受恶劣气候或其他危难事故而被抛弃，或由于飞机遭受碰撞、倾覆、坠落或失踪等自然灾害和意外事故所造成的全部或部分损失，以及施救费用。

**（2）航空运输一切险（Air Transportation All Risks）**。它的承保责任范围与海运保险中的“一切险”相似，除包括上述航空运输险的全部责任外，保险人还负责赔偿被保险货物由于被偷窃、短少等外来原因所造成的全部或部分损失。

**2. 责任起讫**

航空货物运输基本险责任起讫期限也采用“仓至仓”条款，与海上货物运输保险基本相同。不同的是，如果货物运达保险单所载明的目的地而未运抵保险单所载明的收货人仓库或储存处所，则以被保险货物在最后卸载地卸离飞机后满 30 天，保险责任即告终止。如在上述 30 天内，被保险货物需转送到非保险单所载明的目的地时，保险责任以该项货物开始转运时终止。

**（二）航空货物运输战争险**

航空货物运输战争险是航空货物运输保险的特殊附加险。

**1. 责任范围**

航空货物运输战争险承保被保险货物在航空运输途中直接由于战争、类似战争行为和敌对行为、武装冲突所致的损失，以及由此引起的捕获、拘留、禁制、扣押所造成的损失，还有各种常规武器，包括炸弹所致的损失。

**2. 责任起讫**

航空运输货物战争险的保险责任自被保险货物装上保险单所载明的启运地飞机时开始，直到卸离保险单所载明的目的地的飞机时为止。如果被保险货物不卸离飞机，则从飞机到达目的地当日午夜起计算满 15 天为止。如被保险货物在中途转运时，保险责任从飞机到达转运地的当日午夜起计算满 15 天为止，一旦装上续运的飞机，则保险责任恢复有效。

## 四、邮包保险

以邮包方式将货物发送到目的地可能通过海运，也可能通过陆上或航空运输，或者经过两种或两种以上的运输工具运送。无论通过何种运送工具，凡是以邮包方式将贸易物运达目的地的保险均属邮包保险。邮包保险条款包括一般的邮包保险条款和邮包战争险条款。

**（一）一般的邮包保险**

一般的邮包保险（Parcel Post Insurance）按其保险责任分为邮包险和邮包一切险两种。

**1. 险别及其责任范围**

**（1）邮包险**。它的承保责任范围与海洋货物运输保险中的“水渍险”相似。它负责赔偿被保险邮包在运输途中由于自然灾害和意外事故所造成的全部或部分损失。此外，它还负责赔偿施救费用，但以不超过获救货物的保险金额为限。

**（2）邮包一切险**。它的承保责任范围与海洋货物运输保险中的“一切险”相似。除承保邮包险的各项责任以外，它还负责被保险邮包在运输途中由于外来原因所致的全部或部分损失。

**2. 责任起讫**

邮包保险的责任起讫也采用“仓至仓”条款，即自被保险邮包离开保险单所载启运地点寄件人的处所运往邮局时开始生效，直至该项邮包运达本保险单所载目的地邮局，自邮局签发到货通知书当日午夜起算满 15 天终止。但在此期限内邮包一经递交至收件人的处所时，保险责任即行终止。

**（二）邮包战争险**

邮包战争险是邮包保险的特殊附加险。承保被保险邮包在运输过程中直接由于战争、类似战争行为和敌对行为、武装冲突所致的损失，以及由此而引起的捕获、拘留、扣留、禁制、扣押所造成的损失，还有各种常规武器所致的损失；以及承保责任范围所引起的共同海损的牺牲、分摊和救助费用。

该险种的保险责任自被保险邮包经邮局收讫后自储存处所开始运送时生效，直至该邮包运达保险单所载目的地邮局递交收件人处所时终止。

### 五、活牲畜、家禽的海上、陆上和航空运输保险

活牲畜、家禽的海上、陆上和航空运输保险的责任范围有以下两项：

1）承保活牲畜、家禽在运输途中的死亡。

2）补偿被保险人在活牲畜、家禽遇险后的施救费用。

该险种的保险责任自被保险标的在发货地装上运输工具起，直至在目的地卸离运输工具止；如果不卸离运输工具，则延长至运输工具运抵目的地当日午夜起算满 15 天。

## 第四节　国际货物运输保险办理

### 一、国际货物运输保险投保

#### （一）何方投保取决于成交的贸易术语

在国际货物买卖合同中，为了明确交易双方在货运保险方面的责任，通常都订有保险条款，由何方投保主要取决于买卖双方订立合同时所采用的贸易术语。根据 2019 年 9 月国际商会（ICC）发布的《国际贸易术语解释通则 2020》，出口方负责办理国际货物运输保险的贸易术语包括 CIP、DAP、DPU、DDP 以及 CIF；进口方负责办理国际货物运输保险的贸易术语包括 EXW、FCA、CPT、FAS、FOB 以及 CFR。这 11 种贸易术语的含义和贸易双方的责任和费用划分在本书第三章中详细列明，此处不再展开。

#### （二）投保险别选择及影响选择的因素

国际货物运输保险有多种保险险别，不同的险别保障范围和费率各不相同。恰当地选择投保的险别，可使国际运输货物既能得到应有的保障，又能节约保险费支出。对于投保险别的选择，重要的是要根据货物的种类、性质、特点、包装、运输路程、港口情况及价值大小等因素来加以选择。

**1. 货物的性质和特点**

不同种类的货物所具有的性质和特点有所不同，在运输途中遭遇的风险和发生的损失往往有很大的不同。因此，在投保时必须充分考虑货物的性质和特点，据以确定适当的险别。对于某些特殊的货物则要投保特种险。就棉纺织品来说，挤压不会造成重大损失，但海水浸泡就会造成较大的损失；对于钢精器皿、搪瓷制品等货物，海水浸泡不会有多大损失，而颠簸、挤压都会造成凹瘪和脱瓷等重大损失；玻璃和搪瓷制品在颠簸中最大的损失是破碎。由此可见，不同种类的货物由于性质不同，其损失情况和程度也就不同。此外，运输货物的特点也是需要考虑的因素。例如有些货物在受热后容易发生自燃，有些货物易于吸潮、串味，有些货物则因混杂沾污而降低品位等。

**2. 货物的包装**

货物的包装对货物的安全运输具有重要作用。在办理投保选择险别时，应把货物包装在运输过程中可能发生的损坏及其对货物可能造成的损坏考虑在内。但须注意因货物包装不良或由包装不适应国际贸易运输的一般要求而导致的货物损失，属于发货人的责任，保险人一般不予负责。

**3. 运输路线及停靠港口**

海运中船舶的航行路线和停靠的港口不同，货物可能遭受的风险和损失也有很大的不同。某些航线途经炎热地区，如果载货船舶通风不良，就会增大货损。而在政局动荡不定或在已经发生战争的海域航行，货物遭受意外损失的可能性自然增大。同时，由于不同停靠港口在设备、装卸能力以及安全等方面有很大差异，进出口货物在港口装卸时发生货损、货差的情况也就不同。因此，在投保前应做好调查了解工作，以便选择适当的险别。

**4. 运输季节**

货物运输季节不同，也会对运输货物带来不同的风险和损失。例如，载货船舶冬季在寒冷海域航行，极易发生与流动冰山碰撞的风险；夏季装运粮食、果品，极易出现发霉腐烂或生虫的现象。

**5. 各国的贸易习惯和国际贸易惯例**

如果货物按 CIF 条件出口，卖方只负责投最低险别平安险，如果买方有特殊要求，必须在贸易合同中加以明确规定。合同订立后，一方有不同的保险要求，就只能向对方提出修改合同或信用证。如果合同中对此没有规定，便需按照国际贸易惯例及有关国家的法律规定办理。

**（三）保险金额及保险费的计算**

**1. 保险金额**

投保金额是计算保险费的依据，又是货物发生损失后计算赔偿的依据。按照国际保险市场的习惯做法，出口货物运输保险金额一般按 CIF 货值另加 10% 计算，增加的 10% 称为保险加成，即买方进行这笔交易所付的费用和预期利润。

保险金额的计算公式如下：

$$\text{保险金额} = \text{CIF 货值} \times (1 + \text{加成率})$$

**2. 保险费**

货物运输保险的保险费根据保险费率表按保险金额计算，其计算公式如下：

$$\text{保险费} = \text{保险金额} \times \text{保险费率}$$

在我国出口业务中，CFR 和 CIF 是两种常用术语。鉴于保险费是以 CIF 货值为基础的保险金额计算的，这两种术语价格应按以下公式换算：

由 CIF 换算成 CFR 价：$\text{CFR} = \text{CIF} \times [1 - \text{保险费率} \times (1 + \text{加成率})]$

由 CFR 换算成 CIF 价：$\text{CIF} = \dfrac{\text{CFR}}{1 - \text{保险费率} \times (1 + \text{加成率})}$

**3. 进口业务中保险金额与保险费**

在进口业务中，按双方签订的预约保险合同承担，保险金额按进口货物的 CIF 货值计算，不另加减，保费率按“特约费率表”规定的平均费率计算；如果以 FOB 进口货物，则按平均运费率换算成 CFR 货值后再计算保险费，其计算公式如下：

以 FOB 进口货物：$\text{保险金额} = \dfrac{\text{FOB 价} \times (1 + \text{平均运费率})}{1 - \text{平均保险费率}}$

以 CFR 进口货物：$\text{保险金额} = \dfrac{\text{CFR 价}}{1 - \text{平均保险费率}}$

## 二、我国国际货物运输保险单和其他单证

### （一）我国国际货物运输保险单和其他单证含义

**1. 保险单**

保险单是正式的书面凭证。正本交由被保险人收执，副本由保险人持有。

**2. 保险凭证**

保险凭证是一种简化的保险单，其正面内容与保险单一样，只是没有列明保险条款。

在处理保险凭证和保险单的关系时，保险凭证上未记载的事项，以保险单的条款为准；当两者内容不一致时，以保险凭证的内容为准。

**3. 联合凭证**

联合凭证是将发票与保险单相结合，即在商业发票上注明保险人承保的险别、保险金额、检验和理赔代理人名称、地址等，其他项目均以发票上所列内容为准的一种更为简化的保险凭证。

**4. 预约保单**

预约保单是保险人承保被保险人在一定时期内发运的，以 CIF 价格条件成交的出口货物或以 FOB 价格条件成交的进口货物的保险单，是为了适应经常有大量同类型货物陆续分批装运的被保险人的需要。

### （二）预约保单的做法

预约保单的做法包括以下步骤：

1）保险双方约定承保货物的范围、每批发运货物的最高保险金额、运输区域、费率和保险费结算办法等。

2）被保险人在每批货物装运时，应填写启运通知书，把该批发运货物的名称、价值、包装、数量、起讫地点、船名或其他运输工具名称、启运日期和保险金额等及时向保险人申报。

3）凡属合同约定的货物一经启运，即在合同有效期内自动承保。而保险人则按约定条件对被保险人所申报的货物承担保险责任。

### （三）预约保单的特点

1）被保险人如果延迟填写启运通知书，甚至因疏漏而未填写，保险人允许被保险人补办，哪怕补办时发运的该批货物已经受损，保险人仍予负责赔偿。

2）同样，当保险人发现被保险人疏漏启运通知书时，就算发运的货物已经平安运抵目的地，仍要求被保险人如数缴纳保险费。

## 三、国际货物运输保险的索赔和理赔

### （一）国际货物运输保险的索赔过程

**1. 损失通知**

保险合同一般都规定，被保险人一旦获悉或发现保险标的发生保险事故，应在规定的日期内通知保险公司，否则保险人有权拒绝赔偿。

损失通知书（Notice of Loss）是被保险人索赔的重要文书。

损失通知书的作用如下：

1）损失通知书是被保险人履行法定的通知义务的书面凭证。被保险人在事故发生后如

不及时通知保险公司，保险公司有权拒绝赔偿。通过填写损失通知书，可以证明被保险人及时履行了通知义务。

2）便于保险公司及时了解事故险情，并及时赶赴现场查勘定损。

**2. 申请检验**

被保险人发出损失通知的同时，也应立即向保险人提出货损检验申请，绝对不能拖拉。

这样做的目的是取得检验报告，确定保险货物致残、致损的程度及其原因，便于分清责任，即判定是属于保单应负的责任范围，还是属于第三方的责任。

**（1）申请检验单**。申请检验单是申请检验人向保险单指定的检验代理人申请检验时需要提供的单证。一般应提供与检验有关的单证，如海运提单、货物商业发票、保险单或保险凭证、海事报告，以及其他有关单证（如装箱单、重量单、理货单等）。

**（2）申请检验注意事项**。①向谁申请检验（联合检验）；②在什么情况下可以不申请检验；③检验费用由谁支付；④检验报告起什么作用。

检验报告是被保险人据以向保险人索赔的重要单证。

**3. 施救整理**

对残损货物进行施救整理是被保险人或收货人的义务。

施救措施包括将残损货物尽快与完好货物分割、对包装破裂的应及时修补或以备用袋装包、对散松捆扎的要重新加固或捆扎、对有虫蛀的要熏蒸杀虫等。

**4. 索赔**

**（1）索赔时效**。根据我国《海洋运输货物保险条款》，被保险人向保险人索赔的时效期间为被保险事故发生之日起后 2 年内。

**（2）索赔单证**。被保险人提出索赔时所需提交的单证，按照我国各种货物运输保险条款的规定，基本包括保险单正本、提单（运单）、发票、装箱单、货损货差证明、检验报告、海事报告、索赔清单、向责任方追偿的有关函电及其他必要单证和文件、有关费用的项目和用途说明等。

**5. 协助追偿**

在被保险货物的损失是由承运人、港口、车站、码头或装卸公司等第三方的责任所引起的情况下，被保险人应及时向它们提出索赔，并保留追偿权利。因为根据提单条款的规定，提货人应于提货前或当时向承运人发出货损书面通知；若货损不明显，则应在 3 天内提交。

保险人对被保险人因未向有关责任方提出索赔要求而丧失追偿权利的货损，有权拒绝赔偿。

**（二）国际货物运输保险的理赔程序**

**1. 查勘检验**

1）了解事故发生的前后经过。

2）承运人或被保险人已经采取防止损失扩大的措施，协助其做好受损货物的保护和整理工作。

3）如果货损与承运人或其他第三方的责任有关，就要收集相关证据，并采取必要措施，保证索赔时效，以便后期追偿。

**2. 调查研究**

1）对被保险人的索赔和检验人员提供的检验报告，通过向有关方面的咨询和调查，加以核实，或补充检验。

2）对货损原因和责任向有关方面做深入了解，取得足够证据，必要时请专家鉴定或律师查证。

3）了解第三责任方的资信，以应对其对索赔要求的反应。

**3. 定损**（致损原因分析）

**（1）原残**。原残是指属于发货人责任的货物残损，包括在生产、制造、加工、装配、整理和包装过程中的货损；发货港装船前堆存、转运过程中的货损；装货港理货公司出具例外单注明短少损失，货物品质、包装和标志不符合合同规定或国家惯例以及不适合远洋运输造成的残损。

货物“原残”是发货人的责任，属于保险条款的险外责任，保险人不负责赔偿。

**（2）工残**。工残是指属于装卸公司或其他第三方责任的货物残损，包括装卸工人明显违章操作、粗暴搬运、不慎装卸、使用工具不当等造成的货损，或在码头、仓库、堆场等处，由运输、堆存和保管不善所造成的货损。保险人负责赔付保险责任期间的“工残”，然后取得收货人转让的权益可向有关责任方追偿。

**（3）属于承运人责任的货物残损**。如果承运人是船方，常称为货物“船残”，是指承运人未按照货物运输合同的规定履行自己对承运货物的职责，由此造成的被保险货物受损。属于承运人责任的货物残损，如发生在承保责任期间，保险人赔偿后获得收货人转让的权益可向有关责任方追偿。

**（4）属于保险责任的货物残损**。这具体包括由于非承运人和其他责任方过失的灾害事故所造成的货损；以及由于承运人过失所造成的，但按有关国际货物运输公约规定却可免责的货损。这类货损保险人经检验并审定后负责赔偿。

**4. 审定责任**

保险人审定保险责任的内容主要有以下四项：

1）审核货损的原因和后果是否属于承保范围。

2）审核货损是否发生在保险有效期内。

3）审核索赔人有无索赔资格。

4）审核被保险人是否履行了保险条款规定的责任和义务。

**5. 确定赔偿金额**

保险人计算赔偿金额的方法大致可分为以下几种：

**（1）全损的赔款计算**。计算货物全损的赔偿金额时，根据保险单中保险金额的确定是否为“定值”而有所不同。如果以“定值”为基础确定的保险金额，对被保险货物发生保险责任内的全损（实际全损或推定全损），保险人均按照保险金额如数赔偿。如有残值，应折归保险人所有。如果以“不定值”为基础，保险人必须按实际价值作为赔款计算的依据。若发生损失时货物实际价值高于保险金额，按保额赔偿；若低于保险金额，按实际价值作为赔偿依据。

**（2）部分损失的赔款计算**。被保险货物遭受的部分损失有数量损失、重量损失、质量损失等多种情况，所以在计算部分损失的赔偿金额时，需要根据具体损失性质采用相应的计算方法。国际货运保险理赔实践中主要有以下几种方法：

1）对单价相同货物的数量损失可采用的计算公式如下：

$$赔款=\frac{保额\times受损货物件数（或重量）}{承保货物总件数（重量）}$$

2）对单价不同货物的数量损失可采用的计算公式如下：

$$赔款=\frac{保额\times按发票计算的损失金额}{发票金额}$$

3）对质量损失可采用的计算公式如下：

$$赔款=\frac{保额\times（货物完好价值-未受损部分价值）}{完好价值}$$

其他损失和费用赔偿计算方法不在此一一赘述。

**6. 追偿**

**（1）代位追偿权（Subrogation）**。代位追偿权是保险人代理被保险人向第三方行使请求赔偿的权力。因第三方对保险标的的损害而造成保险事故的，保险人自向被保险人赔偿之日起，在赔偿金额范围内，取得代位行使被保险人对第三方请求赔偿的权利。

**（2）追偿注意事项。**

1）不要丧失追偿时效（被保险人及时向有关责任方索赔）。

2）权益转让书的签发日期尽量在有效期限一年以内。

3）必要时要求被保险人向有关责任方申请延期。

4）不能让被保险人双重获赔。

## ◇重要概念

国际货物运输保险　实际全损　推定全损　共同海损　基本险　附加险　索赔　理赔

## ◇本章小结

本章首先介绍了国际货物运输保险的特点；其次讲解了海洋、陆路、航空等运输方式下的保险条款以及保险实务的内容；最后重点介绍了我国海上货物运输保险的基本险别及其责任范围。

## ◇复习思考题

### 一、单选题

1. 最大诚实信用原则起源于（　　）。

A. 海上保险　　B. 航空保险

C. 陆运货物保险　　D. 邮递货物保险

2. 在国际货物保险中，不能单独投保的险别是（　　）。

A. 平安险　　B. 水渍险　　C. 战争险　　D. 一切险

3. 在保险人所承保的海上风险中，恶劣气候、地震属于（　　）。

A. 自然灾害　　B. 意外事故

C. 一般外来风险　　D. 特殊外来风险

4. 在保险人所承保的海上风险中，搁浅、触礁属于（　　）。

A. 自然灾害　　B. 意外事故
C. 一般外来风险　　D. 特殊外来风险

5. 在海运过程中，被保险物茶叶经水浸已经不能饮用，这种海上损失属于（　　）。
A. 实际全损　　B. 推定全损　　C. 共同海损　　D. 单独海损

6. 船舶搁浅时，为使船舶脱险而雇佣拖驳强行脱浅所支出的费用属于（　　）。
A. 实际全损　　B. 推定全损　　C. 共同海损　　D. 单独海损

7. 某外贸公司出口茶叶5t，在海运途中遭受暴风雨，海水涌入舱内，致使一部分茶叶发霉变质，这种损失属于（　　）。
A. 实际全损　　B. 推定全损　　C. 共同海损　　D. 单独海损

8. 战争、罢工风险属于（　　）。
A. 自然灾害　　B. 意外事故
C. 一般外来风险　　D. 特殊外来风险

9. 我国国际货物运输保险条款不包括（　　）。
A. 海上货物运输　　B. 陆上货物运输
C. 航空货物运输　　D. 内河货物运输

10. 平安险是中国人民保险公司海洋货物运输保障的主要险别之一。下列哪项损失不能包括在平安险的责任范围之内？（　　）
A. 被保险货物在运输途中由自然灾害造成的全部损失
B. 被保险货物在运输途中由自然灾害造成的部分损失
C. 共同海损的牺牲、分摊费用
D. 共同海损的救助费用

11. 平安险适用于（　　）。
A. 高价值、裸装的大宗货物　　B. 高价值、精密包装的大宗货物
C. 低价值、裸装的大宗货物　　D. 低价值、精密包装的大宗货物

12. 根据《中国人民保险公司海洋运输货物保险条款》的规定，承保范围最小的基本险别是（　　）。
A. 平安险　　B. 水渍险　　C. 一切险　　D. 罢工险

13. 航空运输途中，如被保险货物未到达保险单所载仓库或储存处所，则以被保险货物在最后卸货地卸离飞机起，索赔期限为（　　）。
A. 30天　　B. 60天　　C. 90天　　D. 180天

14. 陆上货物运输保险不包括（　　）。
A. 陆上货物运输基本险　　B. 陆上货物运输战争险
C. 陆上货物运输冷藏货物保险　　D. 陆上货物运输意外险

15. 偷窃、提货不着险属于（　　）。
A. 一般附加险　　B. 平安险　　C. 水渍险　　D. 附加险

16. 对于共同海损所做出的牺牲和支出的费用，应由（　　）。
A. 船方承担
B. 货方承担
C. 保险公司承担

D. 所有与之有利害关系的受益人按获救船舶、货物、运费获救后的价值比例分摊

二、多选题

1. 国际货运保险的基本原则是（　　）。

A. 保险利益原则　　B. 最大诚实信用原则

C. 损失补偿原则　　D. 近因原则

2. 国际货运保险的特点是（　　）。

A. 承保标的具有流动性　　B. 承保风险范围广

C. 致损因素复杂　　D. 险种险别多样

E. 适用相关的国际法规和惯例

3. 在海上保险业务中，属于自然灾害风险的有（　　）。

A. 火山爆发　　B. 雷电　　C. 海啸

D. 触礁　　E. 洪水

4. 在海上保险业务中，构成实际全损的条件是（　　）。

A. 保险标的完全毁损或灭失

B. 保险标的完全丧失原有的性质和用途

C. 被保险人失去对保险标的的所有权，且无法追回

D. 载货船只失踪达到一定期限仍无音信

E. 为收回已经丧失的货物所有权花费的代价将超过货物的价值

5. 关于单独海损与共同海损特点的比较，正确的表述有（　　）。

A. 单独海损是承保风险造成的，而不是由人的有意识行为做出的；共同海损必须是有意识的而不是一种意外的损失

B. 单独海损只涉及船舶或货物一方的利益；共同海损则涉及多方的利益

C. 单独海损适用委付；共同海损不适用委付

D. 单独海损只能由受损失一方单独承担；共同海损则由所有的受益方按比例分摊

6. 特殊附加险包括（　　）。

A. 战争险　　B. 战争险的附加费用

C. 罢工险　　D. 偷窃、提货不着险

7. 《中国人民保险公司海洋运输货物保险条款》规定的基本险别包括（　　）。

A. 平安险　　B. 战争险　　C. 水渍险　　D. 一切险

8. 保险公司承保水渍险的责任包括赔偿（　　）。

A. 自然灾害造成的全部损失　　B. 自然灾害造成的部分损失

C. 意外事故造成的共同海损　　D. 意外事故造成的单独海损

9. 共同海损属于部分损失，保险公司应对下列哪几项给予赔偿？（　　）

A. 共同海损牺牲　　B. 损失引起的商业利益的减损

C. 共同海损分摊　　D. 共同海损费用

10. 特殊附加险包括（　　）。

A. 战争险　　B. 战争险的附加费用

C. 罢工险　　D. 偷窃、提货不着险

## 三、简答题

1. 国际货物运输保险基本原则有哪些?

2. 简述推定全损的概念。构成推定全损的具体情况有哪些?

3. 共同海损与单独海损的区别是什么?

4. 实际全损与推定全损的区别是什么?

5. 海运险种被保险人的义务有哪些?

## 四、计算题

1. 有一货轮在航行中与流冰相撞。船身一侧裂口，舱内部分乙方货物遭浸泡。船长不得不将船就近驶入浅滩，进行排水，修补裂口。而后为了浮起又将部分甲方笨重的货物抛入海中，乙方货物浸泡损失了8万美元，将船舶驶上浅滩以及产生的一连串损失为20万美元，那么，如何分摊共同海损损失（其中，该船舶分摊价值为150万美元，船上载有甲、乙、丙三家的货物，分别为80万美元、68万美元、30万美元，待收运费为2万美元)?

2. 某公司出口一批货物到美国，原报CFR美国东海岸某港口，总金额为40 000美元，现进口商来电要求改报CIF价格，目的地不变，并按CIF货价加成10%，投保海运一切险，假设运至美国东海岸的该项货物海运一切险的保险费率为0.5%，则保险金额应如何确定?

## 五、案例分析题

【基本案情】

某年5月23日，中国籍船舶“海达”轮满载木材，从欧洲驶往天津新港，于6月11日到达印度洋洋面。上午10时左右，装运在甲板上的木材部分突然起火，火势逐渐蔓延，船长立即下令浇水灭火，但火势凶猛，装运在甲板上的未燃木材也有随时着火的危险。如果未燃的木材也起火，后果将不堪设想。为了防止火势进一步蔓延，船长又下令将甲板上未燃的木材都抛入海中，这样使险情得以缓解。经过船员全力扑救，10时30分左右，大火被扑灭。装运于甲板上的木材全部损失，装运于船舱内的木材也有一部分因水湿变形而受损，甲板部分受损，为维修船舶而产生了维修费、拖船费及在港口停泊费。请分析木材损失的性质。

## ◇课后延伸阅读

马祯. 由海运事故谈国际货物运输中保险的重要性［J］. 中国经贸导刊（中），2019（7）：53-55.

# 第十二章　国际货运事故处理

## ◇学习目标

1. 了解货运事故记录的作用，以及承运人的责任期间。
2. 理解托运人的责任。
3. 熟悉国际货运事故的索赔和理赔程序。
4. 掌握承运人运输货物的责任、国际货运事故的主要原因，以及货运事故的发生与责任判断。

## ◆导入案例

某货运代理作为进口商的代理人，负责从A港接受一批艺术作品，在120n mile（1n mile≈1.852km）外的B港交货。该批作品用于国际展览，要求货运代理在规定的日期前于B港交付全部货物。货运代理在A港接收货物后，通过定期货运卡车将大部分货物陆运到B港。由于定期货运卡车出现季节性短缺，一小部分货物无法及时运抵。于是，货运代理在卡车市场雇用了一辆货运车，要求其于指定日期前抵达B港。而后，该承载货物的货运车连同货物一起下落不明。

分析：货运车造成的损失，货运代理是否也要负责呢？对此，有人提出货运代理仅为代理人，对处于承运人掌管期间的货物灭失不必负责，这一主张似乎有道理。然而，根据国际货运代理协会联合会（FIATA）关于货运代理的谨慎责任之规定，货运代理应恪尽职责采取合理措施，否则需承担相应责任。本案中造成货物灭失的原因与货运代理所选择的承运人有直接的关系。由于其未尽合理而谨慎职责，在把货物交给承运人掌管之前，甚至没有尽到最低限度的谨慎，即检验承运人的证书，考查承运人的背景，致使货物灭失。

结论：货运代理应对选择承运人的过失负责，承担由此给货主造成的货物灭失的责任。

（资料来源：https://wenku.baidu.com/view/56891a1fa22d7375a417866fb84ae45c3b35c283.html。经整理加工。）

本章所述国际货运事故处理是指在承运责任期内承运人和托运人（收货人）对所发生的货运事故进行处理的一系列工作。主要包括：承、托双方积极主动采取补救措施，把事故损失减少到最低限度；同时做好货运事故记录，记载事故发生的详细情况及原因分析，作为处理赔偿的依据；分清事故发生的责任，根据责任做出索赔、理赔及诉讼等处理措施[㊀]。

㊀《交通大辞典》编辑委员会．交通大辞典［M］．上海：上海交通大学出版社，2005.

# 第一节　国际货运事故概述

## 一、国际货运事故的概念及主要原因

国际货运事故是指在运输中，承运人在交付货物时发生的质量变差、数量减少的事故。在国际海上货物运输中，狭义上的货运事故是指运输中发生的货损货差事故。货损一般是指由责任人导致的货物损坏、灭失；在装卸、运输、保管过程中，由操作不当、保管不善而引起的货物破损、受潮、变质、污染等。货差是指由错转、错交、错装、错卸、漏装、漏卸以及货运手续办理错误而造成的有单无货或有货无单等单货不符、件数或重量溢短的差错。广义上的货运事故还可以包括运输单证差错、迟延交付货物、无单放货等情况。

按照货运事故性质划分的国际货运事故种类及其成因见表12-1。

**表12-1　国际货运事故的种类和原因**

<table>
<tr><th colspan="3">事故种类</th><th>主要原因</th></tr>
<tr><td colspan="3">货差</td><td>标志不清、误装、误卸、理货错误等</td></tr>
<tr><td rowspan="13">货损</td><td colspan="2">全部损失</td><td>船只沉没、搁浅、触礁、碰撞、火灾、爆炸、失踪、偷窃、政府行为、海盗、战争、拘留、货物被扣等</td></tr>
<tr><td rowspan="12">部分损失</td><td>灭失</td><td>偷窃、抛海、遗失、落海等</td></tr>
<tr><td>内容短缺</td><td>包装不良或破损、偷窃、泄露、蒸发等</td></tr>
<tr><td>淡水水湿</td><td>雨雪中装卸货物、消防救火过程中的水湿、舱内管系泄漏等</td></tr>
<tr><td>海水水湿</td><td>海上风浪、船体破损、压载舱漏水等</td></tr>
<tr><td>汗湿</td><td>通风不良、衬垫、隔离不当、积载不当等</td></tr>
<tr><td>污染</td><td>不适当的混载、衬垫、隔离不充分等</td></tr>
<tr><td>虫蛀、鼠咬</td><td>驱虫、灭鼠不充分，舱内清扫、消毒不充分等，对货物检查不严致虫、鼠被带入舱内等</td></tr>
<tr><td>锈蚀</td><td>潮湿、海水溅湿、不适当的混载等</td></tr>
<tr><td>腐烂、变质</td><td>易腐货物未按要求积载的位置装载、未按要求控制舱内温度、湿度过高、唤气通风不充分、冷藏装置故障等</td></tr>
<tr><td>混票</td><td>标志不清、隔离不充分、积载不当等</td></tr>
<tr><td>焦损</td><td>自燃、火灾、漏电等</td></tr>
<tr><td>烧损</td><td>温度过高、换气通风过度、货物本身的性质等</td></tr>
</table>

## 二、货运事故记录的作用和出现时间

### （一）货运事故记录的含义及作用

承运人在承运货物过程中，发生损失差错事故，并确定其责任属于承运人时，所填制的书面凭证是收（发）货人向承运人提出索赔的主要依据。货运记录应按每份货物运单编制一式三份，一份交收货人或发货人，一份由承运人存查，一份送交有关责任单位调查。在货运记录内必须记明该批商品原有及现有件数、重量、包装种类及货物损坏程度以及发现事故的详细情况。

货运记录是分析货运事故发生的原因，确定责任方的根据，是承运人与托运人或收货人一旦发生经济纠纷起法律效用的证明文件，也是托运人或收货人向承运人要求赔偿货物损失的依据。

#### （二）编制货运事故记录的注意事项

1）必须在交接或交付货物的当时编制货运事故记录，任何一方不得拒编，也不得事后补编（货运事故记录反映事故当时的真实情况）。

2）货运事故记录的各栏必须填写清楚，如有更改，应由交接双方经办人员在更改处盖章。

3）不得判定责任（真实记录，不作结论）。

4）一张运单中有数种品名时，应分别写明情况。

5）内容必须填写真实，不能用揣测、笼统词句，事故情况要记录仔细、准确、具体。

6）事故报告包括基本情况、货物灭失或损失的原因、运输工具状况、关封状况、其他情况。如有必要，需加入照片、证人证言、检验报告。

## 第二节　国际货运事故的责任划分

国际货物运输中货运事故有很多，其中大部分是由承运人所致。但是，实践中还有一些货运事故是由货方（托运人、收货人）、第三方（如港口、集装箱货运站等），甚至不可抗力所致。不同原因导致的运输中货物数量减少、质量变差的损失将由不同当事人承担，这里的“当事人”可能是运输合同、买卖合同、保险合同等不同合同中的当事人。运输合同中的“当事人”是承运人和托运人。只有了解货运合同中的责任分配问题，才能明确货运事故的责任划分。

### 一、承运人的责任

#### （一）承运人的责任期间

在国际海上货物运输中，根据《中华人民共和国海商法》第四十六条的规定，承运人对集装箱装运的货物的责任期间，是指从装货港接收货物时起至卸货港交付货物时止，货物处于承运人掌管之下的全部期间。承运人对非集装箱装运的货物的责任期间，是指从货物装上船时起至卸下船时止，货物处于承运人掌管之下的全部期间。但是，承运人与托运人可以就非集装箱货物运输下承担人的责任期间另做约定。在承运人的责任期间，货物发生灭失或者损坏，除另有规定外，承运人应当负赔偿责任。《中华人民共和国海商法》的这些规定与有关海上货物运输的国际公约中的规定是相似的。

#### （二）承运人运输货物的责任

各种规范货物运输的国际公约或各国法律法规，如海商法或海上货物运输法，以及各类运输合同都规定了承运人的责任。这些规定主要涉及运输工具、保管货物、合理速度、延迟交付等几个方面。

在运输工具方面，它们对各种运输工具的技术要求都做出了明确规定，只有符合技术要求的运输工具才能投入货物运输；运输公司作为承运人将运输工具投入营运需要符合市场准入规定。在运输货物时，运输工具应考虑特定运输风险和货物特性。在国际海上货物运输中，对海上货物承运人提供船舶的规定是明确的。

在保管货物方面，它们规定了各种运输方式下承运人应对货物的运输负责。在国际海上货物运输中，它们对承运人保管货物的规定是明确的。承运人管理货物的时间不仅仅是指货物装载在运输工具上的阶段，也可能包括货物等待装运阶段和等待提货阶段。这要由运输合同的条款约定来决定。在国际海上货物运输中，如果航次租船合同订立了 FIO 条款，则托运人负责装卸港的装卸货操作，包括装卸工人的雇佣，所以，承运人的责任仅限于货物在船舶积载阶段。在海上集装箱货物运输中，如果约定在 CFS 交付货物，则在拼箱或拆箱过程中出现货损也应由承运人负责。而货物在船运阶段，承运人则既有保证船舶适航的义务，还有对货物给予充分保管的义务。即承运人及其雇佣人员在货物的接收、装船、积载、运送、保管、卸船、交付等环节中，对因其疏忽而造成的货损、灭失等，负有损害赔偿责任。

在合理速度方面，承运人在货物运输过程中，应以合理的速度将货物运到目的地。特别是在国际海上货物运输中，它们对船舶绕航问题做了规定。例如，《中华人民共和国海商法》第四十九条规定："承运人应当按照约定的或者习惯的或者地理上的航线将货物运往卸货港。船舶在海上为救助或者企图救助人命或者财产而发生的绕航或者其他合理绕航，不属于违反前款的规定的行为。"

在延迟交付方面，货物运输合同是一种运输合同，一方应对违反合同给另一方造成的损失进行赔偿。承运人违反合同时，货方因此而遭受的损失有两种主要形式：一种是实际损失，即货物发生实际灭失或者损坏；另一种是经济损失，即货物虽然没有发生灭失或者损坏，但是超过了合同约定的时间，导致货物无法继续出售或者无法实现本应实现的利润。因此，国际货物运输合同对承运人因迟延交付货物应承担的责任做了规定。

**（三）承运人的免责与责任限制**

承运人对货物在责任期间发生的灭失或者损坏应该承当责任。但是，国际公约和各国法律又都规定了一系列承运人对货物在其责任期间发生的灭失或者损坏可以免于承当责任的事项。这些事项是法定的，承运人可以通过合同减少或者放弃，但不能增加。在各种运输方式和多式联运下，承运人都有法定免责事项。

即使承运人根据合同或者法规应对货损货差负责，在国际货物运输的有关公约和各国法律中，也赋予了承运人一项特殊的权利，即承运人可以将赔偿责任限制在一定的数额内。在各种运输方式和多式联运下，承运人都有赔偿责任限制的规定。有两种情况不适用责任限制：一种情况是有特别约定，如托运人在货物装运时已经申报货物性质和价值，并办理了相应手续；另一种情况是承运人丧失了享受赔偿责任限制的权利，如货物的灭失、损坏或延迟交付是承运人故意或明知可能造成损失而轻率地作为或者不作为造成的，承运人就不得援引限制赔偿责任的规定。

## 二、托运人的责任

**1. 正确提供货物资料**

托运人托运货物，应该将货物的品名、标志、件数、重量、体积等相关资料向承运人申报。托运人必须保证其申报的资料正确无误。托运人对申报不实所造成的承运人的损失承担赔偿责任。托运人为了减少运费而谎报货物重量，造成承运人起重设备损坏的，应由托运人承担赔偿责任。需要引起重视的是，各种运输方式下，运输合约对危险货物运输时托运人进行申报问题都做了特别规定。

**2. 妥善包装货物**

良好的包装应该是正常的或者习惯的包装，在通常的照料和运输条件下，能够保护货物避免大多数轻微的损害。托运人没有义务使用可能的最安全的包装而承担额外的包装费用。承运人应该根据货物的包装情况进行适当的装卸和照料。但是，这种适当的装卸和照料不应该超过运输此类货物一般应负的谨慎责任。货损发生时，其原因是包装不良还是承运人照料货物不当，有时难以判断。因此，对承运人和托运人的要求应该根据通常标准来确定。如果货物包装不良或者标志欠缺、不清，由此引起货物本身的灭失或损坏，承运人可免除对托运人的赔偿责任。

例如，货物的包装不坚固、标志不清，或托运人隐瞒货物种类、特性、潜在缺陷等造成货损时，则由托运人负责。在航次租船合同订立 FIOST 条款的情况下，如果由于积载不当或绑扎不牢，从而造成了货损，根据租船合同的规定也可能由托运人负责。《中华人民共和国海商法》第六十六条第一款规定，“托运人托运货物，应当妥善包装，并向承运人保证，货物装船时所提供的货物的品名、标志、包装或者件数、重量或者体积的正确性；由于包装不良或者上述资料不正确，对承运人造成损失的，托运人应当负赔偿责任。”

## 三、货运事故的发生与责任判断

货物运输事故的发生可能出现在货物运输过程中的任何环节。而货损货差往往是在目的地收货时或者收货后发现。当然，在运输途中发生的货损事故也可能会被及时发现。货运事故发生后，第一发现人具有报告的责任。如在船舶运输途中发生时，船长有责任发表海事声明（Note of Sea Protest）。而当收货人提货时，发现所提取的货物数量不足，或货物外表状况、品质与提单上记载的情况、贸易合同规定不符，则应根据提单条款的规定，将货损货差的事实以书面形式通知承运人在卸货港的代理人，即使货损货差不明显，也必须在提货后的规定时间内，向承运人或其代理人报告异常情况，作为日后索赔的依据。

无论索赔和理赔日后如何进行，记录和保留有关事故的原始记录都十分重要。提单、运单、收货单、过驳清单、卸货报告、货物溢短单、货物残损单、装箱单、积载图等货运单证均是货损事故处理和明确责任方的依据。货物单证上的批注是区分或确定货运事故责任的原始依据，既能证明承运人对货物的负责程度，也直接影响货主的利益，如能否持提单结汇、能否提出索赔等。各方关系人为了保护自己的利益和划清责任，应妥善保管这些书面文件。对于已经发生的货运事故，如果收货人与承运人不能对事故的性质和损坏程度达成一致，则应在彼此同意的条件下，共同指定检验人对所有应检验的项目进行检验，检验人签发的检验报告是日后确定事故责任的重要依据。

事故的处理和日后的赔偿均是以这些证据或依据为准来确定责任人及其责任程度的，不同事故当事人的责任可以通过实际情况和法律规定进行判断。

# 第三节　各类国际货运事故的处理

## 一、国际海洋货运事故的处理

### （一）及时编制货运事故记录

国际海洋货物运输中凡遇下列情况之一者，应及时要求相关当事人填制货运事故记录：

1）托运人按舱封或装载现状与承运人进行交接，以及其他封舱（箱）运输的货物，发生非承运人责任的灭失、短少、变质、污染、损坏和内容不符。

2）托运人随附在货物运单上的单证丢失。

3）托运人派员押运和甲板货物发生非承运人责任造成的损失。

4）承运人提供的船舶水尺计量数。

5）货物包装经过加固整理。

6）收货人、作业委托人要求证明与货物数量、质量无关的其他情况。

涉及承运人与托运人、收货人，港口经营人与作业委托人，承运人与港口经营人之间责任的，应及时编制货运记录。在货物进港时发现和发生的，由启运港港口经营人会同作业委托人编制。在装船前和装船时发现和发生的，由承运人会同启运港港口经营人或托运人编制。在卸船时发现和发生的，由承运人会同港口经营人或收货人编制。在交付时发现和发生的，由到达港港口经营人会同收货人编制。

### （二）国际海洋货运事故处理的一般程序

#### 1. 货运事故调查

货主方或其代理人可通过以下几种途径开展货运事故调查：

1）调查货运各个环节上的有关文字记载、交接清单、配积载图以及有关货运方面的票据、单证和发货人声明栏批注。

2）查询从国内港到中转港再到国外港，从目的港到启运港认真追寻。

3）在判定事故原因和损失程度方面，还可借助技术手段进行化验测定、试验等。

#### 2. 索赔

国际货运事故的索赔是货主方行使国际运输合约赋予其权利的重要表示。索赔的一般程序包括：

**（1）发出索赔通知。**

1）索赔通知的时间。根据《中华人民共和国海商法》第八十一条的规定，承运人向收货人交付货物时，收货人未将货物灭失或损坏情况书面通知承运人的，即视为承运人已交付良好货物的初步证据。对非显而易见的货物灭失或损坏情况，应在交付货物的次日起连续 7 日内，集装箱货物交付的次日起连续 15 日内，提交书面通知。货物交付时，收货人已会同承运人对货物进行联合检查或检验的，无须就所查明的灭失或损坏情况提交书面通知。第八十二条规定，承运人自向收货人交付货物的次日起连续 60 日内，未收到收货人就货物因迟延交付造成经济损失而提交的书面通知的，不负赔偿责任。

相关国际公约以及《中华人民共和国海商法》都规定，提出货物索赔通知的证据效力只是初步证据。所以，即使收货人在规定的时间内没有提出这种书面通知，也并不影响收货人在日后（规定的时间内）举证证明承运人对货物灭失或损害负有责任的条件下提出索赔的权利。

2）索赔时效的问题。《中华人民共和国海商法》第二百五十七条规定，就海上货物运输向承运人要求赔偿的请求权，时效期间为1年，自承运人交付或者应当交付货物之日起计算；在时效期间内或者时效期间届满后，被认定为负有责任的人向第三人提起追偿请求的，时效期间为90日，自追偿请求人解决原赔偿请求之日起或者收到受理对其本人提起诉讼的法院的起诉状副本之日起计算。

**（2）提交索赔申请书或索赔清单。**索赔申请书或索赔清单（Statement of Claims）是索赔人向承运人正式要求赔偿的书面文件。如果索赔方仅仅提出货损通知而没有递交索赔申请书或索赔清单，或出具有关的货运单证，则可解释为没有提出正式的索赔要求，承运人不会受理货损索赔。

索赔方进行索赔必须对以下六项事实加以证明：①索赔方是该货物的所有人还是有权提出这一索赔的人；②侵权行为（不法行为）；③灭失或损害的实际货币价值，用以证明索赔人提出的索赔金额是否合理；④灭失或损害发生在责任人的掌管期间；⑤损害或灭失的具体范围即货物损害或灭失的事实和损害、灭失的程度、状况、具体事项；⑥索赔的对象应当是对货损负有责任的人，而且必须负有实际赔偿责任。

可作为索赔举证的单证、证书、商业票据或记录主要有：索赔申请书或索赔清单、证明索赔人是正当的索赔人的单证、证明索赔的对方负有赔偿责任的单证，以及证明索赔人提出的索赔金额是合理的单证。

**3. 理赔**

理赔即索赔的受理与审核，也就是说，承运人或其代理人受理索赔案件后，必须对这一索赔进行审核。

**（1）受理。**收货人向承运人等责任人提出货运事故索赔书及相关证明文件后，承运人通过审核索赔材料决定是否受理。承运人主要审核赔偿要求时效、赔偿要求人的要求权利、应附的单证。

经审查，赔偿要求在法定时效之内，赔偿要求人有权提出要求，而且所附单证完备，承运人应予受理，并开始接受赔偿的索赔收据，进行立案处理。受理的条件应在赔偿要求登记簿内编写登记。

**（2）确定赔偿金额。**通过举证与反举证，明确责任，确定损失金额的标准。货运事故的赔偿金额，原则上按实际损失金额确定。货物灭失时，按灭失货物的价值赔偿；货物损坏时，按损坏所降低的价值或为修复损坏所需要的修理费赔偿。

**（3）支付赔偿。**如果承运人和货主方能够就赔偿金额达成一致，承运人应负责限额内的赔偿，如果在赔偿上未能达成一致意见，则根据法院判决或决议支付索赔金。投保有国际货运承运人责任险的承运人可就理赔事实向保险人进行索赔。从保险实践看，当前承运人责任险的保障范围从货物损失原因上仅承保承运人负有赔偿责任的“意外事故”的损失。

## 二、国际公路运输事故的处理

### （一）货运事故记录的编制

1）事故发生后，由发现事故的运送站或就近站前往现场编制商务记录。如系重大事故，在有条件时应通知货主一起前往现场调查，分析责任原因。

2）如发现货物被盗，则应尽可能保持现场，并由负责记录的业务人员或司机根据发现的情况会同有关人员做好现场记录。

3）对于在运输途中发生的货运事故，司机或押运人员应将事故发生的实际情况如实报告车站，并会同当地相关人员提供足够的证明，由车站编制一式三份的商务记录。

4）如货损事故发生于货物到达站，则应根据当时情况，会同司机、业务人员、装卸人员编制商务记录。

### （二）货运事故的索赔与理赔

国际公路货运事故的索赔和理赔可以 1956 年 5 月的《国际公路货物运输合同公约》作为依据。

#### 1. 索赔时限

**（1）货损货差的索赔时限。**收货人未经查验，或经查验但未对货物状况或数量提出异议的情况下签收货物，在货物明显灭失或损坏的情况下，交货时间即为其按照订单中所述条件收到货物；当货物的状况已经收货人和承运人及时检验，只有在灭失或损坏不明显而且收货人在检验之日起 7 日内（星期日和例假日除外）向承运人及时提出书面异议的情况下，才允许提出与本检验结果相反的证据。

**（2）交货延迟的索赔时限。**承运人未按约定期限交付货物，可认定为交货延迟。有权索赔人应自货物置于收货人处置时起 21 天内已向承运人提出书面疑义，否则交货延迟不予赔偿。

**（3）货物灭失的索赔规定。**如约定期限届满后 30 日内，或者没有约定期限的，自承运人接收货物之日起 60 日内，未交付货物的，为货物灭失的确凿证据，有权提出索赔的人可以据此将货物视为灭失。

有权提赔人在收到对灭失物资的赔偿时，可提出书面要求——在赔偿支付后 1 年期间如货物被找到，应立即给他通知。对他的此种要求应给予书面确认。

在接到通知书后 30 天之内，在交付运单上应付费用和退还他收到的赔偿金（减运其中包括的费用）后，上述有权提赔人可要求将货物交付给他，但在延迟情形下，如索赔人证明损坏是由此引起的，承运人应支付该损坏不超过运输费用的赔偿。

#### 2. 索赔地点和要求

受损方在提出赔偿要求时，首先应办妥索赔手续，具体做法如下：

1）向货物的发站或到站提出赔偿申请书。

2）提出赔偿申请的人必须持有有关票据，如行李票、运单、货票、提货联等。

3）在得到责任方给予赔偿的签章后，赔偿申请人还应填写“赔偿要求书”，连同有关货物的价格票证，如发票、保单、货物清单等，送交责任方。

#### 3. 承运人的赔偿限额

1）根据《国际公路货物运输合同公约》的规定，承运人对货物的全部或部分损失负有赔偿责任时，此种赔偿应参照货物在接受运输的地点和时间的价值计算。

2）货物的价值应根据商品交换价格确定，如果没有商品交换价格，则根据当前市场价格确定；如果没有商品交换价格或当前市场价格，则参考相同种类和质量货物的正常价值确定。

3）但是，赔偿额毛重每公斤不得超过 25 法郎。“法郎”是指重量为 10/31g，黄金纯度为千分之 900 的金法郎。

4）此外，货物运输产生的运输费、关税和其他费用，如果全部损失，应全额退还；如果部分损失，应按损失的比例退还，但不应支付进一步的损失。

5）在延迟情况下，如果索赔人证明由此造成的损害，承运人应支付不超过运输费用的损害赔偿。

## 三、国际铁路运输事故的处理

### （一）编制货运事故记录[㊀]

#### 1. 及时编制货运事故记录

国际铁路联运中凡遇下列情况之一者，收货人应在发现事故的当天要求承运部门填制货运事故记录：

1）商品的名称、件数、重量与货运单记载不符时。

2）承运的全部或部分商品发现丢失、损坏（包括破损、污损、湿损、腐烂等），或被盗窃等情况。

3）商品无运单或有运单而无商品。

4）一般商品在运输过程中超出承运人所规定的运到期限后，在允许的天数范围内，仍不能达到交付时，收货人可以认为该项商品已经丢失，向承运人提出索赔要求。

5）其他属于承运部门责任。

#### 2. 事故检查或鉴定

货物发生损坏或部分灭失，不能判明发生原因和损坏程度时，承运人应在交付前主动联系收货人进行检查或邀请鉴定人进行鉴定，鉴定时按每一货运记录分别编制鉴定书。因鉴定所支出的费用应在鉴定书内记明，事后由事故责任人负责。

#### 3. 违法或危及运输安全事故的处理

1）货物品名与运单记载不符时，若属危险货物以其他品名托运的，应立即报告当地政府的主管铁路分局，按其指示处理。

2）货物重量超过使用的货车容许载重量的应进行换装或将部分货物卸下，对卸下的货物，处理站应编制货运记录，凭记录将货物补送到站；到站应按规定核收运输费用和违约金。但对卸下的不易计件的货物，按零担货物运输有困难时，应电告发站转告托运人提出处理办法。如从发站发出通知之日起 10 日内未接到答复，就按无法交付货物处理。

3）发现装载的货物有坠落、倒塌危险或无货偏重、窜出、渗漏等危及运输安全的情况时，除通知有关单位外，应立即进行整理和换装。属于托运人责任的，换装、整理或修补包装的费用，由处理站填发垫款通知书，随同运输票据递送到站，向收货人核收。

4）凡承运人无法处理的情况，应立即通知托运人或收货人处理。

#### 4. 其他事故的处理

1）货物运到期限满后经过 15 日或鲜活货物超过运到期限仍不能在到站交付货物时，车站应于当日编制货运记录交给收货人，赔偿前若货物运到，车站应及时向收货人办理交付并收回货运记录。

2）因承运人责任将货物误运到站或误交付，承运人应编制货运记录将货物运到正当站交给收货人。

---

㊀ https://www.wanshifu.com/zhishi/7724999925.html。

### （二）货主方对货运事故的处理与赔偿

**1. 索赔主体和索赔对象**

当货损发生时，《国际铁路货物联运协定》（以下简称《国际货协》）赋予了收货人相应索赔权，同时也对收发货人的索赔对象进行了明确规定。《国际货协》第46条规定，赔偿请求应附有相应依据并注明赔偿款额，由发货人向缔约承运人，收货人向交付货物的承运人提出。赔偿请求以纸质形式提出，当运送参加者之间有协议时，可以电子形式提出。

商务记录为《国际货协》下货损索赔的核心证据，类似于国际海运对应的理货报告、出场设备交接单以及国内水运中的货运记录，但重要性尤甚。《国际货协》第37条规定，对于承运人负有责任的货物灭失、短少、毁损（腐坏）情况，应以商务记录作为证明。实践中不乏因为该文件的缺失导致索赔失败。

对于一些无法通过外部检查发现的损失，《国际货协》虽然留出了一定的空间，但仍有很严格的限制，其规定“收货人应在查明货物灭失、短少、毁损（腐坏）后且不迟于货物交付后的3昼夜立即向交付货物的承运人提出该要求”，且“货物到达国的国内法律允许在货物交付收货人后编制商务记录”。

《国际货协》明确规定“提出相应赔偿请求后，才可提起诉讼，且只可对受理赔偿请求的承运人提起诉讼”，即提出索赔是诉讼的前置条件，国内就有法院以原告未在诉讼前向被告提出索赔为由驳回诉请。

**2. 索赔请求时效**

关于提出索赔请求和诉讼的期限，《国际货协》第31条规定，发货人或收货人根据运输合同向铁路提出的赔偿请求和诉讼，可在9个月内提出。关于货物部分灭失、重量不足、毁损、腐坏或因其他原因降低质量的赔偿请求，自货物交付收货人之日起计算；关于货物全部灭失的赔偿请求，自货物运到期限期满后30天起计算。有关货物运输延误的赔偿，则应在2个月内提出。

在上述期间内，根据《国际货协》第46条“赔偿请求”的规定提出赔偿请求之时起，上述9个月的时效期间即行中止。从铁路将关于全部或部分拒绝赔偿请求一事通知赔偿请求人之日起，时效期间仍然继续。如铁路对赔偿请求未予答复，则从赔偿请求提出之日起180日期间期满后，时效期间继续计算。

## 四、国际航空运输事故的处理

在航空国际货运中，索赔的主要法律依据是相关的国际公约，包括华沙体制中的《华沙公约》和《海牙议定书》，以及《蒙特利尔公约》；或者相关国家国内法，如《中华人民共和国民用航空法》对国际运输的相关规定。《华沙公约》是最早的国际航空私法，也是目前被世界上大多数国家接受的航空公约。

### （一）有权提出索赔的人

有权提出索赔的人主要有以下几种：

**1. 货运单上列明的托运人或收货人**

托运人、收货人是指航空主运单上填写的托运人或收货人。向航空公司提出索赔的应是主运单上填写的托运人或收货人。托运人或收货人发现货物有丢失、短缺、变质、污染、损坏或延误到达情况，收货人应当场向承运人提出，承运人应当按规定填写运输事故记录并由双方签字或盖章。

集中托运情况下，客户或分运单上的托运人、收货人或其他代理（如索赔人委托的律师）应向主运单上填写的托运人或收货人提出索赔。

**2. 权益受让人**

持有货运单上托运人或收货人签署的权益转让书的人员如下：

**（1）承保货物的保险公司。**根据航空运输保险合同从保险公司获得货损赔付金后，货主应将索赔权益转让给保险公司，后者因此取得“代为求偿权”。

**（2）集运货物的主托运人和主收货人。**如果收货人在到达站已将货物提取，则托运人将无权索赔，如托运人要求索赔，则应该由收货人出具权益转让书。

**（二）航空货物索赔的地点和时限**

**1. 索赔的地点**

托运人、收货人或其代理在货物的始发站、目的站或损失事故发生的中间站，可以书面的形式向承运人（第一承运人或最后承运人或当事承运人）或其代理人提出索赔要求。

**2. 索赔和诉讼时效**

如有索赔要求，收货人或托运人应当于签发事故记录的次日起，按法定时限向承运人或其代理人提出索赔要求。国际航空货运索赔的时限包括以下几种情况：

1）对于索赔时效，《华沙公约》规定如下：如果有损坏情况，收货人应该在发现损坏后立即向承运人提出异议。如果是货物，最迟应该在货物收到后 7 天内提出；如果有延误，最迟应该在行李或货物交由收货人自行处置之日起 14 天内提出异议。货物毁灭或遗失要求，应自填写货运单之日起 120 天之内提出。《海牙议定书》对此做了全面修改，将货物损害时的索赔时效延长至 14 天，将货物延迟时的索赔时效延长至 21 天。

2）对于诉讼时效，《华沙公约》规定：“诉讼在航空器到达目的地之日起，或应该到达之日起，或从运输停止之日起两年内提出，否则就丧失追诉权。”从货物到达目的地之日起，诉讼时效就开始计算。

**（三）航空货物索赔所需的文件**

索赔人向承运人提出赔偿要求时应当填写货物索赔单，并随附货运单、运输事故记录和能证明货物内容、价格的凭证或其他有效证明。航空货物索赔所需的文件主要包括：

1）正式索赔函 2 份（收货人 / 发货人向代理公司、代理公司向航空公司）。

2）货运单正本或副本。

3）货物商业发票、装箱清单和其他必要资料。

4）货物舱单（航空公司复印）。

5）货物运输事故记录（货物损失的详细情况和索赔金额）。

6）商检证明（货物损害后由商检等中介机构所做的鉴定报告）。

7）运输事故记录。

8）来往电传。

**（四）航空货物承运人理赔的相关规定**

1）航空货物损失赔偿的一般原则是限额赔偿。航空货物承运人的责任是有一定限额的：凡是未有声明价值由航空运输承运的货物，由承运人的责任而造成损失时，承运人按照国际有关公约和国家法律和法规确定的限额内，按实际损失进行赔偿。如《中华人民共和国民用航空法》规定，在国际运输中，承运人的货物赔偿责任限额为每千克 17 计算单位；又如《华沙公约》规定，在托运行李和货物运输中，承运人对行李或货物的责任以每千克 250

法郎为限。已向承运人办理货物声明价值的货物，按声明的价值赔偿。

2）超过货物运输合同约定期限运达的货物，承运人应当按照运输合同的约定进行赔偿。

3）承运人理赔要求。承运人对托运人或收货人提出的赔偿要求，应当在两个月内处理答复。不属于受理索赔的承运人接到索赔要求时，应当及时将索赔要求转交有关的承运人，并通知索赔人。

## ◇重要概念

国际货运事故　货运事故记录　理赔　索赔

## ◇本章小结

本章首先介绍了国际货运事故的种类以及产生的主要原因，重点从海上货物运输的角度展开；其次讲解了国际货运事故中承运人和托运人的责任分配问题；最后探讨了不同运输方式下国际货运事故的理赔和索赔程序。

## ◇复习思考题

### 一、单选题

1. 保险公司承担保险责任的期间通常是（　　）。

A. 钩至钩期间　　B. 舷至舷期间

C. 仓至仓期间　　D. 水面责任期间

2. 按 CIF 术语成交的贸易合同，货物在运输途中因火灾被焚，应由（　　）。

A. 卖方承担货物损失　　B. 卖方负责向保险公司索赔

C. 买方负责向保险公司索赔　　D. 买方负责向承运人索赔

3.《中华人民共和国海商法》第八十二条规定，承运人自向收货人交付货物的次日起连续（　　）日内，未收到收货人就货物因迟延交付造成经济损失而提交的书面通知的，不负赔偿责任。

A. 7　　B. 15　　C. 30　　D. 60

4. 货运事故记录是由（　　）编制的一种证明文件。

A. 经营人　　B. 托运人　　C. 承运人　　D. 收货人

5.《华沙公约》规定，在国际航空运输中理赔的最高限额以不超过声明价值为限；没有办理声明价值的，在托运行李和货物运输中，承运人对行李或货物的责任以每千克（　　）法郎为限。

A. 100　　B. 250　　C. 300　　D. 150

### 二、简答题

1. 简述货运事故记录的作用。

2. 承运人运输货物的责任有哪些？

3. 简述国际海洋货运事故索赔的一般程序。

4. 编制货运事故记录的注意事项有哪些？

## 三、案例分析题

### 舱面装载受损赔偿案

【基本案情】

原告：浙江省A进出口公司。

被告：香港B船务有限公司。

浙江省A进出口公司（以下简称托运人），于1989年6月委托上海C运输公司[㊀]（以下简称承运人），运往美国滑雪手套一批，价值15 122.4美元，价格条件为CIF PITTSBURGH。

托运人于1989年7月14日取得由承运人签发的“香港B船务公司”的全程已装船清洁提单。起运港为上海，卸货港为香港，最终目的地为PITTSBURGH。提单上注明：W/T AT H.K.BY A.P.L.CONTAINER VESSEL，签发日期为10 JUL 1989，一程船名是D。

托运人在货物装运前按常规向中国人民保险公司浙江省分公司（保险公司）投保了一切险和战争险，保险金额为16 634.7美元。该货于1989年8月中旬运抵目的地。收货人发现部分货物因受潮而发霉，即向保险公司当地代理TOPLIS&HARDING INC提出检验和理赔要求。该代理于1989年8月22日以电传通知保险公司称货物不同程度受损，整个损失约占全部保险的55%，索赔金额为8226.755美元。保险公司当即派人到上海调查货物装运过程情况。查明该货自上海装船时被配载在D轮的舱面上，并取得配载船图。据此，保险公司以被保险人未保“舱面险”而拒绝理赔，托运人向承运人索赔。在1989年8月至1990年6月近一年的时间内，托运人向承运人不间断地进行口头和书面交涉、协商，但承运人以自己是“无船公共运送人”为理由，认为应当向“承运人”即一程船船公司（深圳E集运公司）和二程船船公司（美国F轮船公司）索赔。当事人于1990年7月向上海市海事法院提起诉讼。

（资料来源：https://wenku.baidu.com/view/0105bd30a517866fb84ae45c3b3567ec102ddc3f.html。经整理加工。）

在《海牙规则》和《汉堡规则》下，请思考以下三个问题如何解决。

（1）托运人应当向谁提起诉讼索赔？

（2）本案中的货损责任应当由谁来承担？

（3）上海市海事法院是否具有诉讼管辖权？

## ◇课后延伸阅读

郭永岩.国际运输中的货物事故案例分析与保险合同的保护方案研究［J］.牡丹江大学学报，2014，23（9）：48-51.

---

㊀ 上海C运输公司是香港B船务有限公司的代理人。

# 第十三章　国际物流代理服务

## ◇学习目标

1. 掌握国际货运代理的概念、性质及其法律地位和责任
2. 熟悉国际货运代理的业务范围
3. 了解国际航空代理的种类及业务范围
4. 了解国际海上货运代理的业务知识

## ◆导入案例

### 仓单品名有误，货运代理赔偿数千美元

浙江省某货运代理公司接受椒江区某进出口公司委托出具一票货物——100桶对乙酰氨基酚、40桶葡萄糖酸钙，运往哥伦比亚。当货物抵达目的港后，哥伦比亚海关发现实际货物为140桶对乙酰氨基酚，海关当即将多发的40桶对乙酰氨基酚（价值3800美元）没收，并罚款1900美元，合计5700美元。椒江的进出口公司得知这一错装事件后，通知货运代理，货运代理立即进行调查，查明果然是多装了40桶对乙酰氨基酚，同时，误将40桶葡萄糖酸钙留在货运代理的仓库内。其原因是业务人员工作疏忽，在开出仓单时仅写了一种品名，即对乙酰氨基酚。

事故发生后，货运代理与哥伦比亚驻中国大使馆签证处联系，请它们出具签证，已免除哥伦比亚海关的处罚，哥伦比亚驻中国大使馆商务参赞处要求提供公证处公证及外交部领事司的证明，方可办理签证。为了搞清具体解决途径，货运代理的上级主管部门与买方所在国的有关部门直接联系，然而最终还是无法免除被哥伦比亚海关没收和罚款的处罚。结果，货运代理必须承担由代理过失及打单错误所引发的全部经济损失。

这是一起情节简单、责任分明的案件，该案件向我们揭示了一个极易被忽视的道理：货运代理看起来是一种无本生意、操作简单的业务，其实并非如此，任何一个环节出现错误操作，如选择运输工具有误、选择承运人有误、发送目的地有误、报关内容有误、投保有误、保单内容被忽视以及仓库保管不当等，都可能造成无法挽回的损失。

（资料来源：https：//www.jinchutou.com/p-32675405.html。经整理加工。）

# 第一节　国际货运代理的基础知识

## 一、国际货运代理行业组织和概念

### （一）国际货运代理行业组织

**1. 国际货运代理协会联合会**

国际货运代理协会联合会（International Federation of Freight Forwarders Associations，FIATA）是世界性的国际货运代理行业组织。FIATA 被许多政府组织、权威机构和非政府的国际组织，如国际商会、国际航空运输协会、国际铁路联合会、国际公路运输联合会、世界海关组织等一致确认为国际货运代理业的代表。FIATA 所取得的令人瞩目的成就主要有以下三项：

**（1）制定国际货运代理标准交易条款范本。**国际货运代理标准交易条款范本是 FIATA 于 1996 年 10 月制定的关于国际货运代理人与客户之间的合同标准条款，并向至今尚无标准交易条款的各国国际货运代理人推荐，供其在制定本国货运代理标准交易条款时作为准则参考。国际货运代理标准交易条款范本对全球货运代理的业务规范和风险防范起到了巨大的推动作用。

**（2）促进货运代理法律的统一。**尽管国际货运代理行业超越国界，具有极强的国际性，国际社会一直为统一国际货运代理业而努力，但各国调整国际货运代理的法律制度差异较大。为统一货运代理法律，FIATA 起草了《国际货运代理示范法》，给各国立法时提供参考。该法在世界范围内获得广泛认同，并对各国的立法有重大影响。

**（3）制定 FIATA 单证。**FIATA 制定的八套标准格式单证包括货运代理收货凭证、货运代理运输凭证、仓储收据、可转让多式联运提单、不可转让多式联运运单、托运人危险货物运输声明、托运人联运重量证明书、运送指示。这些单证为各国货运代理所广泛使用，并在国际上享有良好的声誉，对国际货运代理业的健康发展，起到了良好的促进作用。

**2. 中国国际货运代理协会**

1992 年，上海市国际货运代理行业协会成立，这是我国第一个地方性国际货运代理协会，全国已有 21 个省、自治区、直辖市建立了地方货运代理协会。2000 年 9 月 6 日，中国国际货运代理协会（China International Freight Forwarders Association，CIFA）成立，它是一个非营利性的全国性行业组织。CIFA 是由中国境内各地方国际货运代理行业协会、国际货运代理企业、与货运代理相关的企事业单位自愿参加组成的社会团体，也吸纳了在中国货运代理、运输、物流行业有较高影响的个人。CIFA 的成立，标志着我国政府对该行业的管理将进入政府监管与行业自律并重的新阶段。

### （二）国际货运代理的概念

FIATA 将“国际货运代理”定义为：“根据客户的指示，为客户的利益而揽取货物运输的人，其本身不是承运人。”货运代理也可以依据这些条件从事与运输合同有关的活动，如储货（也含寄存）、报关、验收、收款等。

在我国，国际货运代理具有两种含义：一种是国际货运代理业；另一种是国际货运代理人。

根据《中华人民共和国国际货物运输代理业管理规定》，国际货物运输代理业是指接受进出口货物收货人、发货人的委托，以委托人的名义或者以自己的名义，为委托人办理国际货物运输及相关业务并收取服务报酬的行业。

国际货运代理人是指接受进出口货物收货人、发货人和承运人的委托，以委托人的名义或者以自己的名义，为委托人办理国际货物运输及相关业务并收取服务报酬的企业。由此可见，国际货运代理人即通常所说的国际货运代理企业。

## 二、国际货运代理的性质和作用

### （一）国际货运代理的性质

国际货运代理的性质可以从以下两个角度加以解释：

**1. 国际货运代理业的性质**

国际货运代理业在社会产业结构中属于第三产业，为运输辅助行业。

**2. 国际货运代理人的性质**

国际货运代理人从本质上属于运输关系人的代理，是联系发货人、收货人和承运人的运输中介，它既代表货主，保护货主利益，又协调承运人进行承运工作，在货主与承运人之间架起桥梁。

### （二）国际货运代理的作用

**1. 为发货人（货主）服务**

在国际物流业务方面，国际货运代理人历来被称为“运输的设计师”以及“门到门”运输的组织者和协调者。凭借其所拥有的运输知识及其他相关知识，组织运输活动，设计运输路线，选择运输方式和承运人，协调货主、承运人与仓储保管人、保险人、银行、港口、机场、车站、堆场经营人和海关、商检、卫检、动植检、进出口管制等有关当局的关系，可以为货主节省时间，减少成本，使其专心致力于主营业务。据统计，国际物流中，70% 以上的集装箱运输货物、75% 的杂货运输业务，都会通过国际货运代理人进行运作。

在资金融通方面，国际货运代理人可以代替收货人、发货人支付有关费用、税金，提前与承运人、仓储保管人、装卸作业人结算有关费用，凭借自己的实力和信誉向承运人、仓储保管人、装卸作业人及银行、海关当局提供费用、税金担保或风险担保，可以帮助委托人融通资金，减少资金占压，提高资金利用效率。

**2. 为承运人服务**

在国际运输业务中，国际货运代理人向承运人订舱，客观上帮助承运人组织了货源。近年来，随着国际贸易中集装箱运输的增长，国际货运代理引进集运、拼箱、多式联运业务，使得各种运输方式的承运人之间建立起更为密切的联系，并为它们提供货源信息及各个运输节点上的衔接、协调服务。

**3. 为口岸服务**

在传统的海运服务中心，国际货运代理接运整船货物或装运整船大部分货物，在合理流向的前提下，可以争取船舶在国际货运代理所在地港口装卸，为港口争揽更多的货源。随着大陆桥运输和国际航空运输的发展，国际货运代理在运输口岸周边接运中转整舱、整车的货物，加快了进出口岸货物的周转速度。

## 三、国际货运代理的分类

按照业务范围，国际货运代理可以分为海运货运代理、空运货运代理，以及陆运（铁路、公路）货运代理。

**1. 海运货运代理**

海运货运代理是指在合法的授权范围内接受货主的委托并代表货主办理有关海运货物的报关、交接、仓储、调拨、检验、包装、装箱、转运、订舱等业务的人。

**2. 空运货运代理**

空运货运代理接受货主的委托，代替货主向航空公司办理托运或提取货物的手续，也可以接受航空公司的委托，代替航空公司接收货物，出具航空公司的主运单和自己的分运单。

**3. 陆运（铁路、公路）货运代理**

接受发货人、收货人的委托，为其办理陆运货物运输及其相关服务的人，其服务内容包括揽货、托运、仓储、中专、集装箱拼装拆箱、结算运杂费、报关报检、保险及其他相关的运输服务和咨询业务。陆运货运代理往往会跟其他运输方式的货运代理人有合作关系，完成短途接驳任务。

货运代理的业务范围有大有小，大的兼办多项业务，如办理海陆空货运代理业务，小的则专办一项或两项业务，如空运货运代理、陆运货运代理、海运货运代理。

## 四、国际货运代理的权利和义务

### （一）国际货运代理的权利

国际货运代理企业的主要业务是接受货主的委托，代理客户完成国际贸易中的货物运输任务，货主是委托方，货运代理是代理人。

在《中华人民共和国民法典》中，尚未对货运代理有明确的规定。一般参照以下条款来判断货运代理的权利：

第一百六十二条　代理人在代理权限内，以被代理人名义实施的民事法律行为，对被代理人发生效力。

第一百六十三条　代理包括委托代理和法定代理。

委托代理人按照被代理人的委托行使代理权。法定代理人依照法律的规定行使代理权。

……

第一百六十五条　委托代理授权采用书面形式的，授权委托书应当载明代理人的姓名或者名称、代理事项、权限和期限，并由被代理人签名或者盖章。

第一百六十六条　数人为同一代理事项的代理人的，应当共同行使代理权，但是当事人另有约定的除外。

第一百六十八条　代理人不得以被代理人的名义与自己实施民事法律行为，但是被代理人同意或者追认的除外。

代理人不得以被代理人的名义与自己同时代理的其他人实施民事法律行为，但是被代理的双方同意或者追认的除外。

第一百六十九条　代理人需要转委托第三人代理的，应当取得被代理人的同意或者追认。

转委托代理经被代理人同意或者追认的，被代理人可以就代理事务直接指示转委托的第三人，代理人仅就第三人的选任以及对第三人的指示承担责任。

转委托代理未经被代理人同意或者追认的，代理人应当对转委托的第三人的行为承担责任；但是，在紧急情况下代理人为了维护被代理人的利益需要转委托第三人代理的除外。

在《中华人民共和国民法典》中“运输合同”的各项内容中，出现了多个角色：托运人、收货人、承运人和多式联运经营人，对他们的义务和权利进行了规定和约束。货运代理合同编写需要参照“运输合同”“委托合同”“中介合同”中规定的相关内容，并对货运代理的权利进行了规定。

**◇小案例**

**临时取消航空货运订单产生的空舱费**

2016年8月初，负责货运代理的A公司委托B公司出运一票上海至纽约的空运货物。接受委托后，B公司便预订了8月20日早上5点的航班并出具了运单确认书。孰料，就在航班起飞前的几小时，A公司却突然来电要求取消出运，理由是实际发货人与国外客户发生纠纷，要求取消订单。事后，航空承运公司致函B公司，称因临时取消运输造成无法补救的空舱损失，要求其支付全额运费32万余元。B公司依约履行赔偿后，转而向A公司追偿空舱损失。追偿无果，B公司一纸诉状将A公司告上法庭，要求支付代理费7万余元，并赔偿货运损失32万余元。庭审中，A公司辩称，且经多方查证，航空承运公司在航班延误期间另行配载了一票货物，因此损失已得到弥补，空舱情况并不存在。

法院经审理后认为，从B公司明确告知需收取空舱费的情况看，双方虽未确定具体金额，但A公司应当已知晓将收取空舱费的事实。A公司通知取消出运的行为，应为解除委托合同的意思表示。虽然其具有随时解除委托的权利，但该权利的行使应当考虑被委托方及他人的利益，并给予合理的处置时间，否则仍应当承担一定的赔偿责任。空舱费应该理解为A公司取消货物运输后所产生的空舱损失。考虑到航空承运公司低于正常收费标准另行配载货物，实为时间紧迫下的积极补救措施，付出了较大的人力、物力，实际减少并避免了损失的扩大，空舱部分得到弥补。综合考量，法院酌定以B公司支付给航空承运公司运费的50%确定空舱损失，最终判决A公司赔偿B公司16万余元损失，并支付B公司代理费3.5万元。

（资料来源：https：//baijiahao.baidu.com/s?id=1614744733178268706。经整理加工。）

**（二）国际货运代理的义务**

国际货运代理的义务是指国际货运代理在接受委托后，对自己的代理事宜应当从事或不应当从事的行为，以及在从事货运代理业务中与第三人的行为或不应当从事行为。国际货运代理企业一经与货主（委托人）签署合同或委托书，就必须根据合同或委托书的相关条款为委托人办理委托事宜，并对在办理相关事宜中的行为负责。归纳起来，国际货运代理的义务分为两类：对委托人的义务和对委托事务相对人的义务。

**1. 对委托人的义务**

国际货运代理企业在从事国际货物运输代理业务的过程中，对委托人的义务主要表现在：

1）按照客户的指示处理委托事务的义务。

2）亲自处理委托人委托事务的义务。

3）向委托人如实报告委托事务进展情况和结果的义务。

4）向委托人移交相关财物的义务。

5）就委托办理的事宜为委托人保密的义务。

6）由自身原因导致委托业务不能按期完成或使委托人的生命财产遭受损失，进行赔偿的义务。

**2. 对委托事务相对人的义务**

国际货运代理企业从事国际货物运输代理业务，在办理委托人委托的事务过程中，必然与外贸管理部门、海关、商检、外汇管理等国家管理部门和承运人、银行、保险等企业发生业务往来，国际货运代理企业在办理相关业务中还必须对其办理事务的相关人负责。

其义务主要表现在：

1）如实、按期向有关国家行政管理部门申报的义务。

2）如实向承运人报告货物情况的义务。

3）缴纳税费、支付相关费用的义务。

4）由货主或货运代理本身的原因导致相关人的人身或财产损失的赔偿义务。

◇**小案例**

### 拖车公司过错造成的货损，导致货运代理公司赔偿6万多美元

2013年12月，上海某农业科技股份有限公司（简称A公司，原告）与买方签订购销合同，约定由A公司向其分批出口800t鲜香菇。为履行上述合同，A公司于2014年10月向连云港某货运代理有限公司（简称B公司，被告）发出订舱委托书，委托其办理包括装箱、陆路拖车、报关报检、订舱在内的货运代理事宜，订舱委托书中载明冷藏集装箱设定温度为0℃。B公司接受委托后，转委托案外人安排集卡装载冷藏集装箱空箱前往A公司指定的河南工厂装货后陆运至连云港，并完成了报关报检、订舱等出口货运代理事宜。当货物运至仁川港后，买方发现货损，经第三方机构检测，上述货物损失总计达到92 325.65美元。A公司将B公司告上法庭，据此请求判令被告赔偿全部货损。

上海海事法院审理认为，原、被告是海上货运代理合同关系的相对方，合同项下义务履行及责任承担均应限定在合同相对方范围之内。原告虽事后被告知陆路拖车事宜是被告转委托案外人处理，但并无证据显示原告对此已表示明确同意。在此情形下，货物陆路拖车事宜相关责任仍应由作为合同相对方的被告直接向原告承担。此外，被告并未有效举证证明涉案合同是无偿的。在陆运车载中集装箱未正常连接电源，显然属于重大过错，责任无法免除。最终酌定判令被告就全部货损承担70%的赔偿责任。

（资料来源：https://www.sohu.com/a/311747483_665148。经整理加工。）

# 第二节　国际航空货运代理业务

## 一、国际航空货运代理概述

### （一）国际航空货运代理当事人

国际航空货运代理涉及的当事人主要有发货人、收货人、航空公司和航空货运公司。航空货运公司可以同时接受货主（发货人或收货人）和（或）承运人（航空公司）的委托。

### （二）国际航空货运代理的种类

**1. 国际航空货运代理**

这类代理仅作为进出口发货人、收货人的代理人，严禁从航空公司处收取佣金。

**2. 国际航空运输销售代理**

这类代理作为航空公司的代理人，代为处理国际航空客货运输销售及其相关业务。

根据我国《民用航空运输销售代理业管理规定》，空运销售代理业分为以下两类：

1）一类空运销售代理业，经营国际航线或者我国香港、澳门、台湾地区航线的民用航空运输销售代理业务。

2）二类空运销售代理业，经营国内航线除我国香港、澳门、台湾地区航线外的民用航空运输销售代理业务。

在我国，申请设立国际航空货物销售代理的前提之一是必须成为国际货运代理。这表明，这类代理人一方面可以为货方提供代理服务，从中收取代理费；另一方面也可以为承运方（航空公司）服务，收取佣金。

### （三）国际航空货运代理的业务范围

航空货运代理除了提供订舱、租机、制单、代理包装、代刷标记、报关报验、业务咨询等传统代理业务，还提供集中托运业务、地面运输服务和多式联运服务。

## 二、国际航空货运代理应具备的专业知识

### （一）熟悉我国及国际主要航空公司

航空货运代理应熟悉我国及国际主要航空公司的中英文名称及简称、标志、代码、主运营基地、枢纽站，航空公司开通的定期国际航班，起点站、终点站、经停站，到哪些地方可直飞，到哪些地方要中转，在哪些机场中转；以及航空公司是否开展包机业务等。航空货运代理还应对飞行安全、货运安全以及是否准点到达等有一定的了解。

### （二）熟悉我国及国际主要航空港（机场或航空站）

航空货运代理应熟悉我国及国际主要航空港（机械或航空站）的以下情况：总货邮、机场位置、交通条件、机场地面设施、机场服务情况、机场操作流程及具体要求等。

### （三）熟悉各种常见民用航空运输机的机型及特点

航空货运代理应熟悉各种常见民用航空运输机的机型及特点。例如：

1）按机身的宽窄，民用飞机可以分为窄体飞机（Narrow-Body Aircraft）和宽体飞机（Wide-Body Aircraft）。窄体飞机的机身宽约 3m，旅客座位之间有一个走廊，这类飞机往往只在其下货舱装运散货；宽体飞机的机身较宽，客舱内有两条走廊、三排座椅，机身宽一般在 4.72m 以上，这类飞机可以装运集装货物和散货。

2）按飞机使用用途，民用飞机可分为全货机（主舱及下舱全部载货）、全客机（只在下舱载货）、客货混用机（在主舱前部设有旅客座椅，后部可装载货物，下舱也可装载货物）。

**（四）熟悉各种常见集装器类型**

在航空运输中，除特殊情况外，货物均以“集装箱”“集装板”形式进行运输。装运集装器的飞机，其舱内应有固定集装器的设备，把集装器固定于飞机上，这时集装器就成为飞机的一部分，所以飞机的集装器大小有严格的规定。航空货运代理需要熟悉各种常见集装器类型。例如：

1）集装器按是否注册分为注册的飞机集装器和非注册的飞机集装器。

2）集装器按形状结构分为集装板（Pallet）和网套、结构集装棚与非结构集装棚、集装箱（Container）。集装箱又分为空陆联运集装箱、主货舱集装箱和下货舱集装箱。

**（五）了解航空货运代码**

航空货运代理应了解各个国家或地区的代码、主要飞行城市的三字代码以及机场三字代码，熟悉经常合作的航空公司的两字代码以及常见的航空货运操作代码。

**（六）应了解相关航空运输组织及有关法规**

航空货运代理应了解相关航空运输组织及有关法规。主要的航空运输组织包括国际航空运输协会（International Air Transport Association，IATA）和国际民用航空组织（International Civil Aviation Organization，ICAO）等。相关航空运输法规包括《统一国际航空运输某些规则的公约》（简称《华沙公约》）和《海牙议定书》，以及《中华人民共和国民用航空法》等。

**（七）熟悉国际航空货物运输方式**

航空货运代理应熟悉主要国际航空货物运输方式，包括班机运输（Scheduled Air Line）、包机运输（Chartered Carrier）、集中托运（Consolidation）、陆空陆联运（TAT Combined Transport），以及航空快递（Air Express）。

**（八）熟悉航空运输的航空区划**

航空货运代理应熟悉航空运输的航空区划。IATA 将全球分成三个区域，简称航协区（IATA Traffic Conference Areas）。其中，一区（TC1）主要包括北南美洲大陆及附近岛屿，如格陵兰岛、百慕大群岛、西印度群岛、加勒比岛屿以及夏威夷群岛等。二区（TC2）由整个欧洲大陆（包括俄罗斯的欧洲部分）及毗邻岛屿，冰岛、亚速尔群岛，非洲大陆和毗邻岛屿，中东地区（亚洲的伊朗及伊朗以西地区）组成。三区（TC3）则由整个亚洲大陆及毗邻岛屿（已包括在二区的部分除外），大洋洲（包括澳大利亚、新西兰及毗邻岛屿），太平洋岛屿（已包括在一区的部分除外）组成。

**（九）其他**

除了前面提到的内容，航空货运代理还要学会使用空运货物运价表（TACT），掌握航空运费的计算方法，能够熟练操作航空货运单证。

**◇小案例**

**耐风火柴上机引燃货物，相关三企业一并受罚**

2012 年 10 月 22 日晚，某航空公司的某航班在大连降落后，发生货物燃烧事件，经大连机场公安分局调查后认定，此次货物着火由包裹内耐风火柴（属禁运危险品）自燃引起。

经调查发现，在接收这批货物时，上海某货运有限公司没有进行开箱检查，虽然使用 X 光机对其进行了安检，但由于安检人员不具备航空安全检查资质，并未查出此票货物中的耐风火柴。之后，该货运有限公司又将这批货物转交给上海某国际物流有限公司，由于该国际物流有限公司同该航空公司没有签订销售代理协议，也无该航空公司的航空货运单，只好将此票货物转给上海某货运代理有限公司。最后，该货运代理有限公司作为该航空公司的签约代理人，为此票货物填开了航空货运单，交予该航空公司运输。

中国航空运输协会（以下简称中航协）指出，三家代理企业均未按中航协及中国民航局要求张贴危险品运输宣传资料，未向货主尽危险品运输告知义务，最终酿成货物燃烧事件；从上述货物接收、转接、委托各环节来看，三家企业代理航空货运管理存在严重漏洞。

调查结果认定，三家企业是该事件的主要责任方。中航协遂做出“注销三家企业航空销售代理人资格认可证书”的处罚。

部分货运公司严重依赖于与航空公司的合作，而自身又不具备直接与航空公司签约的条件，只好通过层层委托代理，最终将货物交运航空公司。这为货运安全埋下了隐患，增加了监管难度。

（资料来源：杨红岩. 构建航空货运安全链迫在眉睫［N］. 中国交通报，2012-12-14（3）。经整理加工。）

## 三、国际航空出口货运代理业务

国际货物运输的出口业务流程包括航空出口货运代理业务程序和航空公司出港货物的业务操作程序两个环节。航空出口货运代理业务程序如图 13-1 所示。

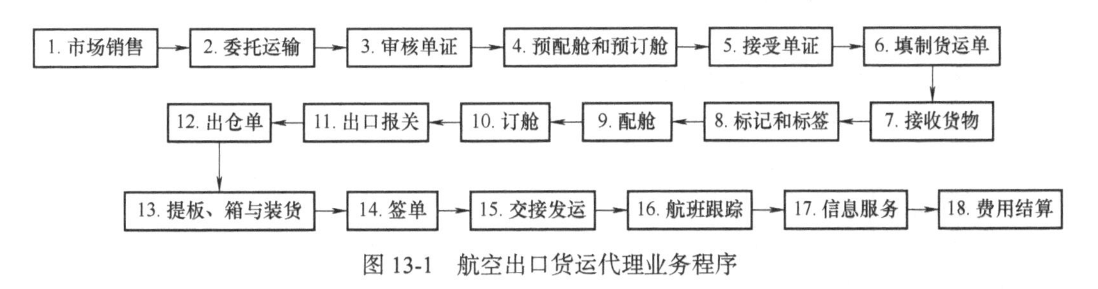


图 13-1　航空出口货运代理业务程序

**1. 市场销售**

承揽货物是航空出口货运代理的核心业务。在具体操作时，需及时向出口单位介绍本公司的业务范围、服务项目、各项收费标准，特别是向出口单位介绍优惠运价以及本公司的服务优势等。货运代理向货主进行询价，必须了解以下情况：

1）品名（是否为危险品）。

2）重量（涉及收费）、体积（尺寸大小以及是否为泡货）。

3）包装（是否为木箱，有无托盘）。

4）目的机场（是否基本点）。

5）要求时间（直飞或转飞）。

6）要求航班（各航班服务及价格差异）。

7）提单类别（主单及分单）。

8）所需运输服务（报关方式、代办单证、是否清关派送等）。

**2. 委托运输**

根据《华沙公约》的相关规定，托运书必须由托运人填写，并在上面签字或盖章。在双方就航空货运代理事宜达成意向后，航空货运代理就可以向发货人提供一份自己所代理的航空公司的空白“国际货物托运书”，让发货人填写。

某些特种货物，如活动物、危险品等，由航空公司直接收运。

**3. 审核单证**

航空货运代理从发货人处取得单据后，应指定专人对单证进行认真核对，查看单证是否齐全，内容填写是否完整规范。

**4. 预配舱和预订舱**

航空货运代理汇总所接受的委托，制定预配舱方案，并为每票货物配上运单号。如果出现混载，货运代理缮制混载货物拼装清单。

航空货运代理根据预配舱方案，向航空公司预订舱。此时货运代理缮制代理公司货运订舱预报单。一般来说，大宗货物、紧急物资、鲜活易腐物品、危险品、贵重物品等，必须预订舱位。非紧急的零散货物，可以不预订舱位。

通常对下列货物应当预订舱位，否则承运人可以不予受理：

1）在中转时需要特殊对待的货物。

2）不规则形状或者尺寸超限的货物。

3）批量较大的货物。

4）特种货物，如危险品、活动物等。

5）需要两家及以上承运人运输的联运货物。

6）声明价值超过 10 万美元或者其等价货币的货物。

**5. 接受单证**

航空货运代理接受托运人或其代理人送交的已经审核确认的托运书及报关单证和收货凭证；将计算机中的收货记录与收货凭证核对；制作操作交接单，逐单预配运单并逐单附报关单证；将制作好的交接单、配好的总运单或分运单、报关单证移交制单。

**6. 填制货运单**

如果是直接运输的货物，航空货运代理填开航空公司运单即可，并将收货人提供的货物随机单据钉在运单后面。

如果是集中托运的货物，航空货运代理则必须先为每票货物填开本公司的分运单，然后填开航空公司的总运单。此外，还需要制作集中托运货物舱单，并将舱单、所有分运单及随行单据装入一个信袋，钉在运单后面。最后制作《空运出口业务日报表》，供制作标签用。

**7. 接收货物**

货物一般是运送到货运代理仓库或直接送到机场货站。接收货物一般与接单同时进行。接货时，双方应办理货物的交接、验收，进行过磅称重和丈量，根据发票、装箱单或送货单清点货物，核对货物的数量、品名、合同号或唛头等是否与货运单上所列一致，以及检查货物的外包装是否符合运输的要求。

**8. 标记和标签**

通常一件货物需粘贴一张航空公司标签，对商品进行标记以便进行作业。有分运单的货物（如集中托运的货物），每件再粘贴一张分标签。

**9. 配舱**

配舱时，需要运出的货物都已入库。航空货运代理需要核对货物的实际件数、重量、体积与托运书上预报数量的差别；应注意对预订舱位、板箱的有效领用、合理搭配，按照各航班机型、板箱型号、高度、数量进行配载。同时，航空货运代理对货物晚到、未到情况及未能顺利通关放行的货物做出调整处理，为制作配舱单做准备。实际上，这一过程一直延续到单、货交接给航空公司。此外，航空货运代理还要缮制集装货物组装记录单。

**10. 订舱**

订舱是指所接收空运货物向航空公司正式提出运输申请并订妥舱位。货运代理公司订舱时，可依照发货人的要求选择最佳的航线和最佳的承运人，同时为发货人争取最低、最合理的运价。货运代理要优先选择本国家、所在洲或本地区的航空公司，优先选择全程均可承运的承运人。若最后一程或两程航班为新的承运人，则必须先征得一程承运人的确认。

在订舱过程中，货运代理要与货主保持密切联系。订舱前，就航班选择、运价情况要先征求货主同意；订舱后，要及时向客户确认航班以及相关信息（即将订舱情况通知委托人），以便及时备单、备货。

**11. 出口报关**

将发货人提供的出口货物报关单的内容进行计算机预录入，在这张计算机填制的报关单上加盖保管单位的报关专用章，将报关单与有关的发票、装箱单、货运单和证明文件收集全后，向海关申报。海关审核无误后，海关官员即在用于发运的运单正本上加盖放行章，同时在出口收汇核销单和出口报关单上加盖放行章，在发货人用于产品退税的单证上加盖验讫章，粘上防伪标志，完成出口报关手续。

**12. 出仓单**

配舱方案制定后就可着手编制出仓单：出仓单的日期、承运航班的日期、装载板箱形式及数量、货物进仓顺序编号、总运单号、件数、重量、体积、目的地三字代码和备注。

**13. 提板、箱与装货**

根据货物情况向航空公司申领板、箱并办理相应的手续。提板、箱时，应领取相应的塑料薄膜和网，对所使用的板、箱要登记、销号。

在装货时应注意：不要用错集装箱、集装板，不要用错板型、箱型；不要超装箱板尺寸；要垫衬，封盖好塑料纸，防潮、防雨淋。集装箱、板内货物尽可能配装整齐，结构稳定，并接紧网索，防止运输途中倒塌。对于大宗货物、集中托运货物，尽可能将整票货物装一个或几个板、箱内运输。

**14. 签单**

货运单在盖好海关放行章后还需要到航空公司签单，只有签单确认后才允许将单、货交给航空公司。

**15. 交接发运**

交接是向航空公司交单交货，由航空公司安排航空运输。交单就是将随机单据和应有承运人留存的单据交给航空公司。随机单据包括第二联航空运单正本、发票、装箱单、产地证明、品质鉴定证书。交货即把与单据相符的货物交给航空公司。交货前必须粘贴或拴挂货物标签，清点和核对货物，填制货物交接清单。大宗货、集中托运货，以整板、整箱称重交接。零散小货按票称重，计件交接。

**16. 航班跟踪**

航空货运代理需要为委托人追踪货物状态和信息，需要联程中转的货物，在货物运出后，要求航空公司提供二程、三程航班中转信息，确认中转情况。及时将上述信息反馈给客户，以便遇到不正常情况时及时处理。

**17. 信息服务**

从多个方面做好信息服务：订舱信息、审单及报关信息、仓库收货信息、交运称重信息、一程二程航班信息、集中托运信息、单证信息。

**18. 费用结算**

航空货运代理需要与几方当事人结算费用，包括向航空公司支付航空运费及代理费，同时收取代理佣金；与机场地面代理结算费用；与发货人结算费用；与国外代理人结算到付运费和利润分成。

## 四、国际航空进口货运代理业务

航空货运进口业务流程主要包含两大部分：航空公司进港货物的操作流程和航空进口货运代理业务流程。其中，航空进口货运代理业务流程如图 13-2 所示。

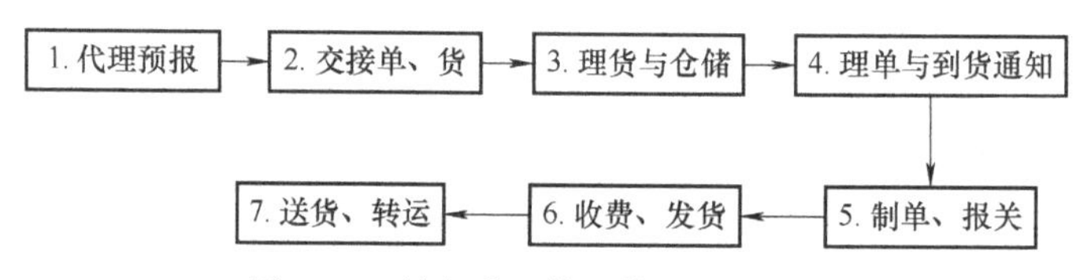


图 13-2　航空进口货运代理业务流程

**1. 代理预报**

在国外发货之前，国外货运代理公司会将运单、航班、件数、重量、品名、实际收货人及其地址、联系电话等内容通过传真或电子邮件（E-mail）发给目的地货运代理公司，这一过程称为预报。

注意，中转航班的延误会使实际到达时间和预报时间出现差异；查看是否为分批货物，从国外一次性运来的货物在国内中转时，由于国内载量的限制，往往采用分批的方式运输。

**2. 交接单、货**

航空公司进港操作详见表 13-1。

**表 13-1　航空公司进港操作**

| 步骤名称 | 操作内容 | 角色 | 接收角色 |
|---|---|---|---|
| 运输工具入境申报 | 发送总运单、联程载货清单、进口载货清单 | 机场地面代理 | 航空货站 |
| | 在运单上加盖到达航班、日期的印章 | 航空货站 | 机场地面代理 |
| | 发送总运单、货物舱单、邮件路单 | 机场地面代理 | 海关 |
| | 在运单上加盖海关监管的印章 | 海关 | 机场地面代理 |

（续）

| 步骤名称 | 操作内容 | 角色 | 接收角色 |
| --- | --- | --- | --- |
| 卸货入仓 | 交接货物，如有问题填写运输事故记录<br>标出每票货物的去向<br>填写货物到达通知 | 机场地面代理 | 航空货站 |
| 单据移交 | 移交随机文件、总运单及空运货运代理交接单 | 机场地面代理 | 进口柜台 |

在交接时要做到：

1）单单核对，即交接清单与总运单核对。

2）单货核对，即交接清单与货物核对。

核对后，出现问题的处理方式见表 13-2。

**表 13-2　异常处理方式**

| 总运单 | 清单 | 货物 | 处理方式 |
| --- | --- | --- | --- |
| 有 | 无 | 有 | 后补清单，补上总运单号 |
| 有 | 无 | 无 | 总运单退回 |
| 无 | 有 | 有 | 总运单后补 |
| 无 | 有 | 无 | 核对后从清单上划去该批货物 |
| 有 | 有 | 无 | 总运单退回 |
| 无 | 无 | 有 | 货物退回 |

另外，还需要注意分批货物，做好空运进口分批货物登记。

总之，货运代理在与航空货站办理交接手续时，应根据运单及交接清单核对实际货物，若存在有单无货或有货无单的情况，应在交接清单上注明，以便航空公司组织查询并通知入境地海关。

发现货物短缺、破损或其他异常情况，应向民航索要商务事故记录，作为实际收货人交涉索赔事宜的依据；也可以接受收货人的委托，由航空货运代理公司代表收货人向航空公司办理索赔。

货运代理公司请航空公司开具商务事故证明的情况通常有：包装货物受损，裸装货物受损，木箱或精密仪器上防振、防倒置标志泛红，货物件数短缺。

**3. 理货与仓储**

航空货运公司自航空公司接货后，即短途驳运进自己的监管仓库，组织理货及仓储。货物保管根据不同货种的实际需要进行保管。未完税货物的仓储，无论在航空公司货站、机场货站，还是在航空货运代理的仓库，都属于海关的监管仓库。

**4. 理单与到货通知**

根据理货情况，向单证上的目的地通知人发放到货通知。

**5. 制单、报关**

制单是指按海关要求，依据运单、发票、装箱单及证明货物合法进口的有关批准文件，制作进口货物报关单。

货运代理公司制单时一般程序为：

1）长期协作的货主单位，有进口批文、证明手册等存放于货运代理处的，货物到达且发出到货通知后，即可制单、报关，通知货主运输或代办运输。

2）部分进口货物因货主单位（或经营单位）缺少有关批文、证明的，可于理单、审单后列明内容，向货主单位催寄有关批文、证明，也可将运单及随机寄来单证、提货单以快递形式寄到货主单位，由其备齐有关批文、证明后再决定制单、报关事宜。

3）无须批文和证明的，可自行制单、报关，通知货主提货或代办运输。

4）部分货主要求异地清关时，在符合海关规定的情况下，制作转关运输申报单，办理转关手续。报关单上需要由报关人填报的项目有进口口岸、收货单位、经营单位、合同号、批准机关及文号、外汇来源、进口日期、提单或运单号、运杂费、件数、毛重、海关统计商品编号、货品规格及货号、数量、成交价格、价格条件、货币名称、申报单位、申报日期等，转关运输申报单内容少于报关单，也需按要求详细填列。

**6. 收费、发货**

办完报关、报验等进口手续后，货主须凭盖有海关放行章、检验检疫章（进口药品须有药品检验合格章）的进口提货单到所属监管仓库付费提货。

货物交接不当将会导致纠纷及索赔，应予以特别注意：

1）分批到达货物，收回原提货单，出具分批到达提货单，待后续货物到达后即通知货主再次提取。

2）航空公司责任的破损、短缺，应由航空公司签发商务记录。

3）货运代理公司责任的破损、短缺，应由货运代理公司签发商务记录。

4）遇有货运代理公司责任的破损事项，应尽可能商同货主、商检单位立即在仓库做商品检验，确定货损程度，要避免后续运输中加剧货损的发展。

**7. 送货、转运**

基于航空运输的特点，货物出现联运和转运时，为了方便货主，货运代理还会开展送货上门业务、转运业务以及转关手续的办理。

## 第三节　国际海上货运代理业务

水运作为一种重要的运输方式，与其他运输方式相比，有着不可比拟的优势，比如运费低、运量大、对环境污染小等特点。在常用的几种运输方式中，单位运输费用从高到低依次为航空运输、公路运输、铁路运输、水路运输。由此可见，水路的单位运输费用最低。水路运输的运量是其他运输方式不可比拟的。

### 一、国际海上货运代理概述

国际海上货运代理是一个世界性的行业，已渗透到运输领域的各个角落，成为国际贸易运输业不可缺少的重要组成部分。在国际贸易竞争激烈的情况下，它的作用越来越明显。

#### （一）国际海上货运代理当事人

**1. 船公司**

船公司是运用自己拥有的或者自己经营的船舶提供国际港口之间班轮运输服务，并依据法律设立的船舶运输企业。

其中，班轮公司拥有自己的船期表、运价本、提单或其他运输单证。根据各国的管理规定，班轮公司通常应有船舶直接挂靠该国的港口，班轮公司也称为远洋公共承运人。

**2. 海关、商检**

作为出入境货物的监管部门，海关主要负责关税的征缴，商检主要负责货物的质量及安全。

**3. 码头堆场**

码头公司一般隶属于港务局，负责提供码头给船靠岸、装卸货；堆场负责发放空箱、接收重箱和安排集装箱装卸船。

货主委托货运代理，签订委托书后，货运代理就要代表货主和船代、海关、商检、码头堆场等机构打交道，完成运输业务。

**4. 国际货运代理公司**

在实践中，大多数情况下是货主委托国际海上货运代理公司来代办货物运输及相关业务，货运代理从中收取服务报酬。

**（二）国际海上货运代理的种类**

**1. 货运代理人**

货运代理人是安排他人货物海上货物运输的一方当事人，所收取的费用按运费的某一百分比加上开支计算。货运代理人有时作为托运人的主承揽人（Principal Contractor），承担公共承运人（Common Carrier）的责任；有时作为托运人的代理人，仅负有合理代办货物托运交付的义务（Reasonable Care and Skill）。

**2. 国际船舶代理**

国际船舶代理是接受承运人的委托，代办与船舶有关的一切业务的人。其主要业务有船舶进出港，货运供应及其他服务性工作等。船代主要为船方服务，代表船方利益；货代主要是为货方服务，代表货主利益。我国两大船代公司是中国外轮代理公司和中国船务代理有限公司。

**（1）船务代理。**船务代理接受海运承运人（船舶所有人、船舶经营人或承租人）的委托，在委托范围内办理与在港船舶有关的业务，提供相关服务。

**（2）租船代理。**租船代理是租船人委托的经纪人，代表承租人在租船市场上寻找合适的运输船舶或船东。

**（3）船东经纪人。**船东经纪人是船东委托的经济人，代表船东寻找货源或需要长期租用船舶的租船人。

**3. 其他航运代理人**

除了货运代理和国际船舶代理以外，国际海运中还经常出现海上运输经纪人、船舶管理人、运输咨询人、无船承运人和多式联运经营人的角色。

无船承运人充当经纪人是20世纪末、21世纪初出现的一种运输服务形式，这种类型的无船承运人一般不从事具体经营活动以及实际服务业务，只从事运输的组织、货物的分拨、运输方式和运输路线的选择及服务的改善，而其收入主要是中介费和由“批发”产生的运费差额。

无船承运人即以承运人身份接受货主（托运人）的货载。同时以托运人身份委托班轮公司完成国际海上货物运输，根据自己为货主设计的方案路线开展全程运输，签发经过备案的无船承运人提单。无船承运人购买公共承运人的运输服务，再以转卖的形式将这些服务提供给货主及其他运输服务需求方。

无船承运人按照海运公共承运人的运价本或与海运公共承运人签订的服务合同支付运费，并根据自己运价本中公布的费率向托运人收取运费，从中赚取运费差价。在直达运输的情况下，无船承运人还负责安排内陆运输并支付内陆运输费用；在提供国际多式联运服务中，国际海上货运代理实际上以无船承运人的身份承运货物。

无船承运人与货运代理人的区别主要有以下五点：

**（1）二者的业务不同。**作为当事人的无船承运人，以自己的名义分别与货主和实际承运人订立运输合同，通常将多个货主提供的散装货集中拼装在一个集装箱中，与实际承运人洽定舱位，虽然此时无船承运人也会提供包装、仓储、车辆运输、过驳、保险等其他服务，但这些服务并非主业，而是辅助性的。作为纯粹代理人的货运代理人，其主要业务是揽货、订舱、托运、仓储、包装、货物的监装与监卸、集装箱装拆箱、分拨、中转及相关的短途运输服务、报关、报检、报验、保险、缮制签发有关单证、交付运费、结算及交付杂费等。

**（2）二者适用的法律不同。**无船承运人与托运人之间所形成的是为提单所证明的海上货物运输合同关系，适用于《中华人民共和国海商法》及国际公约有关提单运输之法律规定。作为纯粹代理人的货运代理人与原始托运人（客户）之间签订的是书面的运输委托协议，二者之间是委托合同的法律关系，适用于《中华人民共和国民法典》有关运输合同的法律规定，同时由于目前国际上还没有专门规范货运代理的国际公约，因此各国法律在规范货运代理人时不可避免地存在冲突。

**（3）二者的权利、义务和责任不同。**无船承运人作为本人，与托运人订立的是海上货物运输合同，在合同中通常充当承运人的角色，享有承运人的权利，如留置权等，同时因其签发了提单而对运输过程中货物的灭失、损坏、迟延交付等承担责任。此外，无船承运人与实际承运人对货物在运输途中所遭受的损失通常承担连带赔偿责任。作为纯粹代理人的货运代理人与托运人订立的是委托合同，在合同中通常充当受托人的角色，享有受托人的权利，承担受托人的责任和义务，仅负有以合理的注意从事委托事务的义务，仅在因其过错给委托人造成损失时，承担赔偿责任。很明显，二者的权利、义务与责任存在很大的不同。

**（4）二者签发单证的性质不同。**根据《UCP600》第十九条规定："显示承运人名称并由下列人员签署：承运人或承运人的具名代理或代表，或船长或船长的具名代理或代表。承运人、船长或代理的任何签字必须分别表明承运人、船长或代理的身份。代理的签字必须显示其是否作为承运人或船长的代理或代表签署提单。"

货运代理人无权以承运人的身份签发提单，也无权签发或代签无船承运人或承运人提单（不能像船务代理那样签发海运提单），如果货运代理人签发或代承运人签发任何运输提单都会令发货人无法结汇。由于货运代理是以承运人代理人的身份签发这些提单的，提单背面的条款中通常规定货运代理可以免除任何责任，这样容易导致责任认定上的混乱，因此银行不予结汇。为规范这种混乱状况，FIATA 制定了货运代理运输凭证（FCT），现已为许多国家的货运代理所采用，并得到银行的认同，作为信用证议付的单证。货运代理运输凭证较之于普通的收货凭证的特殊性在于，货运代理运输凭证可以转让，合法持有人在运输目的地可以通过提交该单证取得货物。如果货运代理未能依照单证要求而错误地交付货物，则对货运代理运输凭证持有人负责。但与FIATA提单（如无船承运人提单、多式联运提单等）不同，签发货运代理运输凭证的货运代理明确称其不是承运人。货运代理运输凭证确认货运代理有权依其选定的承运人的惯常条件与承运人签订运输合同。货运代理不为该承运人在履行运输合同之中的任何行为与疏忽承担责任。货运代理同意将其在运输合同下的权利转让给货运代理运输凭证持有人，以方便其可以直接向承运人提起诉讼。这样，在信用证允许的情况下，货运代理企业可以代理人而非承运人的身份签发货运代理运输凭证代替提单作为运输证明；并实现国际贸易下的结汇。不同的是：货运代理签发的是运输凭证，作为运输证明；无船承运人签发的提单，作为物权凭证，它不同于货运代理的内部提单，也不同于上述货运代理的运输凭证。

**（5）特殊情况的区分**。在海上货物运输合同关系中，断定货运代理人是无船承运人角色还是纯粹代理人角色并非易事，有赖于每个案件的具体事实与特定管辖权下法律的规定。通常法院要综合考虑货运代理人与客户之间的所有情况，包括合同、双方往来的信函、费率、提单、先前交易等。下面根据常见的几种情况来区分这两个不同的角色及其责任：

1）收入取得的方式不同。无船承运人根据《中华人民共和国国际海运条例》的规定，只能依其向交通部报备的运价从托运人处收取运费，赚取运费差价，不得从实际承运人处获取佣金；而货运代理人则根据《中华人民共和国国际货物运输代理业管理规定实施细则》的规定，既可向货主收取代理费，又可同时从承运人处取得佣金。

2）签发提单的权限、性质和责任不同。无船承运人有权向托运人签发无船承运人提单，该提单表明无船承运人为运输合同下的承运人，对托运人承担契约当事人的责任；而作为纯粹代理人的货运代理则无权以承运人的身份签发提单，同时根据《中华人民共和国国际海运条例》的相关规定，也不能作为承运人或无船承运人的代理人签发承运人性质的提单。

3）依合同的约定和复杂情况的判定。合同中是否对货运代理人的法律地位有明确的约定，或操作中是否以当事人的角色出现，以及以往业务操作的习惯做法等。然而由于实际情况的复杂性，上述标志并非绝对。例如货运代理人签发了名为“提单”的单证，并不意味着该货运代理人就是承运人。相反，如其在签发的单证中使用了“货运代理人”，也并不意味着货运代理人就是代理人，当有其他事实表明货运代理人作为承运人行事时，则被认定为当事人。更为复杂的是，在多式联运情况下，货运代理人可能就一部分运输作为本人（承运人），如陆路部分的运输；另一部分运输作为代理人，如海运。在这种情况下，判断的标准常常是托运人是否知道哪一个为实际承运货物的承运人。在加拿大某案例中，无论货运代理人与铁路和海运承运人订立的运输合同，还是货运代理人所提供的有关服务性质的任何细节，货运代理人都没有提供给托运人，因此，加拿大联邦法院判定，货运代理人是作为承运人行事的。

## 二、国际海上货物运输公约

海上货物运输有三个著名的国际公约，即《海牙规则》《维斯比规则》《汉堡规则》。我国对于海上货物运输的法律主要是《中华人民共和国海商法》和《中华人民共和国民法典》。

### （一）《海牙规则》

20世纪初，在美国、澳大利亚及加拿大相继制定约束国际海上货物运输合同——提单的国内法时，国际上并无统一的法规，各航运公司提单扩大免责范围，减轻自己的义务，滥用合同自由原则的现象普遍存在。关于明确承运人的最低义务和责任的要求已成为当时国际贸易有关方面深切关注的问题。第一次世界大战的爆发延缓了制定国际统一规则的时间。国际法协会于1921年9月在荷兰海牙召开会议，拟定了提单规则，供各方选择试用。随之以该规则为基础，1924年8月25日，在比利时召开的外交会议制定并通过了《统一提单的若干法律规则的国际公约》（又称《海牙规则》)。《海牙规则》于1931年6月2日生效。

《海牙规则》共16条，明确规定了承运人的最低限度的义务和责任，制止了公共承运人利用契约自由的原则扩大免责范围、任意降低承运人责任和义务的现象，使国际海上件杂货运输有了一个统一的法律规定，便利了国际贸易的发展。

**◇小案例**

**涉及《海牙规则》中“适航责任、管货责任”的案例**

买方A公司从卖方B公司购买了一套设备，分别装于58只木箱中，委托C公司用海轮运回。船长在货物装船后签发了清洁提单。船到A公司所在国港口后，卸货前发现部分设备的包装木箱损坏严重。经收货人和承运人在货舱内对货物进行清点，发现共有18箱设备因为倾斜、移位、撞击而受到不同程度的损坏。收货人认为，货物损坏的原因是承运人的配载不当，因此，承运人应当赔偿收货人的损失。而承运人则认为，货物损坏的原因是包装不善，而且船舶在航运中又遇到了恶劣的气候，因此，承运人不应当承担赔偿责任。经查阅航海日记，了解到该船在航行中确实遇到了8级风浪。

那么，船方C公司是否应该赔偿A公司的损失?

分析：

首先，A公司的货物装船后，C公司已经签发了清洁提单，这就表明货物在外表良好的状况下装船的，因此，C公司不能以货物的包装不善为由拒绝承担赔偿责任。

其次，C公司也不能以货物遭遇不可抗力为由拒绝承担赔偿责任。因为在国际航线上，8级风浪属于常见的自然现象，并非不可预见，只能视为一般的风险。如果C公司的船舶无法抵御8级风浪，则应视为该船舶不适航。

最后，承运人有妥善照管货物的义务。根据《海牙规则》的规定，承运人必须在开航前和开航时恪尽职责，使货舱、冷藏舱和该船其他载货处所能适宜且安全地收受、运送和保管货物。从现场情况分析来看，可以推断：由于船舶在航行中遭遇了风浪而发生颠簸，使得设备倾斜、移位、相互碰撞，从而致使部分设备损坏。如果承运人对货物积载得当、捆扎牢固，那么，即使在船舶航行中遭遇了风浪，也不会使设备受到严重损坏。

因此，承运人应为其未能很好地履行保管货物的义务而向收货人承担赔偿责任。

（资料来源：https：//www.renrendoc.com/p-13446101.html。经整理加工。)

**（二）《维斯比规则》**

《海牙规则》自1931年生效以来，虽然得到海运国家比较广泛的接受，但也暴露了存在的问题。针对这些问题，特别是海运现代技术的发展带来的问题，国际海事委员会于1959年召集会议对《海牙规则》进行修改，于1968年在布鲁塞尔召开的外交会议上通过了

《关于修订统一提单若干法律规定的国际公约的议定书》（简称《维斯比规则》)。该议定书是《海牙规则》的修改和补充，故常和《海牙规则》合起来一起使用，因此就有了《海牙-维斯比规则》。

《维斯比规则》于1977年6月23日生效，包括英国、法国、德国、荷兰、西班牙、挪威、瑞典、瑞士、意大利、日本等主要航运国家加入《维斯比规则》共17条，对《海牙规则》的第三、四、九、十条进行了修改。《维斯比规则》对《海牙规则》做了一些有益的修改，使之在一定程度上有利于承运双方而走向利益的均衡，适应了集装箱运输发展的需要。但是在承运人的运输责任方面仍保持《海牙规则》体系，对船长、船员的航海和管理船舶过失免责的规定丝毫没有触动。因此，发展中国家仍迫切要求对《海牙规则》进行根本性的修改。

**（三）《汉堡规则》**

《汉堡规则》是《1978年联合国海上货物运输公约》的简称。1969年4月，联合国贸易和发展会议（以下简称贸发会议）建立了国际航运立法工作组，并以提单及有关问题作为工作组的优先工作项目。贸发会议秘书处组织专家编制了题为“提单”的研究报告，对《海牙规则》及有关提单的问题做了剖析。国际航运立法工作组在1971年第二届会议上研究上述报告后做出两项决定：①应对《海牙规则》和《维斯比规则》进行修改，必要时也可制定一项新的国际公约；②在审议修改上述规则时，应消除其含混不明确之处。同时，应建立船货双方均等地分摊货运风险的运输责任制度。由于国际海上货物运输法规与国际贸易法规密切相关，按当时的分工，修改上述规则或制定一项新的国际公约的任务移交给联合国贸易法律委员会办理，即在贸发会议的合作下，由联合国贸易法律委员会建立航运立法工作组进行审议和草拟新的国际公约工作。联合国贸易法律委员会经过四年艰苦工作，于1976年5月草拟了《联合国海上货物运输公约》草案，并提交于1978年3月6日—31日在汉堡召开的联合国海上货物运输公约外交会议，审议通过。由于公约在汉堡制定，因此又称《汉堡规则》。

**（四）我国相关法律**

我国关于海上货物运输合同的法律规范主要是《中华人民共和国海商法》第四章“海上货物运输合同”、第六章“船舶租用合同”、第十三章“时效”和第十四章“涉外关系的法律运用”等规定。此外,《中华人民共和国民法典》中“运输合同”的有关规定也是海上货物运输合同的法律规范，在海事诉讼方面有关的法律规范是《中华人民共和国海事诉讼特别程序法》。

## ◇重要概念

国际货运代理　承运人　无船承运人

## ◇本章小结

国际货运代理主要负责国际货物及物流要求的具体实施工作，涉及各种运输方式和相关单证，需要了解相关的业务知识和法律。本章首先介绍了国际货运代理的基础知识，随后重点介绍了国际航空货运代理业务中货运代理流程和国际海上货运代理业务中涉及的相关法律。

## ◇复习思考题

### 一、单选题

1. 国际货运代理企业的主要业务是接受（　　）的委托，代理客户完成国际贸易中的货物运输任务。

A. 出口方　　B. 货主
C. 进口方　　D. 承运人

2. 下列有关国际货运代理人的表述不正确的是（　　）。

A. 国际货运代理人是委托合同的当事人
B. 国际货运代理人是进出口货物收货人、发货人的代理人
C. 国际货运代理人是进出口货物收货人、发货人的委托人
D. 国际货运代理人是进出口货物收货人、发货人的受托人

3. 一航空货物打板时需要注意的事项不包括（　　）。

A. 不要用错集装箱、集装板
B. 不要用错板型、箱型；不要超装箱板尺寸
C. 航空运输安全性高，减少垫衬，不需要防潮、防雨淋
D. 集装箱、板内货物尽可能配装整齐，结构稳定

4. 航空货运代理具有（　　）身份。

A. 货主代理　　B. 航空公司代理
C. 货主代理和航空公司代理　　D. 国内外收发货人代理

5. 国际货运代理的作用是（　　）。

A. 为发货人（货主）服务　　B. 为承运人服务
C. 为口岸服务　　D. 以上都包括

6. 以船舶为商业活动对象而进行船舶租赁业务的人为（　　）。

A. 咨询代理　　B. 货运代理
C. 船务代理　　D. 租船代理

7. 国际货运代理协会联合会的简称是（　　）。

A. CIFA　　B. FIATA　　C. LATAD　　D. BIMCO

8. 在签订货运代理合同时需要参照《中华人民共和国民法典》（　　）章节。

A. “共有”　　B. “机动车交通事故责任”
C. “不动产登记”　　D. “委托合同”

9. 货运代理企业根据被代理人的授权，以被代理人的名义从事代理行为时，对（　　）产生法律效力。

A. 被代理人　　B. 国际货运代理企业
C. 代理行为的相对人　　D. 顾客

10. 货物到达目的地机场后，要进行单单核对和单货核对。当总运单上面列明的某批货物没有，且交接清单上也没有该批货物时，应该（　　）。

A. 总运单退回　　B. 报损货物
C. 寻找丢失货物，修改交接清单　　D. 以上都不对

## 二、案例分析题

【基本案情】

### 涉及《汉堡规则》中“托运人的保证”的案例

A食品有限责任公司出口大豆1500t，由某远洋运输公司承运，远洋公司安排114号邮轮运输。为了防止大豆霉变损失，A食品有限责任公司请求船长在航行途中开仓晒货。船长担心晒货会发生货物短重，欲在提单上批注“开仓晒货，在卸货港发生短重，船长不负责任”。为了取得清洁提单，A食品有限责任公司向船方出具了保函。船方接受了保函，签发了清洁提单。航行途中，多次开仓晒货。货船抵达目的港后，发现大豆短重52t。收货人要求承运人远洋运输公司赔偿。之后，远洋运输公司凭保函向A食品有限责任公司索赔，A食品有限责任公司拒绝。远洋运输公司起诉于法院。

（资料来源：https：//www.renrendoc.com/p-13446101.html。经整理加工。）

**请问：**出具保函是否构成对第三方的有意诈骗？法院应该如何审理？

# 参 考 文 献

[1] 代湘荣，胡惟璇. 国际物流运作实务 [M]. 北京：中国人民大学出版社，2020.
[2] 王任祥. 国际物流 [M]. 2版. 杭州：浙江大学出版社，2013.
[3] 逯宇铎，鲁力群. 国际物流管理 [M]. 3版. 北京：机械工业出版社，2020.
[4] 龚英，杨佳骏. 保税物流实务 [M]. 北京：科学出版社，2017.
[5] 张如云，胡红春. 物流包装与实务 [M]. 北京：清华大学出版社，2018.
[6] 杨菊花. 多式集装联运 [M]. 北京：北京交通大学出版社，2013.
[7]《交通大辞典》编辑委员会. 交通大辞典 [M]. 上海：上海交通大学出版社，2005.
[8] 王诺. 工程物流学导论 [M]. 北京：化学工业出版社，2007.
[9] 陈祎民. 跨境电商运营实战：思路 方法 策略 [M]. 北京：中国铁道出版社，2016.
[10] 罗兴武. 报关实务 [M]. 4版. 北京：机械工业出版社，2020.
[11] 曲如晓. 报关实务 [M]. 3版. 北京：机械工业出版社，2019.
[12] 中国报关协会. 关务基础知识：2020年版 [M]. 北京：中国海关出版社有限公司，2020.
[13] 应世昌. 新编国际货物运输与保险 [M]. 4版. 北京：首都经济贸易大学出版社，2017.
[14] 王海鹰. 保税物流中心（A型）海关管理模式优化研究 [D]. 上海：上海交通大学，2009.
[15] 付英梅. 国际工程承包项目物流管理体系优化研究 [D]. 昆明：云南财经大学，2017.
[16] 冯云，徐力. 港口物流中心的功能特点与基本要素 [C] // 学术年会论文，北京：中国物流学会，2006.
[17] 喜崇彬. 疫情下国际物流面临的挑战与对策 [J]. 物流技术与应用，2020，25（5）：58-62.
[18] 陈希荣，宋峥嵘. 包装技术性贸易壁垒对国际贸易的影响与对策 [J]. 中国包装，2008，28（5）：25-28.
[19] 王爱玲. 一起航次租船运输合同下的滞期费纠纷 [J]. 中国海事，2012（6）：32-34.
[20] 刘汝丽. 湖南省国际物流发展模式研究：以金霞国际物流园区为例 [J]. 现代经济信息，2017（10）：490.
[21] 王霆轩. 海外EPC项目中货运代理公司的选择：以某海外EPC项目出口骗税、逃证案为例 [J]. 国际工程与劳务，2014（4）：57-59.
[22] 庞燕. 跨境电商环境下国际物流模式研究 [J]. 中国流通经济，2015，29（10）：15-20.
[23] 叶尔兰·库都孜. 电商平台跨境物流发展现状及提升策略：以京东跨境物流发展为例 [J]. 对外经贸实务，2017（8）：89-92.
[24] 马祯. 由海运事故谈国际货物运输中保险的重要性 [J]. 中国经贸导刊（中），2019（7）：53-55.
[25] 周磊. 海外总承包工程中物流的风险分析及管理 [J]. 建筑工程技术与设计，2016（16）：2779.
[26] 冯晓鹏. 跨境电子商务的法律与政策研究 [D]. 长春：吉林大学，2019.
[27] 于立新，陈晓琴，陈原，等. 跨境电子商务理论与实务 [M]. 北京：首都经济贸易大学出版社，2017.
[28] 孙焕荣. 天津电力建设公司EPC工程物流风险研究 [D]. 天津：天津大学，2014.
[29] 王佳. 海外EPC总承包项目物流管理研究 [D]. 北京：对外经济贸易大学，2014.
[30] 周绪峰. 中石油××公司土库曼EPC工程项目物流风险评价 [D]. 成都：电子科技大学，2020.
[31] 宋倜. 工程物流风险管理研究 [D]. 天津：河北工业大学，2012.
[32] 沈佳奇，汤明. 国际工程物流模式研究 [J]. 国际工程与劳务，2018，406（5）：75-76.
[33] 代理想，张先飞，孙忠全. 国际EPC工程项目全程物流服务管理的思考分析：以恒逸文莱石油化工项目为例 [J]. 物流技术，2020，39（3）：40-43；144.
[34] 田小雨. 浅析国际总承包工程项目物流特点与控制要点 [J]. 中国设备工程，2020（12）：213-214.

[35] 吕捷，李红艳. 李希霍芬“丝绸之路”概念路线源考 [J]. 丝绸之路，2021（1）：84-90.
[36] 邹振环. 郑和下西洋与明朝的“麒麟外交” [J]. 华东师范大学学报（哲学社会科学版），2018，50（2）：1-11；169.
[37] 沈瑞英. 海外基地：郑和下西洋历史经验与现代启示 [J]. 上海大学学报（社会科学版），2016，33（1）：67-77.